WALTER POPP
FACHDIDAKTIK MATHEMATIK

WALTER POPP

Fachdidaktik Mathematik

Ein entwicklungsgeschichtlicher Ansatz

Bernd D. Wehnert

AULIS VERLAG DEUBNER & CO KG · KÖLN

Die Deutsche Bibliothek – CIP-Einheitsaufnahme

Popp, Walter:
Fachdidaktik Mathematik : ein entwicklungsgeschichtlicher Ansatz /
Walter Popp. – Köln : Aulis-Verl. Deubner, 1999
ISBN 3-7614-2125-7

Best.-Nr. 4104
Alle Rechte bei AULIS VERLAG DEUBNER & CO KG, Köln, 1999
Druck und Verarbeitung: Siebengebirgs-Druck, Bad Honnef
ISBN 3-7614-2125-7

Das vorliegende Werk wurde sorgfältig erarbeitet. Dennoch übernehmen Autor und Verlag für die Richtigkeit von Angaben, Hinweisen und Ratschlägen sowie für eventuelle Druckfehler keine Haftung.

Inhaltsverzeichnis

Vorwort   *1*

1   Allgemeine Überlegungen zur Didaktik der Mathematik   *3*
1.1   Ziele des Mathematikunterrichts   *3*
1.2   Die Entwicklung des Mathematikunterrichts   *6*
1.3   Mathematik-Lehrpläne   *15*

2   Abriß der historischen Entwicklung der Mathematik   *19*
2.1   Die Anfänge der Mathematik   *19*
2.1.1   Ägyptische Mathematik   *19*
2.1.2   Babylonische Mathematik   *20*

2.2   Mathematik als wissenschaftliches System   *22*
2.2.1   Die Anfänge der griechischen Mathematik   *22*
2.2.2   Geometrie als wissenschaftliches System   *23*
2.2.3   Zukunftsweisende Arbeiten   *24*

2.3   Der Beitrag des Orients   *25*
2.3.1   Die Mathematik der Inder   *25*
2.3.2   Die Mathematik der Araber   *26*

2.4   Der Beginn der abendländischen Mathematik   *27*
2.4.1   Impulse für die Geometrie aus der darstellenden Kunst   *27*
2.4.2   Fortschritte in der Algebra   *27*

2.5   Das 17. Jahrhundert   *28*
2.5.1   Die analytische Geometrie   *28*
2.5.2   Die Infinitesimalrechnung   *29*

2.6   Das 18. Jahrhundert   *29*
2.6.1   Ausbau und Anwendung der Infinitesimalrechnung   *30*
2.6.2   Der Abschluß der klassischen Algebra   *30*

2.7   Das 19. Jahrhundert   *31*
2.7.1   Die moderne Algebra   *31*
2.7.2   Die Grundlagen der Analysis   *31*
2.7.3   Die Vektorrechnung   *32*
2.7.4   Nichteuklidische Geometrien   *32*
2.7.5   Die Entstehung der Mengenlehre   *32*

2.8   Tabellarischer Überblick   *34*

3	Mathematische Denkstrukturen	37
3.1	Der Abstraktionsvorgang	37
3.2	Die analytische Denkweise	39
3.3	Das deduktive Denken	41
3.4	Der systematische Aufbau der Mathematik	43
3.5	Das axiomatische Denken	45
3.6	Das funktionale Denken	48
3.7	Die geeignete Darstellung	49
3.8	Die Synthese von Geometrie und Algebra	51
3.9	Der Unendlichkeitsbegriff	52
4	Inhalte des Mathematikunterrichts: Arithmetik	54
4.1	Allgemeine Anmerkungen zur Didaktik	54
4.1.1	Zahlbegriff	54
4.1.2	Darstellung natürlicher Zahlen	55
4.1.3	Rechnen mit natürlichen Zahlen	55
4.1.4	Einführung der positiven rationalen Zahlen	59
4.1.5	Einführung der negativen Zahlen	62
4.1.6	Einführung der reellen Zahlen	63
4.2	Historische Entwicklung	65
4.2.1	Zahlbegriff	65
4.2.2	Darstellung natürlicher Zahlen	68
4.2.3	Rechnen mit natürlichen Zahlen	76
4.2.4	Positive rationale Zahlen	87
4.2.5	Negative Zahlen	104
4.2.6	Reelle Zahlen	107
4.3	Didaktische Konsequenzen	120
4.3.1	Zahlbegriff	120
4.3.2	Darstellung natürlicher Zahlen	123
4.3.3	Rechnen mit natürlichen Zahlen	124
4.3.4	Einführung der positiven rationalen Zahlen	130
4.3.5	Einführung der negativen Zahlen	132
4.3.6	Einführung der reellen Zahlen	134
5	Inhalte des Mathematikunterrichts: Algebra	138
5.1	Allgemeine Anmerkungen zur Didaktik	138
5.1.1	Grundsätzliche Überlegungen	138
5.1.2	Termumformungen	140

5.1.3	Zahlbereiche in der Algebra	144
5.1.4	Grundlagen der Gleichungslehre	145
5.1.5	Das Aufstellen von Gleichungen	147
5.1.6	Lineare Gleichungen	147
5.1.7	Gleichungssysteme	149
5.1.8	Quadratische Gleichungen	152
5.1.9	Bruchgleichungen	155
5.1.10	Wurzelgleichungen	155
5.1.11	Boolesche Algebra	156
5.2	Historische Entwicklung	159
5.2.1	Der Gleichungsbegriff	159
5.2.2	Die symbolische Schreibweise	162
5.2.3	Termumformungen	170
5.2.4	Erweiterung der Grundmenge der natürlichen Zahlen	175
5.2.5	Lineare Gleichungen	177
5.2.6	Lineare Gleichungssysteme	182
5.2.7	Quadratische Gleichungen	187
5.2.8	Boolesche Algebra	199
5.3	Didaktische und methodische Konsequenzen	200
5.3.1	Gleichungsbegriff	200
5.3.2	Symbolische Schreibweise	202
5.3.3	Termumformungen	204
5.3.4	Lineare Gleichungen	207
5.3.5	Lineare Gleichungssysteme	209
5.3.6	Quadratische Gleichungen	211
5.3.7	Boolesche Algebra	214
6	Inhalte des Mathematikunterrichts: Geometrie	216
6.1	Allgemeine Anmerkungen zur Didaktik	216
6.1.1	Der deduktive Aufbau der Geometrie	216
6.1.2	Geometrische Grundbegriffe	222
6.1.3	Messen in der Geometrie	224
6.1.4	Grundfragen der Trigonometrie	227
6.1.5	Vektorräume	232
6.2	Historische Entwicklung	238
6.2.1	Geometrische Grundbegrifffe	238
6.2.2	Der axiomatische Aufbau der Geometrie	245
6.2.3	Längen- und Flächenberechnungen	258

6.2.5	Analytische Geometrie	289
6.3	Didaktische und methodische Konsequenzen	298
6.3.1	Geometrische Grundbegriffe	298
6.3.2	Der Aufbau eines geometrischen Systems	299
6.3.3	Messen in der Geometrie	306
6.3.4	Flächenberechnung	307
6.3.5	Trigonometrie	311
6.3.6	Analytische Geometrie	318
7	Inhalte des Mathematikunterrichts: Analysis	322
7.1	Allgemeine Anmerkungen zur Didaktik	322
7.1.1	Der traditionelle Aufbau der Analysis	322
7.1.2	Die Non-Standard-Analysis	330
7.2	Historische Entwicklung	338
7.2.1	Der Begriff des Unendlichen	338
7.2.2	Integralrechnung	352
7.2.3	Differentialrechnung	374
7.2.4	Zusammenhang zwischen Differential- und Integralrechnung	383
7.3	Didaktische und methodische Konsequenzen	387
7.3.1	Allgemeine Überlegungen	387
7.3.2	Die Vollständigkeit der reellen Zahlen	389
7.3.3	Grenzwerte von Folgen und Reihen	390
7.3.4	Grenzwerte von Funktionen	393
7.3.5	Die Ableitung	395
7.3.6	Die Ableitungsregeln	397
7.3.7	Ableitung nichtrationaler Funktionen	400
7.3.8	Integralrechnung	402
	Literatur	408
	Personenregister	411
	Sachregister	414

Vorwort

In den 20er-Jahren unseres Jahrhunderts entwickelte der Genfer Psychologe *Jean Piaget* eine Theorie des Erkennens, die in den 60er-Jahren die Fortentwicklung der Mathematikdidaktik entscheidend beeinflußt hat. *Piaget* untersuchte die Mechanismen durch welche die Genese von Wissensbeständen in der Wissenschaft und im Individuum geregelt wird. Die grundlegende These *Piagets* lautet: **Bei der Genese von Wissen in der Wissenschaft und im Individuum gelten die gleichen Mechanismen.** Aus diesem Ansatz wurde eine Reihe von Modellen für den Mathematikunterricht hergeleitet und erprobt, die sich in erster Linie an psychologischen Erkenntnissen orientierten.

Folgt man der These *Piagets* konsequent, ergibt sich für den Unterricht eine gewichtige Folgerung: Die Mathematikdidaktik muß sich an der geschichtlichen Entwicklung orientieren. Es gilt vor allem die Anfänge zu ergründen und ihre Weiterentwicklung daraufhin zu analysieren, in welcher Form für den Unterricht geeignete Verfahren entwickelt wurden. Es muß also eine an der Genese der Mathematik orientierte Didaktik erarbeitet werden. Dies soll im vorliegenden Buch versucht werden. Selbstverständlich gibt es auch andere Ansätze für die Didaktik der Mathematik, der hier vorgeschlagene Weg erhebt deshalb keinen Alleinvertretungsanspruch.

Auch bisher spielte die Geschichte der Mathematik im Unterricht eine, wenn auch oft sehr bescheidene Rolle. Gelegentlich wurden im Unterricht historische Anmerkungen gemacht und kulturhistorische Bezüge hergestellt. Dies hat sicher seine Berechtigung und dient in erster Linie der Motivation und Auflockerung. Die Hauptziele des Unterrichts werden aber auf diese Weise nicht erreicht. Vereinfacht könnte man sie folgendermaßen formulieren:

- Die Vermittlung der **elementaren Kulturtechniken**. Die Schule muß Lesen, Schreiben und Rechnen lehren. In einer weiterführenden Schule gehört dazu natürlich noch mehr, wie beispielsweise das Erlernen von Fremdsprachen und eben auch von Algebra, Geometrie, Analysis usw.

- Die Vermittlung des **kulturellen Erbes**, das in einer vier Jahrtausende langen Entwicklung entstanden ist.
- Die Vermittlung der **mathematischen Denkweise**, die einen Grundpfeiler jeder geistigen Betätigung darstellt.

In der vorliegenden Didaktik wird versucht, von der Entwicklung der Mathematik ausgehend, Konsequenzen für die Unterrichtsarbeit zu ziehen. Dabei ist sicher keine allumfassende Didaktik der Mathematik entstanden, in der alle Probleme des Unterrichts behandelt und gelöst werden. Man möge vielmehr die hier behandelten Problemkreise in erster Linie als Anregung für eine Weiterentwicklung des Grundgedankens, Mathematik im Unterricht entwicklungsorientiert zu behandeln, sehen.

Um Mißverständnisse zu vermeiden, sei noch ausdrücklich angemerkt, daß die Intention dieses Buches nicht darin besteht, Mathematik in historisierender Form zu lehren. Es geht nicht um veraltete und umständliche Schreib- und Darstellungsweise, sondern um die grundlegenden Denkstrukturen der Mathematik.

1 Allgemeine Überlegungen zur Didaktik der Mathematik

1.1 Ziele des Mathematikunterrichts

Die fachwissenschaftlichen Vertreter der Mathematik sehen heute in weitgehender Übereinstimmung ihr Fach als die Wissenschaft von den formalen Systemen und ihren Modellen. Diese Ansicht fand ihren Niederschlag in folgender Formulierung der Bildungskommission des Bildungsrats: „Zu den Grundvoraussetzungen eigenständigen Mitwirkens in der heutigen Welt gehört eine gewisse Vertrautheit mit dem weitem Bereich der Formalisierung. (...) Die Mathematik (...) repräsentiert diesen Bereich". Folgt man dieser Aussage der Bildungspolitiker, ergeben sich zwei grundsätzliche Ziele des Mathematikunterrichts:

- **Die Erfahrung der Mathematik als wissenschaftliches System**
- **Die Erfahrung der Anwendbarkeit der Mathematik**

Eine Didaktik der Mathematik muß sich demzufolge mit den Wegen zum Erreichen dieser Ziele befassen. Dabei dürfen diese Wege natürlich nicht getrennt verlaufen. Die Erarbeitung eines wissenschaftlichen Systems und die seiner Anwendungen sind ineinander verflochtene Vorgänge, die sich wechselseitig bedingen.
Die Didaktiker der Mathematik begnügen sich allerdings in der Regel nicht mit diesen beiden globalen Zielen, sondern formulieren eine Reihe von „Feinzielen", durch deren Auswahl sie bereits Schwerpunkte für die Themenwahl und die Unterrichtsmethoden setzen. Man kann diese Ziele, für deren Wahl meist keine wissenschaftliche Fundierung erkennbar ist, nur als Hypothesen ansehen. Sie bilden gewissermaßen die „Axiome", aus den Folgerungen für die Didaktik gezogen werden. Wenn man sie so sieht haben, sie sicher eine gewisse Berechtigung und deshalb sollen hier diejenigen Ziele genannt werden, für die ein weitgehender Konsens besteht:

Schulung des Anschauungsvermögens

Die Forderung nach Anschaulichkeit und das Bestreben das Anschauungsvermögen der Schüler zu entwickeln, ist ein traditioneller Bestandteil der Mathematikdidaktik. Aus heutiger Sicht kann man diese Forderung nur so verstehen: Mathematik ist aus dem Bedürfnis des Menschen nach Orientierung in der Welt entstanden. Dabei wurden immer allgemeinere Strukturen herausgearbeitet, ein Vorgang der von der Schöpfung des Zahlbegriffs bis zur heutigen formalisierten Mathematik verlief. Eine fortschreitende Formalisierung ist gerade das Kennzeichen der Weiterentwicklung der Mathematik. Strukturen sind aber sehr abstrakte Begriffe. Um mit ihnen umgehen zu können, werden Modelle gebildet, die sie „veranschaulichen".

Förderung des objektiven und sicheren Denkens

Eine mathematische Theorie baut auf einem System von Axiomen auf und behandelt nur Aussagen, die sich unter Voraussetzung dieses Systems durch deduktives Schließen beweisen lassen. Eine subjektive Sicht mathematischer Sachverhalte ist deshalb ausgeschlossen, zu einer präzisen Fragestellung kann es nur eine richtige Antwort geben. Bis in das 19. Jahrhundert hinein sprach man der Mathematik sogar das Privileg der „Wahrheit" zu. Solange man sich auf dem Standpunkt *Platons* befand, daß die geometrischen Begriffe und Axiome absolute „Wahrheiten" sind, war diese Ansicht auch richtig. Auch die aus den Axiomen abgeleiteten Sätze sind dann natürlich „wahr". Spätestens seit *Hilbert* ist man vorsichtiger geworden und verzichtet auf alle ontologischen Aussagen in der Mathematik. Man begnügt sich mit der Tatsache, daß alle mathematischen Aussagen „sicher" und unanfechtbar sind, wenn sie korrekt aus den Voraussetzungen hergeleitet werden.

Anregung der Phantasie und Förderung der Kreativität

Wenn man von Phantasie und Kreativität in der Mathematik spricht, meint man in erster Linie wohl die Fähigkeiten weitere Bereiche dieser Wissenschaft zu erschließen, neue Sätze aufzustellen, Beweisideen zu finden und Lösungsstrategien zu erarbeiten, die von den Standard-Verfahren abweichen. Solche Fähigkeiten werden nicht nur vom in der Forschung tätigen Mathematiker verlangt, sondern sie spielen auf allen Ebenen mathematischer Betätigung eine wichtige Rolle.

Förderung sprachlicher Ausdrucksfähigkeit

Dieses immer wieder geforderte Ziel hat wohl in der Mathematik keinen höheren Stellenwert als in anderen Wissenschaften; es gibt eine Reihe von Unterrichtsfächern, in denen die Ausdrucksfähigkeit mindestens so gut geschult werden kann wie im Mathematikunterricht. Kennzeichen der Mathematik ist ja gerade die Ausbildung einer fachspezifischen „Sprache", die sich von der Alltagssprache unterscheidet. Allerdings ist der Zwang zur sprachlichen Klarheit beispielsweise bei Definitionen und bei deduktiven Beweisen ein Anlaß, Sprachökonomie und Sprachlogik zu üben. Sprachliche Unklarheiten können in der Mathematik rasch zu falschen Ergebnissen führen.

Erziehung zur Urteilsfähigkeit und Selbstkontrolle

In kaum einer anderen Wissenschaft wird demjenigen, der sich mit ihr beschäftigt, so klar und eindeutig aufgezeigt, ob seine Bemühungen von Erfolg gekrönt sind oder nicht. Mathematische Aussagen sind in der Regel entweder falsch oder richtig. Anwendungen auf Probleme führen zum Ziel oder scheitern. Die Illusionen von nur scheinbar brauchbaren Ergebnissen, die in manchen Wissenschaften oft entstehen, sind in der Mathematik praktisch ausgeschlossen. Bereits bei den elementarsten mathematischen Betätigungen, wie beispielsweise bei den Grundrechenarten kann eine „Probe" Erfolg oder Mißerfolg bestätigen.

Erziehung zur Ordnung und Konzentration

Dieses Erziehungsziel bedarf keiner näheren Erläuterung. Jeder, der sich mit Mathematik in irgendeiner Form beschäftigt, weiß, daß ohne Ordnung und Konzentration keine mathematische Betätigung möglich ist. Das gilt vom genauen Untereinanderschreiben der Summanden bei der schriftlichen Addition bis zur Kurvendiskussion der Analysis nach systematischen Gesichtspunkten.

1.2 Die Entwicklung des Mathematikunterrichts

Bis zum 17. Jahrhundert war in Deutschland der Mathematikunterricht den Universitäten vorbehalten. Das Niveau war allerdings auch an diesen Bildungsstätten sehr niedrig. Selbst zur Zeit des Humanismus wurde nicht viel mehr als die Regeln der Multiplikation und der Division gelehrt. Im Schulunterricht war Mathematik praktisch nicht existent. Erst gegen Ende des 17. Jahrhunderts fand in beschränktem Umfang Mathematikunterricht an den Gymnasien statt. Diese Situation änderte sich erst am Anfang des 19. Jahrhunderts allmählich. An fortschrittlichen Gymnasien behandelte man in der Abschlußklasse einige der uns vertrauten Unterrichtsgegenstände wie etwa sphärische Trigonometrie oder die Kegelschnittslehre. Im 19. Jahrhundert bildeten die damals schon über 2000 Jahre alten Elemente des Euklid die Grundlagen des Mathematikunterrichts. Die wissenschaftliche Systematik und die Strenge des deduktiven Denkens standen im Mittelpunkt. Inhaltlich beschränkte man sich auf das Wissen der Antike. Die bereits im 17. Jahrhundert entwickelten „modernen" Methoden der analytischen Geometrie und der Infinitesimalrechnung spielten keine Rolle. Diese Gebiete fanden erst gegen Ende des 19. Jahrhunderts Eingang in den Schulen, die sich den Forderungen des Zeitalters der Technik nicht mehr verschließen konnten. Dabei ging allerdings die Strenge der bisher betriebenen Mathematik und damit ein wichtiges Bildungsgut weitgehend verloren.

Es entstanden Begriffe wie die „unendlich kleine Größe", mit der man „rechnen" kann. Man rechtfertigte die unbewiesenen Verfahren damit, daß ja mit ihrer Hilfe in der Physik und in der Technik brauchbare Resultate erzielt werden konnten. Konsequenterweise wurde die Mathematik deshalb den technischen Fächern zugeordnet, ein heute noch nicht ganz überwundener Standpunkt, wie die immer noch häufige Einordnung der Mathematik unter den naturwissenschaftlichen Fächern zeigt. In der ersten Hälfte des 20. Jahrhunderts setzte sich die Forderung nach Behandlung der analytischen Geometrie und der Infinitesimalrechnung in der Schule überall durch, ohne daß sich an den Problemen mit der wissenschaftlichen Fundierung dieser Gebiete viel änderte. Ein Wandel bahnte sich erst nach dem Ende des 2.Weltkriegs an. In den 50er-Jahren begann eine Reformbewegung des Mathematikunterrichts, die sich sowohl auf die Inhalte als auch auf die Verfahren erstreckte. Die Reformer meldeten sich so nachdrücklich zu Wort, daß sich sogar die Politiker mit diesem Anliegen beschäftigten. So berief die Organisation für wirtschaftliche Zusammenarbeit und Entwicklungshilfe (OECD) 1959 eine Kommission zur Erarbeitung von Richtlinien für den Mathematikunterricht in Europa ein[1]. Die Empfehlungen dieser Kommission, die zweifelsohne eine Neugestaltung des Unterricht bewirkten, sollen kurz skizziert werden:

Arithmetik und Algebra

Auf der Mengenlehre aufbauend sollen die charakteristischen Eigenschaften der algebraischen Funktionen untersucht werden, um so zur Behandlung der modernen algebraischen Grundstrukturen Gruppe, Ring und Körper vorzustoßen. Für die Sekundarstufe I wird folgender Lehrplan vorgeschlagen:

- Elementare Begriffe der Mengenlehre; ihre Eigenschaften und Beziehungen.
- Abbildung einer Menge in und auf eine andere. Kardinalzahl.
- Die vier Rechenoperationen mit ganzen Zahlen. Eigenschaften der Operationen.
- Rechenoperationen im Dezimalsystem. Begriff von Zahlsystemen mit anderer Basis als zehn, insbesondere das Zweiersystem.
- Ungleichungen, obere und untere Grenzen von Ergebnissen von Näherungsrechnungen.
- Graphische Darstellung. Elementare Stufendarstellung der natürlichen Zahlen.

---

[1] Dargestellt in „Synopses for modern secondary school mathematics" der OECD

- Negative ganze Zahlen; die Gleichung $x + a = b$ (a und b sind natürliche Zahlen).
- Brüche und rationale Zahlen; die Gleichung $ax = b$ (a und b sind ganze Zahlen).
- Dezimalbrüche (und später binäre Brüche). Dezimale Approximation einer rationalen Zahl.
- Lineare Darstellung der rationalen Zahlen (z. B. eindimensionales graphisches Bild).
- Kartesisches Diagramm und die zugehörige Funktion.
- Eine Größe, die einer anderen proportional ist, z. B. $x \to ax$ und der Zusammenhang mit dem Lehrsatz von Thales.
- Funktion und lineares Bild $x \to ax + b$.
- Gleichung ersten Grades mit einer Unbekannten.
- Ganzzahlige Potenzen (positiv, negativ).
- Gruppenbegriff.
- Teilbarkeit der ganzen Zahlen.
- Ring- und Körperbegriff.
- Polynome mit einer oder mehreren Variablen.
- Addition, Subtraktion, Multiplikation, Euklidische Division.
- Elementare rationale Funktionen mit vielen Variablen.
- Lineare Gleichungen mit zwei Unbekannten mit graphischer Behandlung.
- Systeme linearer Gleichungen mit zwei Unbekannten. Numerische und graphische Lösungen. Gleichungssysteme mit drei Unbekannten.
- Die quadratische Funktion $x \to x^2$. Graphische Darstellung.
- Quadratwurzel aus einer positiven Zahl, $x \to \sqrt{x}$ und $x \to -\sqrt{x}$.
- Gleichung zweiten Grades mit einer Unbekannten.
- Arithmetische Folgen. Geometrische Folgen und Vorbereitung des Logarithmus.

In der Sekundarstufe II wird der schon angebahnte Abstraktionsvorgang fortgesetzt. Folgende Themen sind vorgesehen:

Erstes Jahr

- Mengen (Einführung in die Mengenlehre, Symbole).
- Abbildungen (Begriff der Funktion).
- Relationen (insbesondere Äquivalenz und Anordnung).
- Ringe, Körper, Gruppen (Definition und Eigenschaften).
- Systeme von m linearen Gleichungen mit n Unbekannten ($m \leq n \leq 3$).
- Einführung in die Vektorrechnung, insbesondere für die Behandlung eines Systems von 2 oder 3 Gleichungen mit 2 oder 3 Unbekannten.
- Erste Schritte zum formalen Studium der reellen Zahlen (absoluter Betrag, angeordnete Körper, Wurzeln).
- Quadratische Gleichungen.
- Komplexe Zahlen.

Zweites Jahr

- Vollständige Induktion.
- Teilbarkeit im Ring der ganzen Zahlen; Primzahlen.
- Faktorzerlegung; Restklassenringe.
- Ring der Polynome.
- Mengen (logische Operationen, abzählbare und nicht abzählbare Mengen).
- Gruppen (Isomorphismen, Homomorphismen).
- Axiomatischer Aufbau des Systems der reellen Zahlen.
- Allgemeiner Begriff der Relation.
- Kombinationen und Permutationen.

Drittes Jahr

- Abstrakter Begriff des Vektorraums; Anwendungen auf Geometrie und lineare Gleichungssysteme.
- Lineare Abbildungen, Matrizen.
- Weiterführung der Gruppentheorie.
- Kegelschnitte (quadratische Formen und Funktionen).

Mengenlehre

Eine Einführung in die Mengenlehre wurde bereits im ersten Kurs gegeben. Eine Wiederholung und Weiterführung sollte folgende Themen umfassen:

- Mengen und Untermengen; verschiedene Möglichkeiten zur Darstellung einer Menge.
- Komplement einer Menge bezüglich einer Grundmenge.
- Äquivalenz von Mengen; leere Menge.
- Vereinigung und Durchschnitt zweier Mengen.
- Vereinigung und Durchschnitt abzählbar vieler Mengen.
- Produkt zweier oder mehrerer Mengen.
- Mengendiagramme.
- Endliche und unendliche Mengen; abzählbare und nichtabzählbare Mengen.
- Abbildung einer Menge in und auf eine andere Menge.
- Verknüpfungen von Abbildungen; Bijektion; inverse Abbildung.
- Relationen zwischen Mengen.
- Graphen von Abbildungen und Relationen.

Geometrie

Im Geometrieunterricht der Sekundarstufe I sollen geometrische Sätze auf Grund der Anschauung aufgestellt und aus ihnen deduktiv weitere Sätze hergeleitet werden. Dabei sollen Eigenschaften erkannt werden, die gegenüber Transformationen invariant sind. Ein Grundprinzip für die Lösung geometrischer Probleme ist die Verwendung sowohl synthetischer als auch algebraischer Methoden. Folgende Themen sollen behandelt werden:

- Die Einführung von Vektoren als gerichtete Strecken; ihre Addition und Subtraktion, die Multiplikation mit einem Skalar.
- Der Winkel – die Eigenschaften der Winkel, untersucht im Zusammenhang mit parallelen Geraden, Vielecken und Kreisen. Die Un-

tersuchung der Eigenschaften der Winkel im Parallelogramm und im Dreieck.
- Symmetrie – das gleichschenklige Dreieck.
- Abbildungen, betrachtet vom Standpunkt der räumlichen Anschauung, um die Eigenschaften von Figuren zu untersuchen. Die Abbildungen sollen erhalten werden durch Falten von Papier, Spiegeln, Drehen, Parallelverschiebung, Scherung, gleich weit entfernte Punkte auf einem Kreis und die regelmäßigen Vielecke.
- Einfache algebraische Transformationen:
  $x' = a_1 x + b_1$, $y' = a_2 x + b_2$ mit Werten von a_1, a_2, b_1, b_2, die nur affine Abbildungen bewirken.
- Einfache graphische Darstellungen: Die Untersuchung von $y = mx + b$ und $y = ax^2 + bx + c$ und die Entwicklung von Begriffen, die grundlegend sind für das Studium der Analysis. Die Beziehung der Geraden und der Parabel zu den Koeffizienten in den Gleichungen.
- Grundlegende Gedankengänge, welche die Begriffe Fläche und Rauminhalt mit sich bringen. Der pythagoräische Lehrsatz und seine Erweiterungen.
- Nicht-metrische Eigenschaften der Geraden und Ebene und die Einführung des Mengenbegriffs; die geometrische Figur, aufgefaßt als Punktmenge.
- Ähnlichkeit und die damit verbundenen Gesetze, die der Flächen- und Rauminhaltsbegriff mit sich bringen.
- Trigonometrie: Sinus, Kosinus, Tangens und ihre Anwendungen.
- Die Anwendung von kurzen logischen Gedankenfolgen, um einige der Eigenschaften von geometrischen Figuren zu beweisen, die vorher auf intuitiver Grundlage untersucht worden waren.

In der Sekundarstufe II soll die euklidische Geometrie auf andere Geometrien ausgeweitet werden. Dabei wird der Raum als eine Menge mit besonderen Untermengen, die Strukturen haben, entwickelt. Eine wichtige Rolle spielt dabei die Axiomatik dieser Strukturen. Folgende Themen werden vorgeschlagen:

1. Transformationsgruppen
- axiale Symmetrie
- Punktsymmetrie
- Schiebungen
- Drehungen
- Spiegelungen
- Isometrien

2. Affine Geometrie
- reelle Zahlen und die Gerade
- Koordinaten
- Vektoren und Vektorräume
- analytische Geometrie

3. Euklidische Geometrie
- Orthogonalität
- inneres Produkt von Vektoren
- Vektorräume, Betrag
- Trigonometrie

4. Kegelschnitte
- geometrische Örter
- affine Transformationen
- quadratische Formen, Parameterdarstellung
- projektive Eigenschaften; projektive und darstellende Geometrie

5. Axiomatische Behandlung
- Vektorraum
- affiner Raum
- euklidischer metrischer Raum
- synthetische euklidische Geometrie

Analysis

In der Sekundarstufe I soll bereits im Arithmetik-, Algebra- und Geometrieunterricht eine „intuitive" Basis zum Verständnis der Grundbegriffe der Analysis geschaffen werden. Dabei handelt es sich in erster Linie um folgende Begriffe:

1. Der Funktionsbegriff
- Funktionen
- Funktionsgraphen
- Folgen
- Stetigkeit
- Zuwachs und Abnahme

2. Der Grenzwertbegriff
- Berechnung der Grenzwerte von Folgen
- Berechnung der Kreisfläche
- Definition der Tangente

3. Der Differentialquotient
- Die Ableitung von Polynomfunktionen

4. Die Integralrechnung
- Die Integration elementarer Funktionen

5. Die Reihe
- Die Approximation einfacher Funktionen mit Hilfe der *Taylorschen* Reihe

In der Sekundarstufe II soll auf diesen Kenntnissen aufgebaut und eine fundierte Analysis aus den Eigenschaften des Körpers der reellen Zahlen hergeleitet werden. Dabei werden die in der Sekundarstufe I anschaulich eingeführten Begriffe und Methoden wissenschaftlich untermauert. Insbesondere soll der Bereich der bisher behandelten Funktionen auf weitere Funktionstypen, wie logarithmische und Exponentialfunktionen und trigonometrische Funktionen erweitert werden.

Die Umsetzung dieser Vorschläge im Unterricht ist in den Lehrbüchern der letzten 30 Jahre erkennbar. Vieles wurde aufgenommen, weiterentwickelt und stellt auch heute noch wichtige Bestandteile des Mathematikunterrichts dar. Manches verschwand aber auch wieder aus der Unterrichtspraxis. So zum Beispiel die ursprünglich vorgesehene zentrale Stellung der sogenannten Mengenlehre, die in den 60er-Jahren die Didaktik von der Primarstufe an beherrschte. Geblieben sind heute nur noch Reste, wie etwa die Schreibweise der Mengenlehre an geeigneter Stelle. Auch eine explizite Behandlung des Strukturbegriffs in der Algebra hat sich nicht durchgesetzt. Auf die Herausarbeitung allgemeiner, grundlegender Strukturen bei der Behandlung der verschiedenen Zahlbereiche wird in der Regel verzichtet. Ein guter Arithmetik- und Algebraunterricht geht aber bei der Erweiterung der Zahlbereiche auf die geltenden Rechengesetze ein und handelt so implizit von algebraischen Strukturen.

Arithmetische und geometrische Folgen spielen im Unterricht der Sekundarstufe I kaum eine Rolle, obwohl sie eine wichtige Grundlage für die Infinitesimalrechnung der Sekundarstufe II darstellen und obwohl sie in der Entwicklungsgeschichte der Mathematik schon sehr früh behandelt wurden, also zu den fundamentalen Begriffen der Mathematik gehören.

Im Bereich des Geometrieunterrichts muß man eine Abkehr von der traditionellen Einführung in dieses Gebiet feststellen. Gefordert wird eine Untersuchung der Eigenschaften geometrischer Figuren auf „intuitiver Grundlage". Erst nachträglich werden „kurze logische Gedankenfolgen" gefordert, um „einige" Eigenschaften zu beweisen. Inhaltlich geht es in erster Linie um den Vektorbegriff, um Symmetrie, Abbildungen, affine Transformationen und um Begriffe aus der Analysis. Auch in der Sekundarstufe II ist erst zum Abschluß des Lehrgangs eine axiomatische Behandlung vorgesehen. Diese Vorgehensweise bewirkt, daß in dem Gebiet der Schulmathematik, in dem die Grundprinzipien des deduktiven Denkens am deutlichsten demonstriert und eingeübt werden können, ganz neue Schwerpunkte gesetzt werden und ein traditionelles Anliegen des Mathematikunterricht vernachlässigt wird.

Dieses Problem wurde von den Didaktikern wohl erkannt, aber nicht zufriedenstellend gelöst. Die meisten Experimente wurden in den letzten 30 Jahren mit den Geometrielehrgängen unternommen und auch heute gibt es noch keine einheitliche Linie. Es wird oft eine Mischung aus vektorieller Betrachtungsweise, dem Abbildungsbegriff und ein wenig klassischer euklidischer Geometrie angeboten. Man will auf der einen Seite neue Ideen im Unterricht behandeln, auf der anderen Seite will man aber auch nicht auf traditionelle Sätze der Elementargeometrie verzichten. Dabei wäre dieser Verzicht durchaus vertretbar, wenn man nur darauf sieht, welche geometrischen Sätze in der Sekundarstufe II unbedingt erforderlich sind. Man vermittelt dem Schüler also durchaus einige grundsätzliche Begriffe der modernen Mathematik, vernachlässigt aber traditionelle Bildungsziele wie die Entwicklung des deduktiven Denkens und den systematischen Aufbau einer mathematischen Theorie auf der Grundlage eines Axiomensystems.

Das Konzept zur Behandlung der Analysis hat sich weitgehend durchgesetzt, allerdings verlagern die meisten Lehrpläne diesen an die Reife der Schüler gewisse Anforderungen setzenden Bereich in die Sekundarstufe II. Da man in dieser Stufe eine einwandfreie Fundierung fordern muß, kommt dabei oft die anschauliche Hinführung auf den Grenzwertbegriff zu kurz. Mit diesem Begriff wird der Schüler in der Sekundarstufe II ziemlich unvermittelt konfrontiert, was ihm häufig einige Schwierigkeiten bereitet.

Zusammenfassend kann man feststellen, daß das Reformkonzept des Mathematikunterricht der 50er-Jahre in erster Linie den heutigen Stand der Mathematik im Auge hatte und die Entwicklung der Mathematik und die traditionellen Bildungsziele des Mathematikunterrichts weitgehend außer acht ließ.

1.3 Mathematik-Lehrpläne

Die Grundlagen des Mathematikunterrichts bilden die gültigen Lehrpläne. In ihnen finden die fachdidaktischen Überlegungen, der Stand der gegenwärtigen Fachmathematik und die historische Entwicklung ihren Niederschlag. Gesellschaftspolitische und ökonomische Forderungen, aber auch ideologisch beeinflußte Erwägungen führen letztendlich zu den für den Unterricht weitgehend verbindlichen Vorgaben. So findet man beispielsweise im zur Zeit gültigen Lehrplan für das bayerische

Gymnasium im Abschnitt „Profile der Pflichtfächer" bei der Mathematik folgende Zielsetzungen[2]:

Die Mathematik hat ihren Ursprung im Interesse des Menschen, Dinge der Erfahrungswelt und ihre gegenseitigen Beziehungen quantitativ zu erfassen. Zählen und Messen, Rechnen und Berechnen, Zeichnen und Konstruieren sind für planendes Handeln von großer Bedeutung. Damit verbunden ist der Drang nach zweckfreier Erkenntnis, der wesentlich die Entwicklung der Mathematik bestimmt: Probleme der Praxis geben ebenso wie theoretische Fragen Anlaß zur Erforschung grundlegender Zusammenhänge; aus der Wechselwirkung mit den Erfahrungswissenschaften ergeben sich für beide Bereiche vertiefte Einsichten. Die Mathematik ist heute ein weit verzweigtes Gebiet, das umfangreiches Wissen und vielfältige Verfahren bereitstellt. Damit trägt sie zur wissenschaftlichen Erschließung unserer Wirklichkeit und zur Gestaltung unserer Umwelt entscheidend bei.

Ziel des Mathematikunterrichts ist es, die Schüler in die Welt der Mathematik einzuführen und ihnen die nötigen Kenntnisse und Arbeitsweisen zu vermitteln, um Zusammenhänge mathematisch erschließen zu können. Der Unterricht macht mit grundlegenden Ideen und Formen mathematischer Betrachtung und Tätigkeit vertraut. Die Schüler erfahren dabei eine intensive Schulung des Denken: Die Entwicklung klarer Begriffe und Vorstellungen, eine folgerichtige Gedankenführung und systematisches Vorgehen sind typische Erfordernisse und Kennzeichen mathematischen Arbeitens. Entsprechende Fähigkeiten und Haltungen altersstufengemäß auszubilden ist eine durchgängige Aufgabe im Mathematikunterricht und bringt Gewinn über das mathematische Fachgebiet hinaus.

Fertigkeiten im praktischen Rechnen, wie sie in vielen Alltagssituationen nötig sind, werden schwerpunktmäßig in der Unterstufe erworben und intensiv eingeübt. Die Schüler lernen, die Grundrechenarten mündlich und schriftlich zu beherrschen und Größenverhältnisse richtig einzuschätzen; zudem werden auch Kenntnisse über wichtige Ei-

---

[2] Lehrpläne für das bayerische Gymnasium, KWMBl, So.-Nr. 3 /1990, S.166/167

genschaften und Gesetzmäßigkeiten der Zahlen vermittelt. Eine anschauliche und lebensnahe Gestaltung des Unterrichts trägt dazu bei, daß die Schüler Beziehungen in ihrer Erfahrungswelt aus neuer Sicht wahrnehmen und verstehen.

Im Wesen mathematischen Erkenntnisstrebens liegt es, Ergebnisse von möglichst allgemeiner Gültigkeit zu erzielen. Dazu bedarf es der Abstraktion. Die Schüler begegnen dieser Denk- und Betrachtungsweise verstärkt im Algebra- und Geometrieunterricht der Mittelstufe. Sie lernen, überschaubare Bereiche nach systematischen Gesichtspunkten zu gliedern, dabei strukturelle Beziehungen zu erkennen und ordnend zu erfassen, auf Gesetzmäßigkeiten zu achten wie auch funktionale Zusammenhänge aufzufinden und zu analysieren.

Besondere Bedeutung hat das deduktive Schließen. Der mathematische Beweis ist hierfür ein charakteristisches Beispiel. Die Schüler erfahren, daß Herleitungen in der Mathematik streng nach Regeln erfolgen und zu widerspruchsfreien Ergebnissen führen. Die Gültigkeit mathematischer Sätze ist daher zweifelsfrei überprüfbar.

Ein wesentliches Unterrichtsziel ist der sorgfältige Gebrauch der Sprache: Eindeutigkeit, Widerspruchsfreiheit und Vollständigkeit der Darstellung sind für eine angemessene Beschreibung und gedankliche Durchdringung mathematischer Sachverhalte unerläßlich.

Die Beschäftigung mit Fragen der Geometrie trägt zu einer besseren Orientierung in der Umwelt bei und weckt Freude am Entdecken geometrischer Zusammenhänge. Sie stärkt das Vermögen, sich Lagebeziehungen, Größenverhältnisse oder figürliche Anordnungen in der Ebene und im Raum vorstellen zu können.

Da mathematische Probleme in vielfältiger Form auftreten, erfordert das selbständige Lösen neben ausreichenden fachlichen Kenntnissen auch Einfallsreichtum und Geschick. Für interessierte Schüler bietet sich immer wieder ein Anreiz, neue Wege zu erkunden und dabei Kreativität zu entwickeln.

Weitreichend ist die Bedeutung der Mathematik für viele Anwendungsgebiete etwa in den Naturwissenschaften, der Technik und der Wirtschaft. An geeigneten Aufgaben aus diesen Bereichen lernen die Schüler in allen Jahrgangsstufen, Sachzusammenhänge mathematisch zu erfassen und entsprechende Modellvorstellungen zu entwickeln.

Zunehmend werden elektronische Rechner eingesetzt, und die Schüler erwerben Kenntnisse im algorithmischen Lösen von Berechnungs- und Entscheidungsproblemen. Dabei soll auch deutlich werden, wie der Mensch mathematisches Wissen einsetzt, um sich die Welt verfügbar zu machen, welchen Gewinn er daraus zieht und welche Gefahren sich damit verbinden. Hier weitet sich der Blick über die fachlichen Grenzen hinaus, und es stellen sich Fragen nach Sinn und Verantwortbarkeit wirtschaftlich-technisch bestimmten Handelns.

Für die Anforderungen in anderen Fächern, vor allem in der Physik, stellt der Mathematikunterricht Grundlagen bereit. Mit dem naturwissenschaftlichen Unterricht verbindet ihn das gemeinsame Bemühen um ein rationales Verständnis unsere Welt und eine Erziehung zu Sachlichkeit, Kritikfähigkeit und Unvoreingenommenheit im Urteil.

Für viele Studiengänge und Berufsausbildungen, insbesondere mathematisch-naturwissenschaftlicher oder technischer sowie wirtschafts- und sozialwissenschaftlicher Richtung, werden Kenntnisse aus den Gebieten Infinitesimalrechnung, Wahrscheinlichkeitsrechnung/Statistik und Analytischer Geometrie gefordert. Der Unterricht in der Oberstufe vermittelt den Schülern in ausreichendem Maß die hier nötigen Voraussetzungen.

Auf allen Stufen gibt der Mathematikunterricht Einblick in die Geschichte der Mathematik und weist auf herausragende Persönlichkeiten und ihre Leistungen hin. Er vermittelt einen Eindruck von der Rolle der Mathematik innerhalb der Wissenschafts- und Kulturgeschichte, läßt ihre Zugehörigkeit zu den Geisteswissenschaften deutlich werden, macht die Grenzen mathematischer Erkenntnismöglichkeiten bewußt und eröffnet auch einen Zugang zu philosophischer Besinnung.

2 Abriß der historischen Entwicklung der Mathematik

In diesem Abschnitt soll ein knapper Überblick über die Entstehung und Weiterentwicklung der mathematischen Ideen gegeben werden, die für den Unterricht von Bedeutung sind. Er dient in erster Linie der zeitlichen Einordnung der in den Kapiteln „Historische Entwicklung" bei den einzelnen Fachbereichen dargestellten Stationen auf dem Weg zu unserer heutigen Mathematik.

2.1 Die Anfänge der Mathematik

Zu Beginn des 3. Jahrtausends v. Chr. entstanden in klimatisch besonders bevorzugten Gebieten der Erde die ersten Hochkulturen. Es bildeten sich geordnete Staatswesen heraus und die heute als elementare Kulturtechniken bezeichneten Fähigkeiten wie Schreiben und Rechnen wurden entwickelt. Man muß davon ausgehen, daß die fundamentalen Grundbegriffe der Mathematik wie das Erkennen geometrischer Grundfiguren, der Zahlbegriff und die Zahldarstellung bereits vorher entstanden sind. Unsere Kenntnisse über diese vorgeschichtlichen Errungenschaften sind nur sehr vage und bieten viel Raum für Spekulationen. Gesichertes Wissen über die ersten mathematischen Betätigungen des Menschen haben wir in erster Linie aus der ägyptischen und babylonischen Kultur. Vor allem zu Beginn des 2. Jahrtausends v. Chr. entstand eine Reihe von Dokumenten, die Aufschluß über das Wissen und die Denkweise der Ägypter und Babylonier geben und die Einsichten in die Entstehungsweise der Mathematik vermitteln.

2.1.1 Ägyptische Mathematik

Bereits im 3. Jahrtausend v. Chr. entwickelten die Ägypter eine dezimale Zahlenschreibweise. Dabei verwendeten sie eigene Symbole für die Stufenzahlen von 1 bis 10.000, durch deren Aneinanderreihung sie alle siebenstelligen Zahlen darstellen konnten. Die vier Grundrechenarten wurden problemlos durchgeführt. Dabei ist die besondere Form der Multiplikation und der Division, die durch fortgesetztes Verdoppeln bzw. Halbieren gekennzeichnet war, von besonderem Interesse. Bemerkenswert ist die Erfindung des Bruchs bei den Ägyptern. Bereits in den ältesten erhaltenen Dokumenten der ägyptischen Mathematik findet man Brüche in der Form von Stammbrüchen, mit denen entsprechend wie bei natürlichen Zahlen gerechnet wurde. In engem Zusammenhang mit der Entwicklung der Arithmetik entstand in Ägypten die Lehre von der Lösung von Gleichungen und damit die Algebra. Zwar kam die ägyptische „Hau-Rechnung" über das Lösen linearer Gleichungen mit einer Variablen nicht hinaus, aber sie zeigt doch bereits wesentliche Züge algebraischer Denkweise. Das Niveau der ägyptischen Geometrie ist wohl niedriger anzusetzen als das der Algebra. Zwar ist die Verwendung von Fachwörtern für geometrische Begriffe und eine gewisse Systematik bei geometrischen Aufgaben erkennbar, aber grundsätzliche geometrische Probleme wurden offensichtlich nicht erörtert. Die Geometrie scheint sich im wesentlichen auf einfache Berechnungen zu beschränkt zu haben. Das waren in erster Linie Flächenberechnungen bis hin zur näherungsweisen Kreisberechnung, aber auch einige Volumenberechnungen.

2.1.2 Babylonische Mathematik

Etwa zur gleichen Zeit, in der die ägyptische Mathematik entstand, wurden im Zweistromland zwischen Euphrat und Tigris andere mathematische Begriffe und Methoden entwickelt, die aber zu ähnlichen mathematischen Aussagen wie in Ägypten führten. Der Unterschied zur ägyptischen Denkweise ist schon beim Zahlensystem erkennbar. Die Ägypter benötigten sieben verschiedene Symbole für Stufenzahlen und konnten mit ihnen Zahlen bis 9.999.999 schreiben. Die Babylonier kamen mit zwei Zeichen aus und schrieben beliebig große Zahlen. Sie benützen nämlich als erste eine Positionssystem, wobei der Keil ↑ Eins bedeutete und bis neunmal aneinandergereiht werden konnte. Der Winkelhaken ⟨ hatte den zehnfachen Wert und wurde maximal fünfmal hintereinander geschrieben. Es entstand so ein Sexagesimalsystem, in dem beispielsweise der Keil sowohl 1, 60 oder 3600 usw. darstellen konnte. Da aber auch Brüche in der gleichen Schreibweise dargestellt wurden,

konnte der Keil auch $\frac{1}{60}$, $\frac{1}{3600}$ usw. bedeuten. Das babylonische Zahlsystem bewährte sich in der Arithmetik und wurde während der gesamten Antike bei praktischen Problemen verwendet.
Die Babylonier des 2. Jahrtausend v. Chr. rechneten in ihm wie wir heute im dezimalen Stellenwertsystem.
Wie bei den Ägyptern bestand die babylonische Geometrie in erster Linie aus Strecken-, Flächen- und Volumenberechnungen. Dabei wurde das ägyptische Niveau deutlich übertroffen. Die Babylonier verwendeten im Prinzip bereits den Satz des Pythagoras und kannten Inhaltsformeln für krummlinig begrenzte Flächen.
Von besonderer Bedeutung für die Entwicklung der Mathematik sind die Methoden der Babylonier zur Lösung von Gleichungen. Auch die Babylonier kannten keine Formelschreibweise in unserem Sinn und mußten deshalb alle algebraischen Sachverhalte mit Worten beschreiben. Dabei entwickelten sie aber raffinierte Verfahren, die bis zur Lösung von quadratischen Gleichungen gingen und die zwei Jahrtausende später Ausgangspunkt für das Entstehen unserer Algebra waren.

Verweise auf die Kapitel „Historische Entwicklung"

Entstehung des Zahlbegriffs *4.2.1*
Zahlzeichen bei den Ägyptern *4.2.2*
Zahlzeichen bei den Babyloniern *4.2.2*
Rechnen mit natürlichen Zahlen bei den Ägyptern *4.2.3*
Bruchrechnen bei den Ägyptern *4.2.4*
Bruchrechnen bei den Babyloniern *4.2.4*
Gleichungsbegriff bei den Ägyptern *5.2.1*
Gleichungsbegriff bei den Babyloniern *5.2.1*
Lineare Gleichungen bei den Ägyptern *5.2.5*
Lineare Gleichungssysteme bei den Babyloniern *5.2.5*
Quadratische Gleichungen bei den Babyloniern *5.2.7*
Entstehung der geometrischen Grundbegriffe *6.2.1*
Geometrische Grundbegriffe bei den Ägyptern *6.2.1*
Geometrische Grundbegriffe bei den Babyloniern *6.2.1*
Geometrische Berechnungen bei den Ägyptern *6.2.3*

Geometrische Berechnungen bei den Babyloniern *6.2.3*
Anfänge der Trigonometrie bei den Ägypter *6.2.4*

2.2 Mathematik als wissenschaftliches System

Zu Beginn des 1. Jahrtausends v. Chr. traten die Griechen als Volk mit eigenständiger Kultur in Erscheinung. In den folgenden Jahrhunderten lösten sie in allen Bereichen, insbesondere auch in der Mathematik die Ägypter und Babylonier als Träger des kulturellen Fortschritts ab. Die neue Denkweise, in der nicht mehr die Anwendbarkeit und Nützlichkeit der Erkenntnisse, sondern das Verstehen im Vordergrund stand, schuf die Grundlagen des wissenschaftlichen Denkens. Aus der Frage nach dem „wie" wurde die Frage nach dem „warum". In der Mitte des 1. Jahrtausends v. Chr. entstand die Mathematik als Prototyp einer Wissenschaft.

2.2.1 Die Anfänge der griechischen Mathematik

Der erste namentlich bekannte griechische Mathematiker ist *Thales von Milet*, mit dessen Namen ein elementarer Satz der Geometrie verknüpft ist. Wichtiger als dieser „Satz des Thales" ist für die Entwicklung der Mathematik die älteste bekannt Verwendung des Winkelbegriffs und die dem *Thales* von späteren griechischen Mathematikern zugeschriebenen ersten Versuche geometrische Sätze zu „beweisen". Es ist unklar, ob *Thales* wirklich die ersten mathematischen Beweise geführt hat. Unumstritten aber ist, daß sich im 6. und 5. Jahrhundert das deduktive Denken in der Mathematik entwickelt hat. Einen wesentlichen Anteil an dieser für jede wissenschaftliche Arbeitsweise fundamentale Denkweise haben die Sophisten und die Pythagoreer. In ihren Schulen entstanden neue Fragestellungen aus denen mathematische Theorien von Zukunft weisender Bedeutung entstanden sind. Am bekanntesten sind die Probleme der Würfelverdopplung und der Kreisquadratur. Das erste Problem hängt eng mit der Frage der irrationalen Zahlen, oder in der griechischen geometrischen Sichtweise, der inkommensurablen Strecken zusammen. Das Problem wurde von den Griechen erkannt und mit Hilfe der „Proportionenlehre" gelöst, wobei es sich allerdings um keine Lösung handelte, die für die weitere Entwicklung der Mathematik von Bedeutung war. Die Behandlung des zweiten Problems erfordert infinitesimale Methoden, deren Problematik von den Griechen klar gesehen wurde. *Eudoxos von Knidos* stellte im 4. Jahrhundert v. Chr. in seiner Exhaustionstheorie ein Verfahren zur Verfügung, mit dem infinitesimale Probleme zumindestens in Spezialfällen gelöst werden konnten.

2.2.2 Geometrie als wissenschaftliches System

Im 5. und 4. Jahrhundert v. Chr. gab es in Griechenland eine Fülle mathematischer Kenntnisse: Die Zahlenlehre der Pythagoreer, die Lehre vom Flächeninhalt, die Proportionenlehre, die Exhaustionsmethode, die Theorie der Irrationalitäten und eine große Zahl geometrischer Sätze. Die Erkenntnis, daß mathematische Sätze aus schon bewiesenen oder aus einem System einfacher, besonders evidenter Grundsätze durch reine Deduktion abzuleiten sind, hatte sich durchgesetzt. Auf diesen Grundlagen aufbauend schuf *Euklid* am Ende des 4. Jahrhunderts v. Chr. seine Elemente, ein Lehrbuch in 13 Bänden, in dem das Wissen der Zeit zusammengefaßt und systematisch dargestellt wurde. Aus Definitionen, Axiomen und Postulaten entwickelte *Euklid* ein Fundament für einen systematischen Aufbau der Geometrie. Das Werk *Euklids* wurde nicht nur wegen seiner Systematik, die bis in unsere Zeit hinein als vorbildlich für ein Mathematiklehrbuch galt, für die Weiterentwicklung der Mathematik wichtig. Auch seine Inhalte beeinflußten die Arbeit vieler Mathematikergenerationen nach *Euklid* nachhaltig. So geht die ab dem 8. Jahrhundert von den Arabern entwickelte Algebra von den geometrischen Überlegungen *Euklids* aus und es vergingen Jahrhunderte, bis sich die Algebra von diesen ihre Weiterentwicklung behindernden Fesseln befreien konnte. Erst im 19. Jahrhundert begannen die Mathematiker auch andere Geometrien als die euklidische in Betracht zu ziehen und zweifellos behinderte die euklidische Strenge der Beweisführung lange Zeit die Entwicklung allgemeingültiger infinitesimaler Methoden. Mit dem Werk *Euklids* hatte die griechische Mathematik das erste wissenschaftliche System geschaffen und damit einen Höhepunkt erreicht. In der Folgezeit sank das allgemeine Niveau allmählich. Trotzdem lebten in der griechischen Spätzeit einige Mathematiker, die mit ihren Arbeiten neue Gebiete der Mathematik erschlossen.

2.2.3 Zukunftweisende Arbeiten

Der für die Weiterentwicklung wichtigste Mathematiker der Griechen war zweifelsohne *Archimedes von Syrakus*. Im 3.Jahrhundert v. Chr. schuf er eine Fülle von Arbeiten, von denen seine Kreisberechnung die bekannteste ist. Noch wichtiger für die zukünftige Entwicklung waren seine Berechnungen von Flächeninhalten und Volumina anderer Figuren und Körper. Dabei zog er zwar immer das Exhaustionsverfahren zum strengen Beweis seiner Ergebnisse heran, aber er besaß obendrein eine Methode zur Auffindung der Resultate, in der Überlegungen erkennbar sind, wie sie erst wieder ab dem 16. Jahrhundert in der Infinitesimalrechnung aufgetreten sind.

Wegbereiter für ein anderes, auch im 16. Jahrhundert entwickelten Gebiets der Mathematik, nämlich der analytischen Geometrie war *Apollonios von Pergä*, ein Zeitgenosse des *Archimedes*. Auf ihn geht die systematische Behandlung der Kegelschitte zurück

Während die Werke von *Archimedes* und *Apollonios* erst über einenhalb Jahrtausende später ihre Früchte zeitigten, wirkten die Arbeiten des Astronomen *Ptolemaios* unmittelbar auf die folgenden Generationen. Im 2. Jahrhundert erarbeitete er die Grundlagen der Trigonometrie. Zwar in der traditionellen, oft recht schwerfällig wirkenden Form der griechischen Geometrie, aber in einer für einen Griechen ungewöhnlich anwendungsorientierten Zielsetzung schuf er eine Sehnentrigonometrie, mit der im Prinzip alle heute im Unterricht behandelten trigonometrischen Probleme gelöst werden können.

Als letzter Mathematiker der spätgriechischen Zeit ist noch *Diophant* zu nennen, der im 3. Jahrhundert versuchte sich von den engen Bindungen der griechischen Mathematik an die Geometrie zu lösen und durch Anfänge einer symbolischen Schreibweise den Weg zur Algebra in unserer heutigen Darstellungsweise wies.

Verweise auf die Kapitel „Historische Entwicklung"

Entdeckung der Inkommensurabilität *4.2.6*
Proportionenlehre *4.2.4*
Theorie der Irrationalitäten *4.2.6*
Termumformungen *5.2.3*
Beginn der symbolischen Schreibweise *5.2.2*
Geometrische Grundbegriffe *6.2.1*
Sätze der Geometrie *6.2.2*
Elementare geometrische Berechnungen *6.2.3*
Trigonometrie *6.2.4*
Kegelschnitte *6.2.5*
Geometrische Axiomatik *6.2.2*
Begriff des Unendlichen *7.2.1*
Exhaustionsmethode *7.2.1*
Kreisberechnung *7.2.2*
Parabelberechnung *7.2.2*

2.3 Der Beitrag des Orients

Die griechische Mathematik hatte sich in acht Jahrhunderten in ihrem selbstgesteckten Rahmen, der von der geometrischen Orientierung und der Strenge der Beweisführung gekennzeichnet waren, zu einer Wissenschaft auf hohem Niveau entwickelt, die aber an die Grenzen ihrer Möglichkeiten gestoßen war. Zur Weiterentwicklung waren neue Ideen und eine Loslösung von der griechischen Denkweise erforderlich. Die neuen Impulse kamen aus dem Orient und zwar in erster Linie von den Indern, deren Kenntnisse dann zusammen mit dem Wissen der Griechen von den Arabern aufgenommen und zu einer Synthese geführt wurden.

2.3.1 Die Mathematik der Inder

Etwa ab dem 5. Jahrhundert entstand in Indien eine eigenständige Mathematik, in der zwar griechische Einflüsse erkennbar sind, die aber eher der babylonischen Tradition folgend stark arithmetisch-algebraische Züge aufwies. Die Inder verwendeten als erste die Null und rechneten mit negativen Zahlen. Ihre Algebra weist einen deutlichen Zug zur Formalisierung der Schreibweise auf. Ihr wichtigster Beitrag zur Weiterentwicklung der Mathematik ist die Erfindung des dezimalen Stellenwertsystems mit seiner Ziffernschreibweise, die wir heute noch verwenden. Die Geometrie der Inder stellt allerdings einen Rückschritt gegenüber den griechischen Kenntnissen dar. Zwar formulierten auch sie geometrische Sätze, die „Beweise" erfolgten aber durch, wenn auch manchmal sehr geschickt gewählte Figuren, auf rein anschauliche Weise. Wenn auch die Inder in den grundsätzlichen Fragen der Geometrie nicht das wissenschaftliche Niveau der Griechen erreichten, so erzielten sie doch in anwendungsorientierten Bereichen bedeutsame Fortschritte. Dies gilt insbesondere für die Trigonometrie, die sie von den Griechen übernahmen, sie dann aber von der Sehnentrigonometrie zu unser heutigen Halbsehnentrigonometrie umwandelten.

2.3.2 Die Mathematik der Araber

Der wichtigste Beitrag der Araber zur Entwicklung der Mathematik besteht in der Aufnahme der griechischen Geometrie und der indischen Arithmetik und Algebra, der Synthese dieser Gebiete und der Weitergabe an das Abendland. Von besonderer Bedeutung dabei ist die Weiterentwicklung der Algebra, die vor allem mit dem Namen *al-Khwarazmis* verbunden ist, der zu Beginn des 9. Jahrhunderts die Grundlagen der modernen Algebra schuf. Von entscheidender Bedeutung für die Geschichte der Mathematik ist die Rolle der Araber als Vermittler des Wissens der Antike an das Abendland.

Verweise auf die Kapitel „Historische Entwicklung"

Stellenwertsystem der Inder *4.2.2*
Bruchrechnen bei den Indern und den Arabern *4.2.4*
Einführung der negativen Zahlen bei den Indern *4.2.5*
Quadratische Gleichungen bei den Arabern *5.2.7*
Trigonometrie bei den Indern *6.2.4*
Trigonometrie bei den Arabern *6.2.4*
Geometrische Grundsatzfragen bei den Arabern *6.2.2*

2.4 Der Beginn der abendländischen Mathematik

Mathematische Betätigungen im christlichen Abendland lassen sich vor der Jahrtausendwende kaum feststellen. Erst die Kloster- und Domschulen und die ab dem 12. Jahrhundert aus ihnen entstandenen Universitäten verschufen der Mathematik, wenn auch in bescheidenem Rahmen, Eingang in die abendländische Kultur. Im 12. Jahrhundert wurden die wichtigsten mathematischen Schriften der Antike ins Lateinische übersetzt. Aus dem 13. Jahrhundert stammen dann die ersten abendländischen Lehrbücher der Mathematik, die auf die Geometrie Euklids und die Algebra der Araber zurückgriffen. Eigenständige Ideen zeigen sich zum erstenmal gegen Ende des 15. Jahrhunderts

2.4.1 Impulse für die Geometrie aus der darstellenden Kunst

Die Maler der Rennaissance beschäftigten sich intensiv mit Fragen der Projektion von Körpern auf eine Ebene und schufen durch die intuitive Verwendung von Sätzen der projektiven Geometrie die Voraussetzungen dafür, daß sich Jahrhunderte später ein neues Gebiet der Geometrie auf wissenschaftlichen Grundlagen entwickeln konnte. Die Baumeister und Steinmetze entwickelten geometrische Konstruktionsverfahren, die allerdings ausschließlich der praktischen Anwendung dienten.

2.4.2 Fortschritte in der Algebra

Die bedeutendsten Neuentwicklungen der Mathematik um 1500 fanden in der Algebra statt. Vor allem die deutschen Cossisten lieferten wichtige Beiträge zu einer Formalisierung der Algebra. So wurden Zeichen für die Unbekannte und ihre Potenzen und Symbole für Rechenoperationen eingeführt. Allmählich setzte sich auch die Verwendung negativer Zahlen durch. In Italien gelang der erste inhaltliche Fortschritt gegenüber der antiken und arabischen Algebra durch die Entdeckung der Lösungsformeln für Gleichungen 3. und 4. Grades. Von besonderer Bedeutung für die Weiterentwicklung der Algebra waren die Arbeiten *Vietas* am Ende des 16. Jahrhunderts. In ihnen wurden konsequent an Stelle von Zahlen Buchstaben verwendet. Diese Variablen wurden durch

Rechenzeichen verbunden und die dabei entstehenden Rechenausdrücke nach algebraischen Regeln umgeformt. Damit wurde die seit der Zeit der Griechen übliche geometrische Behandlung algebraischer Aufgaben endgültig überwunden und damit der Boden für neue mathematische Theorien bereitet.

Verweise auf die Kapitel „Historische Entwicklung"

Symbolische Schreibweise *5.2.2*
Quadratische Gleichungen *5.2.7*
Trigonometrie.. *6.2.4*
Grenzwertbegriff *7.2.1*

2.5 Das 17. Jahrhundert

Das 17. Jahrhundert kann als Geburtsstunde der modernen Mathematik angesehen werden. Die im vorhergehenden Jahrhundert entwickelte Algebra wurde auf geometrische und infinitesimale Fragestellungen angewandt. Die dabei entwickelten allgemeinen Methoden wandelten das Bild der Mathematik nachhaltig.

2.5.1 Die analytische Geometrie

Im Anhang seines umfangreichen Werks „Discours de la Méthode", in dem allgemeine wissenschaftliche Denkmethoden behandelt wurden, führte *Descartes* zur Beschreibung der geometrischen Sachverhalte in einer Ebene ein Koordinatensystem ein und stellte den Zusammenhang zwischen geometrischen Gebilden und Zahlen her, indem er Geraden oder Kurven durch algebraische Gleichungen beschrieb. Im Prinzip nahm er damit zwar nur einen Grundgedanken auf, den die Griechen bereits in ihrer geometrischen Anayse verfolgt hatten, aber seine Methode erwies sich als wesentlich vielseitiger. Auch *Fermat* hatte etwas früher als *Descartes* ähnliche Ideen entwickelt, doch die Descartessche Vorgehensweise war übersichtlicher und ausbaufähiger. Unsere heutige analytische Geometrie folgt im Wesentlichen den Gedanken *Descartes*.

2.5.2 Die Infinitesimalrechnung

Die Koordinatendarstellung der analytischen Geometrie und die Klärung des Funktionsbegriffs schufen die Grundlagen für die Entwicklung der Infinitesimalrechnung in der zweiten Hälfte des 17. Jahrhunderts. Schon zu Beginn dieses Jahrhunderts hatte *Kepler* infinitesimale Methoden bei der Volumenberechnung von Rotationskörpern verwendet. *Fermat* hatte eine Methode zur Bestimmung von Maxima und Minima entwickelt und *Cavalieri* hatte mit seiner Indivisiblenmethode antike Ideen aufgegriffen und Flächeninhalte berechnet. *Barrow* hatte 1670 den Zusammenhang zwischen Differential- und Integralrechnung entdeckt und in stark geometrisch geprägter Weise formuliert. Der entscheidende Schritt erfolgte um 1675: *Newton* und *Leibniz* entwickelten die Methoden der modernen Differentialrechnung. Dabei ging der Physiker *Newton* von der Beschreibung von Bewegungsvorgängen aus, während das *Leibnizsche* Verfahren von pysikalischen Anwendungen völlig unabhängig war. Wegen seiner Einfachheit und Vielseitigkeit setzte es sich rasch durch und wurde zum Standardverfahren der Infinitesimalrechnung.

Verweise auf die Kapitel „Historische Entwicklung"

Analytische Geometrie	*6.2.5*
Rauminhalte	*7.2.2*
Cavalierisches Verfahren	*7.2.2*
Integrationsmethoden	*7.2.2*
Beginn der Differentialrechnung	*7.2.3*
Calculus von Leibniz	*7.2.3*
Differentialrechnung Newtons	*7.2.3*
Hauptsatz der Differentialrechnung	*7.2.4*

2.6 Das 18. Jahrhundert

Mit dem Ende des 17. Jahrhunderts waren die wesentlichen Inhalte des heutigen Mathematikunterrichts geschaffen. Die spätere Entwicklung in einzelnen Bereichen ist aber insbesondere vom methodischen Standpunkt trotzdem von Interesse.

2.6.1 Ausbau und Anwendung der Infinitesimalrechnung

Die erste systematische Behandlung der Infinitesimalrechnung und ihr Ausbau zur heutigen Analysis ist in erster Linie ein Verdienst *Eulers*. Er schrieb ab 1745 die ersten Lehrbücher der Infinitesimalrechnung. In ihnen findet man unter anderem die Klärung des Funktionsbegriffs und die Entwicklung von Funktionen in unendlichen Reihen. Die Funktionen wurden klassifiziert und anschließend differenziert und integriert, wobei vor allem Exponential- und Logarithmusfunktion, sowie die trigonometrischen Funktionen eine Rolle spielten. *Euler* war auch zusammen mit den Gebrüdern *Bernoulli* wegweisend für die Entwicklung der vielfältigen Anwendungsmöglichkeiten der Infinitesimalrechnung. In dieser Zeit entstanden die Variationsrechnung und die Theorie der Differentialgleichungen.

2.6.2 Der Abschluß der klassischen Algebra

Das wichtigste Thema der Algebra im 18. Jahrhundert war die vergebliche Suche nach Lösungsformeln für Gleichungen von höherem als 4. Grad. Daneben spielte die heute Fundamentalsatz der Algebra genannte Aussage, daß eine Gleichung n-ten Grades genau n Wurzeln besitzt eine wichtige Rolle. Der erste vollständige Beweis dieses Satzes wurde 1799 von *Gauß* in seiner Dissertation erbracht.

Hinweise auf die Kapitel „Historische Entwicklung"

Ableitung der Sinusfunktion *7.2.3*

2.7 Das 19. Jahrhundert

Das 19. Jahrhundert hat eine Fülle von neuen Inhalten und Denkweisen der Mathematik hervorgebracht, von denen ein allerdings kleiner Teil auch für den Unterricht relevant ist. Dabei spielen weniger die Inhalte als die neuen Denkweisen eine Rolle. Sie sind unter anderem durch die Wiederaufnahme der griechischen Forderung nach axiomatischer Begründung der Mathematik, durch die Entwicklung einer Theorie der Logik und der Sicherung der Grundlagen der Analysis gekennzeichnet.

2.7.1 Die moderne Algebra

Das Ende der klassischen Algebra war erreicht, als *Abel* 1824 bewies, daß es für algebraische Gleichungen von höherem als 4. Grad keine Lösungsformel gibt. Die Frage, unter welchen Bedingungen für die Gleichungskoeffizienten eine Lösung möglich ist, stellt den Beginn der modernen Algebra dar. 1832 skizzierte *Galois* ihre Grundzüge.

2.7.2 Die Grundlagen der Analysis

Nach wichtigen Vorarbeiten von *Bolzano* gelang *Cauchy* 1821 eine Begründung der Analysis durch die Entwicklung des exakten Grenzwertbegriffs. Der Zusammenhang zwischen Stetigkeit und Differenzierbarkeit wurde geklärt. Auch die Theorie der irrationalen Zahlen war wieder in den Vordergrund des Interesses gerückt. Die Griechen hatten bereits zweieinhalb Jahrtausende vorher im Prinzip erkannt, daß es irrationale Zahlen gibt, ihren Gebrauch aber vermieden. In der abendländischen Mathematik wurden irrationale Zahlen verwendet, ohne daß die Frage ihrer Existenz und die im Körper der reellen Zahlen geltenden Gesetze geklärt waren. Erst Mitte des 19. Jahrhunderts wurden diese Probleme formuliert und gelöst. Den entscheidenden Beitrag leistete wohl *Dedekind* 1858. Dabei erkannte er, daß für die Definition der irrationalen Zahlen die Klärung des Begriffs der natürlichen Zahlen nötig war. Das holte er 1888 in seiner Schrift „Was sind und was sollen die Zahlen" nach. Einen anderen Weg zur Definition der natürlichen Zahlen schlug *Peano* ein, der 1889 ein entsprechendes Axiomensystem aufstellte.

2.7.3 Die Vektorrechnung

Von der Frage, ob Drehungen im dreidimensionalen Raum durch „Zahlen" ebenso beschrieben werden können, wie die Drehungen in der Ebene durch komplexe Zahlen ausgehend, entwickelte *Hamilton* 1843 viergliedrige „Zahlen", die sogenannten Quaternionen, die als eine Vorstufe für Vektoren angesehen werden können. Noch näher an den Begriff des modernen n-dimensionalen Vektorraums kam *Graßmann* in seiner „linearen Ausdehnungslehre", in der er eine Art Axiomensystem für Vektoren aufstellte.

2.7.4 Nichteuklidische Geometrien

Die über zwei Jahrtausende währende Diskussion über das Parallelenpostulat *Euklids* fand zu Beginn des 19. Jahrhunderts ein Ende. *Bolyai* und *Lobacevskij* schufen eine Geometrie, die auf dieses Postulat verzichtete und eröffneten damit der mathematischen Forschung das Gebiet der nichteuklidischen Geometrie. Diese neue Betrachtungsweise der Geometrie konnte sich allerdings erst gegen Ende des 19. Jahrhunderts durchsetzen. Ein wichtiger Beitrag für die Akzeptanz der neuen Ideen war die Entwicklung eines ebenen Modells der nichteuklidischen Geometrie durch *Klein* im Jahr 1871.
Die Entwicklung der nichteuklischen Geometrie gab in verstärktem Maße Anlaß über die axiomatische Fundierung der Geometrie nachzudenken. Der Gedanke *Euklids* wurde wieder aufgegriffen und mit den Mitteln der im 19. Jahrhundert entwickelten mathematischen Logik in die Schaffung eines Axiomensystems durch *Hilbert* 1899 umgesetzt. Mit den Arbeiten *Hilberts* wurde der mathematische Formalismus uneseres Jahrhunderts begründet, durch den mathematische Aussagen vollständig aller metaphysischen Bedeutung entkleidet wurden.

2.7.5 Die Entstehung der Mengenlehre

1873 erkannt *Cantor*, daß zwischen der Menge der natürlichen Zahlen und der Menge der positiven rationalen Zahlen eine eineindeutige Zuordnung möglich ist und daß dies zur Menge der reellen Zahlen nicht möglich ist. Damit war die Cantorsche Mengenlehre entstanden, die sein Erfinder in den folgenden Jahren zu einer neuen mathematischen Theorie ausbaute, durch die wesentliche Probleme des Unendlichkeitsbegriffs geklärt werden konnten.

Hinweise auf die Kapitel „Historische Entwicklung"

Axiomatisierung des Zahlbegriffs *4.2.1*
Axiomatisierung des Bruchbegriffs *4.2.4*
Axiomatisierung der reellen Zahlen *4.2.6*
geometrische Grundbegriffe *6.2.1*
nichteuklidische Geometrie *6.2.2*
Axiomatik in der Geometrie *6.2.2*
Grenzwertbegriff *7.2.1*
Begriff des Aktual-Unendlichen *7.2.1*

2.8 Tabellarischer Überblick

geschichtliche Epoche	Arithmetik und Algebra	Geometrie	Analysis
Vorgeschichte (ab 30000 v. Chr.)	Entstehung des Zahlbegriffs Zahlzeichen	Erkennen geometrischer Grundfiguren	
Ägyptische und babylonische Kultur (ab 3000 v. Chr.)	Ägyptische Stammbrüche (um 2000 v. Chr.) Babylonisches Sexagesimalsystem (um 2000 v. Chr.) Algebraische Fachwörter (um 2000 v. Chr.) Lösung linearer und quadratischer Gleichungen (um 2000 v. Chr.)	Fachwörter für geometrische Grundfiguren (um 2000 v. Chr.) Geometrische Berechnungen (um 2000 v. Chr.)	
Griechische Kultur (ab 600 v. Chr.)	Entdeckung des Irrationalen (um 450 v. Chr.)	Deduktives Denken in der Geometrie (um 600 v. Chr.) Axiomatik (um 400 v. Chr.) Entwicklung eines wissenschaftlichen Systems der Geometrie (um 300 v. Chr.)	Begriff des Unendlichen (um 450 v. Chr.) Exhaustionsmethode (um 400 v. Chr.)

2.8 Tabellarischer Überblick

geschichtliche Epoche	Arithmetik und Algebra	Geometrie	Analysis
Hellenismus (ab 300 v. Chr.)	Ansätze zur Formalisierung der Algebra (um 250)	Kegelschnitte (um 220 v. Chr.) Anfänge der Trigonometrie (um 150)	Flächen- und Raumberechnungen (um 250 v. Chr.)
Indische und arabische Kultur (ab 500)	dezimales Stellenwertsystem der Inder (um 500) Ausbau der Algebra bei den Arabern (um 800)	Ausbau der Trigonometrie (um 800)	

geschichtliche Epoche	Arithmetik und Algebra	Geometrie	Analysis
Abendländische Kultur (ab 1200)	Lösung der Gleichungen 3. und 4. Grades (um 1500)	Weiterentwicklung der Trigonometrie (um 1470)	
	moderne algebraische Schreibweise (1591)		
		analytische Geometrie (1636/37)	infinitesimale Methoden (um 1620)
	Theorie der komplexen Zahlen (um 1800)		Erfindung der Differential- und Integralrechnung (1675)
	Unlösbarkeit der Gleichungen von höherem als 4. Grad (1824)		
	Galoische Theorie (1832)	nichteuklidische Geometrie (um 1850)	
	Boolesche Algebra (1854)		„unendlich" (um 1870)
	Klärung des Zahlbegriffs (um 1880)	Axiomatisierung der Geometrie (1900)	Klärung des Grenzwertbegriffs (um 1875)

3 Mathematische Denkstrukturen

In diesem Abschnitt werden einige Leitgedanken des Mathematikunterrichts im Überblick dargestellt. Nähere Erläuterungen zu den einzelnen Fragen findet man in den nächsten Abschnitten über die Inhalte des Mathematikunterrichts.

3.1 Der Abstraktionsvorgang

Die Mathematik ist im 2. Jahrtausend v. Chr. als ein Mittel zur Orientierung des Menschen in seiner Welt entstanden. Ganz am Anfang stand deshalb der Versuch in die Vielfalt der Welt Ordnung zu bringen, der sinnlich wahrnehmbaren Welt geistige Strukturen aufzuprägen. Dieser Prozeß, der zur Abstraktion der Dinge der realen Welt zu „Ideen" im Sinne *Platons* führte, wurde von den Babyloniern und Ägyptern eingeleitet und von den Griechen fortgesetzt und problematisiert. Dabei erreichten die Griechen in der Geometrie bereits im 5. Jahrhundert v. Chr. ein so hohes Niveau der Abstraktion, daß damit der Standard für die nächsten zwei Jahrtausende gesetzt war. Erst im 19. Jahrhundert wurden weitere Fortschritte durch die konsequente Anwendung der Logik und durch die strikte Axiomatisierung erzielt.

Der Abstraktionsvorgang ist einer des Grundpfeiler der Mathematik und seine Vermittlung ist unabdingbares Ziel des Mathematikunterrichts. Der Schüler muß erkennen, daß die mathematischen Strukturen, die er im Unterricht kennenlernt, nicht willkürliche Erfindungen sind, sondern das Ergebnis eines geistigen Prozesses, durch den sie aus der Analyse der den Menschen umgebenden Welt entstanden sind. Er soll einsehen, daß diese Strukturen zweckmäßig sind, daß sie helfen die Welt zu ordnen und daß mit ihrer Hilfe wesentlich tiefere Einblicke in die Dinge gewonnen werden können, als dies durch reine Beobachtung möglich ist. Dabei gilt es, diesen Lernprozeß bereits im Anfangsunterricht in Gang zu setzen und nicht erst in einer späteren Phase zu versuchen, gewissermaßen einen theoretischen Überbau des mathematischen Denkens zu konstruieren. Dieser würde oft als künstlich und überflüssig angesehen werden. Die ersten Abstraktionsvorgänge lassen sich bei der Einführung der natürlichen Zahlen und bei der Erarbeitung der geometrischen Grundbegriffe darstellen. Später folgen dann beispielsweise algebraische Strukturen oder funktionale Zusammenhänge.

Die Einführung des Zahlbegriffs aus der Erkenntnis, daß gleichmächtige Mengen von Dingen eine gemeinsame Eigenschaft haben, stellt bereits eine wichtige Erkenntnis dar. Die Erfassung des Begriffs „gleich viel" und das Erfinden von Bezeichnungen, die Mengen mit „gleich viel" Elementen beschreiben, ist ein bedeutender Schritt in der Entwicklung der Menschheit. Um Mißverständnisse zu vermeiden, sei angemerkt, daß hier nicht für eine formalisierte Behandlung der Mengenlehre im Anfangsunterricht plädiert werden soll. Sie würde die fundamentalen Zusammenhänge eher verschleiern und durch manche in den Augen der Schüler „überflüssige" Bezeichnungen und Verfahren die Akzeptanz der Grundidee erschweren.

Die Mengenlehre, die in der Schule ohnehin in der Regel nur vom „naiven" Standpunkt aus behandelt werden kann, ist sicher in vielen Fällen ein brauchbares Hilfsmittel zur klaren Darstellung von mathematischen Sachverhalten. Sinnvollerweise wird man aber ihre Begriffe immer erst dann einführen, wenn sie an bestimmten Stellen des Lehrgangs benötigt werden. Dann werden sie als Mittel zur Darstellung anerkannt und auch bereitwillig verwendet. Mengenlehre als eigenständiges Unterrichtsgebiet, wie dies insbesondere in den 60er-Jahren praktiziert wurde, stellt eine Verkennung der Entstehungsgeschichte dieser mathematischen Disziplin dar, die Ende des vorigen Jahrhunderts entwickelt wurde, um Probleme wie die axiomatische Fundierung des Zahlbegriffs oder den Begriff „unendlich" zu klären. Die in erster Linie von Lernpsychologen geschaffene, ebenfalls unter dem Begriff „Mengenlehre" laufende Lehre von Zusammenhängen zwischen Form, Farbe und anderer Merkmale von Dingen, die bereits in der Grundschule Eingang gefunden hat, ist hier sowieso nicht gemeint.

Die Einführung des Zahlbegriffs und die sich daraus entwickelnden Zahlverknüpfungen sind wahrscheinlich das einfachste Beispiel, an dem man dem Schüler unmittelbar einsichtig machen kann, daß mathematische Begriffe und aus ihnen abgeleitete Strukturen ein wertvolles Mittel zur Orientierung in der Welt darstellen. Noch deutlicher wird der mathematische Abstraktionsvorgang bei der Behandlung der geometrischen Grundbegriffe aufgezeigt. Einen Punkt, eine Gerade, ein Dreieck oder einen Kreis findet man in der uns umgebenden Welt nicht. Auch das vom Lehrer an die Tafel gezeichnete Dreieck ist nicht die „Idee des Dreiecks", sondern nur ein Modell dieser Idee. Wenn in diesem Modell beispielsweise festgestellt wird, daß die Winkelhalbierende eines Innenwinkels die dem Winkel gegenüberliegende Seite schneidet, bedeutet diese Tatsache nicht, daß die allgemeine Aussage „In jedem Dreieck schneidet die Winkelhalbierende eines Innenwinkels die dem Winkel gegenüberliegende Seite" richtig ist. Dieser für die unendliche Vielfalt aller Dreiecke geltende Satz kann sinnvollerweise nur für den abstrakten Begriff „Dreieck" formuliert werden. Das haben bereits die griechischen Philosophen und Mathematiker klar erkannt und formuliert. Bei den Vorgriechen wurde bei Dreiecken und anderen geometrischen Grundfiguren wohl noch eher an konkrete Gebilde, wie beispielsweise Felder gedacht. Dennoch wurden solche Felder nach ihren Formen in verschiedene Kathegorien eingeteilt und mit Fachwörtern bezeichnet. Dies ist sicher auch ein Weg für den geometrischen Anfangsunterricht. nämlich die Einteilung der verschiedenen Figuren in Kathegorien und die Benennung dieser Kathegorien mit Fachwörtern. Daraus ergibt sich dann die Vorstellung von einer bestimmten geometrischen Grundfigur. Mehr ist im Unterricht nicht erreichbar und auch gar nicht nötig. Da wir ja inzwischen wissen, daß die geometrischen Grundbegriffe nicht definierbar sind, wäre es unsinnig, im Unterricht Pseudodefinitionen im Sinn etwa *Euklids* oder der mittelalterlichen Mathematik zu verwenden.

3.2 Die analytische Denkweise

Die analytische Methode wurde offensichtlich bereits im 2. Jahrtausend v. Chr. von den Babyloniern bei arithmetischen Problemen angewandt. Mit ihrer Hilfe entwickelten sie aus der Arithmetik die Algebra. Den Griechen verdanken wir die erste Anwendung auf die Geometrie und die Formulierung dieser Denkweise. Während die Vorgriechen sich ihrer wohl eher unbewußt bedienten, beschreibt der Grieche *Diophant* den Grundgedanken der analytischen Methode in der Algebra: Man nimmt die Lösung einer Aufgabe als gegeben an und sucht eine unbekannte Größe. Mit ihr rechnet man wie mit gegebenen Größen, bis sie aus der Verknüpfung mit anderen Größen herausgelöst ist. Dabei stellt man bei arithmetischen Aufgaben der gleichen Struktur, beispielsweise bei Additionen der Form $a + b = c$ fest, daß eine solche Aussage auch als $c - a = b$ und $c - b = a$ dargestellt werden kann, woraus sich die Lösungen der Gleichungen $a + x = c$ bzw. $x + b = c$ ergeben. Wichtiger Bestandteil der analytischen Methode ist immer die Untersuchung, unter welchen Bedingungen eine Lösung des Problems möglich ist. Im besonders einfachen Fall der Addition $a + b = c$ muß natürlich etwa im Bereich der in der Antike ausschließlich verwendeten positiven Zahlen c immer sowohl größer als a als auch als b sein.

Im Arithmetikunterricht und dem aus ihm herauswachsenden Algebraunterricht sollte die Untersuchung der Lösbarkeit einen zentralen Platz einnehmen. Die sich anschließenden Überlegungen führen dann zur schrittweisen Erweiterung des Zahlbereichs und als deren Folge zur Lösung weiterer Gleichungstypen, wobei auch die Frage nach der Zahl der Lösungen in Abhängigkeit von den gegebenen Größen eine Rolle spielen kann.

Überträgt man das analytische Prinzip auf die Geometrie, so kann man es folgendermaßen beschreiben: Man nimmt die Lösung einer Konstruktionsaufgabe als gegeben an, d. h. man zeichnet die gesuchte Figur ohne vorerst zu wissen, wie sie konstruiert werden kann und stellt dann auf Grund der bekannten geometrischen Sätze fest, wo zu konstruierende Punkte liegen müssen. So kann man beispielsweise bei der Konstruktion eines Dreiecks aus den gegebenen Seiten AB und AC und der Höhe h_c aus der Figur ablesen, daß der gesuchte Punkt C sowohl auf dem Kreis um A mit Radius $\overline{AC}$ als auch auf der Parallelen zu AB im Abstand h_c liegt.

Auch in der Geometrie geht es um die Frage, bei welchen Größen eine Aufgabe lösbar ist. In diesem Fall wird man feststellen, daß für $\overline{AC} < h_c$ keine Lösung, für $\overline{AC} = h_c$ eine Lösung und für $\overline{AC} > h_c$ zwei Lösungen existieren.

Verknüpft man Algebra und Geometrie, erhält man wesentliche Erweiterungsmöglichkeiten der Geometrie. Bereits an ganz einfachen Beispielen, die bereits im Anfangsunterricht behandelt werden können, läßt sich die Wirksamkeit dieser Methode zeigen. So kann beispielsweise die Aufgabe zu einem gegebenen Rechteck der Seitenlängen a und b ein flächengleiches Rechteck zu konstruieren, bei dem eine Seite c vorgegeben ist ohne die übliche Zuhilfenahme eines Satzes aus der Satzgruppe des *Pythagoras* gelöst werden, wenn man $a\,b = c\,x$ in $\frac{a}{c} = \frac{x}{b}$ umformt und x etwa mit Hilfe des Strahlensatzes konstruiert.

Solche Verknüpfungen von Algebra und Geometrie im Unterricht der Sekundarstufe I schaffen die Grundlagen für das Verständnis der analytischen Geometrie und der Analysis in der Sekundarstufe II. Die Entwicklung dieser Bereiche, die am Beginn der modernen Mathematik standen, war nur durch die Synthese von Algebra und Geometrie möglich. Erst die Zusammenführung des geometrischen Denkens der Griechen mit der in erster Linie von den Arabern entwickelten algebraischen Denkweise schuf die Voraussetzung dafür, daß die von der Antike bis zum Mittelalter stagnierende Entwicklung der Mathematik im 17. Jahrhundert beendet wurde und neue mathematische Bereiche erschlossen wurden. Wegen der Bedeutung dieses Vorgangs wurde bis in die 50er-Jahre unseres Jahrhunderts als Abschluß und Krönung des Geometrieunterrichts der Sekundarstufe I ein eigener Bereich „geometrische Analyse", der diese Zusammenhänge systematisch behandelte, unterrichtet. Aus heutiger Sicht ist eine solche systematische, geschlossene Behandlung nicht nötig und wahrscheinlich auch gar nicht wünschenswert. Das allgemeine Denkprinzip der Verknüpfung von Algebra und Geometrie sollt vielmehr den gesamten Geometrieunterricht von Anfang an durchdringen, indem die Zusammenhänge immer wieder an geeigneter Stelle mit den jeweils zur Verfügung stehenden Hilfsmitteln hergestellt werden.

3.3 Das deduktive Denken

Das Bedürfnis mit Hilfe der Deduktion in der Mathematik Beweise zu führen, d. h. aus vorgegebenen Sätzen weitere Aussagen herzuleiten ist zuerst bei den Griechen erkennbar. Zumindestens seit der Zeit der Pythagoreer galt allgemein der Grundsatz, daß mathematische Aussagen bewiesen werden müssen. Am eindrucksvollsten tritt uns diese Denkweise in den Werken *Euklids* entgegen. Durch die Methode des im 4. und 5. Jahrhundert v. Chr. entstandenen „wissenschaftlichen Denkens" wurde das Bild der Mathematik bis in unsere Zeit geprägt. Bemerkenswert ist dabei der häufige Gebrauch des sogenannten Widerspruchsbeweises, bei dem man eine Annahme macht, aus der dann durch Deduktion eine Folgerung gezogen wird, die offensichtlich falsch ist, woraus man schließt, daß die Annahme falsch und ihr logisches Gegenteil richtig ist.

Da bei diesem Verfahren die Mechanismen des logischen Schließens deutlich hervortreten, hat es auch seine Bedeutung für den Mathematikunterricht und sollte häufiger verwendet werden. Im Rahmen der im Unterricht in der Regel behandelten Probleme kann man sich dabei durchaus auf den Standpunkt der klassischen Logik stellen, daß ein Satz nur entweder wahr oder falsch sein kann und es eine dritte Möglichkeit nicht gibt. Selbstverständlich sollte man an geeigneter Stelle auch auf die Problematik dieser Voraussetzung, etwa bei nicht entscheidbaren Sätzen hinweisen.

Der Gedanke der Deduktion durchzieht naturgemäß den gesamten mathematischen Unterricht, ohne daß diese Denkweise immer bewußt wird. Die Gelegenheiten zur ausdrücklichen Behandlung der logischen Schlußweise im Mathematikunterricht sind vielfältig. Das klassische Gebiet zur Demonstration der deduktiven Denkweise ist die Geometrie, bei deren Aufbau ihre Grundsätze von den Griechen entwickelt wurden. Aber auch bei der Behandlung weiterer Bereiche, wie etwa des Grenzwertbegriffs ergeben sich viele Möglichkeiten die deduktive Denkweise in den Mittelpunkt des Unterrichts zu stellen. Besonders wichtig ist die Verwendung der exakten Schlußweise von Beginn des Mathematikunterrichts an. Für den Anfangsunterricht bietet sich eine elementare Zahlentheorie an, wie sie etwa im 9. Buch der Elemente des *Euklid* dargestellt ist. Ein Satz wie beispielsweise „Das Produkt zweier gerader Zahlen ist wieder eine gerade Zahl" läßt sich aus konkreten Beispielen induktiv erschließen, durch Punktmengen gut veranschaulichen und schließlich mit Hilfe einfacher Überlegungen beweisen.

Mathematisches Beweisen, d. h. das logische Schließen von einem oder mehreren vorgebenen Sätzen auf einen neuen Satz kann nur mit Hilfe der Deduktion, also dem Schluß vom allgemeinen Fall auf den besonderen, erfolgen. Die Induktion, bei der von Einzelfällen auf einen allgemeinen Zusammenhang geschlossen wird, kann in der Mathematik nur als Mittel zum Auffinden von Aussagen dienen. Diese Sätze sind dann entweder als nichtbeweisbare Grundsätze, sogenannte Axiome zu formulieren oder aus Axiomen oder bereits bewiesenen Sätzen deduktiv herzuleiten.

Das Prinzip der „vollständigen Induktion" stellt selbstverständlich keine Anwendung der induktiven Schlußweise in diesem Sinn dar. Es handelt sich hierbei vielmehr um ein Axiom, aus dem korrekte Schlüsse durch deduktives Denken gewonnen werden können.

3.4 Der systematische Aufbau der Mathematik

Das Bemühen um Systematik in der Mathematik ist bereits in den frühesten Zeugnissen mathematischer Betätigung erkennbar. Der ägyptische Papyrus Rhind schreitet in der Geometrie von elementaren zu schwierigeren Flächenberechnungen fort, in ihm sind die algebraischen Aufgaben nach Typen geordnet, die Berechnungen werden mit Hilfe einheitlicher Methoden durchgeführt. Die babylonischen Tabellentexte weisen auf ein immanentes Ordnugsprinzip hin, die algebraischen Aufgaben werden auf sogenannte Normalformen zurückgeführt usw. Den Höhepunkt der systematischen Darstellung in der Antike erleben wir in den Elementen des *Euklid*. Sie stellen den Prototyp eines Lehrbuchs dar, das die mathematischen Kenntnisse des 4. Jahrhunderts v. Chr. in einer einheitlichen, schrittweise aufbauenden Darstellung behandelt. Die Elemente waren über zwei Jahrtausende lang das Vorbild für den systematischen Aufbau der Mathematik, auf dessen Grundgedanken man sich immer wieder zurückbesann, wenn nach einer Phase des inhaltlichen Vorwärtsschreitens eine Fundierung und Einordnung neuer Ideen erforderlich war.

Ohne systematischen Aufbau bleibt der Mathematikunterricht Stückwerk, eine Aneinanderreihung von Methoden ohne Einsicht in die Zusammenhänge. Man spricht in der heutigen Didaktik häufig von der

„Problemorientierung" als Unterrichtsprinzip. Dabei sollte man unterscheiden zwischen „äußeren" Problemen, die sich beispielsweise aus Fragen des täglichen Lebens oder der Physik ergeben, und „inneren" Problemen, die aus der mathematischen Betätigung selbst erwachsen. Die „äußeren" Probleme können selbstverständlich im Sinne der Ausgangssituation der Mathematik als Orientierung in der Welt als Motivation zu mathematischen Tun dienen. So eingesetzt sind sie ein wertvoller Bestandteil des Unterrichts. Der Unterricht kann aber auf dieser Stufe nicht stehenbleiben, man kommt auf diesem Weg nicht sehr weit. „Äußere" Probleme, die den Schüler zu mathematischen Überlegungen anregen, sind meist mit relativ einfachen Mitteln zu bewältigen. Andere führen oft zu sehr speziellen Bereichen der Mathematik und damit zu recht eingeschränkten Methoden.

Die „inneren" Probleme dagegen weisen unter der richtigen Anleitung den Weg zu einem systematischen Aufbau, der die Vielfalt der Mathematik überschaubar und erfaßbar macht. Als Beispiel sei der Zahlenaufbau genannt, d. h. die systematische Entwicklung der Zahlbereiche aus der Menge der natürlichen Zahlen als Ausgangspunkt. Da sich im Unterricht dieser Aufbau in der Regel über mehrere Jahre erstreckt, ist für den Schüler die durchgehende Systematik nicht immer erkennbar, der Lehrer sollte sich aber ihrer stets bewußt sein. Er sollte auch an geeigneter Stelle, wohl am besten vor der letzten Ausbaustufe des Bereichs der reellen oder der komplexen Zahlen einen systematischen Überblick geben, aus dem die inneren Zusammenhänge erkennbar sind. In enger Verbindung mit dem Aufbau der Zahlenbereiche steht das Rechnen in diesen Zahlenbereichen. Dabei werden die in der Menge der natürlichen Zahlen erkannten Rechenoperationen, die sich durchaus aus der „Praxis" ergeben können, auch in anderen Zahlbereichen definiert und systematisch behandelt, auch wenn beispielsweise die Division zweier Brüche für den Schüler, wenn er diese Operation in der Sekundarstufe I kennenlernt, vorerst wenig Sinn macht. Beim Aufbau der Algebra geht man von den linearen Gleichungen aus und wendet die bei ihrer Lösung erarbeiteten Methoden auf lineare Gleichungssysteme und Gleichungen höheren Grades an. Die Geometrie ist das klassische Gebiet für einen systematischen Aufbau, der aber leider recht umfangreich und für die Schüler daher unübersichtlich ist. Unter dem Stichwort „lokales Ordnen" hat man deshalb die Idee vom systematischen Aufbau von geometrischen Teilgebieten als Unterrichtsprinzip erarbeitet. In überschaubaren Bereichen läßt sich zeigen, wie aus Definitionen und Axiomen erst einfache Sätze und aus diesen und den Axiomen ein ganzes Geflecht von Sätzen hergeleitet werden kann. Dabei ergibt sich der Aufbau auf natürliche Art und Weise: Wenn beispielsweise ein oder zwei Kongruenzsätze formuliert sind, liegt die Frage, ob es weitere Kongruenzsätze gibt und ob sie überhaupt erforderlich sind, auf der Hand. Sich anschließende Fragestellungen sind: Welche weitere Sätze lassen sich aus den Kongruenzsätzen herleiten? Gibt es geometrische Sätze, die nicht aus den Kongruenzsätzen folgen? usw.

Auch die in der Sekundarstufe II behandelten Bereiche wie die analytische Geometrie und die Analysis haben ihre eigene Systematik. Sie sind aber auch im Gesamtaufbau der Mathematik als systematische Fortsetzung der Arithmetik, Algebra und Geometrie und deren Synthese zu sehen. Eine wichtige Aufgabe des Unterrichts ist es, bewußt zu machen, daß dies nicht neue isolierte Gebiete der Mathematik sind, sondern die konsequente Fortführung der grundlegenden Bereiche. Ein Blick auf die historischen Zusammenhänge gibt nützliche Hinweise für die Umsetzung dieser Forderung.

3.5 Das axiomatische Denken

Die axiomatische Arbeitsweise der Mathematik, durch die eine Theorie begründet wird, indem man gewisse Sätze an den Anfang stellt und alle weiteren Sätze durch logische Deduktion aus ihnen herleitet, wurde zum erstenmal in der griechischen Mathematik des 5. und 4. Jahrhunderts v. Chr. explizit angewandt. Das älteste erhaltene Dokument dieser für die Mathematik grundlegenden Denkweise sind die Elemente des *Euklid*, in denen die Geometrie der damaligen Zeit auf der Grundlagen von Axiomen dargestellt ist. In den nächsten zwei Jahrtausenden begnügte man sich mit Versuchen zur Verbesserung der Euklidischen Axiome. Der entscheidende Schritt zu einer konsequenten Axiomatisierung erfolgte erst am Ende des vorigen Jahrhunderts. Nach Vorarbeiten von *Moritz Pasch* schuf *David Hilbert* ein System der Geometrie, das konsequent auf Axiome aufgebaut war. Die Übertragung dieser Denkweise auf andere mathematische Bereiche folgte rasch. Seit Beginn unseres Jahrhunderts ist es selbstverständlich, daß eine mathematische Theorie auf einem Axiomensystem fußt.

Hilbert ging von der Einsicht aus, daß die explizite Definition mathematischer Grundbegriffe nicht möglich ist. Sie werden deshalb implizit festgelegt, indem sie durch Axiome verknüpft werden. Nach *Hilbert* ist das „anschauliche Substrat" der geometrischen Grundbegriffe „mathematisch belanglos". Nur ihre Verknüpfung durch Axiome kommt in Betracht. Die Definitionen sind nur Begriffsbildungen, also Namen für Elemente der Mathematik. Die Griechen haben noch versucht diese Elemente zu beschreiben, sind aber daran gescheitert. Für den Unterricht ergibt sich daraus die Konsequenz, daß die oft gerne an den Anfang des Geometrieunterrichts gestellten „Definitionen" von Punkt, Gerade usw. sinnlos und deshalb zu vermeiden sind. Der mitdenkende Schüler gerät bei „Definitionen" wie „Ein Punkt ist Schnitt zweier Geraden" und „Eine Gerade ist die Verlängerung der kürzesten Verbindung zweier Punkte" mit Recht in Verwirrung. Es genügt die Übereinkunft, daß man einen Punkt in einer Zeichenebene durch einmaliges Aufdrücken eines Schreibgeräts darstellen kann und daß die Darstellung eines Stücks einer Geraden mit Hilfe eines Lineals möglich ist. Wichtig ist dabei die Feststellung, daß es sich dabei immer nur um eine bildliche Darstellung und nicht um den Punkt oder die Gerade als Gegenstand der Mathematik selbst handelt.

Nach der Einführung von Namen für die Elemente der Geometrie folgt die Formulierung von Axiomen. Dabei gelten seit *Hilbert* drei Grundforderungen an ein Axiomensystem:

1. Die Unabhängigkeit

Es wird verlangt, daß nicht ein Axiom aus den anderen bewiesen werden kann, es soll also ein möglichst einfaches Axiomensystem gewählt werden, wobei diese Unabhängigkeit der Axiome an einem Modell nachgeprüft werden kann. Für den Unterricht gilt diese Forderung nur in abgeschwächter Form. Es läßt sich auch mit einem Axiomensystem arbeiten, das diese Forderung nicht vollständig erfüllt. Dabei kann man eventuell im weiteren Aufbau der Geometrie feststellen, daß ein als Axiom formulierte Satz überflüssig ist bzw. daß er durch einen einfacheren ersetzt werden kann. So kann man beispielsweise bei der axiomatischen Grundlegung statt des 2. Peano-Axioms ($a \in \mathbb{N} \Rightarrow a + 1 \in \mathbb{N}$) vorerst das dem Schüler näher liegende „Axiom" $a,b \in \mathbb{N} \Rightarrow (a + b) \in \mathbb{N}$ einführen und erst später auf die Peanoformulierung kommen.

2. Die Vollständigkeit
Nach *Hilbert* ist ein Axiomensystem der Geometrie „vollständig", wenn es „zum Nachweis aller geometrischen Sätze ausreicht". Diese Forderung ist besonders dann wichtig, wenn man sich mit dem Problem nichtentscheidbarer Aussagen auseinandersetzt. Im Unterricht tritt dieses Problem allerdings kaum auf. Man kann sich auf den Standpunkt stellen, daß man eben nur die geometrischen Probleme behandelt, die sich aus dem vorliegenden Axiomensystem ergeben.

3. Die Widerspruchsfreiheit
Die grundsätzliche Klärung der Frage ob sich Axiome eines Systems widersprechen hängt eng mit den Grundlagen der Logik zusammen. Im Unterricht muß man darauf vertrauen, daß man auf den ersten Blick erkennt, daß die Axiome widerspruchsfrei sind. Da dies aber nicht immer gelingt, kann es passieren, daß beim weiteren Aufbau der Theorie sich widersprechende Sätze auftreten, die dann eine Revision des Axiomensystems erforderlich machen.

Die Axiome der modernen Mathematik handeln von Gegenständen formaler Systeme, denen keine „Wirklichkeit" zu Grunde liegt. In der Mathematik bis zum 19. Jahrhundert beschreibt die Geometrie den sinnlich wahrgenommenen Raum und so sieht sie auch der Schüler. Im Raum herrscht auf den ersten Blick die euklidische Geometrie. Es ist also sicher nicht verkehrt, wenn der Unterricht beim Aufbau der Geometrie der Auffassung *Platons*, nach der geometrische Axiome Aussagen über die Welt der realen Ideen sind, und der *Kants*, daß der Raum eine notwendige Vorstellung a priori ist, folgt. Entsprechende Hinweise auf den modernen Formalismus in der Mathematik sollten aber trotzdem in der Sekundarstufe II nicht fehlen, da ja die moderne Physik die Welt durchaus mit Hilfe der nichteuklidischen Geometrie beschreibt.

Geometrische Axiomatik im Unterricht geht also von Sachverhalten der geometrischen Anschauung im euklidischen Raum aus und versucht diese auf möglichst einfache „Grundsätze" zurückzuführen, um sie so auf eine gesicherte Grundlage zu stellen. Ist diese Denkweise den Schülern vertraut, kann auch in anderen Bereichen, in denen der axiomatische Aufbau nicht möglich ist, da sie im Unterrichtsaufbau sehr früh behandelt werden, rückblickend ein axiomatischer Aufbau wenigstens in Grundzügen vorgestellt werden. Dies gilt vor allem für die Arithmetik, insbesondere für die Menge der natürlichen Zahlen. Dagegen kann bei Themen der Sekundarstufe II wie der Analysis und der Geometrie der Vektorräume die axiomatische Denkweise von vorneherein in den Unterrichtsgang einbezogen werden.

3.6 Das funktionale Denken

Unter dem funktionalen Denken ist natürlich wesentlich mehr zu verstehen als die Benützung des Funktionsbegriffs. Dieser ist in der Entwicklung erst relativ spät entstanden; er tritt zum erstenmal im 17. Jahrhundert auf, so etwa bei *Descartes* bei der Untersuchung der Potenzen x^n in Abhängigkeit von x und bei *Leibniz* in Zusammenhang mit einer Kurve und dem Anstieg dieser Kurve in einem Punkt. Funktionales Denken aber, d. h. die Vorstellung, daß es Größen gibt, die in einem bestimmten gesetzmäßigen Zusammenhang stehen, gehört zu den grundlegenden Denkweisen der Mathematik. Es ist in den ältesten Dokumenten der Mathematikgeschichte erkennbar. So etwa in den babylonischen Tabellentexten aus dem 2. Jahrtausend v. Chr., die einen erheblichen Teil der mathematischen Texte dieser Zeit bilden.

Wenn beispielseise auf einer Keilschrifttafel das Quadrat der Quotienten zweier Rechteckseiten und eine Seitenlänge und die Diagonalenlänge für eine Anzahl von Rechtecken systematisch aufgelistet ist, weist dies auf die Betrachtung der Zusammenhänge von Diagonalenlänge und Seitenlänge im Rechteck hin.

Obwohl in der griechischen Mathematik nicht von Funktionen oder entsprechenden Begriffsbildungen die Rede ist, waren doch entsprechende Vorstellungen vorhanden. Als Beispiel sei die Exhaustionsmethode genannt. Bei ihr wird im Prinzip bei der Berechnung von krummlinig begrenzten Flächen durch ein- und umbeschriebene n-Ecke die Abweichung des n-Eck-Flächeninhalts vom Inhalt der zu berechnenden Fläche in Abhängigkeit von n betrachtet.

Das funktionelle Denken fand also nicht erst mit der Entwicklung der Physik Eingang in die Mathematik, wie gelegentlich behauptet wird. Es ist keine von außen in die Mathematik eingebrachte Begriffsbildung, sondern eine aus den inneren Gesetzen der Entwicklung mathematischen Denkens erwachsende Vorstellung. Sie ist deshalb auch für den Unterricht von zentraler Bedeutung und zwar nicht nur für die Bereiche, deren Grundlage der Funktionsbegriff ist, wie es beispielsweise in der Analysis der Fall ist, sondern auch für die anderen Gebiete des Unterrichts.

Als Beispiele aus dem elementaren Arithmetikunterricht seien die Schlußrechnung und die ihr zu Grunde liegende Proportionalität und das Aufsuchen von Teilern einer natürlichen Zahl genannt. In der Algebra stellt jede allgemeine Formel und insbesondere jede Lösungsformel einen funktionalen Zusammenhang dar. Das Gleiche gilt für die Berechnungsaufgaben der Geometrie, bei denen die zu berechnende Größe als Funktion der gegebenen Größen auftritt. Im Hinblick darauf, daß der Funktionsbegriff in der Analysis unverzichtbar ist und diese Denkweise bei deren Behandlung den Schülern oft begriffliche Schwierigkeiten bereitet, sollten bereits in der Sekundarstufe I die sich bietenden Gelegenheiten zur Anbahnung des funktionalen Denkens intensiv genutzt werden.

3.7 Die geeignete Darstellung

Die mathematischen Denkweisen müssen in einer geeigneten Form dargestellt werden. Die Bedeutung einer angepassten, übersichtlichen, möglichst einfachen und erweiterungsfähigen Darstellungs- und Schreibweise für eine mathematische Theorie darf nicht unterschätzt werden. Natürlich existieren die mathematischen Ideen unabhängig von speziellen Darstellungsweisen. Wie aber die Entwicklung der Mathematik zeigt, herrscht zwischen den Ideen und ihrer Darstellung eine intensive Wechselwirkung. Oft hat erst eine verbesserte Darstellungsform neue Impulse für die Weiterentwicklung einer mathematischen Theorie gebracht.

Am deutlichsten erkennt man das bei der Entwicklung der Algebra. Wenn man sieht, mit welchem Scharfsinn die antiken Mathematiker algebraische Aufgaben gelöst haben und sich doch auf Probleme beschränken mußten, die wir heute als relativ einfach einstufen, wird klar, daß erst die Erfindung der Variablenschreibweise im 16. Jahrhundert zu entscheidenden Fortschritten verhalf. Ähnlich liegen die Verhältnisse in der Analysis. Die Griechen behandelten eine Reihe wichtiger infinitesimaler Probleme mit exakten Methoden, die aber immer von der Geometrie ausgingen und auf den speziellen Fall zugeschnitten waren. Erst die Verknüpfung von Geometrie und Algebra und der Funktionsbegriff ermöglichte die Entwicklung einfacher und vor allem allgemeiner Methoden der Analysis.

Die heute üblichen Darstellungsweisen sind sicher für die jeweiligen Bereiche der Mathematik am geeignetsten. Sie haben sich in einem natürlichen Konkurenzkampf gegen andere Modelle durchgesetzt. Man denke beispielsweise an den Sieg der *Leibnizschen* Behandlung des Differentialquotienten über die Methode *Newtons*.

Die Konsequenzen für den Unterricht sind deshalb auf den ersten Blick leicht zu ziehen: Man benütze die heute in der Mathematik üblichen Darstellungsweisen. Das Problem liegt natürlich in der Frage wie man diese modernen, am Ende eines langen Entwicklungsprozesses stehenden Darstellungsformen dem Schüler vermittelt. Folgt man der Entstehungsgeschichte der Algebra, wird man beispielsweise mit der antiken „Wortalgebra" beginnen, als nächsten Schritt eine Symbolisierung im Sinne *Diophants* vornehmen und schließlich zur Variablendarstellung Vietas kommen. Aus ihr ergibt sich auch die Darstellung einer Funktion durch Funktionsterme, die man sinnvollerweise bei der Behandlung der Analysis voraussetzt. Ein Durchlaufen der einzelnen Stufen der historischen Entwicklung der Darstellungsweise der Analysis wäre sicher nicht hilfreich. Der Schüler hat ja schon am Beispiel der Algebra den Entstehungsprozeß einer geeigneten Darstellungsweise erkannt und kann diese Entwicklung auf die Analysis übertragen.

3.8 Die Synthese von Geometrie und Algebra

Nach der gängigen Auffassung stellt die Verknüpfung von Geometrie und Algebra, d. h. die systematische Behandlung geometrischer Fragestellungen mit algebraischen Hilfsmitteln, wie sie im 17. Jahrhundert entwickelt wurde, den entscheidenden Schritt zur modernen Mathematik dar. In das 17. Jahrhundert fallen die erste konsequente Verwendung von Koordinatensystemen, die Entstehung des Funktionsbegriffs und die ersten Versuche zur Darstellung von Funktionen in Koordinatensystemen. Die Synthese zweier bis dahin anscheinend völlig getrennt behandelter Gebiete kam aber zu diesem Zeitpunkt nicht völlig unvermittelt. Bereits über 2000 Jahre vor dem Entstehen der analytischen Geometrie hat man rechnerische Verfahren in der Geometrie angewandt und damit wichtige Vorarbeiten geleistet. Dies gilt insbesondere für die von den Griechen begründete Kegelschnittlehre.

So geht der Begriff des „geometrischen Orts" als „Punktmenge", deren Elemente durch eine bestimmte Bedingung definiert sind, auf die Griechen zurück. Dabei konnten solche Definitionen rein geometrischer Natur sein, aber auch algebraische Hilfsmittel verwenden. So wurden bereits zur Zeit des *Archimedes* Kegelschnitte durch Gleichungen beschrieben, die bei der Verwendung der bei uns üblichen Bezeichnungen x und y für Strecken genauso aussehen, wie die Funktionen der heutigen analytischen Geometrie. Es handelt sich dabei aber um keine „Koordinaten", sondern um Variablen für Strecken im Sinn der klassischen griechischen Geometrie. Trotzdem kann man Vorformen unserer Koordinatensystem erkennen. Im Gegensatz zur heutigen Auffassung, bei der man von der Darstellung von Punkten durch Zahlenpaare ausgeht, standen in der griechischen Mathematik die Beziehungen zwischen Strecken im Vordergrund.

Die griechischen „Koordinatensysteme" waren immer der jeweilgen Figur angepaßt, eine „Achse" bei der Parabeldarstellung beispielsweise war immer die Scheiteltangente, die andere die Symmetrieachse oder eine Parallele zu ihr. Die Griechen waren bei der Wahl der Achsen sehr flexibel. Die heutige analytische Geometrie, wie wir sie seit dem 17. Jahrhundert betreiben, bevorzugt feste Koordinatensysteme und nimmt dafür eine kompliziertere Darstellung der Kurven in Kauf. Dies ist möglich, da im 16. Jahrhundert durch die Formalisierung der Algebra die erforderlichen Hilfsmittel bereitgestellt wurden. Trotzdem sollt man die Möglichkeit durch Koordinatentransfomation einfachere Kurvendarstellungen zu erreichen, nicht außer acht lassen.

3.9 Der Unendlichkeitsbegriff

Die Einbeziehung infinitesimaler Größen in die Mathematik ist ein Verdienst der Griechen. Seit dem 5. Jahrhundert v. Chr. beschäftigten sie sich mit Fragen etwa von der Art, ob unendlich viele unendlich kleine Größen eine endliche Größe ergeben können. Die in diesem Zusammenhang von *Zenon* formulierten Paradoxien erscheinen uns heute kurios, haben aber die Entwicklung der Mathematik doch wesentlich beeinflußt. Es entwickelten sich aus solchen Fragestellungen die von vor allem von *Aristoteles* problematisierte Vorstellung vom aktual und potentiell Unendlichen, die Exhaustionsmethode des *Eudoxos* und die Verfahren von *Archimedes* zur Berechnung krummlinig begrenzter Flächen. Es gab also bei den Griechen eine lebhafte Diskussion über das Unendliche und ein einwandfreies Verfahren für die Flächenberechnung, das aber recht umständlich und kaum im Sinne einer allgemeinen Methode erweiterungsfähig war.

In der Folgezeit ging die griechische Strenge des Denkens auch auf dem Gebiet der Infinitesimalrechnung verloren. Die Beschäftigung mit dem Unendlichen verschwand zwar nie ganz aus der Mathematik, die Ergebnisse waren aber mindestens bis in das 16. Jahrhundert hinein unbefriedigend und zum Aufbau einer mathematischen Theorie ungeeignet. Es wurden Einzelprobleme erkannt, aber Lösungsansätze für allgemeine Probleme wurden nicht gefunden. Im 16. und 17. Jahrhundert entstanden dann die Begriffe und Methoden, die wir heute im Unterricht unter der Bezeichnung Infinitesimalrechnung behandeln, ohne daß der Unendlichkeitsbegriff in dieser Zeit befriedigend geklärt war. So verwendeten *Fermat* und *Leibniz* infinitesimale Größen in recht ambivalenter Form. Einmal sind sie endliche Größen, durch die beispielsweise dividiert werden kann, und dann werden sie später einfach gleich Null gesetzt. Bei *Newton* und anderen sind sie endliche Größen, ihre Potenzen aber haben den Wert Null. Erst im 19. Jahrhundert wurde der exakte

Grenzwertbegriff eingeführt und viele grundsätzliche Probleme des Unendlichen vor allem durch die Arbeiten *Cantors* geklärt.

Wegen der Schwierigkeiten, die sich bei der historischen Entwicklung des Unendlichkeitsbegriff ergaben und insbesondere wegen der Tatsache, daß eine Klärung erst sehr spät erfolgte, ist es nicht verwunderlich, daß dieser Begriff im Unterricht beachtliche Probleme bereitet. In der Sekundarstufe I kann man diesen Problemen noch gut aus dem Weg gehen, indem man konsequent auf infinitesimale Verfahren verzichtet. Dies gilt auch für die Kreisberechnung, da man durchaus zu brauchbaren Ergebnisse kommen kann, wenn man sich auf den *Archimedischen* Standpunkt stellt und etwa für die Kreisfläche lediglich untere und obere Grenzen berechnet.

In der Sekundarstufe II benötigt man natürlich bei der Einführung in die Analysis die Begriffe Ableitung und Integral und Einsichten in den ihren Zusammenhang. Will man einen mathematisch einwandfreien Aufbau, kann man nicht umhin, den historischen Ablauf umzukehren. Am Anfang steht dann eine gründliche Behandlung des Grenzwertbegriffs, wie er im 19. Jahrhundert entstanden ist, und dann folgt erst die Differential- und Integralrechnung des 17. Jahrhunderts. Will man die historische Reihenfolge einhalten und mit dem Differentialquotienten beginnen, muß man zumindestens vorläufig auf eine exakte Begründung verzichten, erreicht aber durch die sich rasch ergebenden Möglichkeiten vielfältiger Anwendungen eine hohe Akzeptanz der infinitesimalen Verfahren. Die Vorteile beider Wege zur Infinitesimalrechnung vereinigt die moderne Non-Standard-Analysis, die im Grundgedanken der *Leibnizschen* Vorstellung folgt, aber durch einen axiomatischen Unterbau die heute auch im Unterricht geforderte Strenge einer mathematischen Theorie aufweist.

4 Inhalte des Mathematikunterrichts: Arithmetik

4.1 Allgemeine Anmerkungen zur Didaktik

4.1.1 Zahlbegriff

Die Begründung des Zahlbegriffs erfolgt im Unterricht in der Regel über die Betrachtung äquivalenter Mengen oder aus dem Zählprinzip. Dabei setzt der erste Weg die Kenntnis elementarer Gesetzte der Mengenlehre voraus. Der zweite Weg scheint auf dem ersten Blick mit wesentlich geringeren Voraussetzungen auszukommen.

Mengentheoretische Herleitung des Zahlbegriffs

Vorausgesetzt werden die Begriffe **Menge** und **eineindeutige Abbildung**. Dann kann man definieren:

D1 Zwei Mengen A und B heißen **äquivalent,** wenn eine eineindeutige Abbildung von A auf B möglich ist.

D2 Die Menge aller äquivalenten Mengen heißt **Äquivalenzklasse.**

D3 Eine Äquivalenzklasse von Mengen heißt **natürliche Zahl** oder **Kardinalzahl.**

Herleitung des Zahlbegriffs aus dem Zählprinzip

Von der Einheit ausgehend wird jeder Zahl ein **Nachfolger** zugeordnet und so die Menge der natürlichen Zahlen gewonnen. Auf diesen Grundgedanken kann man eine axiomatische Begründung des Zahlbegriffs aufbauen, beispielsweise in der Form der Peano-Axiome:

P1 1 ist eine natürliche Zahl

P2 Zu jeder Zahl $n \in \mathbb{N}$ gibt es einen Nachfolger n', der ebenfalls zu $\mathbb{N}$ gehört

P3 Es ist $n' \neq 1$

P4 Aus $n' = m'$ folgt $n = m$

P5 Eine Menge M natürlicher Zahlen, die die Zahl 1 und mit jeder Zahl m $\in M$ auch m' enthält, ist mit $\mathbb{N}$ identisch

Werden die fünf Sätze von *Peano* als Axiome aufgefaßt, folgt aus ihnen ohne die Axiome der Mengenlehre zu benötigen der Zahlbegriff. Eine natürliche Zahl ist ein Element einer Menge, für die die Peano-Axiome gelten. Legt man die Theorie der äquivalenten Mengen zugrunde und erklärt eine Ordnungsrelation, lassen sich die Peano-Axiome als Sätze herleiten.

4.1.2 Darstellung natürlicher Zahlen

Unsere Ziffernschreibweise der natürlichen Zahlen beruht auf der (eindeutigen) Darstellung einer Zahl in der Form

$$n = \sum_{\mu=0}^{m} a_\mu b^\mu = a_m b^m + \ldots + a_1 b^1 + a_0 b^0 \quad \text{für } a_\mu, b \in \mathbb{N}, b > 1$$

b ist die **Basis** des Stellenwertsystems, b^μ sind die **Stufenzahlen** ($\mu \in \mathbb{N}$). Die a_μ ($0 \leq a_\mu \leq b-1$) heißen die **Ziffern**.

4.1.3 Rechnen mit natürlichen Zahlen

Bei der Einführung des Zahlbegriffs auf der Grundlage der Mengenlehre erfolgt die Definition der **Addition** sinnvollerweise über die Vereinigung disjunkter Mengen:

Aus $A \cap B = \{\}$ und $|A| = a, |B| = b$ folgt die Summe von a und b als $a + b = |A \cup B|$.

Das **Kommutativgesetz** ($a + b = b + a$) ergibt sich dann sofort aus der Kommutativität der Mengenvereinigung ($A \cup B = B \cup A$). Ebenso das **Assoziativgesetz** (($a + b) + c = a + (b + c)$) aus dem Assoziativgesetz der Mengenvereinigung (($A \cup B) \cup C = A \cup (B \cup C)$). Die Existenz des **neutralen Elements** der Addition (zu jedem a gibt es ein Element 0 mit der Eigenschaft $a + 0 = a$) aus $A \cup \{\} = A$.

Die **Subtraktion** läßt sich ähnlich wie die Addition aus einfachen Begriffsbildungen der Mengenlehre definieren:
Aus $B \subset A$ und $|A| = a, |B| = b$ folgt die Differenz aus a und b als $a - b = |A \setminus B|$.
Ein anderer Weg führt über die Umkehrung der Addition, also über die Lösung der Gleichung $a = b + x$. Dieser Weg setzt die vorherige Behandlung der **Ordnungsrelation** voraus, da ja $a > b$ sein muß, damit die Subtraktion $a - b$ in $\mathbb{N}$ durchgeführt werden kann. Auch die Ordnungsrelation läßt sich aus den Grundbegriffen der Mengenlehre herleiten:
Aus $B \subset A$ und $|A| = a, |B| = b$ folgt: $b \leq a$ bzw. $a \geq b$.

Das **Produkt** zweier natürlicher Zahlen kann mengentheoretisch oder als abgekürzte Schreibweise bei der Addition eingeführt werden:

Mengentheoretische Definition des Produkts

Nach der Definition der Produktmenge von A und B ($A \times B$), die aus allen Paaren besteht, die an der 1. Stelle ein Element aus A und an der 2. Stelle ein Element aus B haben, definiert man das Produkt von a und b:

Aus $|A| = a, |B| = b$ folgt das Produkt von a und b als $a \cdot b = |A \times B|$.

Die Grundgesetze der Multiplikation lassen sich aus den entsprechenden Gesetzen der Mengenlehre herleiten. So folgt das **Kommutativgesetz** $a \cdot b = b \cdot a$ aus $|A \times B| = |B \times A|$, wobei die Verhältnisse nicht ganz so einfach wie bei der Addition sind. Dort verwendete man ja das Gesetz $A \cup B = B \cup A$, während für die Produktmenge nur $|A \times B| = |B \times A|$ gilt und nicht $A \times B = B \times A$.

Das **Assoziativgesetz** $a \cdot (b \cdot c) = (a \cdot b) \cdot c$ folgt aus
$$|A \times (B \times C)| = |(A \times B) \times C|,$$
ein Gesetz dessen geometrische Veranschaulichung bereits eine dreidimensionale Darstellung erfordert. Die Existenz des **neutralen Elements**, also $a \cdot 1 = a$, folgt aus $|A \times \{I\}| = |A|$ ohne Probleme. Dagegen ist das **Distributivgesetz** $a \cdot (b + c) = a \cdot b + a \cdot c$ aus $|A \times (B \cup C)| = |A \times B| + |A \times C|$ mit $B \cap C = \{\}$ im Anfangsunterricht kaum zu vermitteln.

Definition des Produkts aus der Addition

Die Multiplikation kann auch als abgekürzte Schreibweise für eine Summe aus gleichen Summanden eingeführt werden:

$b \cdot a := a + a + \ldots + a$
(b gleiche Summanden)
$1 \cdot a := a$
$0 \cdot a := 0$

Bei dieser Definition folgen das **Kommutativgesetz** und das **Assoziativgesetz** nicht unmittelbar. $b \cdot a$ bedeutet beispielsweise eine Summe aus b Summanden der Größe a und $a \cdot b$ eine Summe aus a Summanden der Größe b. Die Gültigkeit des Satzes $a \cdot b = b \cdot a$ läßt sich aber leicht durch eine rechtwinklige Anordnung der Faktoren veranschaulichen:

Ähnliches gilt für das **Assoziativgesetz** $a \cdot (b \cdot c) = (a \cdot b) \cdot c$, bei dessen Veranschaulichung allerdings eine dreidimensionale Form gewählt werden muß. Das Gesetz von der **Existenz des neutralen Elements** folgt dagegen unmittelbar aus der Definition. Auch das **Distributivgesetz** läßt sich leicht veranschaulichen:

$$a \cdot (b + c) = a \cdot b + a \cdot c$$

Neben der grundsätzlich möglichen, aber für die Praxis kaum geeigneten Einführung der Division auf der Grundlage der Mengenlehre kann sie als **fortgesetzte Subtraktion des Divisors vom Dividend** oder als direkte **Umkehrung der Multiplikation** erklärt werden.
Der Quotient $a : b$ wird im ersten Fall als

$$a - b - b - \cdots - b = 0$$
($\frac{a}{b}$ Subtrahenden)

bzw. $a - (b + b + \cdots + b) = 0$
($\frac{a}{b}$ Summanden) berechnet.

Im zweiten Fall als Lösung der Gleichung $b \cdot x = a$. Vor allem im zweiten Fall kommt der Zusammenhang mit der Multiplikation deutlich zum Ausdruck. Aber auch beim ersten Weg ist er wegen der Verknüpfung der Subtraktion mit der Addition erkennbar. Die Unmöglichkeit der Division durch 0 ist in beiden Fällen leicht einsehbar. Die Frage welche Divisionen in $\mathbb{N}$ durchführbar sind, läßt sich wohl leichter nach der ersten Methode klären.

4.1.4 Einführung der positiven rationalen Zahlen

Ausgangspunkt für die Einführung der positiven rationalen Zahlen ist die Feststellung, daß die Gleichung $ax = b$ nicht für alle $a, b \in \mathbb{N}$ in $\mathbb{N}$ lösbar ist, das heißt die Tatsache, daß der Quotient $b:a$ nicht immer eine rationale Zahl ist. Scheidet man den Fall $a = 0$ aus, da wegen $0 \cdot x = 0$ der Quotient $b:a$ jede beliebige Zahl sein könnte, kann man die Zahlenpaare $p = (b;a)$ ($a \neq 0$) als Lösung der Gleichung $ax = b$ definieren.

Da bei Fortbestand der für die natürlichen Zahlen erkannten Rechengesetze aus

$$a \cdot p = b$$
$$(n \cdot a) \cdot p = n \cdot b$$

folgt, daß auch das Paar $(n \cdot b; n \cdot a)$ die Gleichung löst, sind folgende Definitionen sinnvoll:

D1 Zwei Paare natürlicher Zahlen $(b;a)$ und $(d;c)$ heißen **äquivalent**, wenn $b \cdot c = a \cdot d$ (für $a, c \neq 0$) gilt.

D2 Eine Äquivalenzklasse $\{(b;a)\}$ von Paaren natürlicher Zahlen heißt eine **positive rationale Zahl**. Die Gesamtheit dieser Äquivalenzklassen bildet die Menge $\mathbb{Q}^+$.

Üblicherweise schreibt man für die Äquivalenzklasse $\{(b;a)\}$ den Bruch $\frac{b}{a}$.

Aus der Definition 1 folgen sofort die Regeln für das **Erweitern** und **Kürzen** eines Bruches. Aus

$bp = a$ und $dq = c$ ($b, d \neq 0$) folgt
$(db)p = da$

$(b\,d)\,q = b\,c$

bzw. $(d\,b)\,p + (b\,d)\,q = d\,a + b\,c$

oder $d\,b\,(p + q) = d\,a + b\,c$.

Also ist $p + q = \{(d\,a + b\,c; d\,b)\} = \frac{da+bc}{db}$

Wählt man für p und q andere Zahlenpaare aus der Äquivalenzklasse, kann man leicht nachrechnen, daß das neue Zahlenpaar für $p + q$ dem ursprünglichen äquivalent ist. Das führt zur Definition der **Addition**:

D3 Die **Summe** $p + q$ zweier positiver rationaler Zahlen $p = \{(a;b)\}$ und $q = \{(c;d)\}$ ist $\{(d\,a + b\,c; d\,b)\}$.

Analog gilt für die **Subtraktion**:

D4 Die **Differenz** $p - q$ *(p > q)* zweier positiver rationaler Zahlen $p = \{(a;b)\}$ und $q = \{(c;d)\}$ ist $\{(d\,a - b\,c; d\,b)\}$.

Ähnlich geht man bei der **Multiplikation** vor. Aus

$b\,p = a$ und $d\,q = c$ $(b, d \neq 0)$ folgt:

$(b\,d)\,(p\,q) = a\,c$.

und somit die Definition der *Multiplikation*:

D5 Das **Produkt** $p \cdot q$ zweier positiver rationaler Zahlen $p = \{(a;b)\}$ und $q = \{(c;d)\}$ ist $\{(a\,c);(b\,d)\}$.

Analog gilt für die **Division**:

D6 Der **Quotient** $p : q$ zweier positiver rationaler Zahlen $p = \{(a;b)\}$ und $q = \{(c;d)\}$ ist $\{(a\,d);(b\,c)\}$.

Ein anderer, anschaulicherer Zugang zur Menge der positiven rationalen Zahlen erfolgt über die operative Auffassung des Bruches. Ein Stammbruch $\frac{1}{a}(a \neq 0)$ dient dabei als **Operationsvorschrift**, um von einer natürlichen Zahl n den a-ten Teil zu bilden und zwar auch in Fällen, wo die Division $n : a$ bzw. die Gleichung $a x = n$ keine Lösung in $\mathbb{N}$ hat. In diesem Fall ist vorerst $\frac{1}{a}$ keine eigene Zahl, sondern immer mit der Zahl n verknüpft.

Die **Rechenregeln für Stammbrüche** ergeben sich dann auf folgende Weise.

Addition: $\frac{1}{a} + \frac{1}{b}$ bedeutet $\left(\frac{1}{a} + \frac{1}{b}\right)$ von n bzw. $\left(\frac{1}{a} + \frac{1}{b}\right) \cdot n$.

Statt n in a bzw. b Teile zu teilen, teilt man n in $a\,b$ Teile, wobei insgesamt $a + b$ solcher Teile entstehen:

$$\left(\frac{b}{ab} + \frac{a}{ab}\right)n = \frac{b+a}{ab}n$$

Die **Subtraktion** ergibt sich sofort in analoger Weise.

Multiplikation: $\left(\frac{1}{a} \cdot \frac{1}{b}\right)$ von n bzw. $\left(\frac{1}{a} \cdot \frac{1}{b}\right) \cdot n$ bedeutet der a-ten Teil des b-ten Teils von n, d. h. $\frac{1}{a} \cdot \left(\frac{1}{b} \cdot n\right)$

Statt dessen bildet man den $a \cdot b$-ten Teil von n und erhält:

$$\left(\frac{1}{a} \cdot \frac{1}{b}\right) \cdot n = \frac{1}{a \cdot b} \cdot n$$

Das Rechnen mit Stammbrüchen kann gemäß der Definition $\frac{m}{a} := \frac{1}{a} + \ldots + \frac{1}{a}$ auf allgemeine Brüche ausgedehnt werden. Mit Hilfe der vom Rechnen in $\mathbb{N}$ übernommenen Rechengesetze lassen sich dann die Regeln für die Addition bzw. Subtraktion und die Multiplikation in $\mathbb{Q}^+$ herleiten. Danach kann man auch die an sich kaum anschaulich interpretierbare **Division** zweier Brüche als Umkehrung der Multiplikation definieren.

4.1.5 Einführung der negativen Zahlen

Die Notwendigkeit für die Einführung der negativen Zahlen erwächst aus der Erkenntnis, daß die Gleichung $a + x = b$ nicht für alle $a, b \in \mathbb{Q}^+$ in $\mathbb{Q}^+$ lösbar ist, d. h. daß die Differenz $b - a$ in $\mathbb{Q}^+$ nicht immer berechnet werden kann. Wie bei der Einführung der rationalen Zahlen definiert man auch hier üblicherweise Zahlenpaare $d = (b; a)$ als Lösung der Gleichung $a + x = b$. Setzt man den Fortbestand der üblichen Rechengesetze voraus, folgt aus
$$a + d = b$$
und somit auch

$$(a + p) + d = b + p$$
daß auch das Paar $(b+p; a+p)$ die Gleichung löst und deshalb folgende Definitionen sinnvoll sind:

D1 Zwei Paare positiver rationaler Zahlen $(b;a)$ und (d,c) heißen **äquivalent**, wenn $b + c = a + d$ gilt.

D2 Eine Äquivalenzklasse $\{(b;a)\}$ von Paaren positiv rationaler Zahlen heißt eine **rationale Zahl**. Alle diese Äquivalenzklassen bilden die Menge (den Körper) $\mathbb{Q}$.

Üblicherweise wählt man zur Darstellung der Äquivalenzklassen $\{(b; a)\}$ das Paar aus, das an der ersten Stelle die Null hat und schreibt $\{(0; e)\} = 0 - e = -e$.
Zur Herleitung der Rechengesetze wird man zweckmäßigerweise **positive** ($b > a$), **negative** ($b < a$) **Äquivalenzklassen** und die **Null** ($b = a$) unterscheiden. Für zwei negative Zahlen $a, b > 0$ gilt dann beispielsweise bei der *Addition*:
$$\{(0;a)\} + \{(0;b)\} = (0 - a) + (0 - b) =$$
$$(0 - (a + b)) = \{(0; -(a + b))\} \,.$$
Bei der üblichen Veranschaulichung der negativen Zahlen wie beispielsweise durch Schulden oder Temperaturen unter dem Nullpunkt sind die Rechenregeln für die Addition und die Multiplikation leicht

einsichtig zu machen. Etwas schwieriger ist dies bei der Multiplikation und bei der Division negativer Zahlen, insbesondere wenn beide Faktoren negativ sind.

4.1.6 Einführung der reellen Zahlen

Während bei der Konstruktion der Brüche und der negativen Zahlen die Notwendigkeit für die Erweiterung des Zahlbereichs unmittelbar einsichtig ist, ist vor der Einführung der reellen Zahlen erst zu zeigen, daß eine weitere Zahlbereichserweiterung erforderlich ist. Da die rationalen Zahlen auf der Zahlengeraden beliebig dicht liegen, wie durch Bildung des arithmetischen Mittels zweier eng beieinanderliegender Zahlen leicht gezeigt werden kann, muß erst nachgewiesen werden, daß es in $\mathbb{Q}$ algebraische Gleichungen gibt, die in $\mathbb{Q}$ keine Lösung haben.

Für die Einführung der reellen Zahlen gibt es eine Anzahl von Möglichkeiten. Die gebräuchlichsten sind wohl die Methode der **Cauchy-Folgen** oder das ihr verwandte Verfahren der **Intervallschachtelung**.

Zur Konstruktion der reellen Zahlen durch **Cauchy-Folgen** definiert man:

D1 Eine Folge rationaler Zahlen $\{a_n\}$ heißt eine **Cauchy-Folge**, wenn es zu jedem positiven ε eine natürliche Zahl $N(\varepsilon)$ gibt, mit der Eigenschaft $|a_n - a_m| < \varepsilon$ für $n, m > N(\varepsilon)$.

D2 Zwei Cauchy-Folgen $\{x_n\}$ und $\{y_n\}$ heißen **äquivalent**, wenn es zu jedem ε ein $N(\varepsilon)$ gibt, mit der Eigenschaft $|x_n - y_m| < \varepsilon$ für $n, m > N(\varepsilon)$.

D3 Eine Äquivalenzklasse von Cauchy-Folgen heißt eine **reelle Zahl** $\{(x_n)\}$.

Die Verknüpfung reeller Zahlen durch Addition und Multiplikation läßt sich dann leicht festlegen:

D4 $a + b := \{a_n\} + \{b_n\} = \{a_n + b_n\}$

  $a \cdot b := \{a_n\} \cdot \{b_n\} = \{a_n \cdot b_n\}$.

Aus diesen Definitionen lassen sich die Rechengesetze im Körper der reellen Zahlen herleiten.

Bei der Einführung der reellen Zahlen durch das Prinzip der **Intervallschachtelung** betrachtet man eine Folge von Intervallen I mit der Eigenschaft, daß jedes Intervall im vorhergehenden enthalten ist und die Länge der Intervalle gegen Null strebt. Sind alle Zahlen einer Folge $\{a_n\}$ bis auf endlich viele in jedem Intervall I enthalten, dann konvergiert $\{a_n\}$ gegen einen Wert, der als **Kern** allen Intervallen I angehört.

Unter Verwendung des Axioms „Zu jeder Intervallschachtelung gibt es genau einen Punkt auf der Zahlengeraden, der in allen Intervallen enthalten ist" stellt man eine Korrespondenz zwischen geometrischen Punkten und den reellen Zahlen her und kommt so zur geometrischen Veranschaulichung von $\mathbb{R}$.

Die Definition der Rechenoperationen ist bei der Verwendung der Intervallschachtelung besonders einfach. Sind zwei irrationale Zahlen durch Intervallschachtelung definiert, läßt sich eine weitere Intervallschachtelung für $a + b$ oder $a \cdot b$ dadurch konstruieren, daß die Intervallgrenzen addiert bzw. multipliziert werden. Daraus folgt die Gültigkeit der Rechengesetze für rationale Zahlen auch im irrationalen Bereich und damit in ganz $\mathbb{R}$. Ähnliches gilt für die Ordnungsrelation.

4.2 Historische Entwicklung

4.2.1 Zahlbegriff

Die Entstehung des Zahlbegriffs und der Zahlwörter fand in vorgeschichtlicher Zeit statt und ist deshalb der Forschung weitgehend entzogen. Erhalten sind Zahldarstellungen aus der Zeit um 3 000 v. Chr. beispielsweise aus Kreta, Zentralpersien (Tepe Sialk), Ägypten und Mesopotamien (Uruk). In diesen Kulturen wurden in erstaunlicher Übereinstimmung die Zahlen durch Strichlisten dargestellt. Dieses Verfahren ist wahrscheinlich noch viel älter, wie ein Wolfsknochen aus Mähren aus dem Ende der Altsteinzeit (ca. 30 000 v. Chr.) zeigt. Auf ihm ist die Zahl 55 durch die entsprechende Anzahl von Kerben notiert. Der „naive Zahlbegriff" hat sich vom Beginn der Mathematik im 3. Jahrtausend v. Chr. bis zum Ende des 19. Jahrhunderts kaum geändert. Eine neue Betrachtungsweise ergab sich erst Ende des 19. Jahrhunderts, als man versuchte, auch die Lehre von den Zahlen zu axiomatisieren. Unter dem Einfluß der *Cantorschen* Mengenlehre und der mathematischen Logik entstand *Dedekinds* „Was sind und was sollen Zahlen" (1887) und *Peanos* „Arithmetices principia, nova methodo exposita" (1889).

R. *Dedekind* begründete seine Definition der natürlichen Zahlen auf „Systeme von Elementen" d. h. auf Mengen. Dazu führte er folgende Grundbegriffe ein:

ähnliche Abbildungen:
„Eine Abbildung φ eines Systems S heißt **ähnlich**, wenn verschiedene Elemente des Systems S stets verschiedenen Bildern $a' = \varphi(a)$, $b' = \varphi(b)$ entsprechen."

Abbildungen in sich selbst:
„(...) wir nennen daher φ eine **Abbildung** des Systems S **in sich selbst**, wenn $\varphi(S)$ Teil von S ist, (...)"

Kette:
„K heißt eine **Kette**, wenn K' Teil von K ist".

Mit diesen Begriffen erklärt *Dedekind* das „**einfach unendliche System**":

„Ein System N heißt **einfach unendlich**, wenn es eine solche ähnliche Abbildung φ von N in sich selbst gibt, daß N als Kette eines Elements erscheint, welches nicht in $\varphi(N)$ enthalten ist."

Ein solches „einfach unendliches System" wird dann als Menge der natürlichen Zahlen erklärt:

„Wenn man bei der Betrachtung eines einfachen unendlichen, durch eine Abbildung geordneten Systems N von der besonderen Beschaffenheit der Elemente gänzlich absieht, lediglich ihre Unterscheidbarkeit festhält und nur die Beziehungen auffaßt, in die sie durch die ordnende Abbildung zueinander gesetzt sind, so heißen diese Elemente **natürliche Zahlen** oder **Ordinalzahlen** oder auch schlechthin **Zahlen** (...)"

Nach der Definition der natürlichen Zahlen wird das Prinzip der **vollständigen Induktion** eingeführt:

„*Satz der vollständigen Induktion* (Schluß von n auf n'). Um zu beweisen, daß ein Satz für alle Zahlen n einer Kette m_0 gilt, genügt es zu zeigen, daß er für $n = 1$ gilt, und daß aus der Gültigkeit des Satzes für eine Zahl n der Kette m_0 stets seine Gültigkeit auch für die folgende Zahl n' folgt".

Daraus leitet *Dedekind* die **Anordnungseigenschaften** her:

„Jede Zahl ist verschieden von der auf sie folgenden Zahl n'. (...)

Sind *m, n* irgendwelche Zahlen, so findet immer einer und nur einer der folgenden Fälle statt:
    $m = n, n = m$
    $m < n, n > m$
    $m > n, n < m$
Es ist $n < n'$."

Es folgt die Definition der **Addition** $\psi(N)$ durch die Bedingungen:

I $\psi(N)$ ist Teil von N
II $m + 1 = m'$
III $m + n' = (m + n)'$

Daraus werden folgende Sätze hergeleitet und durch vollständige Induktion beweisen:

- $m' + n = m + n'$
- $m' + n = (m + n)'$
- $1 + n = n'$
- $1 + n = n + 1$
- $m + n = n + m$
- $(1 + m) + n = 1 + (m + n)$
- $m + n > m$
- die Bedingungen $m > a$ und $m + n > a + n$ sind gleichwertig
- ist $m > a$ und $n > b$, so ist auch $m + n > a + b$
- ist $m + n = a + n$, so ist $m = a$

In ähnlicher Weise wird anschließend die Multiplikation $\psi(N)$ durch folgende Bedingungen definiert:

I $\psi(N)$ ist Teil von N
II $m \cdot n' = m \cdot n + m$
III $m \cdot 1 = m$

Daraus werden (wieder durch vollständige Induktion) folgende Sätze hergeleitet:

- $m' \cdot n = m \cdot n + n$
- $1 \cdot n = n$
- $m \cdot n = n \cdot m$
- $1 \cdot (m + n) = 1 \cdot m + 1 \cdot n$
- $(m + n) \cdot 1 = m \cdot 1 + n \cdot 1$
- $(1 \cdot m) \cdot n = 1 \cdot (m \cdot n)$

Noch einen Schritt weiter in der Abstraktion ging *David Hilbert* (1862 –1943) in seinem Versuch des formalisierten Aufbaus des Zahlenbegriffs. 1900 schrieb er in „Über den Zahlbegriff":

„Wir denken ein System von Dingen; wir nennen diese Dinge Zahlen und bezeichnen sie mit a, b, c (...) Wir denken diese Zahlen in gewissen gegenseitigen Beziehungen, deren genaue und vollständige Beschreibung durch die folgenden Axiome geschieht".

Es folgen
- 6 Axiome der Verknüpfung
- 6 Axiome der Rechnung
- 4 Axiome der Anordnung
- 2 Axiome der Stetigkeit

Der Versuch eines formalisierten Zahlbegriffs wurde aber von *Kurt Gödel* (1906 – 1976) als gescheitert erklärt:
„Es gibt kein Axiomensystem, das die ganzen Zahlen definiert und das sowohl **konsistent** (also keinen Satz zuläßt, der gleichzeitig wahr und falsch ist) als auch **vollständig** (also nur Sätze zu formulieren gestattet, die entweder falsch oder wahr sind) ist".

4.2.2 Darstellung natürlicher Zahlen

Die Geschichte zeigt, daß bei der Zahldarstellung zuerst **Zahlenbündelungen** als Vorstufe des **Stellenwertsystems** verwendet wurden. Erst später kam die **Ziffernschreibweise** hinzu. Der Gedanke mehrere Einheiten der Übersicht halber zu einer neuen Einheit zusammenzufassen ist offensichtlich sehr alt. Auf dem schon erwähnten Wolfsknochen aus Mähren sind die ersten 25 Kerben in Fünfergruppen angeordnet, die 25. Kerbe ist deutlich länger als die normalen Kerben. Man könnte also die Bündelung in einem Fünfersystem vermuten.

Gesicherte Kenntnisse über Zahldarstellungen hat man etwa seit dem Jahr 3 000 v. Chr. In dieser Zeit treten in verschiedenen Kulturkreisen Symbole für Zahlen auf. So in Kreta die Zeichen

    I   für die Einheit
    –   für die Zehn
    o   für die Hundert

und in ähnlicher Form in Zentralpersien (Tepe Sialk) und in Mesopotamien (Uruk).

Die ersten vollentwickelten Zahlensysteme treten im 3. Jahrtausend v. Chr. bei den **Ägyptern** und bei den **Babyloniern** auf. Die Ägypter verwendeten ein Zehnersystem mit Individualzeichen für die Stufenzahlen. In der Hieroglyphenschrift verwendeten sie folgende Symbole:

| = 1
∩ = 10
℮ = 100
𓏲 = 1000
𓆼 = 10 000
𓆐 = 100 000
𓁨 = 1 000 000

Die einzelnen Stufenzahlen wurden einfach so oft neben- oder untereinandergeschrieben, wie es die jeweilige Zahl erforderte.

Beispiel: Aus dem Papyrus Boulaq (Einnahmen und Ausgaben des Hofes an einem bestimmten Tag im 18. Jahrhundert v. Chr.)³

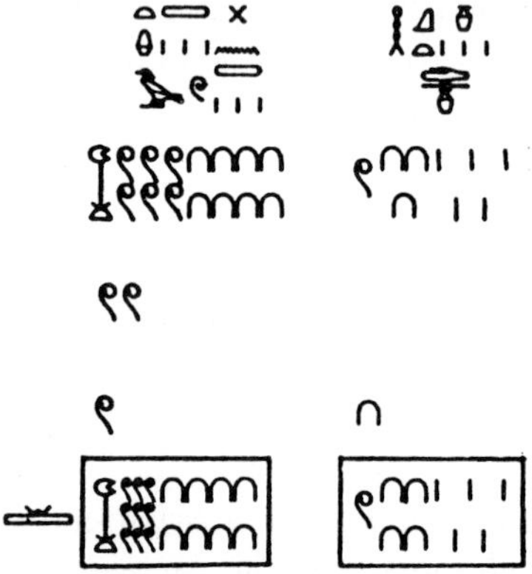

		verschiedene Brote eingenommen:	Bier, Des-Krüge:
		1.680	135
		200	
		100	10
		ergibt: 1.980	145

In der normalen Schreibschrift, dem Hieratischen, bildeten sich auch innerhalb der Stufenzahlen Individualzeichen heraus. Dabei entstanden folgende Zeichen:

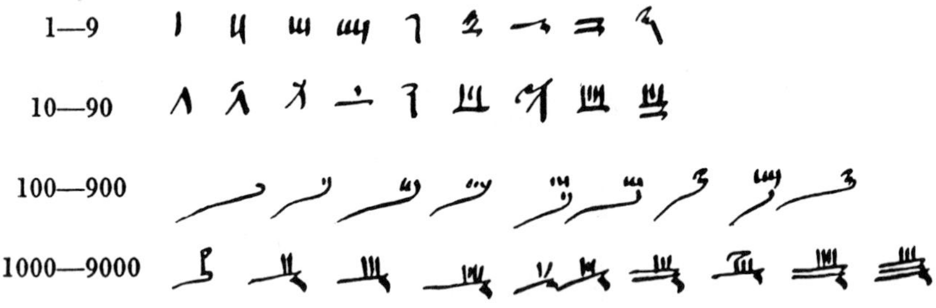

1—9

10—90

100—900

1000—9000

Neben dem additiven Aneinanderfügen der Zahlzeichen gab es noch eine „multiplikative" Schreibweise, in der man bereits eine Vorstufe zum Stellenwertsystem sehen könnte.

---

³ aus: *Gardiner*, Egyptian Grammar, Oxford 1927

Beispiele:

470 000:   5 000:

Noch deutlicher wird die Idee eines Zahlensystem, bei dem das gleiche Symbol, je nach seiner Stellung, verschiedene Zahlen ausdrückt, bei den **Babyloniern**. Dort gab es in sumerischer Zeit zuerst ein dekadisches System mit folgenden Stufenzahlen:

1: 𒁹

10: 𒌋

100: 𒁹—

1 000: 𒌋 𒁹— (offensichtlich 10·100)

10 000: 𒎙 𒁹— (offensichtlich 10·1 000 = 10 · (10 · 100))

Ab der Mitte des 3. Jahrtausends setzte sich immer mehr ein **Sexagesimalsystem** durch, bei dem die Potenzen von 60 die Stufenzahlen darstellen. Die Zahlen von 1 bis 59 (und von $1 \cdot 60^n$ bis $59 \cdot 60^n$, $n > 1$) wurden mit Hilfe der beiden Zeichen 1 = 𒁹 und 10 = 𒌋 geschrieben:

1: 𒁹   10: 𒌋

2: 𒁹𒁹   11: 𒌋𒁹

3: 𒁹𒁹𒁹   12: 𒌋𒁹𒁹

4: 𒐉   20: 𒎙

5: 𒐊   21: 𒎙𒁹

                    59: 𒐐𒐞

Beispiel: Plimpton 322 (Tabelle mit pythagoreischen Zahlentripeln)[4]

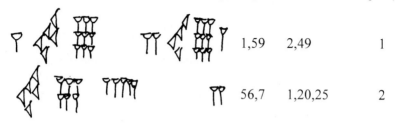

1,59	2,49	1
56,7	1,20,25	2

Der Hauptmangel dieses Systems beruht auf der Tatsache, daß der Leser nicht erkennen kann, welche Stufe ein Zahlzeichen bestimmt. Es fehlt vor allem ein Symbol für die Null, wenn auch gelegentlich eine Lücke zwischen den Zahlzeichen eine fehlende Stelle andeutet. In späteren Texten (3. Jahrhundert v. Chr.) taucht allerdings an einigen Stellen ein Fehlzeichen ( ) als Nullvorläufer auf.

Die **Griechen**, die allgemein als die Schöpfer der wissenschaftlichen Mathematik angesehen werden, blieben im praktischen Rechnen weit unter dem Niveau ihrer sonstigen mathematischen Kenntnisse. Am Anfang (6. bis 1. Jahrhundert v. Chr.) benutzten sie eine Darstellung, die wie bei den Ägyptern aus einer Aneinanderreihung von Zahlsymbolen bestand, die sog. **Herodianischen Zahlzeichen** (benannt nach *Herodian* (um 200 n. Chr.), der diese Schreibweise überlieferte). Die Zahlen von 1 bis 10 wurden wie bei den Ägyptern durch senkrechte Striche dargestellt. Für die Stufenzahlen verwendete man die Anfangsbuchstaben der entsprechenden Zahlworte:

1:	I
10:	Δ
1 000:	H
10 000:	X
100 000:	M

---

[4] aus: *Neugebauer-Sachs*, Mathematical Cuneiform Texts, New Haven 1945

Dazu kommen zur Verkürzung der Darstellung die Zwischenwerte:

5:      Γ
50:     ΓΔ   (5 · 10)
500:    ΓΗ   (5 · 100)
5 000: ΓΧ   (5 · 1 000)
50 000: ΓΜ   (5 · 10 000)

Neben dieser Zahldarstellung spielten ab dem Mitte des 5. Jahrhunderts v. Chr. die **Milesischen Zahlzeichen** (benannt nach der Stadt Milet, von der diese Schreibweise ausging) eine immer größere Rolle. Sie stellen den Übergang von der reinen Aneinanderreihung von Zeichen zur symbolischen Schreibweise der Zahlengrößen dar. Für die Zahlen von 1 bis 9 verwendete man die ersten neun Buchstaben des Alphabets, für die Zehner von 10 bis 90 die nächsten neun und schließlich für die Hunderter von 100 bis 900 die letzten neun Buchstaben:

α: 1	ι: 10	ϱ: 100
β: 2	κ: 20	σ: 200
γ: 3	λ: 30	τ: 300
δ: 4	μ: 40	υ: 400
ε: 5	ν: 50	φ: 500
ϝ: 6	ξ: 60	χ: 600
ζ: 7	ο: 70	ψ: 700
η: 8	π: 80	ω: 800
ϑ: 9	ϟ: 90	ϡ: 900

Für Zahlen größer als 999 verwendete man verschiedene Kunstkniffe. So erhielten die Tausender einen kleinen Strich, d. h., α = 1 000. Für noch größere Zahlen behalf sich z. B. *Diophant* im 3. Jahrhundert n. Chr. in folgender Weise: Er schrieb die Zahl 331.776 in der Form: $\overline{\lambda\gamma}.,\alpha\psi o \digamma$

Unsere Ziffernschreibweise unter Verwendung der Null wird im allgemeinen den **Indern** zugeschrieben. Der genaue Zeitpunkt dieser Erfindung ist ziemlich unklar, man kann aber annehmen, daß die **Null** ab dem 7. Jahrhundert in Gebrauch war. Die Frage ist allerdings, ob es sich dabei um eine eigenständige Leistung der Inder handelt, oder ob diese aus griechischen Überlieferungen geschöpft haben. Einiges spricht für diese Annahme, wie z. B ein ziffernartiges Rechnen bei *Apollonios* (3. Jahrhundert v. Chr.), der für die jeweilige Anzahl der Einer, Zehner und Hunderter sogar ein eigenes Fachwort ($\pi\upsilon\theta\mu\varepsilon\nu\varepsilon\varsigma$) hatte oder die Verwendung eines Zeichens für die Null (o als Abkürzung von $o\upsilon\delta\varepsilon\nu$ = nichts) in den Sehnentafeln des Almagest des *Claudius Ptolemaeus* (2. Jahrhundert).

Sicher ist das Stellenwertsystem aus dem Rechnen auf dem Rechenbrett, dem Abakus, entstanden. Mit ihm haben wahrscheinlich schon die Ägypter gearbeitet, von denen *Herodot* berichtet: „sie rechneten mit den Steinchen". Ganz sicher war der Abakus bei den Griechen in Gebrauch. Auf einer Vase aus dem 3. Jahrhundert v. Chr. aus Canossa (jetzt im Nationalmuseum in Neapel) ist zu erkennen, daß eine Figur (als Schatzkanzler interpretiert) Steuern auf einem Abakus zusammenzählt. Ferner hat man auf Salamis einen originalen Abakus aus Marmor (jetzt im Nationalmuseum Athen) etwa aus dem 4. Jahrhundert v. Chr. gefunden.

Bei den **Indern** wurde meist statt des vorgezeichneten Abakusschemas ein „Sandbrett" verwendet, d. h. das Schema wurde immer wieder neu in den Sand gezeichnet. Ein Zeichen für eine leere Spalte, das beim antiken Abakus überflüssig war, war dabei natürlich sehr nützlich, da man dann die Spalteneinteilung weglassen konnte. Dadurch entstand folgerichtig die Ziffernschreibweise im Stellenwertsystem. Benötigt wurden dazu nur noch neun Zahlzeichen für die Zahlen 1 bis 9.

Beispiele für indische Ziffern:

9. Jahrhundert:

4.2 Historische Entwicklung

11. Jahrhundert: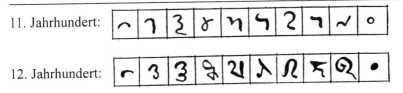

12. Jahrhundert:

Die **Araber** haben zu unbekannter Zeit[5] die indische Methode übernommen und sie in das **Abendland** weitergegeben. Der Abakus allerdings scheint nicht von den Arabern in das Abendland gekommen zu sein, sondern über die Römer. Die erste überlieferte Beschreibung des Abakus im Mittelalter stammt von *Gerbert* (ca. 940 bis 1003), dem späteren Papst *Sylvester II.*

Gerbert setzte über die senkrechten Kolumnen von rechts nach links die Überschriften in lateinischen Zahlen: **I, X, C, I, X, C** ... . Zum Rechnen verwendete er die sogenannten „apices", das waren Marken aus Holz oder Horn, auf denen entweder mit römischen Ziffern oder häufiger mit westarabischen Zahlzeichen deren Wert angegeben wurde.

Beispiele für arabische Ziffern:

10. Jahrhundert:

12. Jahrhundert:

Die konsequente Verwendung der indisch-arabischen Ziffern, insbesondere der Null, fand im Abendland erst allmählich Eingang. Eines der frühesten Zeugnisse für die neue Art zu rechnen findet man im Liber embadorum von *Savasorda* (um 1100 in Barcelona)[6]. Dieses Werk diente offenbar als Vorbild für den Liber abbaci von *Leonardo von Pisa* (1202). Es dauerte allerdings noch bis zum Ende des 15. Jahrhunderts,

---

[5] nach *Tropfke*, Geschichte der Elementar-Mathematik I nicht vor dem 8. Jahrhundert, wahrscheinlich erst im 9. Jahrhundert
[6] ed. *Curtze*, Abh.Gesch.Math.12,1902

bis sich die indisch-arabischen Ziffern im Abendland allgemein durchsetzten. Am anschaulichsten wird der Siegeszug der Ziffernschreibweise durch eine Darstellung in der Margarita Philosophica von *G. Reischen* aus dem Jahr 1503 dokumentiert, in der ein Wettstreit zwischen *Boethius*, der mit Ziffern rechnet und *Pythagoras* am Abakus dargestellt ist. Aus den Mienen der beiden Kontrahenten kann man deutlich ablesen, daß *Boethius* mit der neuen Methode der Sieger ist.

Beispiele für Ziffern im Abendland:

12. Jahrhundert:

14. Jahrhundert:

16. Jahrhundert:
(*Dürer*)

4.2.3 Rechnen mit natürlichen Zahlen

Addition

Die ältesten dokumentierten Additionen finden wir bei den Ägyptern und Babyloniern. Am einfachsten war die Durchführung der Addition bei den **Ägyptern**, wo nur die Zahlzeichen bei den einzelnen Summanden in der Summe aneinandergereiht werden mußten (siehe Ausschnitt aus Papyrus Boulaq). Gelegentlich mußten dabei 10 Zahlzeichen durch ein Zahlzeichen der nächsten Stufe ersetzt werden.
Bemerkenswert ist die Verwendung von Fachwörtern. Man findet

und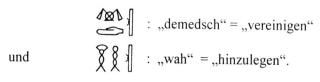

: „demedsch" = „vereinigen"

: „wah" = „hinzulegen".

Das zu den eigentlichen Hieroglyphen für „vereinigt" und „hinzulegen" jeweils hinzugefügte Zeichen für „Buchrolle" weist dabei auf den abstrakten Charakter der Operation hin.

Bei den **Babyloniern** ist das Addieren ein „Vermehren" und das Ergebnis „die Gesamtheit". Das Rechenverfahren entspricht wegen der Verwendung eines Stellenwertsystems unserer Methode. Ähnlich haben wohl auch die **Griechen** gerechnet. Sicher stand die Fertigkeit im Addieren nicht im Mittelpunkt des Interesses der griechischen Mathematiker. Eine systematische Theorie wurde nicht entwickelt. Das sieht man schon daran, daß die Griechen sehr unterschiedliche Bezeichnungen für die Addition verwendeten.

Das heutige Verfahren der schriftlichen Addition findet man im Prinzip bei den **Indern**. Sie schrieben die Summanden bereits untereinander und gaben die Summe über den Summanden an. Dabei rechneten sie von links nach rechts und mußten deshalb oft korrigieren, was bei dem üblichen Sandrechnen kein Problem war. Eine indische Addition sieht dann beispielsweise so aus:

$$\begin{array}{ccc} 6\,\overset{5}{\cancel{}} & 1 & 9 \\ 3 & 7 & 8 \\ 2 & 4 & 1 \end{array}$$

Dieses indische Verfahren ließ sich auf das Rechnen auf dem Papier, wie es die Araber und das Abendland praktizierten, nur schwer übertragen. Die ständigen Streichungen machten die Rechnung unübersichtlich. So begann man allmählich von rechts nach links zu addieren. Noch zu Beginn des 15. Jahrhunderts gab es kein einheitliches Verfahren. So unterschied man ausdrücklich das Rechnen „per figurarum deletionem more Alemanorum" („mit Ziffernstreichen nach deutscher Art") und „sine figurarum deletione more Italorum" („ohne Ziffernstreichen nach italienischer Art"). Die zweite Methode begann sich aber durchzusetzen, so verwendeten sie u. a. *Georg von Peurbach* (1423 – 1461) und *Regiomontanus* (1436 – 1476), die beide einen großen Einfluß auf die Weiterentwicklung der abendländischen Mathematik ausübten.

Subtraktion

Die praktische Durchführung der Subtraktion bei den **Ägyptern** war wie bei der Addition unproblematisch. Interessant sind zwei Feststellungen, die man aus der ägyptischen Terminologie herauslesen kann. Die Subtraktion wird manchmal als „Abbrechen" und manchmal als „Ergänzen" beschrieben. Die Ägypter haben also wohl schon die beiden Methoden des Subtrahierens in der Praxis, die wir heute benützen, gekannt. Das „Abbrechen" deutet auf ein reines Abziehen und das „Ergänzen" auf unsere meistens verwendete Methode des Daraufzählens hin.

Ferner war den Ägyptern der Zusammenhang zwischen Addition und Subtraktion wohl bewußt, wie man aus der Verwendung der Zeichen ⋏ („hereingehen") und ⋏ („zurückgehen") für Addition und Subtraktion sieht.

Beispiel: (28. Aufgabe des Papyrus Rhind, 1. Zeile)

$\frac{2}{3}$ addiere, $\frac{1}{3}$ subtrahiere, 10 ist der Rest.

Die Entwicklung der schriftlichen Subtraktion verlief ähnlich wie bei der schriftlichen Addition. Wie bei den **Indern** und **Arabern** subtrahiert wurde, sieht man an einer Rechnung im Rechenbuch des *Johannes von Sevilla* aus dem 12. Jahrhundert, das eine Bearbeitung einer lateinischen Übersetzung mit dem Titel „Algorithmi de numero Indorum" des Rechenbuchs von *al-Khwarazmi* (um 825) darstellt. Die Subtraktion $12.025 - 3.604 = 8.421$ wird dort in folgender Form vorgeführt:

$$\begin{array}{r} 8 \\ \cancel{9}\,4\,2\,1 \\ \cancel{1}\,\cancel{2}\,\cancel{0}\,2\,5 \\ \cancel{3}\,\cancel{6}\,\cancel{0}\,4 \end{array}$$

Dabei wurde wie bei der Addition von links nach rechts gerechnet, die

falschen Ziffern wurde ausgestrichen. Das Ergebnis wurde auch hier über den Minuend und den Subtrahend geschrieben.
Das Problem bei einer größeren Ziffer im Subtrahend als an der gleichen Stelle im Minuend wird entweder durch Vermehren der nächst höheren Subtrahendenziffer um eine Einheit oder durch Verminderung der nächsthöheren Minuendenziffer um eine Einheit gelöst. Dadurch wird jeweils die zur Hilfe genommene 10 kompensiert.
In den „Algorithmi de numero Indorum" wird die erste Methode empfohlen:

„Quod si non fuerit in superiori differentia tantus numerus, de quo possis minuere numerum inferioris differentie, id est si fuerit minus, uel nichil ibi fuerit, accipies de secunda differentia que est alcior illo superiori unum et de eo facies decem; minusque de eo quod debueris, et quod remanserit, dimittes in eadem superiori differentia".
(„Wenn nun in der oberen Zahl nicht eine so hohe Ziffer steht, daß man davon die Ziffer der unteren Stelle abziehen kann, d. h. wenn sie kleiner oder Null ist, so nimm von der nächsten Stelle, die jener oberen Ziffer übergeordnet ist, eine Einheit und mache aus ihr 10, von der letzteren ziehe so viel ab, wie du sollst, und was übrig bleibt, setze zu jener oberen Ziffernstelle".)

Im Rechenbuch des *Johannes von Sevilla* wird die zweite Methode angeführt:

„Ex quo denario minues inferiorem, et qoud remanserit dimites in loco circuli, uel etiam numero ibidem inuento, ex quo diminuere quod debueras non potuisti, agregabis".
(„Von der 10 ziehe die untere Ziffer ab, den Rest setze an die Stelle der 0 oder, falls sich hier eine wirkliche Ziffer befindet, von der du nicht, wie du solltest, abziehen konntest, addiere ihn zu dieser".)

Eine modifizierte Form der ersten Methode scheint sich im 15. und 16. Jahrhundert durchgesetzt zu haben. Am deutlichsten ist sie in der „Coß" von *Rudolff* aus dem Jahr 1525 beschrieben:

„Magstu aber die unter figur von der obern nit nemen so zeüch sie ab von 10 zum pleibenden gib die ober so zu klein war setz dz collect vnter die linien. Wie offt sich dan begibt solchs abziehe von 10 addir allweg 1 zu der nagst gegen der lincken handt nachuolgenden vntern figur".

Multiplikation

Am Multiplikationsverfahren der **Ägypter** läßt sich am deutlichsten die Entstehung dieser Rechenart aus der Addition ablesen. Einen ersten Hinweis gibt schon die Bezeichnungsweise.

Beispiel: 44. Aufgabe des Papyrus Rhind:

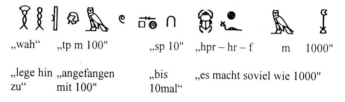

„wah"   „tp m 100"   „sp 10"   „hpr – hr – f   m   1000"

„lege hin „angefangen   „bis   „es macht soviel wie 1000"
zu"   mit 100"   10mal"

Also: „Multipliziere 100 mal 10, es ergibt 1000"

bzw. „Addiere 100 zehnmal, es ergibt 1000".

Für die technische Bewältigung der Multiplikation stand den Ägyptern offensichtlich statt des allgemeinen Einmaleins nur das Einmaleins mit 2 zur Verfügung. Die Multiplikationen wurden deshalb über Verdopplungen durchgeführt. Am Beispiel der Multiplikation 13·15 sieht dies folgendermaßen aus:

/	1	15
	2	30
/	4	60
/	8	120
		195

Die mit einem Merkstrich versehenen Teilprodukte wurden addiert. Man rechnete also:

$$13 \cdot 15 = (1 + 4 + 8) \cdot 15 = 1 \cdot 15 + 4 \cdot 15 + 8 \cdot 13 =$$
$$15 + 60 + 120 = 195$$

Bei den **Babyloniern** war die Multiplikation deutlich eine eigenständige Rechenart. Im Prinzip wurde in der heute üblichen Weise unter Verwendung des Einmaleins gerechnet. Wegen des Sexagesimalsystems reichte dieses Einmaleins allerdings bis zur Multiplikation $60 \cdot 60$, dessen Beherrschung natürlich eine große Gedächtnisleistung verlangt hätte. Man behalf sich aber offensichtlich mit Tabellen, in denen die wichtigsten Multiplikationen festgehalten wurden.

Beispiel: Multiplikationstabelle für 7:

	7	a-rá 1 7 :	7 mal 1 = 7
		a-rá 2 14 :	mal 2 = 14
		a-rá 3 21 :	mal 3 = 21

Welches Schema bei den **Babyloniern** für schriftliche Multiplikationen verwendet wurde, läßt sich nicht mehr feststellen. Auch für die Methode der **Griechen**, die sich ja im praktischen Rechnen weitgehend an den Babyloniern orientierten, gibt es nur wenige überlieferte Beispiele. Eine der seltenen Fundstellen ist die Multiplikation 265 mal 265 im Kommentar des *Eutokios* zur Kreismessung des *Archimedes* aus dem 6. Jahrhundert:

4 INHALTE DES MATHEMATIKUNTERRICHTS: ARITHMETIK

τὰ δὲ	$\overline{σξε}$	das heißt 265			
ἐπι	$\overline{σξε}$	mal 265			
	$\overset{δ}{M} \overset{α}{M}_{,}β \overline{,α}$		40 000	12 000	1 000
	$\overset{α}{M}_{,}β \overline{,γχ} \overline{τ}$		12 000	3.600	300
	$\overline{,α} \overline{τ} \overline{χε}$		1 000	300	25
ὁμοῦ	$\overset{\iota}{M}σχε$ zusammen		70.225		

Es wurden also Teilprodukte der Einer, der Zehner usw. gebildet und dann addiert. Die Rechnung wurde dabei mit den höchste Stufenzahlen begonnen.

Dieses Rechnen von links nach rechts war auch die übliche Methode der **Inder**, die anscheinend in der Regel in ähnlicher Weise wie die Griechen rechneten. Bemerkenswert ist, daß die Inder spezielle Rechenschemata zur Abkürzung der Rechnung verwendeten. Als Beispiel sei die Berechnung von 312 mal 417 im „Lilavati" des *Bhaskara* aus dem 7. Jahrhundert genannt. Sie erfolgte in folgender Form:

$$
\begin{array}{rcl}
& 2 \cdot 7 = & 1\underline{4} \quad \text{(Einer)} \\
1 \quad + 1 \cdot 7 + 2 \cdot 1 = & 1\underline{0} \quad \text{(Zehner)} \\
1 + 3 \cdot 7 + 1 \cdot 1 + 2 \cdot 4 = & 3\underline{1} \quad \text{(Hunderter)} \\
3 \quad + 1 \cdot 4 + 1 \cdot 3 = & 1\underline{0} \quad \text{(Tausender)} \\
1 \quad + 3 \cdot 4 = & 1\underline{3} \quad \text{(Zehntausender)}
\end{array}
$$

Durch Aneinanderfügen der unterstrichenen Zahlen erhält man das Ergebnis: 130.104.

Die Multiplikationsmethode der Inder kam über die **Araber** ins **Abendland**. Dort setzte sie sich Ende des 15. Jahrhunderts allmählich gegen die Multiplikation auf dem Abakus, wie sie z. B. noch *Adam Ries* 1522 in seinem Rechenbuch „Rechnung auff (sic!) der Linien und Federn" praktizierte, durch.

Auch in der abendländischen Rechenkunst spielen Multiplikationstafeln eine wichtige Rolle. Eine der ältesten findet man in einer lateinischen Übersetzung des Rechenbuchs des *al-Khwarazmi* aus dem Jahr 1143.[7]

ғ									
D	ı	ၣ							
ß	ၣ	ᥣ	ғ						
ᴧ	⊦	5	ၣ	ᥣ					
G	ſ	8	1ꝑ	16	ᶘ				
ғ	4	10	14	ꝑo	ꝑᶘ	G			
D	૮	1ꝑ	18	ꝑᥣ	⊦o	⊦σ	7		
c	7	1ᥣ	ꝑ1	ꝑᥣ	⊦ᶘ	ᥣꝑ	ᥣᶘ	8	
ß	3	16	ꝑᥣ	⊦ᶘ	ᥣo	ᥣᶘ	46	·Gᥣ	ၣ
ᴧ	ၣ	18		16	ᥣᶘ	ᥣᥣ	G⊦	7ꝑ	81

Division

Auch bei der Division ist der Zusammenhang mit den anderen Grundrechenarten bei den **Ägyptern** am deutlichsten erkennbar. In der 44. Aufgabe des Papyrus Rhind hat die Division 195 : 15 eine der Multiplikation sehr ähnliche Form:

---

[7] nach: *Menninger*, Zahlwort und Ziffer, Göttingen 1958

"wah" "tp m 15"	"r"	"gm – t"		"195"
"lege hinzu" "angefangen mit 15"	"bis zum"	"finden von"		"195"

Also: „Rechne mit 15 bis zum finden von 195".

Bei der praktischen Durchführung der Division wird im Prinzip das gleiche Verfahren wie bei der Multiplikation verwendet.

Beispiel: Division 195 : 15

/ 1	15
2	30
/ 4	60
/ 8	120
13	195

Es wurde also in folgender Form gerechnet:

$$195 : 15 = (15 + 60 + 120) : 15 =$$
$$15 : 15 + 60 : 15 + 120 : 15 = 1 + 4 + 8 = 13.$$

Bei den **Babyloniern** wurde die Division immer durch eine Multiplikation mit dem reziproken Wert des Divisors ausgeführt. Wegen der Bedeutung des Reziproken beim babylonischen Rechnen gab es ein eigenes Fachwort.

Beispiel:

„igi   3   gál-bi   20"

„das Auge von 3 ist sein 0;20"

oder: „das Reziproke von 3 ist $\frac{20}{60}$ "

Die praktische Rechenarbeit wurde ähnlich wie bei der Multiplikation durch umfangreiche Reziprokentabellen erleichtert. In den meisten Tabellen sind die Reziproken der Zahlen angegeben, die sich in die Primfaktoren 2, 3 und 5 zerlegen lassen, da eine Division durch diese Zahlen im Sexagesimalsystem immer aufgeht.

Aus **Griechenland** sind nur sehr wenige Stellen als Belege für Divisionen erhalten. In diesen Beispielen (etwa bei *Theon von Alexandria* (4. Jahrhundert)) wird mit Sexagesimalbrüchen gerechnet. Man kann also annehmen, daß die **Griechen** die babylonische Methode übernommen haben.

Fortschritte wurden wohl erst bei den **Indern** erzielt. Wir besitzen allerdings auch von ihnen kaum Zeugnisse ihrer Rechenmethode. Man kann aber annehmen, daß das von den **Arabern** überlieferte Verfahren auf indischen Ursprung zurückgeht. Bei *al-Khwarazmi* (9. Jahrhundert) sieht z. B. die Division

$$7.985.941 : 3.762 = 2.122 \quad \text{Rest } 2.977$$

folgendermaßen aus:

4 INHALTE DES MATHEMATIKUNTERRICHTS: ARITHMETIK

$$\begin{array}{l}2\\ \cancel{0\,3}\\ \cancel{1\,4}\\ \cancel{0\,2\,0}\,9\\ \cancel{1\,8\,1\,1}\,7\\ \cancel{0\,4\,9\,5\,5\,8}\\ \cancel{1\,5\,6\,1\,7\,0}\,7\\ \cancel{7\,9\,8\,5\,9\,4\,1}\,|\,2\,1\,2\,2\\ \cancel{3\,7\,6\,2\,2\,2\,2}\\ \cancel{3\,7\,6\,6\,6}\\ \cancel{3\,7\,7}\\ \cancel{3}\end{array}$$

Dieses, durch die Notwendigkeit ständiger Streichungen sehr unübersichtliche Verfahren, das sogenannte „Überwärtsdividieren" hielt sich trotz seiner Kompliziertheit auch im **Abendland** bis zum Ende des 18. Jahrhunderts, wenn auch mehr als Kuriosität.

Das moderne Verfahren, das sogenannte „Unterwärts dividieren" erscheint zum erstenmal im 15. Jahrhundert und setzt sich ab dem 16. Jahrhundert allgemein durch. Eines der ältesten Beispiele ist die bei *al-Khwarazmi* genannte Division in der Summa des *Luca Pacioli* (1494) in folgender Form:

```
7 985 941 : 3 762 = 2122
7 524
  461 9
  376 2
   85 74
   75 24
   10 501
    7 524
    2 977
```

86

4.2.4 Positive rationale Zahlen

Der ägyptische Bruchbegriff ist offensichtlich aus dem Bemühen entstanden, ein schriftliches Divisionsverfahren analog dem Multiplikationsverfahren zu entwickeln. Im Papyrus Rhind (Urtext 19. Jahrhundert v. Chr.) wird die Multiplikation $15 \cdot 13$ in der Form $(1 + 4 + 8) \cdot 15$ berechnet, wobei neben der Addition nur das Verdoppeln einer Zahl beherrscht werden mußte.

Die Umkehrung, also die Division 195 : 15 geschieht nach dem gleichen Schema, es muß nur anders interpretiert werden: Die Zahl 195 läßt sich aus den Summanden 120, 60 und 15 zusammensetzen, d. h. 15 ist $(8 + 4 + 1)$ mal in 195 enthalten. Die Berechnung geschieht in der Form:
$$195 : 15 = (120 + 60 + 15) : 15$$
Dieses Verfahren wurde auf Divisionsaufgaben übertragen, bei denen der Dividend kleiner als der Divisor ist. Als Beispiel diene die 21. Aufgabe des Papyrus Rhind, in der 4 : 15 in folgender Form gerechnet wird:

1	15
$\frac{1}{10}$	$1\frac{1}{2}$
/ $\frac{1}{5}$	3
/ $\frac{1}{15}$	1 Ergebnis: $\frac{1}{5} + \frac{1}{15}$

Gerechnet wurde also $(\frac{1}{5} + \frac{1}{15})$ von $15 = \frac{1}{5}$ von $15 + \frac{1}{15}$ von $15 = 3 + 1 = 4$ bzw. in der umgekehrten Reihenfolge, d. h. 4 wurde aus $3 + 1$ zusammengesetzt, diese beiden Zahlen als $\frac{1}{5}$ bzw. $\frac{1}{15}$ von 15 erkannt und dann mit Hilfe des Distributivgesetzes $\frac{1}{5} + \frac{1}{15}$ als Lösung berechnet.

Dabei handelt es sich offensichtlich nicht um „Bruchrechnen", sondern nur um eine abgekürzte Darstellung der Division durch 5 bzw. 15 in Form von Stammbrüchen. Die Stammbrüche sind (mit Ausnahme von $\frac{2}{3}$, wofür es ein besonderes Zeichen gab) die Elemente des ägyptischen Bruchrechnens und nur sie wurden durch Zahlzeichen dargestellt.

($\frac{1}{n}$ wurde durch das Bildzeichen für „Mund": ⌒ und das daruntergesetzte Zeichen für n geschrieben). Bemerkenswert ist die Existenz von Sonderzeichen für die Brüche $\frac{1}{2}, \frac{1}{4}, \frac{1}{8}, \frac{1}{16}, \frac{1}{32}$ und $\frac{1}{64}$, woraus man schließen könnte, daß diese Brüche als erste entstanden sind und deshalb der Ausgangspunkt für das Bruchrechnen das wiederholte Halbieren war. Sicher ist der Bruchbegriff in engem Zusammenhang mit konkreten, messbaren Größen entstanden, wie z.B. bei der Teilung von Getreidevorräten. Als Beispiel seien die Zeichen für die Teile eines Scheffels Getreide aus der Mitte des 3. Jahrtausends v. Chr. genannt. Merkwürdig ist, daß sich diese Zeichen zur Figur des „Horusauges" zusammensetzen lassen:

Entscheidend für die Beantwortung der Frage, in welchem Ausmaß es sich bei den ägyptischen Stammbrüchen um „Zahlen" gehandelt hat, ist die Untersuchung, in welcher Form mit ihnen gerechnet wurde.

Als Beispiel dient die 37. Aufgabe des Papyrus Rhind aus der Hyksoszeit (18. bis 16. Jahrhundert v. Chr.), nach älteren Vorbildern vom Schreiber *Ahmes* verfaßt. In dieser Aufgabe wird der Inhalt eines Schöpfgefäßes gesucht, das $(3 + \frac{1}{3} + \frac{1}{3} \cdot \frac{1}{3} + \frac{1}{9})$ mal in einen Scheffel hineingeht. Es soll also die Division $1 : (3 + \frac{1}{3} + \frac{1}{3} \cdot \frac{1}{3} + \frac{1}{9})$ durchgeführt werden. Dabei handelt es sich offensichtlich um eine reine Übungsaufgabe, nicht um ein in der Praxis vorkommendes Problem. Festzuhalten ist, daß es sich, wie in der ägyptischen Mathematik üblich, um Bruchteile einer meßbaren Größe handelt.

Die Lösung der Aufgabe läßt sich in verschiedene Abschnitte einteilen, von denen die ersten drei hier vorgestellt werden sollen:

1. Laß es hören:

	1	1
	2	2
	$\frac{1}{2}$	$\frac{1}{3}$
$\frac{1}{3}$ von	$\frac{1}{3}$	$\frac{1}{9}$
sein	$\frac{1}{9}$	$\frac{1}{9}$
zusammen:		$3\frac{1}{2}\frac{1}{18}$

Es handelt sich also hier nur um die Umrechnung von $3 + \frac{1}{3} + \frac{1}{3} \cdot \frac{1}{3} + \frac{1}{9}$ in die Stammbruchdarstellung $3\frac{1}{2}\frac{1}{18}$ durch Addition der rechten Spalte. Dabei wurde offensichtlich $\frac{2}{9}$ in $\frac{1}{6} + \frac{1}{18}$ nach der 2 : n - Tabelle des Papyrus Rhind umgeformt; $\frac{1}{6} + \frac{1}{3}$ kam immer wieder vor und wurde wohl auswendig gewußt.

2. Dividiere 1 durch $3\frac{1}{2}\frac{1}{18}$

	1	$3\frac{1}{2}\frac{1}{18}$
	$\frac{1}{2}$	$1\frac{1}{2}\frac{1}{4}\frac{1}{36}$
/	$\frac{1}{4}$	$\frac{1}{2}\frac{1}{4}\frac{1}{8}\frac{1}{72}$
	$\frac{1}{8}$	$\frac{1}{4}\frac{1}{8}\frac{1}{16}\frac{1}{144}$
	$\frac{1}{16}$	$\frac{1}{8}\frac{1}{16}\frac{1}{32}\frac{1}{288}$
/	$\frac{1}{32}$	$\frac{1}{16}\frac{1}{32}\frac{1}{64}\frac{1}{576}$

zusammen 1

Ergänzung: $\frac{1}{2}\frac{1}{4}\frac{1}{8}$ $\frac{1}{72}\frac{1}{16}\frac{1}{32}\frac{1}{64}\frac{1}{576}$ zusammen $\frac{1}{8}$
           8 36 18 9 1

Es handelt sich also hier um die Rechnung:

$\left(\frac{1}{4} + \frac{1}{32}\right) \cdot 3\frac{1}{2}\frac{1}{18} = \frac{1}{4} \cdot 3\frac{1}{2}\frac{1}{18} =$

$\frac{1}{2} + \frac{1}{4} + \frac{1}{8} + \frac{1}{72} + \frac{1}{16} + \frac{1}{32} + \frac{1}{64} + \frac{1}{576} = 1$ oder:

$1 : 3\frac{1}{2}\frac{1}{18} = \frac{1}{4} + \frac{1}{32}$

Bemerkenswert ist die Addition $\frac{1}{72}+\frac{1}{16}+\frac{1}{32}+\frac{1}{64}+\frac{1}{576}=\frac{1}{8}$
Die darunter stehenden Hilfszahlen dienen zur Umrechnung auf 576. Teile. Der Rest der Rechnung $(\frac{1}{2}+\frac{1}{4}+\frac{1}{8}+\frac{1}{8}=1)$ wurde dann wieder im Kopf gerechnet.

3. Probe

1	$\frac{1}{4}\ \frac{1}{32}$
2	$\frac{1}{2}\ \frac{1}{16}$
$\frac{1}{3}$ davon	$\frac{1}{12}\ \frac{1}{96}$
$\frac{1}{3}$ von seinem $\frac{1}{3}$	$\frac{1}{36}\ \frac{1}{288}$
$\frac{1}{9}$ davon	$\frac{1}{36}\ \frac{1}{288}$
zusammen	1

Ergänzung: $\frac{1}{2}\ \frac{1}{4}\ \frac{1}{32}\ \frac{1}{16}\ \frac{1}{12}\ \frac{1}{96}\ \frac{1}{36}\ \frac{1}{288}$ zusammen $\frac{1}{4}$
9 18 24 3 8 1

Als Probe wird hier die Multiplikation $\left(\frac{1}{4}+\frac{1}{32}\right)\cdot\left(3+\frac{1}{3}+\frac{1}{3}\cdot\frac{1}{3}+\frac{1}{9}\right)=1$ vorgerechnet.

Bemerkenswert sind die 4. und die 5. Zeilen. Aus ihnen folgt, daß $\frac{1}{3}\cdot\frac{1}{3}$ von a nicht als $\frac{1}{9}$ von a, sondern als $\frac{1}{3}$ von $\frac{1}{3}$ von a gerechnet wurde.
Auch bei den **Babyloniern** findet man als erste Brüche Stammbrüche, wie beispielsweise in Texten aus der Schicht IVb von Uruk (um 3200 v. Chr.). Dabei handelt es sich immer um Bruchteile messbarer Größen. Auch die Sexagesimalbrüche der späteren Zeit (3. Jahrtausend v. Chr.) sind als Darstellung von konkreten Größen entstanden und zwar wahrscheinlich im Zusammenhang mit dem sexagesimal aufgebautem altsumerischen Gewichtssystem. In ihm gilt:

1 gú = 60 mana = 60^2 gín = 60^3 gín-tur.

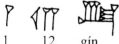 bedeutet also 1 mana 12 gín, wobei mana nicht geschrieben wurde.

1 12 gín

Läßt man noch gín weg, kann man ⟨image⟩ in vielfältiger Weise deuten, z.B. als

$1 \cdot 60 + 12$ (gín) oder $1 + \frac{12}{60}$ (mana) oder $\frac{1}{60} + \frac{12}{60^2}$ (gú) usw.

Gerechnet wurde mit den Brüchen wie mit ganzen Zahlen. Dabei läßt sich oft gar nicht feststellen, ob es sich bei babylonischen Zahlenangaben um natürliche Zahlen oder um Brüche handelt.

So lautet die 13. Zeile der Tafel 322 der Plimpton Library, New York:[8]

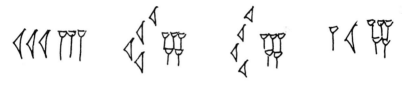

Das ist ein von 15 pythagoreischen Zahlentripeln, die auf dieser Tafel festgehalten sind. Dabei steht an der 1. Stelle $\frac{b^2}{a^2}$, an der 2. Stelle b und an der 3. Stelle c, wenn man die Katheten eines rechtwinkligen Dreiecks mit a und b und die Hypotenuse mit c bezeichnet. Die Zahl an der 1. Stelle ist wohl als $\frac{33}{60} + \frac{45}{60^2} = \frac{9}{16}$ zu lesen, für das Verhältnis der Katheten $\left(\frac{b}{a}\right)$ ergibt sich also $\frac{3}{4}$. Die beiden anderen Zahlen können als ganze Zahlen gelesen werden (z. B. 45 und $1 \cdot 60 + 15 = 75$), aber auch als Brüche (z.B. $\frac{45}{60} = \frac{3}{4}$ und $1 + \frac{15}{60}$).

Für die Umrechnung der Stammbrüche in Sexagesimalbrüche besaßen die **Babylonier** Reziprokentabellen wie die folgende, die zugleich als Multiplikationstabelle für den Faktor 70 diente:

1	1	$1 \cdot 60 + 10 = 70$
2	$\frac{30}{60} = \frac{1}{2}$	35
3	$\frac{20}{60} = \frac{1}{3}$	$23 + \frac{20}{60} = 23\frac{1}{3}$

---

[8] Nach: *Neugebauer-Sachs*, Mathematical Cuneiform Texts, New Haven 1945

Die babylonischen Brüche waren offensichtlich keine abstrakten, selbständigen Gegenstände im Sinn unserer Bruchzahlen, sondern immer Bruchteile von Größen, die in einem Maßsystem gemessen werden können. Das geht aus der Fülle der überlieferten Algebraaufgaben hervor.

Beispiele:

YBC 4652,7:
„Ich fand einen Stein, ich habe ihn nicht gewogen.
Ich habe $\frac{1}{7}$ und $\frac{1}{11}$ addiert, er wog 1 Mine"
$$\left(x + \tfrac{x}{7}\right) + \tfrac{1}{11}\left(x + \tfrac{x}{7}\right) = 1$$

BM 13901,2:
„Ich habe von der Fläche die Seite meines Quadrates subtrahiert und es ist $14\tfrac{1}{2}$ "
$$x^2 - x = 14\tfrac{1}{2}$$

SKT 363,1:
„Ich habe die Fläche von 2 Quadraten addiert, es ist $16\tfrac{2}{3}$. Die Seite des einen ist $\tfrac{2}{3}$ der Seite des anderen. Ich habe 10 von der Seite des kleinen Quadrats subtrahiert. Was sind die Seiten der Quadrate?"
$$x^2 + y^2 = 16\tfrac{2}{3};\, y = \tfrac{2}{3}x - 10$$

In der griechischen Mathematik wurden bis zur Zeit des *Archimedes* (3. Jahrhundert v. Chr.) keine Brüche verwendet. Dieses in der Praxis recht umständliche Vermeiden von Brüchen hat seine Ursache in der grundsätzlichen Denkweise der griechischen Mathematik der voralexandrinischen Zeit, das in erster Linie von *Platon* geprägt wurde. Im „Staat" schreibt *Platon*, daß es die fachkundigen Mathematiker nicht zulassen, daß die Einheit geteilt werde. Sichtbare Dinge, also konkrete Gegenstände sind teilbar, abstrakte Gebilde wie mathematische Einheiten aber nicht.

Die Zahl ($\alpha\rho\iota\vartheta\mu o\varsigma$) war in der wissenschaftlichen Mathematik nur die natürliche Zahl. Im praktischen Rechnen, der sogenannten Logistik, dagegen wurden Brüche nach ägyptischen und babylonischen Vorbild verwendet. Erst seit *Diophant* (3. Jahrhundert) ist erkennbar, daß auch Brüche als Zahlen gesehen werden. *Diophant* beginnt seine Aufgaben mit den Worten „$\varepsilon\upsilon\rho\varepsilon\iota\nu \quad \alpha\rho\iota\vartheta\mu o\nu$" und erhält gelegentlich auch Brüche als Lösung.

Als Beispiele für das Vermeiden von Brüchen seien *Eratosthenes* (276 v. Chr. – 194 v. Chr.) und *Archimedes* (275 v. Chr. – 212 v. Chr.) genannt. *Eratosthenes* wird von *Ptolemäus* im Almagest folgendermaßen zitiert:

„Der Meridian zwischen den beiden Wendekreisen beträgt 11 solcher Teile, wie der ganze Meridian ihrer 83 beträgt"

Archimedes schreibt in seiner Kreismessung:

„Der Umfang eines ganzen Kreises ist das Dreifache des Durchmessers und er übertrifft ihn noch eine wenig, nämlich um weniger als ein Siebtel des Durchmessers, aber um mehr als zehn Einundsiebzigstel"

An die Stelle von Brüchen traten in der wissenschaftlichen Mathematik die „Proportionen". Die Theorie der Proportionen geht wahrscheinlich auf *Eudoxos von Knidos* (um 350 v. Chr.) zurück. Dargestellt wurde sie im 5. Buch der Elemente des *Euklid* (um 300 v. Chr.). Dort wird folgendermaßen definiert:

Definition 4:

„Daß sie ein Verhältnis zueinander haben, sagt man von Größen, die vervielfältigt einander übertreffen können".

Definition 5:

„Man sagt, daß Größen in demselben Verhältnis stehen, die erste zur zweiten wie die dritte zur vierten, wenn beliebige Gleichvielfache der ersten und dritten zugleich größer, gleich goß oder kleiner sind als beliebige Gleichvielfache der zweiten und vierten, in entsprechender Reihenfolge genommen".

Es gilt also $a : b = c : d$ bzw. $\frac{a}{b} = \frac{c}{d}$, wenn $ma = nb$ und $mc = nd$ für alle $m, n \in \mathbb{N}$ gilt.

Damit sind Objekte, die man als Brüche auffassen könnte, definiert. Um die Frage zu klären, ob Verhältnisse wirklich Brüche darstellen, muß man untersuchen, wie mit diesen Verhältnissen gerechnet wurde. Dabei kann man folgende Operationen feststellen:

Aus $\dfrac{a}{b} = \dfrac{c}{d}$ folgt:

- $\dfrac{a^2}{b^2} = \dfrac{c^2}{d^2}$
- $\dfrac{a^3}{b^3} = \dfrac{c^3}{d^3}$
- $\dfrac{a}{c} = \dfrac{b}{d}$
- $\dfrac{b}{a} = \dfrac{d}{c}$
- $\dfrac{a+b}{b} = \dfrac{c+d}{d}$ (d. h. $\dfrac{a}{b} + 1 = \dfrac{c}{d} + 1$)
- $\dfrac{a-b}{b} = \dfrac{c-d}{d}$ (d. h. $\dfrac{a}{b} - 1 = \dfrac{c}{d} - 1$)

4.2 Historische Entwicklung

- $\dfrac{a}{a-b} = \dfrac{c}{c-d}$

Es findet keine allgemeine Addition oder Multiplikation von Verhältnissen statt, lediglich die Addition bzw. Subtraktion der 1. Operationen wie die Addition oder die Multiplikation wären im Rahmen der griechischen Mathematik ohne weiteres möglich gewesen. Daß sie nicht durchgeführt wurden, ist ein Zeichen dafür, daß die Proportionen nicht als Brüche gesehen wurden.

Erste Anzeichen für die Darstellung allgemeiner Brüche findet man im 1. Jahrhundert bei *Heron*. Dort wird z. B. das Ergebnis der Division 25 : 13 zuerst in Stammbrüchen als $1\frac{1}{2}\frac{1}{3}\frac{1}{13}\frac{1}{78}$ angegeben und dann als

„$\mu o \nu \alpha \varsigma \;\; \mu \iota \alpha \;\; \kappa \alpha \iota \;\; \lambda \varepsilon \pi \tau \alpha \quad \iota \gamma' \; \iota \gamma' \; \iota \beta$ ".

Der Bruch $\frac{12}{13}$ wurde also in der Form $\frac{1}{13}\frac{1}{13}12$ geschrieben.

Interessant ist die Frage, wie zur Zeit *Herons* mit Brüchen gerechnet wurde. Als Beispiel diene die Multiplikation $6\frac{1}{2} \cdot 12\frac{12}{13}$. Sie wurde in folgender Form durchgeführt:

$$6 \cdot 12 = 72$$
$$6 \cdot \tfrac{12}{13} = \tfrac{72}{13}$$
$$12\tfrac{12}{13} \cdot \tfrac{1}{2} = 6\tfrac{6}{13}$$

zusammen: $78\tfrac{78}{13} = 84$.

Neben der schon den Ägyptern vertrauten Halbierung von Brüchen wurde also nur die Regel für die Multiplikation eines Bruches mit einer natürlichen Zahl verwendet. Es gab offensichtlich keine Regel für die Multiplikation zweier Brüche, wie man an einer weiteren Rechnung *Herons* sieht, bei der $\tfrac{63}{64}$ mit $\tfrac{2}{64}$ multipliziert werden soll. Dies geschieht nämlich in der Form $\tfrac{126}{64} : 64$.

Zusammenfassend kann man sagen, daß das griechische Bruchrechnen lediglich eine Verbesserung des ägyptischen Verfahrens darstellt.

Zumindestens in der Schreibweise haben die **Inder** beim Bruchbegriff Fortschritte erzielt. Da die Inder im Gegensatz zu *Heron* den Zähler über den Nenner setzten und in Ziffern schrieben, ist ihre Bruchdarstellung unserer heutigen Schreibweise ziemlich ähnlich. Auch die Inder kannten zuerst nur Stammbrüche, die sie in folgender Form darstellten:

1	1	1	1
4	3	6	12

$\frac{1}{4}+\frac{1}{3}+\frac{1}{6}+\frac{1}{12}$

1	1	1	1	1	1	1	1	1
1	2	1	2	3	1	2	3	5

$1 \cdot \frac{1}{2} + 1 \cdot \frac{1}{2} \cdot \frac{1}{3} + 1 \cdot \frac{1}{2} \cdot \frac{1}{3} \cdot \frac{1}{5}$

Später ging man zu allgemeinen Brüchen über, die man z. B. in der Form $\begin{smallmatrix}2\\4\\5\end{smallmatrix}$ (d. h. $2\frac{4}{5}$) schrieb.

Aber auch bei der Durchführung der Rechenoperationen sind Fortschritte gegenüber der griechischen Praxis erkennbar. So gibt *Brahmagupta* (9. Jahrhundert) in „Aryabhata" folgende Regel an: „Das Produkt aus den Zählern, geteilt durch das Produkt aus den Nennern, ist Multiplikation (...)". *Sridhara* (um 900) nennt in „Patiganitasara" („Kurze Lehre vom Rechnen") 14 Regeln für das Rechnen mit Brüchen, deren wichtigste in unserer Schreibweise folgendermaßen lauten:

$$\frac{a}{b} \cdot \frac{c}{d} \cdot \frac{e}{f} = \frac{a \cdot c \cdot e}{b \cdot d \cdot f}$$

$$a : \frac{b}{c} = \frac{a \cdot c}{b}$$

$$a \pm \frac{c}{d} = \frac{a \cdot d \pm c}{d}$$

$$\frac{a}{b} \pm \frac{c}{d} \cdot \frac{a}{b} = \frac{a \cdot (d \pm c)}{b \cdot d}$$

Den Charakter der indischen Bruchrechnung erkennt man am besten an den Aufgaben *Sridharas*.

Beispiel: 5 purana 3 pana 1 kakini minus 1 varataka minus $\frac{1}{5}$ varataka soll in purana umgerechnet werden.

(Es handelt sich dabei um Währungseinheiten, für die folgende Umrechnungen gelten:
1 purana   = 16 pana
1 pana   = 4 kakini
1 kakini   = 20 varataka)

Die Berechnung geschieht in folgenden Schritten:
1. 5 purana + 3 pana = $(5 + \frac{3}{16})$ purana = $\frac{83}{16}$ purana
2. $\frac{83}{16}$ purana + 1 kakini = $\left(\frac{83}{16} + \frac{1}{4} \cdot \frac{1}{16}\right)$ purana
    = $\frac{1}{16}\left(83 + \frac{1}{4}\right)$ purana = $\frac{333}{64}$ purana
3. $\frac{333}{64}$ purana − 1 varataka = $\left(\frac{333}{64} - \frac{1}{20} \cdot \frac{1}{64}\right)$ purana = $\frac{6659}{1280}$ purana
4. $\left(\frac{6659}{1280} - \frac{1}{5} \cdot \frac{1}{1280}\right)$ purana = $\frac{33294}{6400}$ purana = $5\frac{647}{3200}$ purana.

Für die weitere Entwicklung im Abendland wichtiger als die indischen Kenntnisse waren die Methoden der **Araber**. Aufschluß über das arabische Bruchrechnen gibt die einzige arithmetische Schrift *al-Khwarazmis*, die allerdings nur in einer lateinischen Übersetzung des 13. Jahrhunderts erhalten ist. Ihr Titel lautet wahrscheinlich „Das Buch über die Addition und Subtraktion nach der Rechenweise der Inder". In dieser Schrift findet man ein Fachwort für den Bruch „Kasr" (von kasra = brechen). Behandelt werden die Rechnungen mit Sexagesimalbrüchen und mit gemeinen Brüchen. Das Rechnen mit Sexagesimalbrüchen ist im eigentlichen Sinn kein Bruchrechnen. Bei Multiplikationen z.B. wird jeder Faktor in die niedrigste Einheit umgerechnet dann wird in $\mathbb{N}$ multipliziert und schließlich das Ergebnis zurückverwandelt. Ähnlich geht man bei der Division vor.

Beim Rechnen mit gemeinen Brüchen ist der Einfluß der ägyptischen Stammbruchrechnung noch deutlich erkennbar, aber auch ein allmählicher Übergang zu allgemeinen Brüchen. So berechnet *al-Khwarazmi* die Multiplikation $8\frac{1}{2}\frac{1}{4}\frac{1}{5}$ mal $3\frac{1}{3}\frac{1}{9}$ mit folgendem Schema:

4 INHALTE DES MATHEMATIKUNTERRICHTS: ARITHMETIK

8	3
$\frac{1}{2}$	$\frac{1}{3}$
$\frac{1}{4}$	$\frac{1}{9}$
$\frac{1}{5}$	

40	1080	27
358	33294	93

In der linken Spalte wird also $8 + \frac{1}{2} + \frac{1}{4} + \frac{1}{5} = \frac{358}{40}$ und in der rechten Spalte $3 + \frac{1}{3} + \frac{1}{9} = \frac{93}{27}$ gerechnet. Dabei fällt auf, daß der Hauptnenner einfach als Produkt aller Nenner gebildet wird. In der Mitte wird dann das Produkt berechnet: $\frac{358}{40} \cdot \frac{93}{27} = \frac{33294}{1080}$.
Näheren Aufschluß über die Bruchrechnung *al-Khwarazmis* liefert sein berühmtes Algebrabuch „Al-kitab al-muhtasar fi hisab al-gabr wal-muqabala" („Ein kurzgefaßtes Buch über die Rechenverfahren durch Ergänzen und Ausgleichen"). Eine der zahlreichen Erbteilungsaufgaben diese Werks lautet:

„Eine Frau starb und hinterließ ihren Gatten und ihren Sohn und drei Töchter und vermachte einem Mann ein Achtel und ein Siebentel ihres Vermögens"

Rechnung:

$\frac{1}{8}$ und $\frac{1}{7}$ werden vom (nicht genannten) Vermögen abgezogen. Dazu wird das Vermögen in $8 \cdot 7 = 56$ Teile zerlegt. $8 + 7 = 15$ Teile werden für den Mann weggenommen, es bleiben 41 Teile.

In heutiger Schreibweise:

$$a - 8\left(\tfrac{1}{568}a + \tfrac{1}{7}a\right) = \tfrac{56}{56}a - \left(\tfrac{7}{56}a + \tfrac{8}{56}a\right) = \tfrac{41}{56}a$$

Nach dem Koran erhält der Gatte vom Rest $\tfrac{1}{4}$ und von den verbleibenden $\tfrac{3}{4}$ ein Sohn doppelt soviel wie eine Tochter. Die 56 Anteile werden deshalb weiter zerlegt, nämlich in 56 · 20 = 1120 Anteile, bzw. die 41 Anteile des Resterbes in 41 · 20 = 820 Anteile.
Dann wird $\tfrac{3}{4}$ davon berechnet: (820 : 4) · 3 = 205 · 3 = 615 und schließlich $\tfrac{1}{5}$ von 615: 615 : 5 = 123. Jede Tochter erhält also 123 Anteile von 1120.

In heutiger Schreibweise:

$$\tfrac{1}{5} \cdot \left(\tfrac{3}{4} \cdot \tfrac{41}{56}a\right) = \tfrac{1 \cdot 3}{5 \cdot 4} \cdot \tfrac{41}{56}a = \tfrac{3}{20} \cdot \tfrac{41}{56}a = \tfrac{123}{1120}a$$

Man stellt fest, daß es sich dabei weniger um Bruchrechnen im heutigen Sinn, sondern eher um eine Divisionsaufgabe in ℕ handelt.
Gewisse Fortschritte im Bruchrechnen sind bei *Abu-l-Wafa* (10. Jahrhundert) feststellbar. In seiner „Kitab al-Manazil fima yahtagu ilaihi l-Kuttab wa-l-ummal min ilm al-hisab" („Schrift der Stufenfolge über das, was die Schreiber und Sekretäre von der Arithmetik benötigen") spricht er ausdrücklich vom Kürzen eines Bruches:

„Jedes Verhältnis des Zählers eines Bruches zu seinem Nenner läßt sich unendlich vielfältig in Zahlen ausdrücken, doch das Beste hiervon für die Anwendung ist das Kleinste aus zwei ganzen Zahlen mit demselben Verhältnis; alle anderen Ausdrücke sind schlechter".

Die allgemeinen Brüche zerlegt auch *Abu-l-Wafa* in Stammbrüche und bei Bedarf in den Bruch $\tfrac{2}{3}$:

$$\tfrac{3}{4} = \tfrac{1}{2} + \tfrac{1}{4}$$
$$\tfrac{2}{5} = \tfrac{1}{3} + \tfrac{2}{3} \cdot \tfrac{1}{10}$$

Gerechnet wird offensichtlich mit Sexagesimalbrüchen.

Beispiel:

$$\frac{4}{5}+\frac{2}{3}+\frac{3}{10} = \frac{\frac{4}{5}\cdot 60+\frac{2}{3}\cdot 60+\frac{3}{10}\cdot 60}{60} = \frac{106}{60} = 1+\frac{2}{3}+\frac{1}{10}$$

Man sieht also, daß sich im 10. Jahrhundert eine neue Darstellungsweise für Brüche herausgebildet hat, daß man aber bei der Berechnung auf die damals schon 3000 Jahre alte babylonische Methode zurückgegriffen hat.

Die ersten Rechenbücher des **Abendlands** zeigen, daß das Stammbruchrechnen direkt von den Arabern übernommen wurde. So im „Liber abbaci" (1228) des *Leonardo v. Pisa*. Ein gewisser Fortschritt ist aber erkennbar. *Leonardo* verwendete beispielsweise den Bruchstrich, den er wohl von den Arabern übernommen hat, da er etwa um die gleiche Zeit auch von *al-Hassar* benutzt wurde. Bei der **Addition** zweier Brüche wird der Hauptnenner nicht mehr durch einfache Produktbildung der Einzelnenner gebildet, sondern es wird das kleinste gemeinsame Vielfache (minimum mensuratum) der Nenner gesucht. Eine Technik, die in der Folgezeit wieder verloren ging. Erst im 16. Jahrhundert (ab *N. Tartaglia* „General tratto", 1556) werden wieder kleinste gemeinsame Vielfache bestimmt. Allgemein durchgesetzt hat sich dieses Verfahren erst im 17. Jahrhundert.

Die **Multiplikation** wurde im „Liber abbaci" noch nach dem griechischen Verfahren durchgeführt. Erst ab *J. Nemorarius* (13. Jahrhundert) verfuhr man nach den heutigen Regeln. Die **Division** dagegen erfolgte bei *J. Nemorarius* indem man Zähler durch Zähler und Nenner durch Nenner dividierte, also analog zur Multiplikation. Da man dazu meist vorher Zähler und Nenner durch das Produkt aus Zähler und Nenner des Divisors erweitern mußte, ergab sich folgendes Verfahren:

$$\frac{a\cdot c\cdot d}{b\cdot c\cdot d} : \frac{c}{d} = \frac{a\cdot d}{b\cdot c}$$

Woraus eigentlich sofort die heute übliche Regel folgt, die aber erst im Bamberger Rechenbuch 1483 (ohne Beweis) zu finden ist.

Im „Liber abbaci" geht *Leonardo v. Pisa*, wie auch schon im 12. Jahrhundert *Johannes v. Sevilla* einen etwas anderen Weg. In Anlehnung an die Regeln bei der Addition und Subtraktion werden zuerst die Brüche gleichnamig gemacht und dann werden die Zähler dividiert:

$$\frac{a}{b} : \frac{c}{d} = \frac{a \cdot d}{b \cdot d} : \frac{b \cdot c}{b \cdot d} = \frac{a \cdot d}{b \cdot c}$$

Die heutige Form des Bruchrechnens bildete sich endgültig im späten 15. und frühem 16. Jahrhundert heraus. Eine der ältesten Quellen ist ein Manuskript von *N. Chuquet* mit dem Titel „Le Triparty en la science des nombres" aus dem Jahr 1484. Dort wird beispielsweise beim Kürzen eines Bruches zuerst der größte gemeinsame Teiler nach dem griechischen Verfahren gesucht.

Die Regel, die Division durch die Multiplikation mit dem Kehrwert zu ersetzen, findet man zuerst in der „Arithmetica integra" (1544) von *M. Stifel*: „Ego Divisionis regulam reduco ad regulam multiplicationis minutiarum, hoc modo. Divisioris terminos commuto." („Ich führe die Regel für die Division auf die Regel für die Multiplikation von Brüchen zurück und zwar auf folgende Weise. Ich vertausche die Zahlen des Divisors.")

In der gleichen Schrift setzte sich *Stifel* auch mit der grundsätzlichen Fragen auseinander, ob Brüche als Zahlen bezeichnet werden können. Für ihn sind Brüche „benannte Zahlen", die Benennung ist aber eine Zahl und deshalb nennt er Brüche „im uneigentlichen Sinn abstrakte Zahlen" („improppie vacari abstractas"). Etwas deutlicher drückt sich *G. Cardano* (1501 – 1576) in seiner „Practica Arithmeticae" aus. Sie beginnt mit den Worten „Subjektum Arithmeticae numerus est integer, *per analogiam* quatuor subjekta sunt: videlicet numerus integer, ut 3, fractus, ut (...)" („Gegenstand der Arithmetik ist die ganze Zahl, *nach Analogie* sind es vier Gegenstände, nämlich die ganze Zahl, wie 3, der Bruch, wie (...)"). Die Brüche werden also als Zahlen anerkannt, wenn auch ohne Definition, sondern „per analogiam".

Im 14. Jahrhundert entwickelten sich aus den babylonischen Sexagesimalbrüchen, die etwa seit 200 v. Chr. auch im praktischen Rechnen der Griechen, insbesondere in der Astronomie verwendet wurden und deren Gebrauch von den Arabern an die Mathematiker des Abendlands weitergegeben wurden, die **Dezimalbrüche**. Das allmähliche Ersetzen der Basiszahl 60 durch die dezimale Basis geht am deutlichsten aus einer

Bemerkung im „Algorismus de minutiis" eines unbekannten Verfassers des 14. Jahrhunderts hervor, in der gesagt wird, daß die Zahl 60 nur deshalb vorgezogen wird, weil sie sich durch eine große Zahl von Teilern auszeichnet, daß man aber genausogut 12 oder 10 nehmen könne. Als eigentlicher Erfinder der Dezimalbrüche gilt *S. Stevin* (1548 – 1620). In „De Thiende", Leiden 1585, schreibt er:

$$8_0\ 9_1\ 3_2\ 7_3 \quad \text{für } 8{,}937$$

bzw. $\quad 54_2 \quad$ für 0,54.

Noch deutlicher wird die Darstellungsweise bei Rechnungen, etwa bei

$$\begin{array}{cccc} 0 & 1 & 2 & 3 \\ 2\ 3 & 7 & 5\ 7 & 8 \\ 5 & 9 & 7\ 3 & 9 \\ \hline 1\ 7\ 7 & 8 & 3 & 9 \end{array}$$

für $237{,}578 - 59{,}739 = 117{,}839$

Nach der Arbeit von *Stevin* galt es noch den **Zusammenhang zwischen den gemeinen Brüchen und den Dezimalbrüchen** herzustellen. Nach ersten Erkenntnissen *B. Cavalieris* stellte *J. Wallis* in „Treatise of algebra, both historical and practical", London 1685, genauere Untersuchungen an. Er machte dabei Aussagen über Bedingungen für endliche Dezimalzahlen, über Bedingungen für den Beginn der Periode nach dem Komma und über die Länge der Periode. Ebenso beschäftigte er sich mit der Verwandlung eines periodischen Dezimalbruchs in einen gemeinen Bruch. Nach eigenen Aussagen kannte er keine Vorgänger auf diesem Gebiet: „Nescio an quisquam me prior eam destincte examinaverit". Der endgültige Ausbau der Theorie erfogte erst in der 2. Hälfte des 18. Jahrhunderts (u. a. durch *I. H. Lambert, J. Bernoulli III, L. Euler*) und im 19. Jahrhundert (*K. F. Gauß*).
Nach ersten Versuchen zur Axiomatisierung der Mathematik und damit auch zu einer Konstruktion der rationalen Zahlen durch *M. Ohm* in

„Versuch eines vollkommen consequenten Systems der Mathematik" (1822) schuf *K. Weierstraß* die exakten Grundlagen für das Rechnen im Körper der rationalen Zahlen. Seine Ideen wurden 1863 konzipiert und 1872 von *E. Kossak* in „Die Elemente der Arithmetik" publiziert. *K. Weierstraß* ging von der Menge der positiven ganzen Zahlen aus und definierte die positiven rationalen Zahlen in folgenden Schritten:

(1) Der „genaue Teiler" der Einheit ($\frac{1}{n}$) wird durch die Gleichung $n \cdot \frac{1}{n} = 1$ definiert.

(2) Zwei „Transformationen" werden eingeführt:
n Elemente der Gestalt $\frac{1}{n}$ können durch die Einheit ersetzt werden.
Jede Zahl kann durch ihre „genauen Teiler" ersetzt werden (also z. B. 1 durch $n \cdot \frac{1}{n}$).

(3) Jede rationale Zahl wird durch ein „endliches Aggregat" dargestellt (z. B. $\frac{4}{3}$ durch $\{\frac{1}{3}, \frac{1}{3}, \frac{1}{3}, \frac{1}{3}\}$).

(4) Definition der Gleichheit zweier rationaler Zahlen:
„Zwei Zahlen sind einander gleich, wenn eine in der angegebenen und gestatteten Weise so transformiert werden kann, daß beide dieselben und nur dieselben Elemente und jedes einzelne in derselben Anzahl enthalten."

Eine Definition der rationalen Zahlen findet man erst 1895 im „Lehrbuch der Algebra" von *Weber*. Dort heißt es:
„Die natürlichen Zahlen bilden eine geordnete Menge, zwischen zwei aufeinanderfolgenden ihrer Elemente liegt kein weiteres Element. Eine solche Mannigfaltigkeit heiß eine diskrete. Eine geordnete Menge von der Eigenschaft, daß zwischen je zwei Elementen immer noch andere Elemente gefunden werden, heißt dicht. Eine dichte Menge kann man bilden, wenn man die natürlichen Zahlen in Paaren zusammenfaßt und diese Paare als Elemente einer Menge auffaßt.
Diese Paare sollen Brüche genannt und mit $m : n$ oder $\frac{m}{n}$ bezeichnet werden und zwei solche Brüche $m : n$ und $m' : n'$ werden einander gleichgesetzt, wenn $m \cdot n' = n \cdot m'$ ist. Faßt man alle untereinander

gleichen Brüche zu einem Element zusammen, so erhält man eine Mannigfaltigkeit, die geordnet ist, wenn man noch festsetzt, daß $m : n$ größer als $m': n'$ ist, wenn $m \cdot n' > n \cdot m'$ ist."

4.2.5 Negative Zahlen

Weder in der **vorgriechischen** noch in der **griechischen** Mathematik wurden negative Zahlen verwendet. Erste Versuche in dieser Richtung sind bei *Diophant* (3. Jahrhundert) erkennbar. Dort heißt es:

„Das Produkt zweier abzuziehenden Größen ist positiv, das Produkt einer abzuziehenden mit einer positiven Größe ist eine abzuziehende Größe."

Was auf den ersten Blick wie eine Regel für das Rechnen mit negativen Zahlen aussieht, ist in Wirklichkeit nur eine Regel für das Rechnen mit Binomen, die sich allerdings im Mittelalter als Einstieg in das Rechnen mit negativen Zahlen erweisen sollte. Gemeint sind die beiden Regeln:

(1) $(a-b)(c-d) = ac - ad - bc + bd$
(2) $(a-b)c = ab - bc$

Daß *Diophant* keine negativen Zahlen verwendete, folgt schon aus seiner Behandlung quadratischer Gleichungen. Er mußte drei Normalformen unterscheiden, da er keine negativen Koeffizienten kannte:

(1) $x^2 + bx = c$
(2) $x^2 = bx + c$
(3) $x^2 + c = bx$ $(a,b,c > 0)$

Bezeichnenderweise wird der 4. Fall $x^2 + bx + c = 0$ nicht behandelt, da in diesem Fall die Lösung immer negativ wäre. In den anderen Fällen bezeichnet *Diophant* eventuelle negative Lösungen als „unstatthaft".

Im 7. Jahrhundert tauchten in der **indischen** Mathematik negative Zahlen auf, ohne daß eine vorausgehende Entwicklung erkennbar wäre. *Brahmagupta* unterschied in seinem 628 erschienenen astronomischen Lehrbuch als erster positive und negative Zahlen. Die positiven Zahlen bezeichnete er mit „dhana" („Vermögen") und die negativen mit „rna" („Schulden"). Er besaß auch eine Notation für negative Zahlen; er kennzeichnete sie durch einen darübergesetzten Punkt.

Daß die Inder mit negativen Zahlen auch rechneten, geht aus einem Rechenbuch des 12. Jahrhunderts hervor. *Bhaskara II* behandelte im „Bijaganita" folgende Aufgabe:

„Der fünfte Teil einer Herde Affen, weniger drei, quadriert ging in eine Höhle. Ein Affe blieb zu sehen. Wieviel waren es?"

Die zugehörige Gleichung $\left(\frac{x}{5} - 3\right)^2 + 1 = x$ hat formal die beiden Lösungen 50 und 5 und beide Lösungen werden auch von *Bhaskara II* genannt. Allerdings erkennt er die zweite Lösung (5) nicht an, da in diesem Fall $\frac{x}{5} - 3$ negativ wäre.

Die **Araber** übernahmen, wohl unter dem Einfluß der griechischen Mathematik, die negativen Zahlen der Inder nicht. In ihrer Algebra wurden deshalb wie bei *Diophant* drei Fälle unterschieden. Deshalb tauchen die negativen Zahlen auch im **Abendland** erst relativ spät auf. Zwar spricht *Leonardo v. Pisa* 1225 von den negativen Zahlen als „Schulden", gerechnet wurde mit diesen Zahlen aber erst Ende des 15. Jahrhunderts. Als erster verwendete *N. Chuquet* 1484 negative Zahlen bei der Lösung einer Gleichung. Er löste die 17. Aufgabe des 1. Buches von *Diophant* („Gesucht sind fünf Zahlen von der Art, daß sie zusammen ohne die erste 120 ergeben, ohne die zweite 180, ohne die dritte 240, ohne die vierte 300 und ohne die fünfte 360") d. h.

$$x_2 + x_3 + x_4 + x_5 = 120$$
$$x_1 + x_3 + x_4 + x_5 = 180$$
$$x_1 + x_2 + x_3 + x_5 = 300$$
$$x_1 + x_2 + x_3 + x_4 = 360$$

Diese Aufgabe war für *Diophant* nicht lösbar, da sich für $x_5 = -60$ ergibt. *N. Chuquet* gibt aber die Lösung an: „(...) 180, 120, 60, 0, moins 60."

Chuquet spricht auch ausdrücklich von einer neuen Art von Zahlen, für die Rechenregeln festgesetzt werden müssen. Er nennt sie „nombres composez par plus et par moins" („mit Plus und Minus zusammengesetzte Zahlen")

Im 16. Jahrhundert wurden negative Zahlen in zunehmendem Maß verwendet. so unterschied *G. Cardano* in der „Ars magna" 1545 zwischen wahren (verae) und falschen oder fiktiven (falsae oder fictae) Lösungen von Gleichungen:

„(...) ficta, sic enim vocamus eam, quae debiti est seu minoris" („(...) fiktiv nennen wir eine (Lösung), die von Schulden oder Abzuziehendem handelt.")

Den wichtigsten Beitrag dieses Jahrhunderts zum Rechnen mit negativen Zahlen leistete *M. Stifel*. In der „Arithmetica integra" (1544) läßt er in der Normalform für quadratische Gleichungen Minuszeichen zu und kann deshalb die Lösungsregel für alle Typen in einer Regel zusammenfassen.

Stifel nennt negative Zahlen „numeri absurdi" oder „numeri ficti infra nihil" und betont ausdrücklich, daß „diese Fiktion von größtem Nutzen für die mathematischen Dinge ist."

Beim Rechnen mit negativen Zahlen geht er von den Rechenregeln für Binome aus. In unserer Schreibweise ausgedrückt stellt er die **Addition** folgendermaßen dar:

In der allgemeinen Formel
$$(a - b) + (c - d) = (a + c) - (b + d)$$
setzt er $a = c = 0$ und erhält:
$$(-b) + (-d) = -(b + d)$$

Entsprechend bei der **Multiplikation**:

Aus
$$(a - b)(c - d) = ac - ad - bc + bd$$

erhält er bei $a = c = 0$:
$(-b)(-d) = bd$

In der Rechenpraxis sehen Addition und Multiplikation bei *Stifel* folgendermaßen aus:
 „necesse erit ut additione minuantur, ut –6 ad –4, facit –10."
d. h. $-6 + (-4) = -10$
 „Si enim –24 diuisum per –6 facit +4, ergo +4 & –6 inter se multiplicata, faciunt –24."
d. h. $(-24):(-6) = 4$, $4(-6) = 24$.
Im 17. und 18. Jahrhundert setzte sich das Rechnen mit negativen Größen durch, aber die Frage, was nun eigentlich eine negative Zahl ist, war bis zum 19. Jahrhundert ungeklärt. Charakteristisch für die Situation ist der Ausspruch von *J. Wallis*, der 1685 in der „Arithmetik" schrieb: „Es ist unmöglich, daß eine Größe weniger sei als Nichts oder eine Zahl kleiner als Null. Trotzdem ist die Annahme einer negativen Größe weder nutzlos noch absurd, wenn sie richtig verstanden wird." Erst im 19. Jahrhundert erfolgte nach der Erweiterung des Zahlbegriffs eine Definition der negativen Zahlen (z. B. in *H. Hankel* „Theorie der complexen Zahlsysteme, insbesondere der gemeinen imaginären Zahlen und der Hamiltonschen Quaternionen, nebst ihrer geometrischen Darstellung", Leipzig 1867).

4.2.6 Reelle Zahlen

Der Begriff der irrationalen Zahl ist offensichtlich in der ägyptischen und babylonischen Mathematik nicht vorhanden. Es gibt aber interessante Ansatzpunkte für den später entwickelten Begriff der Irrationalität. So besaßen die **Ägypter** ein Fachwort für das Ziehen der Quadratwurzel. Im Moskauer Papyrus kommt es dreimal vor: ⌐ = qnb („mache seinen Winkel"). Es wurden aber immer nur Wurzeln aus Quadratzahlen gezogen, Nichtquadratzahlen wurden in den arithmetischen und algebraischen Texten vermieden.
In den geometrischen Aufgaben treten aber zwangsläufig bei Streckenoder Flächenberechnungen auch Wurzeln aus Nichtquadratzahlen auf.

Als Beispiel dient die 48. Aufgabe des Papyrus Rhind, in der die Kreisfläche in der bei den Ägyptern üblichen Form als $A = \left(\frac{8}{9}d\right)^2$ berechnet wird. Bei dieser Aufgabe ist die Zeichnung eines Kreises mit Durchmesser $d = 9$ zu sehen, in welcher der Kreis durch ein Achteck als Näherungsfigur ersetzt ist.

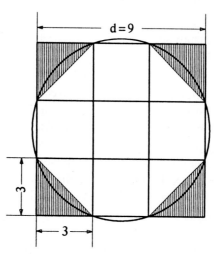

Die Achtecksfläche beträgt dann

$$9^2 - 4 \cdot \tfrac{1}{2} \cdot 3^2 = 63$$

Flächeneinheiten. *K. Vogel* hat vermutet, daß man sich das Achteck mit der Fläche 63 in ein flächengleiches Quadrat mit der Seitenlänge 8 verwandelt dachte und so zur Herleitung der Kreisformel kam. In diesem Fall hätte man also die Näherungsrechnung $\sqrt{63} \approx 8$ ausgeführt.

Viel deutlicher ist die Verwendung von Näherungsmethoden zur Berechnung von Wurzeln bei den **Babyloniern** erkennbar. Für die Fälle, in denen sich keine rationalen Wurzeln ergeben und die deshalb nicht aus den zahlreichen Quadratwurzeltabellen abzulesen waren, benutzte man ein Näherungsverfahren, das in folgenden Schritten entstanden sein könnte:

(1) Man sucht eine erste Näherung $\sqrt{N} \approx a$

(ist a zu klein, ergibt $\sqrt{N} \approx \dfrac{N}{a}$ einen zu großen Wert, bzw. einen zu kleinen Wert, wenn a zu groß ist. In jedem Fall liegt $\sqrt{N}$ zwischen a und $\dfrac{N}{a}$).

(2) Man bildet das arithmetische Mittel aus a und $\dfrac{N}{a}$

(zweite Näherung) $\left(\sqrt{N} \approx \tfrac{1}{2}\left(a + \dfrac{N}{a}\right) = \dfrac{a^2 + N}{2a} \right)$

(3) Man bildet das arithmetische Mittel aus b und $\dfrac{N}{b}$

(dritte Näherung)

Am Beispiel $N = 2$ ergibt sich folgende Rechnung:

(1) Erste Näherung: z.B. $a = 1\tfrac{1}{2}$ d. h. $\tfrac{2}{a} = 1\tfrac{1}{3}$
(2) Zweite Näherung: $\sqrt{2} \approx \tfrac{1}{2}\left(\tfrac{3}{2} + \tfrac{4}{3}\right) = 1\tfrac{5}{12}$

(babylonisch: 1;25 – ein Wert, der häufig für $\sqrt{2}$ vorkommt)

(3) Dritte Näherung:
(babylonisch: 1;24,51,10)

Diesen Wert findet man in YBC 7289. Dort ist ein Quadrat mit eingezeichneten Diagonalen zu sehen. Angegeben sind die Länge der Seitenlinie (30) und die Länge der Diagonalen (42;25,35). Daraus würde sich bereits der verwendete Näherungswert für $\sqrt{2}$ berechnen lassen, was aber gar nicht nötig ist, da auch das Verhältnis von Diagonale zur Seite (also $\sqrt{2}$) als 1;24,51,10 angegeben ist.

Stellt man N durch $a^2 \pm r$ dar, so ergibt sich allgemein:
Erste Näherung: a

Zweite Näherung: $N = \sqrt{a^2 + r} \approx \frac{1}{2}\left(a + \frac{a^2 + r}{a}\right) = a + \frac{r}{2a}$.

Daß die Babylonier wirklich so gerechnet haben, folgt aus einem Text im Iraq-Museum (52301). Dort heißt es, daß man, wenn die Fläche keine Quadratzahl (N) ist, ein vollständiges Quadrat (a^2) suchen soll, dann die Differenz $(N - a^2 = r)$ in vier Teile teilen und jeden der Teile in die vier Windrichtungen antragen soll. Aus einer Zeichnung sieht man den Zusammenhang:

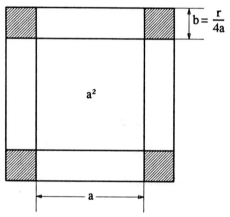

$$N \approx \left(a + 2 \cdot \frac{r}{4a}\right)^2$$

d. h. $\sqrt{N} \approx a + \frac{r}{2a}$

Die Erkenntnis, daß es geometrische Größen gibt, die kein gemeinsames Maß haben, also inkommensurabel sind, stellt den Beginn der Beschäftigung mit dem Irrationalen dar. Wir verdanken diese Entdeckung dem Pythagoreer *Hippasos v. Metapontum* (um 500 v. Chr.), der „als Strafe für diese Entdeckung, durch die der Aufbau der pythagoreischen Zahlenlehre in Frage gestellt wurde, als ein Gottloser im Meer umkam." Man hat angenommen, daß er seine Entdeckung am regelmäßigen Fünfeck (Pentagramm) machte, bei dem die Seiten und die Diagonale inkommensurabel sind. Gesichert ist, daß die Inkommensurabilität *Platon* bekannt war. Im Dialog „Theaitetos" (399 v. Chr.) schreibt er:

„*Theaitetos* (...) bewies für die Quadrate von 3 und 5 Fuß Inhalt, daß der Seitenlänge nach dem Quadrat von 1 Fuß Inhalt nicht kommensu-

rabel seien, und so zog er jeden einzelnen heran bis zum siebzehnfüßigen Quadrat. Bei diesem hielt er zufällig inne."
Über den Beweis für diese Behauptung ist nichts überliefert, aber es gibt eine plausible Erklärung (von *Anderhub*) dafür, daß *Theaitetos* gerade bei 17 aufgehört hat. Wendet man nämlich fortgesetzt den Satz von *Pythagoras* zur Konstruktion der Wurzeln an, entsteht eine Spirale, deren erster Umlauf bei $\sqrt{17}$ endet.

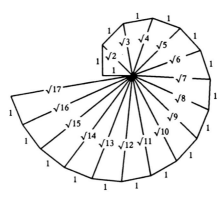

Den ersten Beweis für die Inkommensurabiltität zweier Strecken findet man in den Elementen des *Euklid* (um 300 v. Chr.). Im Satz 115 des 10. Buches wird bewiesen, daß in jedem Quadrat die Diagonale zur Seite inkommensurabel ist:

Satz:
„Man soll zeigen, daß in jedem Quadrat die Diagonale der Seite inkommensurabel ist."

Beweis:
„Es sei *ABCD* ein Quadrat, *AC* seine Diagonale. Ich behaupte, daß *CA* inkommensurabel *AB*.
Wenn möglich, sei es nämlich kommensurabel. Ich behaupte, dann muß herauskommen, daß dieselbe Zahl gerade und ungerade wäre.
Offenbar ist $(AC)^2 = 2(AB)^2$. Da *CA* kommensurabel *AB*, hätte *CA* zu *AB* ein Verhältnis wie eine Zahl zu einer Zahl.

Das Verhältnis sei $EF : g$; hier seien EF, g die kleinsten unter den Zahlen, die dasselbe Verhältnis haben wie sie.
Dann ist EF nicht die Einheit. Wäre nämlich EF die Einheit und hätte zu g das Verhältnis $AC : AB$, wobei $AC > AB$, dann wäre EF größer einer Zahl, nämlich g; dies wäre Unsinn.
EF ist also nicht die Einheit, wäre also eine Zahl.
Da $CA : AB = EF : g$ wäre auch

$$(CA)^2 : (AB)^2 = (EF)^2 : g^2.$$

Aber $(CA)^2 = 2(AB)^2$, also wäre auch

$(EF)^2 = 2g^2$, also $(EF)^2$ gerade.

Folglich wäre auch EF selbst gerade; wäre es nämlich ungerade, so wäre auch sein Quadrat ungerade, da, wenn man beliebig viele ungeraden Zahlen zusammensetzt und ihre Anzahl ungerade ist, auch die Summe ungerade ist.
EF wäre also gerade. Man halbiert es in H.
Da EF, g die kleinsten von den Zahlen sein sollten, die dasselbe Verhältnis haben, wären sie gegeneinander prim.
Hier wäre EF gerade, also g ungerade; denn wenn es gerade wäre, mäße die Zwei die Zahlen EF, g – jede gerade Zahl hat ja eine Hälfte – während sie gegeneinander prim sein sollten; dies ist unmöglich. g ist also nicht gerade, wäre also ungerade.

Da $EF = 2EH$, wäre $(EF)^2 = 4(EH)^2$

Nun war $(EF)^2 = 2g^2$, also wäre $g^2 = 2(EH)^2$

Also wäre g^2 gerade, also nach dem Gesagten g gerade. Dabei war es ungerade. Dies ist unmöglich. Also ist CA nicht kommensurabel mit AB."

Die Krise, in welche die griechische Mathematik durch die Entdeckung der Inkommensurabilität geriet, wurde durch die Lehre von den Proportionen überwunden. Sie ist auch für Verhältnisse anwendbar, die wir durch irrationale Zahlen ausdrücken würden. Im 5. Buch der Elemente erklärt *Euklid*, wann

$$\frac{a}{b} > \frac{c}{d}$$

ist, nämlich wenn es ein Zahlenpaar m,n gibt, für das gilt:
$n \cdot a > m \cdot b, n \cdot c < m \cdot d$.

d. h. $\frac{a}{b} > \frac{m}{n} > \frac{c}{d}$.

Archimedes hat in seiner Kreismessung die irrationale Zahl $\pi = \left(\frac{u}{d}\right)$ zwischen zwei solche Brüche $\frac{a}{b}$ und $\frac{c}{d}$ eingeschlossen, indem er formulierte:
„Der Umfang des Kreises ist demnach dreimal so groß wie der Durchmesser und noch um etwas größer, nämlich um weniger als $\frac{1}{7}$, aber um mehr als $\frac{10}{71}$ derselben." $\left(3\tfrac{1}{7}d > U > 3\tfrac{10}{71}d\right)$

Wie in der gesamten antiken Mathematik wurde auch hier eine irrationale Zahl durch rationale Näherungswerte ausgedrückt. Mit irrationalen Zahlen gerechnet wurde in der griechischen Mathematik nicht. Die Existenz irrationaler Verhältnisse wurde aber von den Griechen klar erkannt.

Wenn auch in der griechischen Mathematik noch nicht mit irrationalen Zahlen gerechnet wurde, so stellt doch die wahrscheinlich auf *Theaitetos* (4. Jahrhundert v. Chr.) zurückgehende Lehre von den Irrationalitäten, wie sie im 10. Buch der Elemente des *Euklid* dargestellt ist, eine Vorstufe des Rechnens in $\mathbb{R}$ dar. Dabei werden Irrationalitäten behandelt, die mit Zirkel und Lineal konstruierbar sind, d. h. Wurzeln 2. Grades und ihre additiven und multiplikativen Zusammensetzungen. Durch meist recht komplizierte geometrische Konstruktionen werden Umformungen bewiesen, die sich in moderner Schreibweise als Rechnungen mit Wurzeln interpretieren lassen:

(1) Addition und Subtraktion:
$$\sqrt{a} \pm \sqrt{b} = \sqrt{a + b \pm 2\sqrt{ab}}$$

(2) Multiplikation und Division:

$$\sqrt{a} \cdot \sqrt{b} = \sqrt{a \cdot b}; \frac{\sqrt{a}}{\sqrt{b}} = \sqrt{\frac{a}{b}}$$

(3) Rationalmachen von Nennern:

$$\frac{1}{\sqrt{a}+\sqrt{b}} = \frac{\sqrt{a}-\sqrt{b}}{a-b}$$

Dabei haben die Griechen aber nicht an Zahlen gedacht. Im Satz X,7 der Elemente steht ausdrücklich: „Inkommensurable Größen verhalten sich nicht wie Zahlen zueinander."
In den Sätzen X, 15 und X, 16 werden Aussagen über die Kommensurabilität bzw. Inkommensurabilität bei Verknüpfungen gemacht:
„Setzt man zwei kommensurable Größen zusammen, so muß auch das Ganze ihnen beiden kommensurabel sein;
und wenn das Ganze einer von ihnen kommensurabel ist, müssen auch die ursprünglichen Größen kommensurabel sein."

d. h. a, b kommensurabel $\Rightarrow a+b$ kommensurabel a und b

$a+b$ kommensurabel a $\Rightarrow a$ kommensurabel b

oder: $\frac{a}{b}$ rational $\Rightarrow \frac{a+b}{a}, \frac{a+b}{b}$ rational

$\frac{a+b}{a}$ rational $\Rightarrow \frac{a}{b}$ rational.

In der **abendländischen** Mathematik fanden die irrationalen Zahlen in der Gestalt von Wurzelgrößen allmählich Eingang. Dabei wurden sie ganz intuitiv verwendet, ohne daß man sich anfänglich viel Gedanken über ihre Existenz machte. So akzeptierte beispielsweise *Leonardo v. Pisa* im 13. Jahrhundert Wurzelgrößen („numeri surdi") als Lösung der Gleichung $(2x)^2 = 20$.

In den nächsten vier Jahrhunderten versuchte man die irrationalen Zahlen begrifflich zu fassen. So schrieb *G. Gardano* in „Practica Arithmeticae" (1539):

„Gegenstand der Arithmetik ist die ganze Zahl; nach Analogie (per analogiam) sind es vier Gegenstände: Die ganze Zahl – wie z. B. 3 –, der Bruch – wie z. B. $\frac{1}{7}$ – die irrationale Zahl (surdus) – wie z. B. die Wurzel 7 –. Irrationale Zahlen (surdi numeri) sind solche, die nicht für sich alleine als das, was sie sind, erkannt werden können; irrationale (surdi) werden sie genannt, weil sie nicht gehört werden können, und sie können nicht gehört werden, weil sie nicht hervorgebracht (ausgesprochen) werden können (quia proferi requeant). Solche sind Wurzel aus 7 und ähnliche; das dadurch Bezeichnete ist die Zahl, die mit sich multipliziert, 7 ergibt; eine solche kann aber nicht gefunden werden."

Besonders ausführlich setzte sich *M. Stifel* in der „Arithmetica integra" (1544) mit der Frage auseinander, ob irrationale Zahlen „Wahre" Zahlen sind. im 1. Kapitel des 2. Buches bejaht er zuerst diese Frage:

„Mit Recht wird bei den irrationalen Zahlen darüber disputiert, ob sie wahre Zahlen sind oder figurierte. Weil nämlich bei Beweisen an geometrischen Figuren die irrationalen Zahlen noch Erfolge haben, wo die rationalen uns im Stich lassen, (...) deshalb werden wir veranlaßt und gezwungen, zuzugeben, daß sie in Wahrheit existieren."

Einige Zeilen weiter behauptet er das Gegenteil:

„(...) so wie eine unendliche Zahl keine Zahl ist, so ist eine irrationale Zahl keine wahre Zahl, weil sie unter einem Nebel der Unendlichkeit verborgen ist; (...) wenn die irrationalen Zahlen wahre Zahlen wären, dann wären sie entweder ganze oder gebrochene (...) Daß die irrationalen Zahlen keine ganzen Zahlen sind, ist leicht zu zeigen. Denn jede beliebige irrationale Zahl fällt zwischen zwei aufeinanderfolgende (ganze) Zahlen, wie z. B. $\sqrt{6}$ zwischen 2 und 3 fällt., (...). Es ist aber klar, daß zwischen zwei aufeinanderfolgende ganze Zahlen keine ganze Zahl fällt (...) Ferner kann keine irrationale Zahl eine gebrochene Zahl sein. Denn es ist unmöglich, daß durch Multiplikation aus einer gebrochenen Zahl mit sich selbst eine ganze Zahl entsteht (...)"

Von Interesse sind auch die frühen Bemühungen um die Darstellung irrationaler Zahlen. In einer Dresdner Handschrift des 15. Jahrhunderts heißt es beispielsweise:

„In extractione radicis quadrati alicuius numeri preponatur numero

4 Inhalte des Mathematikunterrichts: Arithmetik

vnus punctus" („Beim Ausziehen der Quadratwurzel aus irgendeiner Zahl setze der Zahl einen Punkt vor")
Häufiger wurde aber das Symbol ℞. (schon bei *Leonardo von Pisa*, 1228) verwendet So schrieb *L. Pacioli* in „Summa" (1494)

$$℞.\ V.\ 40.\ \tilde{p}.\ ℞.\ 320 \quad \text{für} \quad \sqrt{40+\sqrt{320}}$$

dabei steht ℞. V. für „radix universalis" und gibt an, daß die Wurzel aus dem ganzen restlichen Ausdruck gezogen werden soll.
Weitere Wurzelnotationen führte *G. Cardano* in „Practica arithmetica" (1539) ein: Er verwendete zusätzlich die Zeichen ℞.L. („radix legata") und ℞.D. („radix destincta"):

$$℞.\ L.\ 9.\ p.\ ℞.\ 4.\ p.\ 5.\ p.\ ℞.\ 22$$

(das Zeichen ist eine Anweisung, die Wurzeln einzeln zu ziehen und dann zusammenzufassen)

$$℞.\ D.\ 9.\ p,\ ℞.\ 4.\ p.\ 5$$

(das Zeichen ist eine Anweisung, die Wurzeln einzeln zu ziehen und **nicht** zusammenzufassen)
Mit diesen Zeichen lassen sich auch kompliziertere Ausdrücke schreiben, wie das folgende Beispiel aus dem 5. Kapitel zeigt:

$$℞.L.\ V.10.p.℞.36.p.℞.\ V.70.p.℞.121$$

für $\sqrt{10+\sqrt{36}}+\sqrt{70+\sqrt{121}}$.

Eine Verbesserung stellt die Schreibweise in *R. Bombellis* „L'Algebra" (1572) dar. Dort steht beispielsweise auf Seite 356 folgender Ausdruck:

$$2.\ p.\ R.\ q.\ L\ R.\ c.\ L\ R.\ q.\ 68.\ p.\ 2.\ \bot\ m.\ R.\ c.\ L\ R.\ q.\ 68.\ m.\ 2\bot\bot$$

für $2+\sqrt{\sqrt[3]{\sqrt{68}+2}-\sqrt[3]{\sqrt{68}-2}}$

In dieser Schreibweise sind die Anweisungen deutlich: Die Zeichen L und $\bot$ werden wie Klammern gebraucht, d. h. $\bot$ gibt an, wie weit die Anweisung gilt.
Zur Übersichtlichkeit trug sicher die Einführung des „Wurzelzeichens" bei. *M. Stifel* verwendete es beispielsweise in der „Arithmetica integra"

(1553) in der Form :
$$\sqrt{3}.\sqrt{3}128+\sqrt{3}92$$
für $\sqrt{\sqrt{128}+\sqrt{92}}$.

Dabei gibt der Punkt hinter dem ersten Wurzelzeichen gewissermaßen eine Klammer an. Eine Schreibweise, die sicher kürzer als bei *Bombelli*, aber unübersichtlicher ist.

Erste Klammern verwendete *Chr. Clavius* in „Algebra" (1608). Dort steht:
$$\sqrt{3}(22+\sqrt{3}9)$$
für $\sqrt{22+\sqrt{9}}$.

R. Descartes verbindet in „Géométrie" (1637) Wurzelzeichen und Klammerschreibweise:
$$\sqrt{C.+\tfrac{1}{2}q+\sqrt{\tfrac{1}{4}qq+\tfrac{1}{27}p^3}}$$
für $\sqrt[3]{\tfrac{1}{2}q+\sqrt{\tfrac{1}{4}q^2+\tfrac{1}{27}q^3}}$.

Bei *I. Newton* in „Arithmetica universalis" (gedruckt 1707) ist unsere heutige Schreibweise im Prinzip erreicht. Dort steht beispielsweise:
$$\sqrt[c]{A+B}\times\sqrt{Q}$$
für $\sqrt[3]{(A+B)\cdot\sqrt{Q}}$.

Ernsthafte Versuche eine Theorie der irrationalen Zahlen aufzustellen findet man erst im 19. Jahrhundert. Eine der ersten Bemühungen stellt *B. Bolzanos* unveröffentlichte „Größenlehre" aus dem Jahr 1835 dar. *R. Rychlik* hat in „Theorie der reellen Zahlen in Bolzanos handschriftlichem Nachlasse" (1962) die erste Theorie der reellen Zahlen auf arithmetischer Basis herausgelesen. Dort werden reelle Zahlen als „ermeßliche Größen" über „unendliche Größenausdrücke" (Reihen) eingeführt. Schließlich wird zu beweisen versucht, daß die Summe zweier „ermeßlicher Größen" „ermeßlich" ist. Der Beweis ist aber unvollständig. Größere Fortschritte erzielte erste *K. Weierstraß* in seiner 1863 konzipierten und 1872 von *E. Kossak* unter dem Titel „Die Elemente der Arithmetik" publizierten Arbeit zum Aufbau der Zahlen. Dort werden nach der Definition der rationalen Zahlen durch die Konstruktion von „Aggregaten", welche unendlich viele rationale Zahlen besitzen (Folgen), die irrationalen Zahlen eingeführt

Der entscheidende Schritt gelang *R. Dedekind*. Nach Vorarbeiten, die bis 1858 zurückgehen, führte er 1872 in „Stetigkeit und irrationale Zahlen" den Begriff des „Schnitts" ein und zwar bereits in §1 „Eigenschaften der rationalen Zahlen". Dabei ging er vom „wohlgeordneten" unendlichen Gebiet der rationalen Zahlen aus. In ihm gelten bezüglich der Ordnungsrelation folgende Eigenschaften:

(1) Aus $a > b$ und $b > c$ folgt $a > c$
(2) Zwischen $a \neq b$ existieren unendlich viele rationale Zahlen
(3) Ist $a \in \mathbb{Q}$, so kann man alle Zahlen von $\mathbb{Q}$ in zwei Klassen A_1 und A_2 einteilen, daß für jedes $a_1 \in A_1$ gilt $a_1 < a$ und für jedes $a_2 \in A_2$ gilt $a_2 > a$.

(a kann zu A_1 oder A_2 gerechnet werden) (Definition des „Schnitts" (A_1, A_2))

In § 4 „Schöpfung der irrationalen Zahlen" geht *Dedekind* vom Schnitt, den jede rationale Zahl erzeugt, aus. Als wichtige Eigenschaft eines Schnittes nennt er

„Entweder enthält A_1 ein größtes Element oder A_2 ein kleinstes."

Umgekehrt stellt er fest, daß ein Schnitt, der diese Eigenschaften besitzt, durch die größte Zahl von A_1 oder die kleinste Zahl von A_2 „erzeugt" wird. Er zeigt, daß unendlich viele Schnitte existieren, die nicht von rationalen Zahlen erzeugt werden. Daraus folgt die „Unvollständigkeit" oder „Unstetigkeit" des Bereichs der rationalen Zahlen:

„Jedesmal nun, wenn ein Schnitt (A_1, A_2) vorliegt, welcher durch keine rationale Zahl hervorgebracht wird, (so) erschaffen wir eine neue, irrationale Zahl α, welche wir durch diesen Schnitt vollständig definiert ansehen. Jedem Schnitt entspricht eine und nur eine rationale oder irrationale Zahl und zwei Zahlen sind stets nur dann verschieden

oder ungleich, wenn sie wesentlich verschiedenen Schnitten entsprechen."
Damit ist der Körper der reellen Zahlen definiert. Wie *Dedekind* zeigt, gilt in ℝ die in ℚ festgestellte Ordnungsrelation.

4.3 Didaktische Konsequenzen

4.3.1 Zahlbegriff

Die ältesten Zahldarstellungen mit Hilfe von Strichlisten weisen auf eine Entwicklung des Zahlbegriffs aus einer Denkweise hin, die im Prinzip der Betrachtung äquivalenter Mengen entspricht. Zwar ist die Mengenlehre als mathematisches System erst Ende des 19. Jahrhunderts entstanden, Grundvorstellungen einer „naiven" Mengenlehre waren aber sicher viel früher vorhanden. Dies zeigt auch die noch zu besprechende Addition und Subtraktion natürlicher Zahlen. Die eineindeutige Zuordnung von Mengen ist ein Grundprinzip, das intuitiv angewandt wurde und bei endlichen Mengen auch unproblematisch ist. Explizit formuliert wurde es im 17. Jahrhundert (*G. Galilei* in den „Dialogen") beim Vergleich der Mächtigkeit unendlicher Mengen und zwar der Mengen der natürlichen Zahlen und der Quadratzahlen. Das Definitionsverfahren mit Hilfe des Nachfolgerbegriffs wurde erst im 19. Jahrhundert beim Versuch der Axiomatisierung des Zahlbegriffs entwickelt. Für den mathematischen Anfangsunterricht bietet sich deshalb aus historischer Sicht die Erarbeitung des Zahlbegriffs aus der Betrachtung äquivalenter Mengen an. Dabei kann man folgendermaßen vorgehen:

Definition des Begriffs „Menge"

Für den Anfangsunterricht genügt die Vereinbarung: Jede Zusammenfassung von „Dingen" ist eine **Menge**; es gibt die **leere Menge**, d. h. die Menge ohne Elemente.

Darstellung einer Menge

In dieser Phase reicht die Darstellung durch **Mengendiagramme** aus. Die zusammengefaßten Dinge werden gezeichnet bzw. in einer ersten Abstraktionsstufe durch Symbole dargestellt

Eindeutige Zuordnung in Mengen

Die Abbildung $f: A \mapsto B$ einer Menge A in eine Menge B kann als **Vorschrift**, die jedem Element a aus A genau ein Element $b = f(a)$ aus B zuordnet anschaulich durch Pfeile in einem Mengendiagramm dargestellt werden:

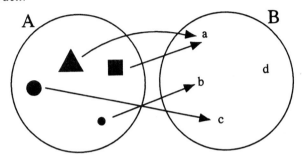

Eine **nicht eindeutige** Abbildung würde Pfeile mit mehreren Spitzen aufweisen.

Eineindeutige Zuordnung von Mengen

Die **eineindeutige** Abbildung $f: A \mapsto B$ einer Menge A auf eine Menge B, bei der aus $f(a) = f(b)$ immer $a = b$ folgt, läßt sich anschaulich durch Doppelpfeile erklären:

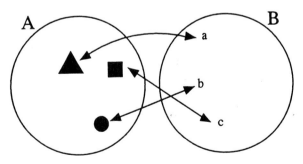

Solche Mengen werden **gleichmächtig** genannt.

Einführung der natürlichen Zahlen (und der Null)

Durch eineindeutige Zuordnungen werden gleichmächtigen Mengen Strichmengen zugeordnet und den Strichlisten Namen (Zahlwörter) gegeben. Der leeren Menge wird die Null zugeordnet.

Eine **axiomatische** Einführung der natürlichen Zahlen kann erst in einer fortgeschrittenen Phase des Mathematikunterrichts erfolgen und ist deshalb allenfalls in der Oberstufe des Gymnasiums möglich. Vorausgehen muß auf alle Fälle die Einsicht, daß Mathematik axiomatisch zu begründen ist. Diese Einsicht wird wohl am leichtesten in der Geometrie vermittelt, in der auch in der historischen Entwicklung am frühesten und zwar im 4. Jahrhundert v. Chr. bei den Griechen die Notwendigkeit dieses Verfahrens erkannt und erste Versuche gemacht wurden.

Der Weg zur Axiomatisierung ist in der in 4.2.1 vorgestellten Arbeit von *Dedekind* erkennbar. Im Unterricht wird man aber in der Regel unmittelbar die Axiome von *Peano* behandeln. Vorausgehen sollte eine Vorstellung von Antinomien der Mengenlehre und ein Hinweis auf die Unsicherheit der auf die anschauliche Mengenlehre begründeten Begriffe sein.

Als Beispiel für eine solche Antinomie kann die von *B. Russell* betrachtete „Menge aller Menge, die sich nicht selbst als Element enthalten" dienen. Auch in der Oberstufe des Gymnasiums muß diese Konstruktion in eine anschauliche Form gekleidet werden, beispielsweise in die Fragestellung, ob ein Dorfbarbier, der alle Männer der Gemeinde dann und nur dann rasiert, wenn sie sich nicht selbst rasieren, zur Menge der von ihm rasierten Männer gehört oder nicht.

Bei der Einführung der Peano-Axiome geht man von der Voraussetzung aus, daß man **zählen** kann, d. h. daß es zu jeder Zahl einen **Nachfolger** gibt. Die Axiome sind unmittelbar einsichtig, die Frage nach ihrer **Widerspruchsfreiheit**, **Unabhängigkeit** und **Vollständigkeit** zu behandeln, ist im Schulunterricht kaum möglich. Die vielfältigen Anwendungen des 5. Axioms und des daraus hergeleiteten Prinzips der **vollständigen Induktion** können aber im Unterricht eine wichtige Rolle spielen. So sollten einige der in der Mittelstufe anschaulich hergeleiteten Formeln wie beispielsweise $a^n \cdot a^m = a^{n+m}$ durch vollständige Induktion bewiesen werden.

4.3.2 Darstellung natürlicher Zahlen

Ein Weg zur Erarbeitung der Zahldarstellung im dezimalen Positionssystem, der sich an der historischen Entwicklung orientiert, kann in folgenden Schritten ablaufen:
(1) Darstellung der Zahlen durch **Strichlisten** und Verwendung von **Bündelungen** zur übersichtlicheren Darstellung. Dabei liegt es im Hinblick auf die Fünferbündelung der Steinzeit und die noch heute üblichen nicht dezimalen Zusammenfassungen wie etwa Gros und Schock nahe, am Anfang auch nicht dezimale Bündelungen zu verwenden.
(2) Einführung von **Symbolen** für Bündel und damit eine Verkürzung der Schreibweise wie beispielsweise

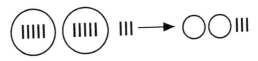

(3) Einführung weiterer Bündelungen durch die Bildung von „**Bündeln von Bündeln**"
(4) Verwendung eines dem Rechenbrett entsprechenden Schemas zur übersichtlichen Notierung von Bündelungen, wie beispielsweise

⊚	○	I
I	III	II

für $1 \cdot b^2 + 3 \cdot b^1 + 2 \cdot b^0$ mit der „Bündelzahl" (Basis) b
(5) Herleitung der Erkenntnis, daß in jeder Spalte des Rechenbretts maximal $b-1$ Striche stehen können
(6) Ersetzen der Strichliste durch Symbole (**Ziffern**)

(7) Vereinfachung der Darstellungsweise durch das Weglassen der Bündelungssymbole
(8) Weitere Vereinfachung durch den Wegfall der Linien des Rechenbretts und Erkenntnis der Notwendigkeit der Einführung eines Symbols für eine leere Spalte (Einführung der **Null**)

4.3.3 Rechnen mit natürlichen Zahlen

Addition:

Die Addition kann problemlos durch das Abzählen der Vereinigungsmenge zweier disjunkter Mengen, die die beiden Summanden darstellen, geschehen. Auch die grundlegenden Rechengesetze der Addition lassen sich so leicht erklären. Voraussetzung sind natürlich die Begriffe **disjunkte Mengen** und **Vereinigungsmenge**. Dabei bietet der erste Begriff auch im Anfangsunterricht keine Schwierigkeiten. Beschränkt man sich auf solche Mengen, ist auch die **Vereinigungsmenge** als Gesamtheit der Elemente zweier Mengen unproblematisch. Eine Beschränkung auf disjunkte Mengen beim Aufbau des Zahlbegriffs ist auch vom entwicklungsgeschichtlichem Standpunkt sinnvoll, da ja die Mengenlehre als eigene mathematische Theorie erst Ende des 19. Jahrhunderts entstanden ist und der Grundlegung des Rechnens ein viel einfacheres System zugrunde lag.

Für die praktische Durchführung der Addition kann man auf die Darstellung der Summanden auf dem Rechenbrett zurückgreifen: Der 1. Summand wird auf dem Rechenbrett dargestellt, der 2. „hinzugelegt".

Beispiel: *123 + 149*

1. Darstellung von 123:

H	Z	E
I	II	III

2. Hinzulegen von 149:

H	Z	E
I	II	III
I	IIII	IIIIIIIII

3. Umwandlung von 10 Einern   **H**   **Z**   **E**
   in 1 Zehner: *II*   *IIIIIII*   *II*

4. Notation des Ergebnisses in   **H**   **Z**   **E**
   Ziffern: 2   7   2

Erst im nächsten Schritt werden die Strichlisten durch Ziffern ersetzt. Dabei kommt man zum üblichen Additionsverfahren, wobei man von Anfang an die seit dem 15. Jahrhundert übliche Methode von rechts nach links zu addieren verwenden wird:

	H	Z	E
1. Summand	1	2	3
2. Summand	1	4	9
Wert der Summe	2	6+1	¹2

Subtraktion:

Die ersten Zeugnisse der Mathematikgeschichte weisen daraufhin, daß von vornherein der Zusammenhang von Addition und Subtraktion gesehen wurde. Es ist also vom entwicklungsgeschichtlichen Standpunkt aus wohl nicht sinnvoll die Subtraktion als eine neue Rechenart auf der Grundlage des Restmengenbegriffs einzuführen.
Die Relation $a \geq b$ als Voraussetzung der Subtraktion $a - b$ wurde von Anfang an automatisch vorausgesetzt. Sieht man die Subtraktion als Umkehrung der Addition, genügt ja die Vorstellung, daß die Summe zweier Zahlen nicht kleiner als einer der Summanden sein kann.
Bei der Behandlung der schriftlichen Subtraktion kann wieder die Darstellung auf dem Rechenbrett hilfreich sein: Der Minuend wird auf dem Rechenbrett dargestellt, der Subtrahend spaltenweise weggenommen. Dabei kann es erforderlich sein, eine Einheit in 10 Einheiten der nächstniedrigeren Stufe umzuwandeln.

Beispiel: 323 – 82

1. Darstellen von 323:

H	Z	E
III	II	III

2. Umwandlung von 1 Hunderter in 10 Zehner:

H	Z	E
II	IIIIIIIIIII	III

3. Wegnahme von 82 ergibt:

H	Z	E
II	IIII	I

4. Notation des Ergebnisses in Ziffern:

H	Z	E
2	4	1

Wie hei der Addition wird man im nächsten Schritt die Strichlisten durch Ziffern ersetzen und so zum üblichen Subtraktionsverfahren kommen:

	H	Z	E		H	Z	E
Minuend	3	2	3		2	12	3
Subtrahend	8	2		⇒		8	2
Wert der Differenz					2	4	1

Multiplikation:

Das Entstehen der Multiplikation als selbständige Rechenart ist am deutlichsten in der ägyptischen Mathematik erkennbar. Bei den Babyloniern und bei anderen Völkern in späterer Zeit zeigt sich in den ältesten Dokumenten die Arithmetik bereits auf einem so fortgeschrittenen Niveau, daß die Anfänge der Grundrechenarten nicht mehr erkennbar sind. Bei den Ägyptern entstand die Multiplikation eindeutig aus der Addition. Es ist deshalb vom entwicklungsgeschichtlichen Standpunkt aus sinnvoll die Multiplikation als abgekürzte Addition gleicher Summanden einzuführen etwa in folgender Form:

$a \cdot b = a + \cdots + a$
(b Summanden a)
$a \cdot 1 = a$
$a \cdot 0 = 0$

Die später als Grundgesetze der Multiplikation formulierten Rechenregeln wurden von Anfang an intuitiv erkannt und angewandt. Sie lassen sich im Anfangsunterricht ohne Schwierigkeiten anschaulich aus figürlichen Darstellung des Produkts herleiten.

Kommutativgesetz:

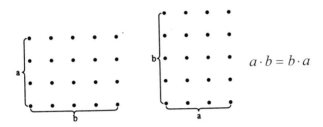

$$a \cdot b = b \cdot a$$

Assoziativgesetz:

$$a \cdot (b \cdot c) = (a \cdot b) \cdot c$$

Distributivgesetz:

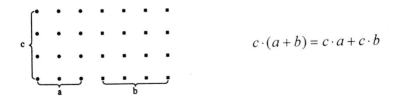

$$c \cdot (a + b) = c \cdot a + c \cdot b$$

Ein interessanter Aspekt für die Praxis des Multiplizierens ist die ägyptische Methode des fortschreitenden Verdoppelns des Multiplikanden und die Addition dieser Werte unter Verwendung des Distributivgesetzes. An Beispielen wie dem folgenden könnte diese Methode auch im Unterricht behandelt werden:

$$13 \cdot 27 = (1 + 4 + 8) \cdot 27 = 1 \cdot 27 + 4 \cdot 27 + 8 \cdot 27$$

oder in einem übersichtlichen Schema

$$1 \cdot 27 = 27$$
$$2 \cdot 27 = 54$$
$$4 \cdot 27 = 108$$
$$8 \cdot 27 = 216$$
$$13 \cdot 27 = 351$$

Auch die bei uns übliche Technik des Multiplizierens mehrstelliger Zahlen setzt neben der Kenntnis des Einmaleins das Distributivgesetz und das Assoziativgesetz voraus.

Beispiel: $\quad 13 \cdot 45 = (1 \cdot 10 + 3 \cdot 1) \cdot (4 \cdot 10 + 5 \cdot 1)$

Wie in der griechischen und indischen Mathematik erkennbar, hat man versucht, die Rechnung mit Hilfe eines Schemas übersichtlicher zu machen. Dabei überlegte man sich, daß die Einer des Ergebnisses aus dem Produkt der Einer der Faktoren, die Zehner aus dem Produkt der Einer des 1. Faktors und der Zehner des 2. Faktors und aus dem Produkt der Zehner des 1. Faktors und den Einern des 2. Faktors entstehen usw. In einem Rechenschema das als Vorstufe zum üblichen Multiplikationsschema dienen kann, sieht die Rechnung dann folgendermaßen aus:

	Z·Z	Z·E E·Z	E·E
	H	Z	E
1. Faktor		1	3
2. Faktor		4	5
Produkt	1·4	1·5 3·4	3·5
Umrechnung	4 5	17 8	15 5

Division:

Wie bei der Multiplikation gibt auch bei der Division die ägyptische Mathematik den deutlichsten Aufschluß über das Entstehen dieser Rechenart. Die Division ist ein Verfahren, herauszufinden, wie oft man den Divisor addieren muß, um den Dividend zu erhalten. Es liegt deshalb nahe, den Dividend als Punktmenge darzustellen und Teilmengen von der Mächtigkeit des Divisors zu bilden.

Beispiel: 12 : 3

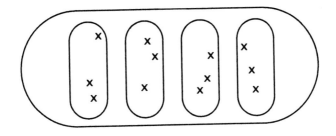

oder

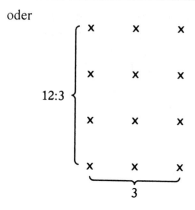

Die beim praktischen Rechnen von den Ägyptern angewandte Divisionsmethode besteht aus fortgesetztem Verdoppeln des Divisors und Addition von dabei gewonnenen Werten bis zum Erreichen des Dividenden. Es handelt sich bei diesem Verfahren, das auch für den Anfangsunterricht geeignet ist, also um eine Abkürzung der fortgesetzten Addition.

Unser seit dem 15. Jahrhundert gebräuchliches Verfahren beruht auf dem Distributivgesetz. Man denkt sich den Dividenden in der Form

$$a_n \cdot 10^n + a_{n-1} \cdot 10^{n-1} + \cdots + a_1 \cdot 10^1 + a_0 \cdot 10^0$$

dargestellt. Die Division durch b erfolgt dann in der Form

$$\tfrac{a_n}{b} \cdot 10^n + \tfrac{a_{n-1}}{b} \cdot 10^{n-1} + \cdots + \tfrac{a_1}{b} \cdot 10^1 + \tfrac{a_0}{b} \cdot 10^0.$$

Dabei kann ein am Rechenbrett orientiertes Schema wie bei der Multiplikation hilfreich sein.

4.3.4 Einführung der positiven rationalen Zahlen

Die Geschichte des Bruchrechnens zeigt, daß Brüche nicht als Zahlen, mit denen wie mit natürlichen Zahlen gerechnet wird, entstanden sind. Die ägyptischen Brüche sind in erster Linie eine übersichtliche Notation für die Lösung von Divisionsaufgaben, die nicht in $\mathbb{N}$ durchführbar sind. Die babylonischen Sexagesimalbrüche stehen in engem Zusammenhang mit den Maßsystemen. Sie können als Darstellung natürlicher Zahlen in einem Positionssystem gesehen werden, wenn man die kleinste für die Aufgabe benötigte Einheit zu Grunde legt. Es gibt keinen Grund für die Annahme, daß bis zur Zeit der Inder und Araber ein echter Bruchbegriff im Sinne von Brüchen als Zahlen vorhanden war. Konsequenterweise sollte man deshalb im Anfangsunterricht Brüche nur im Zusammenhang mit meßbaren Größen, insbesondere mit Strecken einführen. Die Brüche dienen dabei als Notationen für Divisionen. Folgende Rechnungen mit Bruchteilen meßbarer Größen sind im Anfangsunterricht sinnvoll:

Addition und Subtraktion
Beispiel: $\frac{3}{4}m + \frac{2}{3}m = \frac{3\cdot 3}{4\cdot 3}m + \frac{2\cdot 4}{3\cdot 4}m = \frac{3\cdot 3 + 2\cdot 4}{3\cdot 4}m$

Multiplikation und Division mit natürlichen Zahlen
Beispiel: $\frac{3}{4}m \cdot 5 = 3\cdot\frac{1}{4}m + \cdots + 3\cdot\frac{1}{4}m = (3\cdot 5)\cdot\frac{1}{4}m = \frac{3\cdot 5}{4}m$

Multiplikation zweier Brüche mit gleichen Längeneinheiten
Beispiel: $\frac{3}{4}m \cdot \frac{2}{3}m$

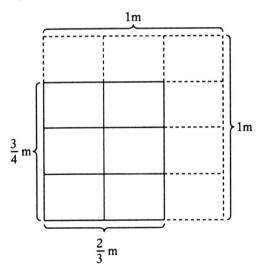

4 Inhalte des Mathematikunterrichts: Arithmetik

Der Flächeninhalt errechnet sich als $3 \cdot 2 = 6$ Quadrate der Fläche $\frac{1}{3 \cdot 4} m^2 = \frac{1}{12} m^2$

$$\tfrac{3}{4} m \cdot \tfrac{2}{3} m = (3 \cdot 2) \cdot \tfrac{1}{3 \cdot 4} m^2 = \tfrac{3 \cdot 2}{3 \cdot 4} m^2$$

Auch Brüche ohne Benennung können in diesem Sinne behandelt werden, wenn man sie als Notation für Operationen mit meßbaren Größen (wie in 4.4.4 ausgeführt) auffaßt. Nachdem auf diese anschauliche Weise eine gewisse Vertrautheit mit dem Bruchrechnen entstanden ist, können sich die Brüche allmählich zu selbständigen Gebilden, mit denen wie mit natürlichen Zahlen gerechnet wird, entwickeln. Eine systematische Fundierung des Rechnens mit Brüchen kann erst in einer späteren Stufe des Mathematikunterrichts erfolgen.

Insbesondere in der Zeit der elektronischen Rechenhilfsmittel spielen die Dezimalbrüche für das praktische Rechnen eine wichtige Rolle. Führt man die Dezimalbrüche in Verbindung mit meßbaren Größen ein, wie dies offensichtlich auch der geschichtlichen Entwicklung entspricht, lassen sie sich durch Umrechnen auf geeignete kleinere Maßeinheiten immer durch natürliche Zahlen ersetzen. Die Addition 0,33 + 0,5 läßt sich beispielsweise als 33 cm + 50 cm = 85 cm = 0,85 m erklären. Dabei ist lediglich die Einführung einer neuen Darstellungsweise erforderlich, wobei die Vorstellung von einer Erweiterung des in 4.3.3 besprochenen Rechenbretts um weitere Stellen kleiner als die Einheit hilfreich sein kann.

4.3.5 Einführung der negativen Zahlen

Negative Zahlen traten in der Mathematik erst über zweieinhalb Jahrtausende später als positive Brüche auf. Eine Behandlung dieser Zahlen im Unterricht nach dem Bruchbegriff ist deshalb auch vom entwicklungsgeschichtlichen Standpunkt aus sinnvoll. Die ältesten erhaltenen Bezeichnungsweisen regen dazu an, die Einführung der negativen Zahlen möglichst anschaulicher Weise zu gestalten. Besonders anschaulich ist die Darstellung durch gerichtete Strecken, wobei positive Zahlen durch nach rechts und negative Zahlen durch nach links gerichtete Pfeile dargestellt werden. Überträgt man die Regeln für das Rechnen mit positiven Zahlen und ihre Darstellung auch auf nach links gerichtete

Pfeile, lassen sich vor altem die Addition und die Subtraktion auch negativer Zahlen leicht zeichnerisch durchführen.
Bei der Berechnung ist die Vorgehensweise des 16. Jahrhunderts sinnvoll. Bei der **Addition** und **Subtraktion** geht man dabei beispielsweise von der Formel

$$(a-b)+(c-d)=(a+c)-(b+d)$$

aus, die für $a \geq b \geq 0$ und $c \geq d \geq 0$ leicht hergeleitet werden kann. Führt man die negativen Zahlen als „Schulden" ein, wie dies schon in der indischen Mathematik geschehen ist, läßt sich die Übertragung dieser Formel auch auf die anderen Fälle leicht plausibel machen.
Setzt man in dieser Formel $a = c = 0$ folgt:

$$(-b)+(-d) = -(b+d)$$

für $a = d = 0$:

$$(-b)+c = c-b \quad \text{usw.}$$

Für die **Multiplikation** lautet eine geeignete Ausgangsformel:

$$(a-b)\cdot(c-d) = a\cdot c - a\cdot d - b\cdot c + b\cdot d .$$

Diese Formel läßt sich für $a > b > 0$ und $c > d > 0$ leicht geometrisch veranschaulichen:

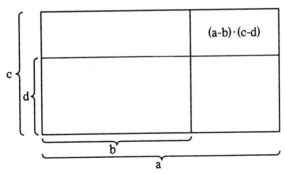

Die vier nach dem Vorzeichen zu unterscheidenden Fälle bei der Produktbildung lauten dann:

$b = d = 0$: $\qquad a\cdot c = a\cdot c$
$b = c = 0$: $\qquad a\cdot(-d) = -(a\cdot d)$

$a = d = 0$: $\qquad (-b) \cdot c = -(b \cdot c)$
$a = c = 0$: $\qquad (-b) \cdot (-d) = b \cdot d$

4.3.6 Einführung der reellen Zahlen

Am Beginn der Behandlung reeller Zahlen steht die Erkenntnis, daß eine Gleichung wie $x^2 = 2$ keine rationale Lösung hat. Für den Beweis der Irrationalität von $\sqrt{2}$ kann der *Euklidische* Beweis (X,150) eine geeignete Vorlage bilden. Dabei wird man zweckmäßigerweise die **geometrischen** Überlegungen der Griechen in die **algebraische** Betrachtungsweise umsetzen. Dabei kann man einige Schritte durchaus weglassen, wie beispielsweise die Überlegung, daß in der Gleichung $\frac{CA}{AB} = \frac{a}{b}$ $a \neq 1$ ist. Diese Überlegung war bei den Griechen erforderlich, da sie die Einheit nicht als Zahl ansahen. Nach unserem Zahlenverständnis ist sie aber überflüssig.

Der Beweis für die Aussage „$\sqrt{2}$ ist keine rationale Zahl" könnte dann folgendermaßen aussehen:

1. Ausgangspunkt ist die Gleichung $x^2 = 2$. Man macht die **Annahme**, daß x eine rationale Zahl der Form $\frac{a}{b}$ ist, wobei der Bruch bereits vollständig gekürzt ist.

2. Aus $\left(\frac{a}{b}\right)^2 = 2$ folgt: $a^2 = 2b^2$, also ist a^2 gerade und deshalb (nach IX 23) auch a. $\frac{a}{2}$ ist also eine natürliche Zahl h:
$\frac{a}{2} = h \Rightarrow a = 2h \Rightarrow a^2 = 4h^2$.

3. Aus a gerade folgt b ungerade, da der Bruch sonst gekürzt werden könnte.

4. Aus $a^2 = 4h^2$ folgt: $2b^2 = 4h^2$ oder $b^2 = 2h^2$, also b^2 und damit auch b gerade und somit ein Widerspruch zur Aussage in 3.

Als Hilfssatz für diesen Beweis wird der 23. Satz des 9. Buches der Elemente des *Euklid* („Setzt man beliebig viele ungerade Zahlen zusammen und ist ihre Anzahl ungerade, so muß die Summe ungerade sein.") benötigt, aus dem sofort folgt:

$\qquad a$ ungerade $\Rightarrow a^2$ ungerade

Dieser einfache *Euklidische* Satz läßt sich im Unterricht ohne Schwierigkeiten herleiten. Kürzer ist aber wohl die Überlegung, daß
$(2n-1)^2 = 4n^2 - 4n + 1 = 2 \cdot (2n^2 - 2n) + 1$ immer ungerade ist.
Neben der Erkenntnis, daß irrationale Zahlen nicht durch Brüche darstellbar sind, wird man nach Näherungsverfahren zur Berechnung irrationaler Zahlen suchen.
Die arithmetische Herleitung der Näherungsformel $\sqrt{N} \approx \frac{1}{2}(a + \frac{N}{a})$,
wobei a eine erste Näherungslösung von $\sqrt{N}$ darstellt, ist im Unterricht ohne weiteres möglich. Sie könnte etwa folgendermaßen aussehen:
1. $\sqrt{N} > a$, wobei man a als Wurzel der nächst kleineren Quadratzahl N' wählt: $\sqrt{N'} = a$.
2. Aus $a < \sqrt{N}$ folgt durch Multiplikation mit $\sqrt{N}$: $a \cdot \sqrt{N} < N$ und daraus $\sqrt{N} < \frac{N}{a}$ d. h. $a < \sqrt{N} < \frac{N}{a}$
3 Das arithmetische Mittel ergibt für $\sqrt{N} \approx \frac{1}{2}(a + \frac{N}{a})$.

Entsprechend verläuft die Herleitung für a als Wurzel der nächst größeren Quadratzahl.
Rechnet man mit dem so gewonnen Näherungswert an Stelle von a weiter, erhält man immer genauere Näherungswerte für $\sqrt{N}$. Da die ober und untere Schranke bei diesem Verfahren immer näher zusammenrücken, entsteht eine Intervallschachtelung für $\sqrt{N}$.
Bei der Herleitung der Rechengesetze für irrationale Zahlen kann man, der griechischen Methode folgend, diese in geometrischer Form darstellen. Überträgt man die algebraischen Grundgesetze vom Rechnen mit rationalen Zahlen auf irrationale Zahlen (Permanenzprinzip), kann man die erforderlichen Regeln leicht herleiten:

1. Kommutativgesetz:
Bei der Deutung der Addition der reellen Zahlen als Streckenaddition und der Multiplikation als Fläche eines Rechtecks ergeben sich die beiden Kommutativgesetze unmittelbar.

2. Assoziativgesetz:
Die Addition ist unproblematisch, bei der Multiplikation muß der Quader zu Hilfe genommen werden.

3. Distributivgesetz:
Die geometrische Veranschaulichung kann durch direkte Übernahme des Satzes 1 des 2. Buchs der Elemente des *Euklid* erfolgen.

4. Binomische Formeln:
Nach dem Vorbild *Euklids* lassen sich die entsprechenden Formeln an folgenden Figuren ablesen:

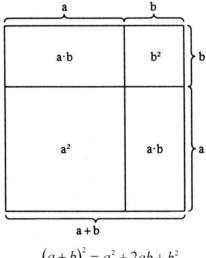

$$(a+b)^2 = a^2 + 2ab + b^2$$

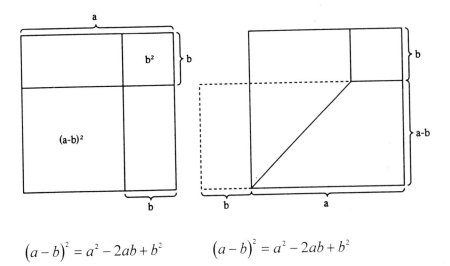

$(a-b)^2 = a^2 - 2ab + b^2$ $(a-b)^2 = a^2 - 2ab + b^2$

5. Produkt zweier Wurzeln:

Hat man festgestellt, daß insbesondere das Kommutativgesetz und das Assoziativgesetz auch für irrationale Zahlen gelten, daß man mit diesen Zahlen also „rechnen" kann, folgt aus

$$\left(\sqrt{a} \cdot \sqrt{b}\right)^2 = \left(\sqrt{a} \cdot \sqrt{b}\right) \cdot \left(\sqrt{a} \cdot \sqrt{b}\right)$$
$$= \left(\sqrt{a} \cdot \sqrt{a}\right) \cdot \left(\sqrt{b} \cdot \sqrt{b}\right) = a \cdot b$$

und somit aus der Definition der Wurzel: $\sqrt{a} \cdot \sqrt{b} = \sqrt{a \cdot b}$.

6. Quotient zweier Wurzeln:

Analog zum Produkt zweier Wurzeln leitet man $\dfrac{\sqrt{a}}{\sqrt{b}} = \sqrt{\dfrac{a}{b}}$ her.

5 Inhalte des Mathematikunterrichts: Algebra

5.1 Allgemeine Anmerkungen zur Didaktik

5.1.1 Grundsätzliche Überlegungen

Im klassischen Sinn ist Algebra „die Lehre von den Gleichungen". Man meint damit die Lösung von Gleichungen der Form

$$a_0 + a_1 x + a_2 x^2 + \cdots + a_n x^n = 0$$

und die Theorie der dazu benötigten Operationen. Aus heutiger Sicht ist die Algebra die **Theorie der algebraischen Strukturen,** wobei man unter einer algebraischen Struktur eine nicht leere Menge, in der mindestens eine Verknüpfung definiert ist, versteht. Eine solche Verknüpfung zwischen Elementen einer Menge M ist eine Abbildung einer Teilmenge A von $M \times M$, wobei Paaren $(a, b) \in M \times M$ genau ein Element $c \in M$ zugeordnet wird ($a \circ b = c$). Behandelt man den Verknüpfungsbegriff im Unterricht, sollten neben der Addition und Multiplikation weitere Beispiele behandelt werden. Wählt man für den Einstieg für M die Menge der natürlichen Zahlen $(\mathbb{N})$, könnten etwa folgende Verknüpfungen besprochen werden ($a, b \in \mathbb{N}$):

(1) Addition von a und b: $\quad a \circ b = a + b$
(2) Multiplikation von a und b: $\quad a \circ b = a \cdot b$
(3) Größter gemeinsamer Teiler von a und b: $\quad a \circ b = ggT(a,b)$
(4) Kleinstes gemeinsames Vielfaches von a und b: $\quad a \circ b = kgV(a,b)$
(5) „Hintereinanderschreiben" von a und b: $\quad a \circ b = 10a + b (a, b < 10)$

Geht man von den aus dem Arithmetikunterricht bekannten Grundeigenschaften der Verknüpfungen Addition und Multiplikation, insbesondere von der Kommutativität und der Assoziativität aus, kann man auch die anderen Verknüpfungen auf diese Eigenschaften untersuchen. Dabei zeigt sich, daß auch (3) und (4) kommutativ und assoziativ sind, (5) aber nicht.

Im nächsten Schritt kann man aus von den Grundeigenschaften beispielsweise der Addition in der Menge der ganzen Zahlen oder der Multiplikation in der Menge der rationalen Zahlen den Begriff Gruppe definieren:

Algebraische Strukturen, die folgende Gesetze erfüllen, werden als **(kommutative) Gruppe** bezeichnet:
(1) Abgeschlossenheit
(2) Kommutativität
(3) Assoziativität
(4) Existenz des neutralen Elements
(5) Existenz des Inversen

Definiert man in einer Menge M zwei Verknüpfungen, die mit gewissen Einschränkungen bei (5) für jede der beiden Verknüpfungen eine Gruppe bilden und gilt als Verbindung der beiden Verknüpfungen noch dazu das Distributivgesetz, so nennt man diese Struktur einen **Körper**.

Aus den Grundgesetzen, die in einem Körper gelten, lassen sich dann allgemein die weiteren algebraischen Gesetze ableiten.

Die Forderung nach einem Aufbau der Algebra im Unterricht aus Strukturbetrachtungen ist nicht unumstritten. Das Aufbauprinzip

Mengen $\Rightarrow$ Verknüpfungen $\Rightarrow$ Strukturen

entspricht nämlich weder der historischen Entwicklung der Algebra noch der Zielsetzung des Algebraunterrichts. Wie der historische Teil zeigt, gehört das Lösen von Gleichungen zu den elementaren Grundaufgaben der Mathematik, die bereits in frühester Zeit behandelt wurden. Die Strukturmathematik ist eine Errungenschaft unseres Jahrhunderts. Man muß auch von der Aufgabe der Algebra im Rahmen des Unterrichts ausgehen. Sie ist nicht nur ein eigenständiges Gebiet, sondern auch eine Grundlage anderer Bereiche wie etwa der rechnerischen Geometrie oder der Analysis und muß deshalb relativ früh behandelt werden. Wegen ihrer Rolle als „Hilfswissenschaft" für andere Bereiche ist es erforderlich, daß in der Algebra neben dem grundsätzlichen Verständnis auch gewisse Fertigkeiten erworben werden müssen. Eine frühzeitige und ausführliche Behandlung konkreter Aufgaben ist deshalb erforderlich. Trotzdem lassen sich aus den Ideen der Strukturmathema-

tik praktikable methodische Forderungen für einen modernen Algebraunterricht herleiten, wie etwa:
- Mehr Verständnis für die Grundlagen
- Korrekte Formulierungen
- Größere Allgemeinheit.

Zu den grundlegenden Fragen der Didaktik der Algebra gehört das Problem einer angemessenen Schreibweise. Eine systematische Behandlung der Algebra erfordert eine geeignete Symbolik. Die dazu nötige Formalisierung kann auf verschiedenen Wegen erreicht werden:

1. Sofortige Verwendung von Variablen:
Dieses Verfahren widerspricht, wie noch zu zeigen ist, der historischen Entwicklung völlig. Obendrein ist eine korrekte Behandlung von Gleichungen mit Formvariablen ziemlich kompliziert und erfordert oft die Behandlung von zahlreichen Sonderfällen. Das zeigt sich schon bei einem einfachen Fall wie der linearen Gleichung $ax + b = c$, bei der man folgende Unterscheidungen treffen muß:

$a = 0, b = c$ $\qquad L = G$
$a = 0, b \neq c$ $\qquad L = \{\ \}$
$a \neq 0$ $\qquad L = \{\frac{c-b}{a}\}$,

$\qquad$ wobei bei $G = \mathbb{Q}^+$ nur für $c \geq 0$
$\qquad L$ nicht die leere Menge ist usw.

2. Schrittweiser Aufbau einer formalisierten Schreibweise:
Am Anfang werden Variable nur für die gesuchte Größe und Rechenzeichen verwendet, aber keine Formvariablen. Die dabei gewonnenen Lösungsverfahren werden später auf einer höheren Stufe wiederholt und durch Einführung von Variablen in geeigneten Fällen zur allgemeinen Methode ausgebaut.

5.1.2 Termumformungen

Für den Unterricht kann man den Begriff **Term** folgendermaßen definieren:

Zahlen, Variable und durch (sinnvolle) mathematische Verknüpfungen aus Zahlen und Variablen gebildete Ausdrücke nennt man Terme. Umformungen von Termen sind ein wichtiges Hilfsmittel zur Lösung von Gleichungen und sind deshalb im Algebraunterricht von zentraler Bedeutung. Sie kommen in der Form von **Aussagen**, wie beispielsweise

$$\frac{11-3}{2} = 2^2$$

oder als **Aussageformen** wie
$(a + b)^2 = a^2 + 2ab + b^2$ für alle $a,b \in \mathbb{R}$ vor.
Eine solche Termumformung, bei der sich für alle möglichen Einsetzungen von reellen Zahlen für a und b jeweils auf der linken und rechten Seite die gleiche Zahl ergibt ist eine **Äquivalenzumformung**. Die in einer Grundmenge G allgemeingültige Aussage nennt man auch **Rechengesetz**. Dabei ist darauf zu achten, daß die Allgemeingültigkeit einer Aussage von G abhängig sein kann, wie das einfache Beispiel der Umformung $\sqrt{a^2} = a$ zeigt, die beispielsweise in $\mathbb{N}$ gilt, aber nicht in $\mathbb{R}$.
Folgende Termumformungen sind für den Algebraunterricht von besonderer Bedeutung:

(1) Umformungen zur **Vereinfachung**, d. h. Zusammenfassungen von Summen oder Produkten:
$a + a + \cdots + a = n \cdot a$ ($a \in \mathbb{R}, n \in \mathbb{N}$)
(n Summanden)
$a \cdot a \cdots a = a^n$ ($a \in \mathbb{R}, n \in \mathbb{N}$)
(n Faktoren)

(2) Das **Ausmultiplizieren**:
$(a + b) \cdot c = a \cdot c + b \cdot c$ ($a,b,c \in \mathbb{R}$)
$(a + b) \cdot (c + d) = a \cdot c + a \cdot d + b \cdot c + b \cdot d$ ($a,b,c \in \mathbb{R}$)

mit den wichtigen Spezialfällen

$$(a+b)^2 = a^2 + 2ab + b^2$$
$$(a-b)^2 = a^2 - 2ab + b^2$$
$$(a+b) \cdot (a-b) = a^2 - b^2$$

(3) Das **Ausklammern** als Umkehrung von (2)

Für die Behandlung der Termumformungen im Unterricht bieten sich verschiedene Möglichkeiten an:

(1) Die Termumformung wird an **Zahlenbeispielen** erarbeitet und dann allgemein in Worten oder mit Hilfe von Variablen formuliert.
Beispiel: $(1+3+5) \cdot 2 = 1 \cdot 2 + 3 \cdot 2 + 5 \cdot 2$
Formulierung in Worten:
„Eine Summe wird mit einer Zahl multipliziert, indem man jeden Summanden mit dieser Zahl multipliziert und dann die Werte der Produkte addiert."
Formulierungen dieser Art klingen zwar umständlich, sind aber gerade im Anfangsunterricht nicht unnütz, da sie eine exakte Sprechweise fördern.
Formulierung in Variablen:
$(a+b+c) \cdot d = a \cdot d + b \cdot d + c \cdot d$
für alle $a,b,c,d \in \mathbb{N}$.

(2) Die Termumformung wird **geometrisch dargestellt** und anschließend mit Hilfe von Variablen notiert.

Beispiel:

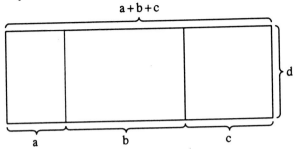

Durch „Flächenaddition" erhält man sofort:
$(a+b+c) \cdot d = a \cdot d + b \cdot d + c \cdot d$

(3) Die Termumformung wird in Variablenschreibweise direkt aus den **Körperaxiomen** hergeleitet.

Beispiel: $(a+b+c) \cdot d$

$= (a+(b+c)) \cdot d$
$= (a+e) \cdot d$
$= a \cdot d + e \cdot d$
$= a \cdot d + (b+c) \cdot d$
$= a \cdot d + b \cdot d + c \cdot d$

Einfache Gleichungen lassen sich vor allem in der Unterstufe auch ohne Termumformungen lösen. So läßt sich beispielsweise die Gleichung
$$x + \tfrac{x}{3} = 16$$
durch Einführung einer Hilfsvariablen $\overline{x} = \tfrac{x}{3}$ in
$$3\overline{x} + \overline{x} = 16$$
umwandeln, wodurch sofort $\overline{x} = 4$ und $x = 12$ erhalten wird. Bei der systematischen Behandlung von Gleichungen wird man die für den jeweiligen Gleichungstyp benötigten Umformungen vor der Arbeit mit den Gleichungen herleiten.

5.1.3 Zahlbereiche in der Algebra

Bei der Behandlung von Termumformungen und beim Lösen von Gleichungen ist es nicht sinnvoll von Anfang an den Körper der reellen Zahlen als zugrundeliegenden Zahlbereich zu wählen. Gegen ein Verfahren, das von vornherein $\mathbb{R}$ als Grundmenge in der Algebra verwendet, spricht schon ein praktischer Gesichtspunkt. Algebra könnte dann im Unterricht erst zu einem relativ späten Zeitpunkt betrieben werden. Noch wichtige ist die Überlegung, daß das Lösen von Gleichungen und die erforderlichen Zahlbereichserweiterungen in engem Zusammenhang stehen. Die Notwendigkeit einen gegeben Zahlbereich zu erweitern, wenn Gleichungen in diesem Zahlbereich keine Lösung haben, führt ja gerade zur Einführung „neuer Zahlen".

Ein Programm für die schrittweise Erweiterung der Zahlbereiche könnte folgendermaßen aussehen:

(1) **Ausgangssituation:**
Gegeben ist die Menge der natürlichen Zahlen $\mathbb{N}$.

Anlaß für eine Zahlbereichserweiterung:
Lineare Gleichungen der Form $a + x = b$ mit $a \geq b$ haben in $\mathbb{N}$ keine Lösung.

Zahlbereichserweiterung:
Einführung der ganzen Zahlen $\mathbb{Z}$

(2) **Neue Ausgangssituation:**
Gegeben ist die Menge der ganzen Zahlen

Anlaß für eine Zahlbereichserweiterung:
Lineare Gleichungen der Form $ax = b (a \neq 0)$ mit a teilt nicht b haben in $\mathbb{Z}$ keine Lösung.

Zahlbereichserweiterung:
Einführung des Körpers der rationalen Zahlen $\mathbb{Q}$

(3) **Neue Ausgangssituation:**
Gegeben ist der Körper $\mathbb{Q}$

Anlaß für eine Zahlbereichserweiterung:
Quadratische Gleichungen der Form $x^2 = a$ ($a > 0$), wobei a keine Quadratzahl bzw. kein entsprechender Bruch ist, haben in $\mathbb{Q}$ keine Lösung

Zahlbereichserweiterung:
Einführung des Körpers der reellen Zahlen $\mathbb{R}$

Bei der Durchführung dieses Programms ist es zweckmäßig, lineare Gleichungen und lineare Gleichungssysteme zuerst in der Grundmenge $\mathbb{Q}$ oder auch nur in $\mathbb{N}$ oder $\mathbb{Z}$ zu behandeln. Erst bei quadratischen Gleichungen ist ja die Erweiterung von $\mathbb{Q}$ zu $\mathbb{R}$ sinnvoll (siehe auch 4.1).

5.1.4 Grundlagen der Gleichungslehre

Die Gleichungslehre sollte mit einer Einführung in die der Algebra angemessene Sprechweise beginnen. Am Anfang steht der Begriff **Aussage**, der als Grundbegriff der Logik nicht definiert werden kann. Für die Zwecke des Unterrichts kann er aber folgendermaßen umschrieben werden:

Eine **Aussage** ist ein Satz, von dem festgestellt werden kann, ob er **wahr** oder **falsch** ist.

Beispiele und Gegenbeispiele für sprachlich und für mathematisch formulierte Aussagen sollten sich an die Begriffsbildung anschließen. Durch Betrachtung von Aussagen der **gleichen Form**, wie beispielsweise

$1 + 1 = 4$ (f)
$1 + 2 = 4$ (f)
$1 + 3 = 4$ (w)
$1 + 4 = 4$ (f) ...

kommt man, indem man den zweiten Summanden durch ein Zeichen oder einen Buchstaben symbolisiert, zur **Aussageform**

$1 + x = 4$.

Solche Symbole bezeichnet man als **Platzhalter** oder **Variable**. Man kann dann festlegen:

Ein Satz mit Platzhaltern oder Variablen, der durch Einsetzen für alle Variablen in eine Aussage übergeht, heißt **Aussageform**.

Zur Verdeutlichung dieser Festlegung wird man auch nichtmathematische Aussageformen behandeln, wie beispielsweise

Die Stadt .... liegt in Deutschland.

Besteht eine Aussageform aus zwei Termen T_1 und T_2, die durch ein Gleichheits- oder Ungleichheitszeichen verbunden sind, liegt eine **Gleichung** bzw. **Ungleichung** vor.

Ersetzt man alle Variablen einer Gleichung oder Ungleichung durch Elemente der Grundmenge G, entstehen falsche und wahre Aussagen. Die Menge aller Einsetzungen, die zu wahren Aussagen führen, nennt man **Lösungsmenge**. Wichtig ist die sorgfältige Beachtung der **Grundmenge**. Oft ist sie im Unterricht durch den arithmetischen Kenntnisstand der Schüler vorgegeben. In manchen Fällen, wie etwa der Ungleichung $2x < 10$ in einer Jahrgangsstufe, in der bereits die rationalen Zahlen bekannt sind, ist eine ausdrückliche Festlegung auf die Grundmenge erforderlich. Auch bei Gleichungen oder Ungleichungen, die zur Lösung eines praktischen Problems aufgestellt werden, kann dies erforderlich sein. Eine besondere Behandlung erfordern spezielle Gleichungen und Ungleichungen, die in der Grundmenge *nicht* **erfüllbar** oder **allgemeingültig** sind, wie beispielsweise

$(x+1)^2 < 0 \qquad G = \mathbb{R}, \ L = \{\}$

$(x+1)^2 \geq 0 \qquad G = \mathbb{R}, \ L = \mathbb{R}$

5.1.5 Das Aufstellen von Gleichungen

Ein algebraisches Problem in einer Gleichung oder einem Gleichungssystem darzustellen, ist für den Schüler der Unterstufe oft eine schwierige und deshalb ungeliebte Aufgabe. Zur Einführung bieten sich verschiedene Wege an. Meist wird versucht, eine Sachaufgabe direkt in die algebraische Schreibweise zu übersetzen. Dabei wählt man zweckmäßigerweise zum Einstieg Aufgaben mit reinen Zahlen, am einfachsten mit natürlichen Zahlen, um Benennungsprobleme zu vermeiden. Viele dieser Aufgaben beginnen mit den Worten: „Ich denke mir eine Zahl (...)". Bei dieser Methode ist es aber dem Schüler nicht von vornherein klar, daß er dann, wenn die Gleichung aufgestellt ist, mit der Unbekannten wie mit gegebenen Zahlen rechnen kann, bis man durch entsprechende Umformungen die Unbekannte isoliert hat und sie so berechnen kann. Diese Schwierigkeiten kann man vermeiden, wenn man von einer arithmetischen Formel ausgeht und sie in einem ersten Schritt mit gegebenen Zahlen umformt. So kann man beispielsweise von der Flächenberechnung eines Rechtecks mit den Seiten 4 und 5 Längeneinheiten ausgehen und die Maßzahl der Fläche berechnen:

$$4 \cdot 5 = 20$$

Durch die Multiplikationsproben erhält man $20 : 4 = 5$ bzw. $20 : 5 = 4$. Der zweite Schritt ist dann die Frage, wie man rechnet, wenn man statt der gegebenen Seiten die Fläche und nur die erste Seite kennt, wodurch man sofort zur Gleichung $4 \cdot x = 20$ und der Lösung $x = 20 : 4$ geführt wird.

5.1.6 Lineare Gleichungen

Eine systematische Behandlung der linearen Gleichungen in der Mittelstufe setzt die Beherrschung der in Abschnitt 2 aufgeführten Termumformungen voraus, durch die jede lineare Gleichung auf die **Normalform** $ax + b = 0$ gebracht werden kann.

Für $a \neq 0$ erhält man die Lösung entweder über die Additions- bzw. Multiplikationsprobe oder mit Hilfe folgender Umformungen, für deren Erarbeitung die Überlegungen von 5.1.2 gelten:

(1) $\quad a = b \Rightarrow a + c = b + c$

(2) $a = b \Rightarrow a \cdot c = b \cdot c$

Aus $ax + b = 0$ folgt dann:

$ax = -b$ nach (1)

$x = -\dfrac{b}{a}$ nach (2)

$L = \left\{-\dfrac{b}{a}\right\}$

Setzt man in die Gleichung für $x = -\dfrac{b}{a}$ ein, erhält man

$a\left(-\dfrac{b}{a}\right) + b = 0$ (Probe !)

Die Betrachtung der Sonderfälle $a = 0$ und $b = 0$ mit $L = G$ und $a = 0$ und $b \neq 0$ mit $L = \{\}$ sollte dabei nicht übersehen werden.

Entsprechend folgt für die lineare Ungleichung

$ax + b > 0$ $(a \neq 0)$

$x > -\dfrac{b}{a}$,

wenn man die Umformungsregeln durch entsprechende Ungleichungen ersetzt, wobei bei (2) ausdrücklich darauf aufmerksam gemacht werden muß, daß $a > b \Rightarrow a \cdot c > b \cdot c$ nur für $c > 0$ gilt.

In einem frühen Stadium des Algebraunterrichts sollten auch lineare Gleichungen und Ungleichungen behandelt werden, die in anderen Formen auftreten, wie beispielsweise

$(ax + b) \cdot (cx + d) = 0$

$(ax + b) \cdot (cx + d) > 0$

In diesen Fällen benötigt man die Gesetze

$a \cdot b = 0 \Rightarrow a = 0$ oder (auch) $b = 0$

$a \cdot b > 0 \Rightarrow a > 0$ und $b > 0$ oder (auch) $a < 0$ und $b < 0$.

5.1.7 Gleichungssysteme

Die Behandlung der Verknüpfung von Gleichungen und Ungleichungen ist eine wichtige Aufgabe des Algebraunterrichts. Sie setzt eine sorgfältige Klärung der aussagelogischen Grundbegriffe voraus. Von zentraler Bedeutung für die Gleichungslehre sind die **Konjunktion** und die **Disjunktion**.

Die **Konjunktion** wird sprachlich meist durch „und" dargestellt. Eine exakte Definition ist durch eine sogenannte Wahrheitstafel möglich, die für die Aussagen A und B folgendermaßen aussieht:

A	B	$A \wedge B$
W	W	W
W	F	F
F	W	F
F	F	F

Beispiele für die Verknüpfung zweier Aussageformen durch Konjunktion:

(1) $\quad x + b > a$
und $\quad x + b < c \quad$ oder: $\quad a < x + b < c \quad (a, b, c \in \mathbb{R})$

Die Lösungsmenge des Ungleichungssystems ist die **Schnittmenge** der Lösungsmengen L_1 und L_2 der einzelnen Ungleichungen:

$L_1 = \{ x \mid x > a - b; \ x \in \mathbb{R} \}$

$L_2 = \{ x \mid x < c - b; \ x \in \mathbb{R} \} \quad L = L_1 \cap L_2$

(2) $\quad a_1 x + b_1 y = c_1$
und $\quad a_2 x + b_2 y = c_2 \, (a_v, b_v, c_v \in \mathbb{R}; b_v \neq 0)$

mit $L_1 = \left\{ (x; y) \mid y = \dfrac{c_1 - a_1 x}{b_1}; x, y \in \mathbb{R} \right\}$

$$L_2 = \left\{(x;y) \,\middle|\, y = \frac{c_2 - a_2 x}{b_2}; x, y \in \mathbb{R}\right\}$$

$$L = L_1 \cap L_2$$

Die **Disjunktion** ist durch das „oder" der Sprache des täglichen Lebens gegeben, wobei zu beachten ist, daß hier das dem lateinischen „**vel**" entsprechende nicht ausschließende „oder" gemeint ist und nicht das ausschließende „**entweder (...) oder**" (lateinisch „**aut**"). Eine exakte Festlegung des Begriffs kann auch hier nur über eine Wahrheitstafel erfolgen:

A	B	$A \vee B$
W	W	W
W	F	W
F	W	W
F	F	F

Beispiele für die Verknüpfung zweier Aussageformen durch **Disjunktion**:

(1) $ax + b < c$
oder $ax + b = c$ bzw. $ax + b \leq c$ $(a,b,c \in \mathbb{R})$

Die Lösungsmenge ist bei der **Disjunktion** die **Vereinigungsmenge** der beiden Lösungsmengen L_1 und L_2

$$L_1 = \left\{x \,\middle|\, x < \frac{c-b}{a}\right\}$$

$$L_2 = \left\{x \,\middle|\, x = \frac{c-b}{a}\right\}$$

$$L = L_1 \cup L_2$$

(2) $a_1 x + b_1 = 0$
oder $a_2 x + b_2 = 0$ $(a_v, b_n \in \mathbb{R}, a \neq 0)$
mit der Lösungsmenge

$$L_1 = \left\{ x \middle| x = -\frac{b_1}{a_1}; a_1, b_1 \in \mathbb{R} \right\}$$

$$L_2 = \left\{ x \middle| x = -\frac{b_2}{a_2}; a_2, b_2 \in \mathbb{R} \right\}$$

$$L = L_1 \cup L_2$$

Im Rahmen des Algebraunterrichts spielen vor allem durch Konjunktion verknüpfte lineare Gleichungen mit mehreren Variablen eine wichtige Rolle, also **lineare Gleichungssysteme**:

$$a_{11}x_1 + \cdots + a_{1n}x_n = b_1$$
$$\vdots$$
$$a_{m1}x_1 + \cdots + a_{mn}x_n = b_m$$

In der Mittelstufe ist in der Regel die Zahl der Gleichungen gleich der Zahl der Variablen ($n = m$). In diesem Fall läßt sich das Gleichungssystem mit Hilfe der Umformungsregeln in eines der Form

$$a_1 x_1 = b_1$$
$$\vdots$$
$$a_n x_n = b_n$$

verwandeln und bei $a_\nu \neq 0$ in

$$x_1 = c_1$$
$$\vdots$$
$$x_n = c_n$$

Die üblichen Lösungsstrategien beruhen darauf, schrittweise die Zahl der Gleichungen und zugleich die Zahl der Variablen zu reduzieren. Dazu dienen drei Standardverfahren:

(1) Einsetzmethode

Man formt eine Gleichung so um, daß eine Variable alleine auf einer Seite steht. Den Term auf der anderen Seite setzt man in eine andere Gleichung anstelle der entsprechenden Variablen ein.

(2) Gleichsetzungsmethode

Man formt zwei Gleichungen so um, daß jeweils die gleiche Variable allein auf einer Seite steht. Die beiden Terme auf den anderen Seiten setzt man dann gleich.

(3) Additions- und Subtraktionsmethode

Durch entsprechende Multiplikation auf beiden Seiten formt man zwei Gleichungen so um, daß eine der beiden Variablen in beiden Gleichungen jeweils den gleichen Koeffizienten hat. Dann kann man die die Terme auf der linken und rechten Seiten der beiden Gleichungen subtrahieren.

5.1.8 Quadratische Gleichungen

Vor der allgemeinen quadratischen Gleichung der Form
$$ax^2 + bx + c = 0 \quad (a,b,c \in \mathbb{R}, a \neq 0)$$
wird man den Spezialfall $b = 0$ behandeln. Diese **reinquadratischen Gleichungen** lassen sich in der Form
$$x^2 = a \quad (a \in \mathbb{R})$$
schreiben. Die Lösung lautet:

$a > 0$: $\qquad L = \left\{-\sqrt{a}; \sqrt{a}\right\}$

$a = 0$: $\qquad L = \{0\}$

$a < 0$: $\qquad L = \{\ \}$

Der nächste Schritt ist der Übergang zu quadratischen Gleichungen in der Form

$$(x+a)^2 = b \quad (a,b \in \mathbb{R},\ b \geq 0).$$

Durch Zurückführung auf die erste Form erhält man::
$$x + a = \pm\sqrt{b}$$
und als Lösungsmenge
$$L = \left\{-a - \sqrt{b}, -a + \sqrt{b}\right\}.$$

Schließlich führt man den allgemeinen Fall durch entsprechende Termumformungen auf diese Form zurück. Neben den von den linearen Gleichungen her bekannten Umformungen und den beiden binomischen Formeln
$$(a+b)^2 = a^2 + 2ab + b^2$$
$$(a-b)^2 = a^2 - 2ab + b^2$$

benötigt man noch die Umformung
$$a = b \Rightarrow \sqrt{a} = \sqrt{b} \quad (a,b \in \mathbb{R},\ a,b > 0)$$

Die Gleichung $ax^2 + bx + c = 0$ $(a \neq 0)$ wird folgendermaßen umgewandelt:

$$ax^2 + bx = -c$$
$$x^2 + \frac{b}{a}x + \left(\frac{b}{2a}\right)^2 = \left(\frac{b}{2a}\right)^2 - \frac{c}{a}$$
$$\left(x + \frac{b}{2a}\right)^2 = \frac{b^2 - 4ac}{4a^2}$$
$$x + \frac{b}{2a} = \pm\sqrt{\frac{b^2 - 4ac}{4a^2}}$$
$$x = -\frac{b}{2a} \pm \sqrt{\frac{b^2 - 4ac}{4a^2}}$$
$$x = \frac{-b \pm \sqrt{b^2 - 4ac}}{2a}$$

Die quadratische Gleichung hat also zwei reelle Lösungen für $D = b^2 - 4ac > 0$; für $D = 0$ existiert eine Lösung. Ist D, die sogenannte **Diskriminante** kleiner als 0, gibt es im Bereich der reellen Zahlen keine Lösung.

5.1.9 Bruchgleichungen

Im Rahmen des Algebraunterrichts treten sogenannte „Bruchgleichungen" auf, die auf die Form

$$\frac{a_m x^m + \cdots + a_1 x + a_0}{b_n x^n + \cdots + b_1 x + b_0} = c \quad (a_\mu, b_\nu \in \mathbb{R}; m, n \in \mathbb{N})$$

gebracht werden können und die in $\mathbb{R}$ ohne die Nullstellen des Nennerpolynoms definiert sind. Ihre Behandlung bereitet keine besonderen Schwierigkeiten. Für $c = 0$ gilt:

$$a_m x^m + \cdots + a_1 x + a_0 = 0$$

Für $c \neq 0$:

$$a_m x^m + \cdots + a_1 x^1 + a_0 = c b_n x^n + \cdots + c b_1 x + c b_0$$

5.1.10 Wurzelgleichungen

Gleichungen mit Wurzeln kommen im Unterricht in der Form

$$\sqrt{a_n x^n + \cdots + a_1 x + a_0} = c,$$

die durch Quadrieren sofort auf die Form

$$a_n x^n + \cdots + a_1 x + a_0 = c^2$$

gebracht werden kann, oder in der Form

$$\sqrt{a_m x^m + \cdots a_1 x + a_0} \pm \sqrt{b_n x^n + \cdots + b_1 x + b_0} = c$$

vor. Für $c = 0$ folgt durch Quadrieren sofort die Form

$$a_m x^m + \cdots + a_1 x + a_0 = b_n x^n + \cdots + b_1 x + b_0.$$

Für $c \neq 0$ erhält man durch Quadrieren mit Hilfe der binomischen Formeln und einigen Umformungen:

$$\left(a_m x^m + \cdots + a_1 x + a_0\right) + \left(b_n x^n + \cdots + b_1 x + b_0\right) - c^2 =$$

$$\mp 2\sqrt{\left(a_m x^m + \cdots + a_1 x + a_0\right)\left(b_n x^n + \cdots + b_1 x + b_0\right)}$$

Durch nochmaliges Quadrieren erhält man dann eine wurzelfreie Gleichung. Wichtig ist der Hinweis, daß das Quadrieren beider Seiten einer Gleichung keine Äquivalenzumformung ist, da zwar $a = b \Rightarrow a^2 = b^2$

gilt, aber nicht $a^2 = b^2 \Rightarrow a = b$. Bei der Behandlung von Wurzelgleichungen ist es deshalb erforderlich, die errechnete Lösung durch die „Probe" zu verifizieren.

5.1.11 Boolesche Algebra

Die Boolesche Algebra beschäftigt sich mit den Gesetzen eines Booleschen Verbands, der dadurch gekennzeichnet ist, daß zwischen Mengen zwei Verknüpfungen definiert sind. Üblicherweise verwendet man als Symbole für die Mengen Großbuchstaben und für die Verknüpfungen die Zeichen $\cup$ und $\cap$. Bei der Festlegung dieser Verknüpfungen kann man zwar von der Anschauung der naiven Mengenlehre ausgehen, muß sich aber darüber klar sein, daß eine explizite Definition dieser Operationen nicht möglich ist. Sie können nur durch ein allgemeingültiges Axiomensystem definiert werden, das von jedem Modell unabhängig ist. Ein solches System kann aus folgenden Sätzen bestehen:

(1) Kommutativität
(a) $A \cup B = B \cup A$
(b) $A \cap B = B \cap A$

(2) Distributivität
(a) $A \cup (B \cap C) = (A \cup B) \cap (A \cup C)$
(b) $A \cap (B \cup C) = (A \cap B) \cup (A \cap C)$

(3) Existenz des neutralen Elements
Für jedes A gibt es ein Element $\emptyset$ bzw. E mit:
(a) $A \cup \emptyset = A$
(b) $A \cap E = A$

(4) Existenz des Komplements
Für jedes A gibt es ein Element $\overline{A}$ mit den Eigenschaften:
(a) $A \cup \overline{A} = E$
(b) $A \cap \overline{A} = \emptyset$

Die für die Anwendung der Booleschen Algebra in Modellen nützliche Relation $A \subset B$ läßt sich als andere Schreibweise für $A \cap B = A$ definieren.
Bei der Formulierung der Axiome wurde die in der Mengenlehre übliche Schreibweise gewählt. Ersetzt man $A \cup B$ durch $A \vee B$, $A \cap B$ durch $A \wedge B$, $\overline{A}$ durch $\neg A$ und $A \subset B$ durch $A \Rightarrow B$, erhält man die Darstellungsweise der **formalen Logik**.
Aus den Axiomen lassen sich Sätze herleiten. Auch wenn dies im Unterricht nicht in umfassender und systematischer Weise durchgeführt wird, so ist es doch zweckmäßig an einigen einfachen Sätzen die axiomatische Arbeitsweise zu zeigen.
Beispiel: $A \cup A = A$
Beweis:
$$A = A \cup \emptyset = A \cup (A \cap \overline{A}) = (A \cup A) \cap (A \cup \overline{A}) =$$
$$(A \cup A) \cap E = A \cup A.$$
Im Unterricht wird man in erster Linie **Modelle** der Booleschen Algebra behandeln, etwa bei den Mengenverknüpfungen im Anfangsunterricht, aus denen sich die arithmetischen Grundgesetze herleiten lassen. Im Algebraunterricht können die Gesetze der Booleschen Algebra zur Klärung des Begriffs „Verknüpfung von Aussagen" dienen. Von Bedeutung sind folgende Verknüpfungen, wobei A und B Aussagen sind:

(1) **Negation**   „nicht A" $(\neg A)$

(2) **Alternative**   „A oder B" $(A \vee B)$

(3) **Konjunktion**   „A und B" $(A \wedge B)$

(4) **Implikation**   „wenn A, so B" $(A \Rightarrow B)$

Nach *L. Wittgenstein* kann man diese Verknüpfungen durch „Wahrheitstafeln" definieren:

(1) **Negation** A $\neg A$

       w   f
       f   w

(2) Alternative

A	B	$A \vee B$
w	w	w
w	f	w
f	w	w
f	f	f

(3) Konjunktion

A	B	$A \wedge B$
w	w	w
w	f	f
f	w	f
f	f	f

(4) Implikation

A	B	$A \Rightarrow B$
w	w	w
w	f	f
f	w	w
f	f	w

5.2 Historische Entwicklung

5.2.1 Der Gleichungsbegriff

Hinweise auf die Entstehung des Gleichungsbegriffs können Quellen aus der Entstehungszeit der Mathematik geben, also ägyptische und babylonische Texte. Bereits die ältesten überlieferten Dokumente der ägyptischen Mathematik enthalten Aufgaben, bei denen die Berechnung einer unbekannten Größe durch das Lösen einer Gleichung verlangt wird. In diesem Sinn wurde also im 2. Jahrtausend v. Chr. in **Ägypten** eine Algebra betrieben, die sich in der Fragestellung von dem, was wir als Algebra bezeichnen, nicht unterscheidet. Allerdings ist die Form der ägyptischen Algebra ganz anders. So lautet beispielsweise die 30. Aufgabe des Papyrus Rhind (18. Jahrhundert v. Chr.):

„Wenn der Schreiber zu dir sagt:

10 ist geworden $\frac{2}{3}$ und $\frac{1}{10}$ von was?

Laß ihn hören!"

In unserer Schreibweise würde die Aufgabe lauten

$$\left(\tfrac{2}{3}+\tfrac{1}{10}\right)\cdot x = 10 \text{ oder } \tfrac{2}{3}x+\tfrac{1}{10}x = 10$$

Das Ergebnis wird mit „Haufen" bezeichnet. Dieser „Haufen" ist das erste Fachwort für die unbekannte Größe und kann als Kennzeichen für den Beginn der Algebra angesehen werden. Dabei ist trotz der geringen Zahl der überlieferten Texte eine Fortentwicklung vom anschaulichen Gebrauch zu einer gewissen Abstraktion erkennbar. In den älteren Texten (Moskauer Papyrus) besteht sein hieroglyphisches Bild aus dem Zeichen für Haufen und drei Pluralstrichen mit einem darüber gesetzten Korn, also einem konkreten Gegenstand:

In den etwas jüngeren Texten (Papyrus Rhind und Berliner Papyrus) findet man statt des Kornzeichens eine Buchrolle als Zeichen der Abstraktion:

5 INHALTE DES MATHEMATIKUNTERRICHTS: ALGEBRA

Das ägyptische Wort für das Zeichen war „ᶜhᶜ" („aha"), das früher fälschlich als „Hau" gelesen wurde und so zur Bezeichnung „Haurechnung" führte.

Eine ähnliche Begriffsbildung fand zur gleichen Zeit auch in der **babylonischen** Mathematik statt. Bezeichnend ist, daß sich die leicht zu lösenden Gleichungen mit einer Variablen nur sehr selten in den überlieferten Texten finden. Eine Beispiel ist YBC 4652,7[9]. Dabei ist nur die Aufgabenstellung („Ich fand einen Stein, ich habe ihn nicht gewogen. Ich habe $\frac{1}{7}$ und $\frac{1}{11}$ addiert, er wog eine Mine") und die Lösung ($\frac{2}{3}$ Mine 8 gin 22 se) angegeben. Es handelt sich um die Gleichung $\left(x+\frac{x}{7}\right)+\frac{1}{11}\left(x+\frac{x}{7}\right)=1$.

Eine Antwort auf die Frage, wie man in der mathematischen Frühzeit auf den Gleichungsbegriff gekommen ist, könnte man nach Gericke[10] aus dem babylonischen Text VAT 7528[11] herleiten. Dort geht es um Ausschachtungsarbeiten und die Frage nach der Arbeitsleistung.:

1. Aufgabe:

„Ein kleiner Kanal. 2 Ellen obere Breite,

1 Elle untere Breite, 1 $\frac{1}{2}$ Ellen Tiefe.

$\frac{1}{3}$ SAR Erde die Leistung.

Welche Länge nimmt ein Mann?

1 $\frac{1}{2}$ GAR 3 $\frac{1}{3}$ Ellen nimmt er".

Gegeben: Der Querschnitt des Kanals (A) und die Tagesleistung (V) eines Mannes.

Gesucht: Die Länge des Aushubs an einem Tag durch einen Mann, d. h. gegeben ist A und V, berechnet wird b aus $V = A \cdot b$ als $b = \dfrac{V}{a}$.

---

[9] O. Neugebauer, A. Sachs, Mathematical Cuneiform Texts, New Haven 1945
[10] H. Gericke, Mathematik in Antike und Orient, Berlin, Heidelberg 1984
[11] O. Neugebauer, Mathematische Keilschrifttexte, Berlin 1935

2. Aufgabe:
„Ein kleiner Kanal, 6 gis seine Länge.
2 Ellen obere Weite, 1 Elle untere Weite.
$1\frac{1}{2}$ Ellen seine Tiefe.
$\frac{1}{3}$ SAR Erde die Leistung.
18 Leute. Die Tage sind was?
11 Tage und ein 4-tel sind die Tage"

Gegeben: Die Länge des Kanals und sein Querschnitt (V), die Tagesleistung eines Mannes (V_1) und die Anzahl der Arbeiter (n)

Gesucht: Die Dauer der Arbeit (t) d. h. gegeben ist V, V_1 und n, berechnet wird t aus $V = V_1 \cdot n \cdot t$ als $t = \dfrac{V}{V_1 \cdot n}$.

3. Aufgabe:
„Ein kleiner Kanal. 6 gis seine Länge.
2 Ellen obere Weite. 1 Ellen untere Weite.
$1\frac{1}{2}$ Ellen seine Tiefe. $\frac{1}{3}$ SAR Erde die Leistung.
Die Leute und Tage addiert: 29,15.
Die Leute und Tage sind was?
18 Leute. 11 Tage und ein 4-tel sind die Tage."

Gegeben: Die Länge des Kanals und der Querschnitt (V), die Tagesleistung eines Mannes (V_1) und die Summe aus der Anzahl der Arbeiter und der Tage ($n + t = s$)

Gesucht: Die Dauer der Arbeit (t) und die Anzahl der Arbeiter (n) d. h. gegeben ist V, V_1, $n + t = s$, berechnet wird t und n aus $V = V_1 \cdot n \cdot t$ und $n + t = s$.

Durch eine kleine Umformung kommt man auf die Normalform der **quadratischen Gleichung**:

$$n \cdot t = \frac{V}{V_1}$$

$$n + t = s$$

Man behandelte also eine Aufgabe aus der Praxis, nahm aber statt des üblichen Lösungsverlaufs die Lösung als gegeben an und suchte eine unbekannte Größe. Mit dieser Größe wurde wie mit gegebenen Größen gerechnet, bis sie aus der Verknüpfung mit anderen Größen herausgelöst war, eine grundlegende Denkweise der Mathematik, die wir nach *Diophant* „**analytische Methode**" nennen.

5.2.2 Die symbolische Schreibweise

Bei den Ägyptern und Babyloniern wurden Gleichungen ohne Verwendung von Rechenzeichen oder anderen Symbolen etwa für die unbekannte Größe gelöst. Man hat diese Methode als „Wortalgebra" bezeichnet. Bei den Griechen gab es lange Zeit keine Algebra in unserem Sinn, sondern nur geometrische Überlegungen, die als Grundlagen für algebraische Gesetze angesehen werden können. Erst im 3. Jahrhundert ist bei *Diophant* eine Loslösung von den geometrischen Vorstellungen erkennbar. *Diophants* Aufgaben sind durch eine algebraische Ausdrucksweise gekennzeichnet. So behandelt er in der „Arithmetika" in erster Linie Probleme der unbestimmten Algebra, die als Vorbild für die spätere Entwicklung der Zahlentheorie dienten.

Beispiel: II,10:

„Finde zwei quadratische Zahlen mit einer gegebenen Differenz (60)"

Die Lösung *Diophants* verläuft nach folgenden Grundgedanken:
Man setzt für die Differenz der beiden Zahlen m ($y - x = m$) und erhält:

$$y^2 - x^2 = 60$$
$$(x+m)^2 - x^2 = 60$$
$$2xm + m^2 = 60$$
$$x = \frac{60 - m^2}{2m}$$
$$y = \frac{60 + m^2}{2m}$$

wobei *Diophant* sowohl ganzzahlige Lösungen (z.B. $x = 2$, $y = 8$ für $m = 6$) als auch Brüche zuließ.

Bei der Darstellungsweise der Aufgabe ist bei *Diophant* der Übergang von der **Wortalgebra** zur **Symbolalgebra** erkennbar, wobei die algebraischen Symbole als Abkürzungen der am häufigsten gebrauchten Worte auftreten.

Beispiele für die Symbolik *Diophants*:

Unbekannte: Als Zeichen wird ς' (im Plural $\varsigma\varsigma$) verwendet, das als Schlußsigma von $\alpha\rho\iota\vartheta\mu o\varsigma$ mit Akzent oder als Ligatur der ersten beiden Buchstaben gedeutet werden könnte. Bemerkenswert ist, daß ς als einziger Buchstabe nicht als Zahlzeichen verwendet wurde.

Konstante: Vor das Zahlzeichen wird μ^o als Abkürzung von $\mu o\nu\alpha\delta\varepsilon\varsigma$ (Einheit) gesetzt.

Koeffizienten: Hinter das Zeichen für die Variable wird das entsprechende Zahlzeichen gesetzt.

Addition: Ein Additionszeichen kennt *Diophant* nicht. Er setzt die Zeichen für die Variable, die Konstanten und die Koeffizienten einfach nebeneinander.

Subtraktion: Als Subtraktionszeichen wird ein auf den Kopf gestelltes ψ verwendet, das wohl aus $\lambda\varepsilon\iota\psi\iota\varsigma$

5 Inhalte des Mathematikunterrichts: Algebra

Gleichheit:
(das Negative) entstanden ist, wobei der Buchstabe umgedreht wurde, damit er nicht mit dem Zahlzeichen für 700 verwechselt werden konnte.
Als Gleichheitszeichen werden die Buchstaben $\iota\sigma$ aus $\iota\sigma o\varsigma$ (gleich) verwendet.

Gleichungen bei *Diophant* sehen dann wie folgt aus:

ς'	$\bar{\alpha}$	$\mu^o\zeta$	$\iota\sigma$	$\varsigma\varsigma^{o\iota}$	$\bar{\delta}$	$\wedge$	$\mu^o\bar{\varepsilon}$
$x\cdot$	1+	7	=	$x\cdot$	4	−	5

Diese Schreibweise wurde von den Indern weiterentwickelt. Ihre Symbolik ist der griechischen ähnlich, in der Schreibweise für Gleichungen erzielten sie aber dank ihrer leistungsfähigeren Zahlenschreibweise und vor allem durch die Verwendung negativer Zahlen deutliche Fortschritte.

Beispiele für die Symbolik *Brahmaguptas* (7. Jahrhundert):

Variable: Als Zeichen werden die Anfangsbuchstaben von yavat tavat (ya) verwendet. Mehrere Variablen werden durch Farbe unterschieden. So wird die zweite Variable mit ka (aus kalaka, die Schwarze), die dritte mit ni (aus nilaka, die Blaue) bezeichnet.

Konstante: Vor konstante Größen wird die Abkürzung ru von rupake (Rupie) gesetzt.

Addition: Wie bei *Diophant* werden die Summanden einfach nebeneinander gesetzt.

Subtraktion: Die Subtraktion wird durch einen Punkt über die zu subtrahierende Größe gekennzeichnet, d. h. die Subtraktion wird als Addition der entsprechenden negativen Größe angesehen.

Multiplikation: Zur Symbolisierung der Multiplikation wir die Abkürzung bha (aus bhavita, das Hervorgebrachte) hinter den 2. Faktor gesetzt.

Gleichheit: Ein Gleichheitszeichen gibt es bei *Brahmagupta* nicht, die beiden Seiten einer Gleichung werden einfach übereinander geschrieben.

Beispiele für Gleichungen bei *Brahmagupta*:
(1) ya va 0 ya 10 ru 8
  ya va 1 ya 0 ru 1
d. h. $10x - 8 = x^2 + 1$

(2) ya 197 ka 1644 ni 1 ru 0
  ya 0 ka 0 ru 0 ru 6302
d. h. $197x - 1644y - z = 6302$

Obwohl die Araber als Vermittler des mathematischen Wissens der Antike und des Orients an das Abendland die indische Symbolik in der Algebra nicht übernahmen, stellt man bereits im „Liber Abaci" des *Leonardo von Pisa* (1202), einem der ersten Mathematikbücher des Abendlandes, einen deutlichen Zug zur Algebraisierung fest. Der Liber abaci ist ein umfassendes Lehrbuch der Arithmetik und der Algebra für Kaufleute, das inhaltlich auf arabische Kenntnisse zurückgeht. In der Darstellungsweise stellt es aber einen deutlichen Fortschritt gegenüber den arabischen Methoden dar. Insbesondere werden Buchstaben als Zeichen für beliebige Zahlen verwendet und auch negative Gleichungslösungen zugelassen.

Beispiel für die Verwendung von Buchstaben:
„Die Zahl a sei in zwei Teile b, g geteilt.
Man teile a durch b, das Ergebnis sei e
und man teile a durch g, das Ergebnis sei d.
Ich behaupte, daß das Produkt von d in e
gleich der Summe von d und e ist."
Es handelt sich also um die Formel:
$$\frac{b+g}{b} \cdot \frac{b+g}{g} = \frac{b+g}{b} + \frac{b+g}{g}$$
Noch deutlicher ist die Abkehr von der geometrischen Arbeitsweise in

der Algebra des *J. Nemorarius* (13. Jahrhundert). In den „Elementa arithmetica" übersetzte und bearbeitete er das 2. Buch der Elemente des *Euklid*. Im Gegensatz zu *Euklid*, der die Zahlen durch Strecken darstellte und auch nur von Strecken sprach, formuliert *Nemorarius* alle Regeln für Zahlen.

Beispiel: Die Sätze 2, 3 und 4 des 2. Buches der Elemente:

II,2   Das Produkt einer Zahl mit sich selbst ist gleich dem Produkt aus dieser Zahl und allen ihren Teilern.

$$a = (b + c + \cdots) \Rightarrow a^2 = a \cdot (b + c + \cdots)$$

II,3   Ist eine Zahl in zwei Teile geteilt, so ist das Produkt der ganzen Zahl mit einem der Teile gleich dem Produkt dieses Teils mit sich und dem anderen Teil.

$$(a + b) \cdot a = a^2 + ab$$

II,4   Wenn eine Zahl in zwei Zahlen geteilt ist, so ist das Produkt der ganzen Zahl mit sich gleich den Produkten der beiden Teile mit sich und dem zweifachen Produkt des einen Teils mit dem anderen.

$$(a + b)^2 = a^2 + b^2 + 2ab$$

Nemorarius löste auch Gleichungen und zwar durchaus mit allgemeinen Koeffizienten. Als Beispiel folgt eine Aufgabe aus „De numeris datis":
„Eine gegebene Zahl sei in zwei Zahlen zerlegt;
wenn das Produkt der einen in die andere gegeben ist, so ist notwendigerweise jede von beiden gegeben.
Die gegebene Zahl abc sei in ab und c zerlegt.
Das Produkt von ab in c sei d.
abc mit sich multipliziert sei e.
Das Vierfache von d sei f;
dieses werde von e abgezogen, es bleibt g,
und das ist das Quadrat der Differenz von ab und c.
Die Wurzel daraus ist b, das ist die Differenz von ab und c. Da nun b gegeben ist, ist auch c und ab gegeben.
Im Prinzip handelt es sich dabei um das altbabylonische Verfahren aus

der Summe und dem Produkt zweier Variabler deren Differenz zu berechnen.

Zu Beginn des 16. Jahrhunderts vollzog sich in der Algebra ein entscheidender Entwicklungsschritt. Während in Italien mit der Lösung der Gleichungen 3. und 4. Grades inhaltliche Fortschritte gegenüber der antiken Algebra erzielt wurden, schufen in Deutschland die Cossisten die formalen Grundlagen der modernen Algebra. Das erste Werk, in dem die „Coß" auftritt, ist das „Rechenbuch des Grammateus" (*H. Schreyber*) (1518). Dort werden die Aufgaben auf zwei Arten gelöst. Einmal in der bis dahin üblichen Methode und zwar meist durch Dreisatz und dann „durch Coß".

Die Coß ist die Lehre von den „cossistischen Zahlen", wie sie *M. Stifel* in „Arithmetika integra" (1544) nennt, d. h. der Variablen und ihrer Potenzen und der Lehre von den Gleichungen.

Dabei entwickelt sich eine symbolische Formelsprache, bei der aber nur Zahlen als Koeffizienten verwendet werden. Nur Variable werden mit Buchstaben bezeichnet und zwar

𝕽   ȝ   ₡   für x, x^2, x^3 usw.

Bei *M. Stifel* wurden auch mehrere Variable symbolisiert. Neben der 1. Variablen 𝕽 verwendete er die Buchstaben $A, B, C, \ldots$ für weitere Variable. Bei *J. Buteo* findet man als etwas konsequentere Schreibweise A, B, C für die ersten drei Variablen.

Beispiele für die Schreibweise der Cossisten:
H. Schreyber: „Rechenbuch" (1518):

6 pri: — 8 𝕫:
      durch
5 pri: — 6 𝕫: $(6x - 8) \cdot (5x - 6)$
30 fe: — 40 pri: $30x^2 - 40x$
  — 36 pri: + 48 𝕫: $- 36x + 48$
30 fe: — 76 pri: + 48 𝕫: $30x^2 - 76x + 48$

M. Stifel: „Arithmetika integra" (1544):

Exemplum additionis.

$$\frac{3}{2}\text{æ} \times \frac{4\,\text{ʒ}}{3\,\text{æ}} \quad \text{facit} \quad \frac{9\,\text{ʒʒ}+8\,\text{ʒ}}{6\,\text{æ}} \qquad \frac{3}{2}x+\frac{4x^2}{3x^3}=\frac{9x^4+8x^2}{6x^3}$$

Exemplum multiplicationis.

$$\frac{9\,\text{ʒʒ}+8\,\text{ʒ}}{6\,\text{æ}} \text{ per } \frac{3}{2}\text{æ} \text{ facit } \frac{27\,\text{fs}+24\,\text{æ}}{12\,\text{æ}} \qquad \frac{9x^4+8x^2}{6x^3}\cdot\frac{3x}{2}=\frac{27x^5+24x^2}{12x^3}$$

S. Stevin: „L'Arithmétique" (1585):
Nombre à multiplier

$$\begin{array}{r} 2③-\ 4②+3①\\ \text{Multiplicateur} \quad +\ 2④+3③ \\ \hline +6⑥-12⑤+9④ \\ 4⑦-8⑥+\ 6⑤ \\ \hline \text{Produict } 4⑦-2⑥-\ 6⑤+9④ \end{array} \qquad \begin{array}{r}(2x^3-4x^2+3x).\\ (2x^4+3x^3)\\ \hline +6x^6-12x^5+9x^4\\ 4x^7-8x^6+\ 6x^5\\ \hline 4x^7-2x^6-\ 6x^5+9x^4.\end{array}$$

A. v. Roomen:

$$A_{(4)}+B_{(4)}+4A_{(3)}inB+6A_{(2)}inB_{(2)}+4AinB_{(3)}$$

für

$$x^4+y^4+4x^3y+6x^2y^2+4xy^3$$

Der entscheidende Schritt zu unserer **Symbolalgebra** ist *F. Vieta* zu verdanken. In seiner „In artem analyticen isagoge" (1591) unterscheidet er deutlich zwischen gegebenen und gesuchten Größen und führt eine klare Bezeichnungsweise ein:

„Quod opus, ut arte aliqua juvetur, symbolo constanti et perpetuo ac bene conspspicuo datae magnetudines ab incertis quaesitiis distinquantur, ut pote magnitudines quaesitas elemento A aliave litera vocali, E, I, O, V, Y, datas elementis B, G, D, aliisve consonis designando."
(„Damit diese Arbeit durch ein schematisch anzuwendendes Verfahren unterstützt wird, mögen die gegebenen Größen von den gesuchten Unbekannten durch eine feste und immer gleichbleibende und einprägsame Bezeichnungsweise unterschieden werden, wie etwa dadurch, daß man die gesuchten Größen mit dem Buchstaben A oder einem anderen Vokal E, I, O, U, Y, die gegebenen mit den Buchstaben A, G, D, oder anderen Konsonanten bezeichnet.")

Beim Rechnen mit diesen Größen verwendete *Vieta* konsequent eine übersichtliche symbolisierte Schreibweise. Bemerkenswert ist, daß er dabei stets die Homogenität eines algebraischen Ausdrucks oder einer Gleichung wahrte. So schrieb er beispielsweise:
    a planum + Z in B   für a + bz.
d. h. er sah auch a als Fläche oder zu mindestens als Produkt. Daß er sich dabei von der geometrischen Anschauung gelöst hatte, sieht man schon aus der Tatsache, daß er Variable bis zur 9. Potenz verwendete, wenn auch immer unter Wahrung der Homogenität.

Beispiele für die Schreibweise *Vietas* (aus „Zetetica" (1593)):

B in $\begin{cases} D \text{ quadratum} \\ + B \text{ in } D \end{cases}$ $b \cdot (d^2 + b \cdot d)$

$\dfrac{D \text{ in } \begin{bmatrix} B \text{ cubum } 2 \\ - D \text{ cubo} \end{bmatrix}}{\begin{array}{c} B \text{ cubo} \\ + D \text{ cubo} \end{array}}$ $\dfrac{d \cdot (2b^3 - d^3)}{b^3 + d^3}$

$\dfrac{\begin{array}{c} B \text{ quadr. in } Z \text{ planum} \\ + D \text{ quadr. in } Z \text{ planum} \end{array}}{B + D] \text{ quadrato}}$ $\dfrac{b^2 z + d^2 z}{(b + d)^2}$

Eine Weiterentwicklung dieser Schreibweise erfolgte durch *Th. Harriot*. In „Artis ananlyticae praxis" (1631) verwendete er wie wir kleine Buchstaben statt der großen wie *Vieta*. Bei Multiplikationen ließ er das „in" weg und schrieb die Faktoren einfach nebeneinander, allerdings auch bei Potenzen, ohne Verwendung von Exponenten. Bei *Harriot* finden wir auch unsere Zeichen für „gleich", „kleiner als" und „größer als".

Ein weiterer Nachfolger *Vietas* ist *A. Girard*, der in „Invention nouvelle en algebre" (1629) den Satz von *Vieta* aufnahm und ihn zum Fundamentalsatz der Algebra erweiterte. Im 2. Theorem schreibt er:
„Alle algebraischen Gleichungen haben so viele Lösungen, wie der Exponent des höchsten Gliedes angibt, außer den unvollständigen, und die erste *faction* der Lösungen ist gleich dem Koeffizienten des Gliedes, das um einem Grad niedriger ist als das Höchste, die zweite *faction* gleich dem Koeffizienten des nächsten Gliedes, usw., und zwar mit abwechselnden Vorzeichen."

Unsere heutige algebraische Schreibweise geht im Prinzip auf *R. Descartes* zurück. In der „Géométrie" (1637) verwendet er die ersten Buchstaben des Alphabets in Kleinschreibweise für Koeffizienten und die letzten Buchstaben (ebenfalls in Kleinschreibweise) für die Variablen. Die Multiplikation wird durch das Nebeneinandersetzen der Faktoren ausgedrückt, für die Division wird der Bruchstrich verwendet. Potenzen werden ebenfalls in unserer Schreibweise dargestellt, mit Ausnahme der 2. Potenz, für die *Descartes aa* schreibt. Als Gleichheitszeichen verwendet er das Symbol ∞

Eine Gleichung bei *Descartes* sieht folgendermaßen aus:

$$\begin{array}{r} y^4 - 12y^3 + 54yy - 108y + 81 \\ + 4y^3 - 36yy + 108y - 108 \\ - 19yy + 114y - 171 \\ - 106y + 318 \\ - 120 \\ \hline y^4 - 8y^3 - 1yy + 8y \quad * \quad \infty \; 0 \end{array}$$

5.2.3 Termumformungen

Bereits in der babylonischen Algebra wurden Termumformungen zur Lösung von Gleichungen durchgeführt, die allerdings nicht explizit formuliert oder gar bewiesen wurden. Auch bei den Griechen, die bis zum 3. Jahrhundert keine Algebra in unserem Sinn betrieben, fehlen algebraische Termumformungen. Man findet aber im 2. Buch der Elemente des *Euklid*[12] (um 300 v. Chr.) eine Anzahl algebraischer Formeln in geometrischer Einkleidung. Die einzelnen Sätze sind algebraischen Inhalts, aber in geometrischer Formulierung. Dieses auf den ersten Blick umständliche Verfahren war nötig, da die Griechen nach der Entdeckung des Irrationalen (siehe 4.2.6) auf die Darstellung von Zahlen durch geometrische Größen ausgewichen sind.

---

[12] *J. L. Heiberg*, Euclidis Elementa, Leipzig, 1883–85

Wichtige Formeln findet man in folgenden Sätzen:

II,1: „Hat man zwei Strecken und teilt man die eine von ihnen in beliebig viele Abschnitte, so ist das Rechteck aus den beiden Strecken den Rechtecken aus der ungeteilten Strecke und den einzelnen Abschnitten zusammen gleich.

Ich behaupte, dass $a \cdot BC = a \cdot BD + a \cdot DE + a \cdot EC$ "

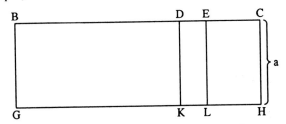

Es handelt sich also um das **Distributivgesetz**:
$$a \cdot (b + c + d + \cdots) = a \cdot b + a \cdot c + a \cdot d + \cdots$$

II,2: „Teilt man eine Strecke, wie es gerade trifft, so sind die Rechtecke aus der ganzen Strecke und beiden einzelnen Abschnitten zusammen dem Quadrat über der ganzen Strecke gleich.

Ich behaupte, daß $AB \cdot BC + BA \cdot AC = AB^2$."

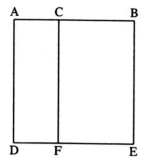

In unserer Schreibweise:

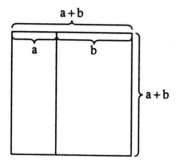

$$(a+b) \cdot a + (a+b) \cdot b = (a+b)^2$$

II,3 „Teilt man eine Strecke, wie es gerade trifft, so ist das Rechteck aus der ganzen Strecke und einem der Abschnitte dem Rechteck aus den Abschnitten und dem Quadrat über vorgenannte Abschnitte zusammen gleich.

Ich behaupte, daß $AB \cdot BC = AC \cdot CB + BC^2$."

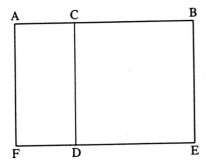

In unserer Schreibweise:

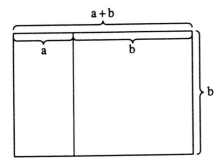

$$(a+b) \cdot b = a \cdot b + b^2$$

II,4 „Teilt man eine Strecke, wie es gerade trifft, so ist das Quadrat über der ganzen Strecke dem Quadrat über den Abschnitten und zweimal dem Rechteck aus den Abschnitten zusammen gleich. (...) Man teile die Strecke AB beliebig in C.

Ich behaupte, daß $AB^2 = AC^2 + CB^2 + 2AC \cdot CB$."

In diesem Fall ist die binomische Formel
$(a+b)^2 = a^2 + 2ab + b^2$ dargestellt.

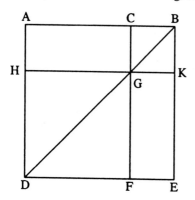
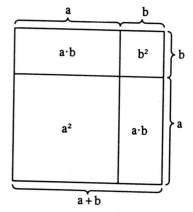

II,7 „Teilt man eine Strecke, wie es gerade trifft, so sind die Quadrate über der ganzen Strecke und über einen ihrer Abschnitte beide zusammen gleich zweimal dem Rechteck aus der ganzen Strecke und dem genannten Abschnitt und dem Quadrat über dem anderen Abschnitt zusammen. Man teile die Strecke AB beliebig in C. Ich behaupte, daß $AB^2 + BC^2 = 2AB \cdot BC + CA^2$."

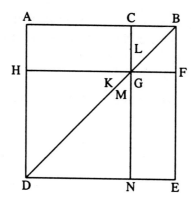

Hier handelt es sich um die 2. binomische Formel
$(a-b)^2 = a^2 - 2ab + b^2$ in der Form $a^2 + b^2 = 2ab + (a-b)^2$.

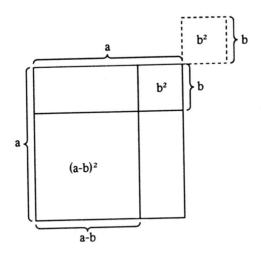

5.2.4 Erweiterung der Grundmenge der natürlichen Zahlen

Im ägyptischen Papyrus Rhind[13] aus dem 19. Jahrhundert v. Chr. treten Aufgaben, in denen zur Lösung von Gleichungen **Brüche** erforderlich sind, häufig auf. So wird beispielsweise in der 21. Aufgabe, die im Prinzip die Lösung der Gleichung $15x = 4$ verlangt, die Division 4 : 15 in folgender Form durchgeführt:

	1	15	
	$\frac{1}{10}$	$1\frac{1}{2}$	
/	$\frac{1}{5}$	3	
/	$\frac{1}{15}$	1	Ergebnis: $\frac{1}{5} + \frac{1}{15}$

Gerechnet wurde also $\left(\frac{1}{5} + \frac{1}{15}\right)$ von 15 = $\frac{1}{5}$ von 15 + $\frac{1}{15}$ von 15 = 3 + 1 = 4 bzw. in der umgekehrten Reihenfolge, d. h. 4 wurde aus 3 + 1 zusammengesetzt, diese beiden Zahlen als $\frac{1}{5}$ bzw. $\frac{1}{15}$ von 15 erkannt und

---

[13] *A. Eisenlohr*, Papyrus Rhind, Leipzig 1877

dann mit Hilfe des Distributivgesetz $\frac{1}{5}+\frac{1}{15}$ als Lösung berechnet. (siehe auch 4.2.4)

Negative Zahlen wurden wahrscheinlich nicht vor dem 7. Jahrhundert verwendet. Sie sind mit ziemlicher Sicherheit eine Erfindung der Inder. Da die Araber, die als Übermittler der indischen Rechentechniken an das Abendland gelten, die negativen Zahlen lange Zeit ignorierten, hat sich ihre Verwendung in der abendländischen Mathematik erst relativ spät durchgesetzt.

Als erster verwendete *N. Chuquet* 1484 negative Zahlen bei der Lösung einer Gleichung (s. 4.2.5.). Er nannte sie „nombres composez par plus et par moins" („mit Plus und Minus zusammengesetzte Zahlen").

Der entscheidende Schritt zur Verwendung negativer Zahlen wurde im 16. Jahrhundert getan. *M. Stifel* verwendete in der „Artimatica integra" (1544) die Normalform für quadratische Gleichungen und ließ dabei Minuszeichen zu. Er konnte deshalb die Lösung für alle Typen in einer Regel zusammenfassen. Negative Zahlen nannte er „numeri absurdi" oder „numeri ficti infa nihil" und betonte ausdrücklich, daß „diese Fiktion von größtem Nutzen für die mathematischen Dinge ist".

Zwar hatten die Griechen bereits die Existenz **irrationaler Zahlen** im Prinzip erkannt, rechneten aber nicht mit ihnen. Erst zu Beginn der abendländischen Mathematik traten irrationale Zahlen als Wurzelgrößen auf. Dabei wurden sie ganz intuitiv verwendet, ohne daß man sich anfangs viel Gedanken über ihre Existenz machte. So akzeptierte *Leonardo von Pisa* im 13. Jahrhundert Wurzelgrößen („numeri surdi") beispielsweise als Lösung der Gleichung $(2x)^2 = 20$. (siehe auch 4.2.6)

5.2.5 Lineare Gleichungen

Bereits die ältesten überlieferten Dokumente der **ägyptischen** Mathematik enthalten Aufgaben, bei denen die Berechnung einer unbekannten Größe durch das Lösen einer Gleichung verlangt wird. In diesem Sinn wurde also im 2. Jahrtausend v. Chr. in Ägypten eine Algebra betrieben, die sich in der Fragestellung von dem, was wir als Algebra bezeichnen, nicht unterscheidet. Allerdings ist die Form der ägyptischen Algebra ganz anders.

Die wichtigsten Typen der von den Ägyptern gelösten Gleichungen findet man in den Aufgaben 24 bis 38 des Papyrus Rhind[14]

1. Gleichungen der Form $ax = b$ (Aufgaben 30–38)

Beispiel (Aufgabe 31):

ha'   neb-f   ma-f ro sefeẕ-f   hi-f   ẕeper-f   em sa ẕomt
Hau sein ⅔, sein ½, sein ⅐, sein Ganzes, es beträgt :   33.

Es handelt sich also um die Gleichung

$$\left(1 + \tfrac{2}{3} + \tfrac{1}{2} + \tfrac{1}{7}\right) \cdot x = 33.$$

Die Lösung erfolgt durch Division von 33 durch $\left(1 + \tfrac{2}{3} + \tfrac{1}{2} + \tfrac{1}{7}\right)$, aber nicht über $x = \tfrac{b}{a}$ sondern eher durch ein gezieltes Probieren, welche Zahlen als zweiter Faktor eingesetzt werden müssen. Das ist etwas mühsam und beginnt in einem ersten Schritt mit folgenden Multiplikationen:

1	$1\tfrac{2}{3}\tfrac{1}{2}\tfrac{1}{7}$	
/ 2	$4\tfrac{1}{3}\tfrac{1}{4}\tfrac{1}{28}$,	d. h. $2 \cdot (1\tfrac{2}{3}\tfrac{1}{2}\tfrac{1}{28})$
/ 4	$9\tfrac{1}{6}\tfrac{1}{14}$,	d. h. $2 \cdot (4\tfrac{1}{3}\tfrac{1}{4}\tfrac{1}{28})$
/ 8	$18\tfrac{1}{3}\tfrac{1}{7}$,	d. h. $2 \cdot (9\tfrac{1}{6}\tfrac{1}{14})$

---

[14] *A. Eisenlohr*, Papyrus Rhind, Leipzig 1877

$\frac{1}{2}$	$\frac{1}{2}\ \frac{1}{3}\ \frac{1}{4}\ \frac{1}{14}$,	d. h.	$\frac{1}{2} \cdot (1\frac{2}{3}\frac{1}{2}\frac{1}{7})$
$/\frac{1}{4}$	$\frac{1}{4}\ \frac{1}{6}\ \frac{1}{8}\ \frac{1}{28}$,	d. h.	$\frac{1}{2} \cdot (\frac{1}{2}\frac{1}{3}\frac{1}{4}\frac{1}{14})$
zusammen	$32\frac{1}{2}$; Rest $\frac{1}{2}$.		

Es werden also zuerst die großen Brüche addiert, sie ergeben $32\frac{1}{2}$, zu 33 fehlt noch $\frac{1}{2}$ („Rest"). In einem 2. Schritt werden die kleinen Brüche addiert und ergeben $\frac{17\frac{1}{4}}{42}$. Es fehlen immer noch $\frac{3\frac{1}{2}\frac{1}{4}}{42}$ zum Rest $\frac{1}{2}$, die in einem 3. Schritt auf ähnliche Weise berechnet werden.

2. Gleichungen der Form $x + \frac{x}{a} = b$ (Aufgaben 24–27)

Beispiel (Aufgabe 24):

ḥaʾ   ro sefex̱-f   ḥi-f   x̱eper-f   em   met paut
Haufen sein siebentel, sein Ganzes, es macht :   19

In unserer Schreibweise würde die Aufgabe lauten:

$$x + \frac{x}{7} = 19$$

Die Lösung erfolgt in drei Schritten:

1. /1   7   d. h. $1 + 7 = 8$
    /$\frac{1}{7}$ 1   (Einteilung in 8 kleine Häufchen)
    zusammen: 8

2. 1   8   d. h. $19 : 8 = 2$
    /2   16
    $\frac{1}{2}$ 4   (für ein Häufchen wird $2 + \frac{1}{4} + \frac{1}{8}$ er-
    /$\frac{1}{4}$ 2   rechnet)
    /$\frac{1}{8}$ 1

3.   /1 $2\frac{1}{4}\frac{1}{8}$ d. h. $7 \cdot \left(2 + \frac{1}{4} + \frac{1}{8}\right) = 16 + \frac{1}{2} + \frac{1}{8}$
(der „große" Haufen beträgt das Siebenfache)

/2 $4\frac{1}{2}\frac{1}{4}$

/4 $9\frac{1}{2}$

zusammen: $16\frac{1}{2}\frac{1}{8}$

Es wird also im Prinzip eine neue Variable $\frac{x}{7}$ eingeführt und damit die Gleichung zu $7\overline{x} + \overline{x} = 19$ vereinfacht, woraus sofort $\overline{x} = \frac{19}{8}$ und dann $x = 7 \cdot \overline{x} = 7 \cdot \frac{19}{8}$ folgt. Die Gleichungen dieses Typs werden also auf die des Typs (1) zurückgeführt.

3. Verschachtelte Aufgaben (Aufgaben 28, 29)

Beispiel (Aufgabe 28):

Die Aufgabenstellung allein ist zu unklar, deshalb muß man den ganzen Text heranziehen. Er lautet:

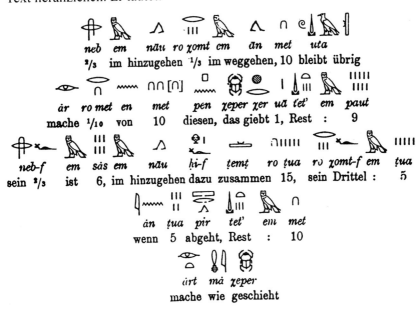

In der Zeile (1) steht die Aufgabenstellung. In unserer Schreibweise würde sie lauten:

$(x + \frac{2}{3}x) - \frac{1}{3}(x + \frac{2}{3}x) = 10$.

Offenbar wurde auf der linken Seite sofort zusammengefaßt und $\frac{10}{9}x$ erhalten. Auch hier kann man an eine Hilfsvariable $\overline{x} = \frac{x}{9}$ denken. Die weitere Rechnung würde dann so aussehen:

$(9\overline{x} + 6\overline{x}) - \frac{1}{3}(9\overline{x} + 6\overline{x}) =$

$15\overline{x} - \frac{1}{3}15\overline{x} = 15\overline{x} - 5\overline{x} = 10\overline{x}$

Auf der linken Seite ergibt sich dann:

$10\overline{x} = 10$ d. h. $\overline{x} = 1$ („Mache $\frac{1}{10}$ von diesen 10, das gibt 1,(...)")

$x = 9\overline{x} = 9 \cdot 1 = 9$ („Rest 9")

In der **babylonischen** Mathematik spielten lineare Gleichungen mit einer Unbekannten offensichtlich keine große Rolle. Ihre Lösung wurde wohl als sehr einfaches, kaum erwähnenswertes Problem angesehen. Lineare Gleichungen sind nach der Zeit der ägyptischen und babylonischen Wortalgebra erst wieder bei *Diophant* (3. Jahrhundert) überliefert. In „Arithmetikon Biblia"[15] beschreibt er explizit eine Methode, die insbesondere lineare Gleichungen löst:

„Wenn man bei einer Aufgabe auf eine Gleichung kommt, die auf beiden Seiten dieselbe Potenz der Unbekannten, aber mit verschiedenen Koeffizienten enthält, so muß man Gleichartiges von Gleichartigem abziehen, bis ein Glied einem Glied gleich wird. Wenn aber auf einer oder auf beiden Seiten der Gleichung einzelne Glieder negativ sind, so muß man die negativen Glieder auf beiden Seiten addieren, bis auf beiden Seiten alle Glieder positiv geworden sind; und dann muß man ebenfalls Gleichartiges von Gleichartigem abziehen, bis auf jeder Seite der Gleichung ein Glied übrig bleibt."

---

[15] *P. Tannery*, Diophant Alexandrina Opera omnia, Leipzig 1893

Dabei benötigt *Diophant* die uns überflüssig erscheinende Umformung, die bei negativen Gliedern durch eine Addition geschieht, da er keine negativen Zahlen kennt.
Die Gleichung $8x - 11 - 2x + 5 = x - 4 + 3x + 10$ löst er beispielsweise indem er zuerst die negativen Glieder beseitigt:

$8x + 5 + 4 = x + 3x + 10 + 11 + 2x$
$8x + 9 = 6x + 21$

dann „Gleiches von Gleichem abzieht":

$8x - 6x = 21 - 9$
$2x = 12$

Bei den **Indern**, die mit negativen Zahlen rechneten, konnte die umständliche Umformung zu positiven Gliedern wegfallen. Dagegen benötigten die **Araber** wieder die beiden *diophantischen* Umformungen.
Al-Khwarazmi benutzt in seiner „algábr walmukabalah" (um 820) für eine lineare Gleichung, die auf die Form $ax = b$ gebracht wurde, folgende Lösungsmethoden:

(1) Bei ganzzahligem a: b wird durch a dividiert

(2) Wenn a ein Bruch ist: b wird mit dem reziproken Wert von a multipliziert.

Im 2. Fall wendete er aber oft auch ganz spezielle Verfahren an.

Beispiele:

(1) $\frac{2}{3}x = 3\frac{1}{3}$: $\frac{2}{3}x + \frac{1}{3}x = 3\frac{1}{3} + \frac{5}{3}$
                                  $x = 5$

d. h. auf beiden Seiten wird jeweils die Hälfte addiert.

(2) $\frac{16}{5}x = \frac{26}{5}$: $\frac{16}{5}x - \frac{1}{5}x = \frac{26}{5} - \frac{13}{40}$
                               $3x = \frac{39}{8}$
                               $x = \frac{13}{8}$

d. h. auf beiden Seiten wird jeweils $\frac{1}{16}$ subtrahiert.

5.2.6 Lineare Gleichungssysteme

In der **babylonischen** Mathematik findet man eine Anzahl linearer Gleichungssysteme mit zwei Variablen. So beispielsweise in einem Text aus Susa[16], der auf folgendes Gleichungssystem führt:
(1) $\frac{1}{4}$ Breite + Länge = 7
(2) Länge + Breite = 10, d.h.:
(1) $\frac{1}{4}y + x = 7$
(2) $x + y = 10$
Die Lösung wird in folgenden Schritten berechnet:
$y + 4x = 28$
$(y + 4x) - (x + y) = 3x = 18$
$x = 18 \cdot \frac{1}{3} = 6$
$x + y - x = y = 10 - 6 = 4$
Es wurde also die 1. Gleichung mit 4 multipliziert und anschließend die 2. Gleichung subtrahiert, woraus x folgt. Zur Berechnung von y wurde in die 2. Gleichung für x 6 eingesetzt und nach y aufgelöst.
Nach der Zeit der Babylonier findet man lineare Gleichungssysteme erst wieder bei *Diophant*. Als Beispiel sei die Aufgabe I,19 der „Artimatica" genannt. Das Problem führt auf ein Gleichungssystem der Form

$$x_1 + x_2 + x_3 = x_4 + 20$$

$$x_2 + x_3 + x_4 = x_1 + 30$$

$$x_3 + x_4 + x_1 = x_2 + 40$$

$$x_4 + x_1 + x_2 = x_3 + 50$$

Als erster Schritt wird die auf den linken Seiten jeweils fehlende der vier Variablen ergänzt:

$$x_1 + x_2 + x_3 + x_4 = 2x_4 + 20$$

$$x_1 + x_2 + x_3 + x_4 = 2x_1 + 30$$

$$x_1 + x_2 + x_3 + x_4 = 2x_2 + 40$$

$$x_1 + x_2 + x_3 + x_4 = 2x_3 + 50$$

---

[16] *E. M. Bruins, M. Rutten*, Textes mathématiques de Suse, Paris 1961

Jetzt wird die Summe der Variablen durch eine einzige Variable ersetzt:
$$x_1 + x_2 + x_3 + x_4 = 2y$$
Das Gleichungssystem wird also zu:
$$2y = 2x_4 + 20$$
$$2y = 2x_1 + 30$$
$$2y = 2x_2 + 40$$
$$2y = 2x_3 + 50$$
wodurch sich durch Addition und weitere Umrechnungen ergibt:
$$8y = 2(x_1 + x_2 + x_3 + x_4) + 140$$
$$8y = 4y + 140$$
$$y = 35$$
Daraus folgt dann:
$$x_1 = y - 15 = 20$$
$$x_2 = y - 20 = 15$$
$$x_3 = y - 25 = 10$$
$$x_4 = y - 10 = 25$$

Bei den **Indern** vereinfachte sich die Darstellung von Gleichungssystemen durch die Bezeichnungsweise mehrerer Unbekannter durch Farben. Bei den **Arabern** und im **Mittelalter** wurden bei der Behandlung linearer Gleichungssysteme kaum Fortschritte über den Stand *Diophants* und der Inder erzielt. Erst bei *G. Cardano* kann man den ersten Versuch, bei der Bearbeitung von linearen Gleichungssystemen eine gewisse Systematik zu erzielen, erkennen.

In der „Ars magna" (1545) steht beispielsweise die Aufgabe:

„Wenn 7 Ellen grüner Seide und 3 Ellen schwarzer Seide 72 Denare, 2 Ellen grüner Seide und 4 Ellen schwarzer Seide 52 Denare kosten, den Endpreis zu berechnen"

Es handelt sich also um das Gleichungssystem
$$7x + 3y = 72$$
$$2x + 4y = 52$$

Bei der Lösung ordnete *Cardano* die Koeffizienten in folgendem Schema an, das als Vorläufer der **Determinantenbildung** gelten könnte:

7 3 72
2 4 52

Die Variable x beispielsweise berechnete er in der Form

$$\frac{\frac{72 \cdot 4}{3} - 52}{\frac{7 \cdot 4}{3} - 2}$$

d. h. bei der heute üblichen Bezeichnungsweise

$$a_{11}x_1 + a_{12}x_2 = b_1$$

$$a_{21}x_1 + a_{22}x_2 = b_2$$

benutzte er die Formel

$$x_1 = \frac{\frac{b_1 \cdot a_{22}}{a_{12}} - b_2}{\frac{a_{11} \cdot a_{22}}{a_{12}} - a_{21}}$$

was bei der Erweiterung mit a_{12} der Formel

$$x_1 = \frac{b_1 a_{22} - a_{12} b_2}{a_{11} a_{22} - a_{12} a_{21}} = \frac{\begin{vmatrix} b_1 & a_{12} \\ b_2 & a_{22} \end{vmatrix}}{\begin{vmatrix} a_{11} & a_{12} \\ a_{21} & a_{22} \end{vmatrix}}$$

entspricht.

Daß es sich dabei um ein besonderes Verfahren handelt, war *Cardano* bewußt. Er sagte deshalb ausdrücklich: „Die Regel, nach der alle diese Beispiele der vorangehenden Kapitel gelöst werden, heißt „regula demodo", ausgezeichnet vor allen anderen Regeln."

Bei anderen Aufgaben löste *Cardano* eine Gleichung nach einer Unbekannten auf und setzte diesen Wert in eine andere ein. Auch wurden Gleichungen voneinander subtrahiert, wenn auch in einer ziemlich unsystematischen Weise.

Diese Methoden wurden von den Cossisten übernommen und weiterentwickelt. Eine gewisse Systematik erkennt man bei *M. Stifel* in der „Artimatica Integra" (1544). Dort werden Bezeichnungen für weitere Unbekannte (secundae radices) eingeführt:
„Secundae igitur radices sic repraesentantur, 1 *A* (id est, 1 *A* ⅇ), 1 *B* (id est, 1 *B* ⅇ), 1 *C* (id est, 1 *C* ⅇ) (...)"
Eine methodische Behandlung linearer Gleichungssysteme findet man bei *J. Buteo* in „Logistica" (1559). Dort wird ein Gleichungssystem in der *Stifelschen* Schreibweise angegeben und gelöst. Dabei wird die heute übliche Additionsmethode verwendet:

$$1A, \tfrac{1}{3}B, \tfrac{1}{3}C\,[14$$
$$1B, \tfrac{1}{4}A, \tfrac{1}{4}C\,[8$$
$$1C, \tfrac{1}{5}A, \tfrac{1}{5}B\,[8$$

$$x + \tfrac{1}{3}y + \tfrac{1}{3}z = 14$$
$$y + \tfrac{1}{4}x + \tfrac{1}{4}z = 8$$
$$z + \tfrac{1}{5}x + \tfrac{1}{5}y = 8$$

$$3A.\;1B.\;1C\,[42\;|\;1^{a}$$
$$1A.\;4B.\;1C\,[32\;|\;2^{a}$$
$$1A.\;1B.\;5C\,[40\;|\;3^{a}$$

$$3x + y + z = 42$$
$$x + 4y + z = 32$$
$$x + y + 5z = 40$$

$$\begin{array}{l}3A,\;12B,\;3C\,[96\\ 3A,\;1B,\;1C\,[42\\ \hline 11B,\;2C\,[54\end{array}$$

$$\begin{array}{l}3x + 12y + 3z = 96\\ 3x + y + z = 42\\ \hline 11y + 2z = 54\end{array}$$

$$\begin{array}{l}3A.\;3B.\;15C\,[120\\ 3A.\;1B.\;1C\,[42\\ \hline 2B.\;14C\,[78\end{array}$$

$$\begin{array}{l}3x + 3y + 15z = 120\\ 3x + y + z = 42\\ \hline 2y + 14z = 78\end{array}$$

$$\begin{array}{l}22B.\;154C\,[858\\ 22B.\;4C\,[108\\ \hline 150C\,[750\end{array}$$

$$\begin{array}{l}22y + 154z = 858\\ 22y + 4z = 108\\ \hline 150z = 750\end{array}$$

Verwendet wurden also folgende Verfahren:
- Multiplikation einer Gleichung auf beiden Seiten mit dem gleichen Faktor
- Subtraktion zweier Gleichungen zur Reduzierung der Variablen

Im 16. Jahrhundert war also das Problem der Lösung linearer Gleichungssysteme grundsätzlich gelöst. In den folgenden beiden Jahrhunderten wurde die Berechnung mit Hilfe von **Determinanten** algorithmisiert, eine Arbeitsweise, die schon bei *Cardano* andeutungsweise vorhanden war.

Eine wichtige Voraussetzung für die Determinantenschreibweise ist eine übersichtliche Darstellung der Koeffizienten. Diese geht auf *G. W. Leibniz* zurück, der 1676 zum erstenmal die Verwendung von Indizes einführte. In einem Brief an *L'Hospital* schrieb er drei lineare Gleichungen in der Form:

$$10 + 11x + 12y = 0$$
$$20 + 21x + 22y = 0$$
$$30 + 31x + 32y = 0$$

wobei er die Zahlen als Indizes für die Koeffizienten verstand.

Als eigentlicher Erfinder der Determinantenmethode gilt *G. Cramer*, der in „Introduction à l'analyse des lignes courbes algébriques" (1750) für ein Gleichungssystem mit beliebig vielen Variablen eine Lösungsmethode vorschlug.

Das Gleichungssystem schrieb er in der Form:

$$A^1 = Z^1 z + Y^1 y + X^1 x + V^1 v + \cdots$$
$$A^2 = Z^2 z + Y^2 y + X^2 x + V^2 v + \cdots$$
$$A^3 = Z^3 z + Y^3 y + X^3 x + V^3 v + \cdots$$
$$A^4 = Z^4 z + Y^4 y + X^4 x + V^4 v + \cdots$$

wobei die Großbuchstaben mit hochgestellten Indizes die Koeffizienten und die Kleinbuchstaben die Variablen bedeuten. Zur Lösung des Systems bildete *Cramer* alle Produkte $Z\,Y\,X\,V\,....$, wobei die Indizes alle Permutationen aus 1,2,3,4,.... darstellten. Diese Produkte wurden addiert, wobei ein Produkt, das bei der Permutation der Indizes eine gerade Anzahl von Inversionen aufweist, positiv genommen wird, die anderen negativ. Diese Summe, die wir heute als „Hauptdeterminante" bezeichnen, bildet den Nenner für alle Quotienten zur Berechnung der Variablen. Der Zähler wird auf die gleiche Art berechnet, indem man die zur jeweiligen Variablen gehörigen Koeffizienten durch die auf der linken Seite stehenden Koeffizienten A ersetzt.

5.2.7 Quadratische Gleichungen

Die Lösung quadratischer Gleichungen stellt den Höhepunkt der **babylonischen** Algebra dar. Selten wurden die entsprechenden Aufgaben mit einer Variablen formuliert, wie beispielsweise in BM 13901,2[17]:

„Ich habe von der Fläche die Seite meines
Quadrates subtrahiert und es ist 14,30. $\quad x^2 - x = 870$

Du nimmst 1 (...)
Du halbierst 1, es ist 0;30.
Du multiplizierst 0:30 mit 0;30, es ist 0;15.

$$\left(\tfrac{1}{2}\right)^2 = \tfrac{1}{4}$$

Du addierst es zu 14,30 und es ist 14,30;15

$$x^2 - x + \tfrac{1}{4} = 870\tfrac{1}{4}$$

Dies ist das Quadrat von 29;30

$$\sqrt{x^2 - x + \tfrac{1}{4}} = 29\tfrac{1}{2}$$

d.h.

Du addierst 0;30 zu 29;30,

$$x - \tfrac{1}{2} = 29\tfrac{1}{2}$$

es ist 30, die Quadratseite".

$$x = 29\tfrac{1}{2} + \tfrac{1}{2} = 30.$$

Folgende Operationen wurden also angewandt:
- Addition einer Zahl auf beiden Seiten der Gleichung
- Wurzelziehen auf beiden Seiten der Gleichung

---

[17] *O. Neugebauer*, Mathematische Keilschrifttexte, Berlin 1935

- Verwendung der Formel $a^2 - 2ab + b^2 = (a-b)^2$.

Viel häufiger treten quadratische Gleichungen bei Aufgaben, die mit Hilfe zweier Variablen formuliert werden, auf. Dabei findet man auch erste Fachwörter für die unbekannten Größen. Die 1. Unbekannte heißt „Länge" oder „Seite des 1. Quadrats", die 2. Unbekannte „Breite" oder „Seite des 2. Quadrats", das Produkt der beiden Unbekannten „Fläche". Die Entdeckung, daß die Babylonier bereits vor 4000 Jahren quadratische Gleichungen gelöst haben, erfolgte um 1930 durch *H. S. Schuster* und *O. Neugebauer* (veröffentlicht in „Quellen und Studien zur Geschichte der Mathematik und Physik", 1931). 1933 zeigte *K. Vogel* (in „Unterrichtsblatt für Mathematik und Naturwissenschaften), daß sich alle babylonischen Aufgaben auf eine einheitliche Grundform zurückführen lassen, die er **„Normalform"** nannte und die wir heute

(1) $\quad x \pm y = p$

(2) $\quad x \cdot y = q$

schreiben würden.

Beispiel für ein Gleichungssystem, das bereits in der Normalform gegeben ist: (YBC 4463,7.):

In moderner Schreibweise lautet das Gleichungssystem:

(1) $\quad x + y = 6\tfrac{1}{2}$

(2) $\quad x \cdot y = 7\tfrac{1}{2}$

Die Lösung wird in folgenden Schritten berechnet:

(1) $\quad \dfrac{x+y}{2} = 3\tfrac{1}{4}$

(2) $\quad \left(\dfrac{x+y}{2}\right)^2 = 10\tfrac{9}{16}$

(3) $\quad \left(\dfrac{x+y}{2}\right)^2 - xy = 3\tfrac{1}{16}$

(4) $\quad \sqrt{\left(\dfrac{x+y}{2}\right)^2 - xy} = 1\tfrac{3}{4} \left(= \sqrt{\left(\dfrac{x-y}{2}\right)^2}\right)$

(5) $\quad \dfrac{x+y}{2} + \dfrac{x-y}{2} = 3\tfrac{1}{4} + 1\tfrac{3}{4}$

(6) $\quad \dfrac{x+y}{2} - \dfrac{x-y}{2} = 3\tfrac{1}{4} - 1\tfrac{3}{4}$

(7) $\quad x = 5;\ y = 1\tfrac{1}{2}.$

Dabei wurden folgende algebraische Operationen angewandt:
- Subtraktion der gleichen Größe auf beiden Seiten (Zeile (3))
- Division der gleichen Größe auf beiden Seiten (Zeile (1))
- Quadrieren auf beiden Seiten (Zeile (2))
- Wurzelziehen auf beiden Seiten (Zeile (4))
- Anwendung der Regel aus $a = b$ und $c = d$ folgt $a \pm c = b \pm d$ (Zeile (7))

Dazu kommt die Verwendung der Formel

$$\left(\frac{x+y}{2}\right)^2 - \left(\frac{x-y}{2}\right)^2 = xy$$

bzw. $(x+y)^2 - (x-y)^2 = 4xy$ \qquad (Zeile (4) und (5))

Bei dieser Formel handelt es sich um den zentralen Satz der babylonischen Algebra. Man hat viel darüber spekuliert, ob die Babylonier diesen Satz bewiesen haben, oder ob sie ihn nur in naiver Weise wegen seiner Richtigkeit für viele Zahlenbeispiele als richtig angenommen haben. Sicher ist jedenfalls, daß die Babylonier beim Stand ihrer Kenntnisse in der Lage waren, einen geometrischen Beweis für diesen Satz zu führen. Die üblichen Methoden der babylonischen Geometrie und die Bezeichnungen der Unbekannten als „Länge" und „Breite" bzw. ihres Produkts als „Fläche" lassen folgende Beweisfigur als realistisch erscheinen:

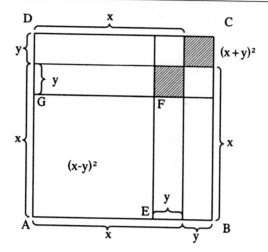

Der Satz folgt unmittelbar aus der Figur: Die Differenz aus dem großen Quadrat ($(x+y)^2$) und dem kleinem Quadrat ($(x-y)^2$) entspricht dem Gnomon *EBCDGF*. Dieses Gnomon hat wegen der Flächengleichheit der beiden schraffierten Quadrate den Flächeninhalt $4xy$.

In den meisten Fällen muß das vorliegende Gleichungssystem erst in die Normalform umgewandelt werden.

Beispiel: VAT 8520,1

In der Rekonstruktion von *O. Neugebauer* lautet die Aufgabenstellung:
- (1) (Den 13-ten) Teil der Summe vom Reziproken und (Zahl)
- (2) (Mit 6) vervielfacht. Vom Reziproken
- (3) ziehe (es) ab und 0;30 läßt es zurück. 1 (ist) die Fläche. Reziprokes (und Zahl ist was ?)

In unserer Schreibweise, wenn wir für das „Reziproke" x und für die „Zahl" y schreiben:

- (1) $x - \frac{1}{13}(x+y) \cdot 6 = 0;30$

- (2) $x = \frac{1}{4}$ oder $x \cdot y = 1$ („1 ist die Fläche")

Die Umformung auf die Normalform geschieht in folgenden Schritten:
- (1) Vereinfachung von (1) durch Multiplikation mit 13 auf beiden Seiten:

    $7x - 6y = 6;30$

(2) Multiplikation von (2) mit 76:
$7x \cdot 6y = 42$

(3) Einführung von Hilfsvariablen $\overline{x} = 7x$ und $\overline{y} = 6y$:

$\overline{x} - \overline{y} = 6;30$

$\overline{x} \cdot \overline{y} = 42.$

Diophant löste quadratische Gleichungen weitgehend in babylonischer Form. Da er nur ein Zeichen für eine Variable hatte (ς'), wählte er sie sehr geschickt und kam so zu der uns vertrauten Darstellung quadratischer Gleichungen mit einer Variablen. In der „Artimatica" I,30 behandelte er eine Aufgabe, die in moderner Form lautet:

(1) $x + y = a$

(2) $x \cdot y = b$

Diophant führte als Hilfsvariable $\dfrac{x-y}{2}$ ein. Aus

$$\frac{x+y}{2} + \frac{x-y}{2} = x$$

bzw. $\dfrac{x+y}{2} - \dfrac{x-y}{2} = y$

folgt dann: $\dfrac{a}{2} + z = x$ bzw. $\dfrac{a}{2} - z = y$ und wegen (2):

$$\left(\frac{a}{2} + z\right) \cdot \left(\frac{a}{2} - z\right) = b$$

bzw. $\left(\dfrac{a}{2}\right)^2 - z^2 = b$

woraus z als $\sqrt{\left(\dfrac{a}{2}\right)^2 - b}$ berechnet wird. x und y folgen dann sofort aus

$x = \dfrac{a}{2} + z$ und $y = \dfrac{a}{2} - z$.

Diophant löste mit ähnlichen Methoden eine größere Anzahl quadratischer Gleichungen. In den uns hinterlassenen Schriften sind aber keine Hinweise oder gar Beweise für das angewandte Verfahren zu finden.
Auch bei den **indischen** Mathematikern, die ja die griechischen Gedanken aufnahmen, sind keine Beweise erkennbar. Der Fortschritt besteht in erster Linie in einer vereinfachten Darstellungsweise, insbesondere durch die Verwendung negativer Zahlen. Die Araber kannten keine negativen Zahlen, bauten also nicht auf der indischen Mathematik auf. Ihre Lösungen sind aber besonders interessant, da sie ihre Verfahren als erste bewiesen haben und zwar in Anlehnung an das 2. Buch *Euklids* in geometrischer Form. Bei *al-Khwarazmi* (825) findet man drei Formen quadratischer Gleichungen an Zahlenbeispielen dargestellt:

(1) $\quad x^2 + px = q \quad$ (Zahlenbeispiel: $\quad x^2 + 10x = 39$)

Die Lösung geschieht in der Form:

$$x^2 + 4 \cdot \tfrac{10}{4} x + 4 \cdot \left(\tfrac{10}{4}\right)^2 = \left(x + 2 \cdot \tfrac{10}{4}\right)^2$$

$$\left(x + 2 \cdot \tfrac{10}{4}\right)^2 = 39 + 4 \cdot \left(\tfrac{10}{4}\right)^2$$

$$x = \sqrt{39 + 4 \cdot \left(\tfrac{10}{4}\right)^2} - 2 \cdot \tfrac{10}{4} = 3$$

d. h. im allgemeinen Fall:

$$x^2 + 4 \cdot \tfrac{p}{4} x + 4 \cdot \left(\tfrac{p}{4}\right)^2 = \left(x + \tfrac{p}{2}\right)^2$$

$$\left(x + 2 \cdot \tfrac{p}{4}\right)^2 = q + 4 \cdot \left(\tfrac{p}{4}\right)^2$$

Als Beweisfigur benutzte *al-Khwarazmi* sowohl das Quadrat aus *Euklid* II,4 (s. 2.1.4) als auch die folgende Figur:

$\left(\frac{p}{4}\right)^2$	$\frac{p}{4}\cdot x$	$\left(\frac{p}{4}\right)^2$
$\frac{p}{4}\cdot x$	x^2	$\frac{p}{4}\cdot x$
$\left(\frac{p}{4}\right)^2$	$\frac{p}{4}\cdot x$	$\left(\frac{p}{4}\right)^2$

$\underbrace{}_{\frac{p}{4}}\ \underbrace{}_{x}\ \underbrace{}_{\frac{p}{4}}$

Aus ihr kann unmittelbar

$$\left(x+2\cdot\tfrac{p}{4}\right)^2 = x^2 + 4\cdot\tfrac{p}{4}x + 4\cdot\left(\tfrac{p}{4}\right)^2$$

d. h. mit $x^2 + 4\cdot\tfrac{p}{4}x = q$

$$\left(x+2\cdot\tfrac{p}{4}\right)^2 = q + 4\cdot\left(\tfrac{p}{4}\right)^2$$

abgelesen werden.

(2) $x^2 + q = px$ (Zahlenbeispiel: $x^2 + 21 = 10x$)

In diesem Fall lautet die Lösung:

$$x^2 - 4\cdot\tfrac{10}{4}x + 4\cdot\left(\tfrac{10}{4}\right)^2 = \left(x-\tfrac{10}{2}\right)^2$$

$$\left(x - 2\cdot\tfrac{10}{4}\right)^2 = 4\cdot\left(\tfrac{10}{4}\right)^2 - 21$$

$$x = 2\cdot\tfrac{10}{4} \pm \sqrt{4\cdot\left(\tfrac{10}{4}\right)^2 - 21} = 3 \text{ bzw. } 7$$

d. h. im allgemeinen Fall:

$$x^2 - 4\cdot\tfrac{p}{4}x + 4\cdot\left(\tfrac{p}{4}\right)^2 = \left(x-\tfrac{p}{2}\right)^2$$

$$\left(x - 2\cdot\tfrac{p}{4}\right)^2 = 4\cdot\left(\tfrac{p}{4}\right)^2 - q$$

Als Beweisfigur wird die Figur aus *Euklid* II,5 verwendet.

(3) $x^2 = px + q$ (Zahlenbeispiel: $x^2 = 3x + 4$)

In diesem Fall verwendet *al-Khwarazmi* eine eigene Beweisfigur, die (für den allgemeinen Fall) folgendermaßen aussieht:

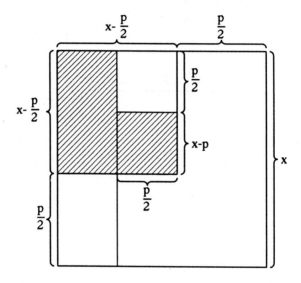

Das schraffierte Gnomon hat den gleichen Flächeninhalt wie das linke Rechteck mit den Seiten x und $x - p$, also

$$x(x - p) = x^2 - px = q$$

Für das kleinere Quadrat in der linken oberen Ecke gilt also:

$$q + \left(\tfrac{p}{2}\right)^2 = \left(x - \tfrac{p}{2}\right)^2$$

$$x - \tfrac{p}{2} = \sqrt{q + \left(\tfrac{p}{2}\right)^2}$$

$$x = \tfrac{p}{2} + \sqrt{q + \left(\tfrac{p}{2}\right)^2}$$

Bei *al-Khwarazmi* wird die Lösung der Gleichung $x^2 = 3x + 4$ also folgendermaßen berechnet:

$$4 + \left(\tfrac{3}{2}\right)^2 = \left(x - \tfrac{3}{2}\right)^2$$

$$x - \tfrac{3}{2} = \sqrt{4 + \left(\tfrac{3}{2}\right)^2}$$

$$x = \tfrac{3}{2} + \sqrt{4 + \left(\tfrac{3}{2}\right)^2} = 4$$

Die arabische Algebra wurde durch *Leonardo von Pisa* und *J. Nemorarius* im 13. Jahrhundert übernommen und wurde so zum Ausgangspunkt der **abendländischen** Mathematik. Bei *Leonardo* wurden die quadratischen Gleichungen noch ganz in der Art der Araber behandelt. Als Beispiel sei eine Aufgabe aus dem „Liber abaci" (1202) genannt:

„Wenn du 10 in zwei Teile zerlegen willst, die miteinander multipliziert den vierten Teil des Quadrates des größeren Teiles geben, so nimm den größeren Teil als Unbekannte an und nenne ihn x; dann werden für den kleineren Teil $10-x$ bleiben. Beide miteinander multipliziert, liefern $10x - x^2$. Und aus der Multiplikation von x mit sich selbst geht x^2 hervor, weil die Unbekannte mit sich multipliziert das Quadrat der Unbekannten selbst liefert. Also $10x - x^2 = \tfrac{1}{4}x^2$.

Das Vierfache wird gleich $1x^2$ sein; darum multipliziere auch $10x - x^2$ mit 4; man erhält $40x - 4x^2$, die gleich $1x^2$ sind. Nun füge $4x^2$ auf beiden Seiten hinzu, dann werden $5x^2 = 40x$. Deshalb dividiere die $40x$ durch 5, so wird $8x = 1x^2$. Daher ist der Teil, für den du x gesetzt hast, gleich 8. Nach Subtraktion von 10 bleibt 2; dieses ist dann der andere Teil.".

In unserer Schreibweise:

$$x + y = 10$$

$$x \cdot y = \frac{x^2}{4}$$

Elimination einer Variablen:

$$y = 10 - x$$

$$x \cdot (1 - x) = \frac{x^2}{4}$$

5 Inhalte des Mathematikunterrichts: Algebra

$$10x - x^2 = \frac{x^2}{4}$$

Lösung der quadratischen Gleichung:

$$40x - 4x^2 = x^2$$
$$5x^2 = 40x$$
$$x^2 = 8x$$
$$x = 8$$
$$y = 10 - 8 = 2$$

J. Nemorarius versuchte eine Verallgemeinerung, wenn auch in sehr umständlicher und unübersichtlicher Weise, wobei für die Zwischenresultate immer wieder neue Buchstaben eingeführt wurden.

Erkennbare Fortschritte wurden erst bei *M. Stifel* erzielt. In seiner „Arithmetica integra" (1544) löste er die drei bis dahin getrennt behandelten Typen

(1) $x^2 = px + q$

(2) $x^2 = q - px$

(3) $x^2 = px - q$

nach einer einheitlichen Regel

$$x = \sqrt{\left(\frac{p}{2}\right)^2 \pm q} \pm \frac{p}{2}$$

wobei er für p und q das Vorzeichen wählte, das es in der Aufgabe hat., also im Fall (1):

$$x = \sqrt{\left(\frac{p}{2}\right)^2 + q} + \frac{p}{2}$$

(die negative Lösung wird nicht anerkannt)

im Fall (2):

$$x = \sqrt{\left(\frac{p}{2}\right)^2 + q} - \frac{p}{2}$$

(auch hier wird die negative Lösung nicht anerkannt)

im Fall (3):
$$x = \sqrt{\left(\frac{p}{2}\right)^2 - q} + \frac{p}{2}$$

(hier wäre die zweite Lösung zwar positiv, paßt aber nicht in das Schema *Stifels*).

Zur endgültigen Klärung des Problems der Lösung quadratischer Gleichungen fehlte noch eine übersichtliche Darstellung und die Akzeptanz der negativen Lösungen. Einen wichtigen Beitrag zur ersten Forderung leistete *F. Vieta*. Er schrieb die quadratischen Gleichungen in den Formen

(1) $\quad x^2 + 2ax = c \quad$ mit der Lösung $\quad x = \sqrt{c + a^2} - a$

(2) $\quad x^2 - 2ax = c \quad$ mit der Lösung $\quad x = \sqrt{c + a^2} + a$

(3) $\quad 2ax - x^2 = c \quad$ mit den Lösungen $\quad x = \pm\sqrt{a^2 - c} + a$

Der Lösungsgedanke läßt sich beispielsweise am Fall (1) folgendermaßen interpretieren:

$$x^2 + 2ax = c$$

für x wird $y + z$ gesetzt:

$$(y + z)^2 + 2a(y + z) = c$$

$$y^2 + z^2 + 2yz + 2ay + 2az = c$$

$$y^2 + (2z + 2a)y + z^2 + 2az = c$$

Um das lineare Glied verschwinden zu lassen, wird $2z + 2a$ gleich 0 gesetzt:

$$2z + 2a = 0 \quad \text{d. h.} \quad z = -a$$

$$y^2 + (-a)^2 + 2a(-a) = c$$
$$y^2 + a^2 - 2a^2 = c$$
$$y^2 = a^2 + c$$
$$y = \sqrt{a^2 + c}$$
$$x = \sqrt{a^2 + c} + z$$
$$x = \sqrt{a^2 + c} - a$$

Zur Erfüllung der zweiten Forderung nach Anerkennung der negativen Lösungen trug *A. Girard* bei. In „Invention nouvelle en algebre" (1629) erkannte er die Wurzel aus einer Zahl mit beiden Vorzeichen an. Er sagte ausdrücklich:

„Notez aussi, que la racine de 441 est +21 aussi − 21" ($\sqrt{441} = \pm 21$).
So erhielt er als Lösung der Gleichung
$$5x^2 = 18x + 72$$
nach Multiplikation mit 5 und anschließender quadratischer Ergänzung:
$$25x^2 - 90x + 81 = 360 + 81$$
$$5x - 9 = \pm 21$$
$$x_1 = 6$$
$$x_2 = -\tfrac{12}{5}.$$

Die endgültige Überwindung des Unterscheidens verschiedener Normalformen gelang erst Ende des 17. Jahrhunderts. *I. Newton* benutzte nur noch eine Normalform $x^2 = px + q$, die er mit Hilfe der quadratischen Ergänzung löste. In der „Arithmetica universalis" (1707) sagte er ausdrücklich:

„Et quod signa terminorum attinet, possunt ea omnibus modis se habere"

(„Und was die Vorzeichen der Glieder betrifft, so können sie sich verhalten, wie sie wollen.")

In der Schreibweise *Newtons* lautet die Lösung:
$$x = \tfrac{1}{2}p \pm \sqrt{\tfrac{1}{4}p^2 \cdot q}$$

5.2.8 Boolesche Algebra

Mitte des 19. Jahrhunderts begannen die Algebraiker der Cambridger Schule eine formale Sprache für Aussagen der Logik zu entwickeln. Ihr bedeutendster Vertreter ist *G. Boole*. Er griff Gedanken von *Leibniz* zur Formalisierung der Logik auf, indem er eine Algebra der Logik mit Addition, Subtraktion, Multiplikation und zwei ausgezeichneten Elementen 0 und 1 schuf. Aus den Axiomen der damit entstandenen Algebra ergaben sich aussagenlogisch allgemeingültige Ausdrücke, wenn man 0 und 1 als die Wahrheitswerte „falsch" bzw. „wahr" annahm. Die Addition $x + y$ ließ sich dann als „entweder x oder y", die Subtraktion $x - y$ als „x und nicht y" und die Multiplikation $x\,y$ als „x und y" deuten.[18]

Diese Grundidee baute *Boole* zur mathematischen Behandlung der Logik aus, indem er die traditionellen Aussageformen in formalistische Ausdrücke übersetzte und so allgemeine Methoden zur Lösung logischer Probleme fand.[19] Dabei stellte er alle sprachlichen Operationen durch ein System von Zeichen (Begriffssymbole, Operationssymbole und identischen Zeichen) dar.

Die Arbeiten *Booles* blieben lange unverstanden. Erst zu Beginn des 20. Jahrhunderts wurden seine Gedanken wieder aufgegriffen. So stellte *E. V. Huntington*[20] 1904 ein Axiomensystem der Booleschen Algebra auf, aus dem sich eine Fülle weiterer logischer Systeme entwickelte.

---

[18] *Boole*, The mathematical analysis of logic, London, Cambridge, 1847
[19] *Boole*, An investigation of the laws of thought, London 1854
[20] *Huntington*, Set of independent postulates for the algebra of logic

5.3 Didaktische und methodische Konsequenzen

5.3.1 Gleichungsbegriff

Beim Studium der ägyptischen und babylonischen Mathematik lassen sich grundlegende Einsichten in die Entstehungsgeschichte der Algebra, einem zentralen Gebiet des Mathematikunterrichts gewinnen. Die vorgriechischen Texte geben einen Einblick in die Probleme, die bei der Entstehung dieser Wissenschaft auftraten und zeigen die Wege zur Lösung dieser Probleme auf. Für den Einstieg in die Algebra können deshalb die ägyptischen und babylonischen Methoden wichtige Hinweise geben. Dies gilt in besonderem Maße für die Entstehung des Gleichungsbegriffs. Nach den bei der Behandlung des Textes VAT 7528 angedeuteten Überlegungen, ist folgender Einstieg in die Gleichungslehre denkbar:

Ausgangspunkt sind arithmetische Aufgaben, die dadurch abgewandelt werden, daß im nächsten Schritt die Lösung angegeben wird und andere Größen gesucht werden. Dabei ist es naheliegend, mit den gegebenen und der gesuchten Größe nach den aus der Arithmetik bekannten Gesetzen solange zu rechnen, bis die gesuchte Größe isoliert ist. An einem einfachen Beispiel dargestellt sieht diese **analytische Methode** folgendermaßen aus:

Gegeben ist das **arithmetische** Problem

„7 Waldarbeiter fällen Bäume, wobei jeder pro Tag 12 Bäume schafft. Es werden 3 zusätzliche Arbeiter eingestellt. Wie viele Bäume fällen sie in 5 Tagen ?"

Die Rechnung lautet: $((7+3) \cdot 12) \cdot 5 = 600$

Aus dieser einfachen **arithmetischen** Berechnung wird eine **algebraische Gleichung**, wenn beispielsweise die Zahl der zusätzlichen Arbeiter gefragt wird, die benötigt werden um 600 Bäume in 5 Tagen zu fällen. Es entsteht so eine algebraische Aufgabe:

„7 Waldarbeiter fällen Bäume, wobei jeder pro Tag 12 Bäume schafft. Wie viele Arbeiter müssen zusätzlich eingestellt werden, wenn in 5 Tagen 600 Bäume gefällt werden sollen?"

Die Gleichung lautet dann: $((7+x)\cdot 12)\cdot 5 = 600$

Wie die Aufgaben 24 bis 27 des Papyrus Rhind zeigen, wurden solche einfachen Gleichungen auch ohne algebraische Umformungen gelöst und zwar durch die Einführung einer Hilfsvariablen ($\bar{x} = 7 + x$) und der Überlegung, daß x Arbeiter am Tag $600 : 5 = 120$ Bäume fällen müssen, daß also $120 : 12 = 10$ Arbeiter benötigt werden, wobei aus $7 + x = 10$ unmittelbar $x = 3$ folgt.

Eine Formalisierung bei der Lösung von Gleichungen ist in der ersten Phase des Algebraunterrichts nicht nötig und auch nicht wünschenswert. In den Anfängen der Algebra gab es zwar ein Fachwort für die Variable, aber keine Symbolik oder gar allgemeine Formeln. Diese wurden erst sehr viel später verwendet und zwar zu einer Zeit, als die technischen Fertigkeiten zum Lösen von Gleichungen bereits weitgehend entwickelt waren. Im Anfangsunterricht sollten deshalb Gleichungen nur im konkreten Fall gelöst werden, wie dies bis zum 16. Jahrhundert üblich war. Dabei können durchaus allgemeine Verfahren erkannt und formuliert werden, wie etwa im oben angeführten Beispiel, daß einer Multiplikation auf der linken Seite einer Division auf der rechten Seite entspricht.

Im üblichen Algebraunterricht werden zuerst ausführlich Gleichungen mit einer Variablen gelöst und erst später treten auch Gleichungssysteme auf. Dies entspricht nicht unbedingt der Entstehungsgeschichte der Algebra. Zwei Gleichungen mit zwei Variablen treten schon frühzeitig auf. Diese Tatsache sollte auch Konsequenzen für den Unterricht haben. So läßt sich eine Aufgabe wie beispielsweise

„Xaver ist 5 Jahre älter als ein Bruder Ypsilon. Zusammen sind sie 15 Jahre alt. Wie alt ist Xaver?"

viel natürlicher in einem Gleichungssystem

$$x - y = 5$$
$$x + y = 15$$

darstellen, als in der im Anfangsunterricht meist verwendeten Einzelgleichung $x + (x - 5) = 15$. Die Lösung eines Gleichungssystems dieser Form kann unmittelbar aus der Überlegung, daß x das arithmetische Mittel aus 5 und 15 ist ohne Umformung gefunden werden.

5.3.2 Symbolische Schreibweise

Schon die vorgriechischen Mathematiker lösten Gleichungen, ohne dabei die heute übliche Symbolik zu verwenden. Sie kannten lediglich Fachwörter für die unbekannte Größe.

Bei *Diophant* bahnt sich der Übergang von der **Wortalgebra** zur **Symbolalgebra** an. Dabei werden die erstem algebraischen Symbole meist als Abkürzungen von Worten eingeführt. Man erkennt, daß sich die Entwicklung von der verbalen Darstellung von Gleichungen zur symbolisierten Form sehr langsam vollzogen hat. Kennzeichen für die beginnende Symbolisierung sind die Verwendung von Rechenzeichen, die Einführung von eigenen Zeichen für die Variable und für Konstante und damit eine klare Unterscheidung zwischen gegebenen und gesuchten Größen. Die Weiterentwicklung vollzog sich in kleinen Schritten und dauerte bis zum 17. Jahrhundert in dem unsere heutige Darstellungsweise erreicht wurde. Erst im 7. Jahrhundert wurden beispielsweise bei den Indern mehrere Variablen auch in der Schreibweise klar unterschieden. Im 13. Jahrhundert wurden zum erstenmal Buchstaben bei der Formulierung von Rechengesetzen verwendet. Bei den Cossisten des 16. Jahrhunderts fand eine weitere Formalisierung statt, bis dann *F. Vieta* (1591) eine Schreibweise fand, die im Prinzip unserer Darstellungsweise entspricht.

Die Symbolisierung im Algebraunterricht sollte sehr behutsam stattfinden. Sie sollte in der Sekundarstufe I nicht ohne gründliche Vorbereitung eingeführt werden. Dabei genügt es, wenn zunächst nur Gleichungen mit einer oder auch mehreren Variablen als konkrete Zahlenbeispiele behandelt werden. Die dabei verwendeten Lösungsverfahren sollten durchaus von Anfang an allgemein formuliert werden, wenn auch nur in Worten. Daß diese Vorgehensweise die ursprünglich ist, sieht man deutlich an der ägyptischen und babylonischen Algebra. Aber auch bei den Indern, Arabern und im Mittelalter bis hin zu den Cossisten verfuhr man auf diese Weise. Erst im weiteren Verlauf des Unterrichts ist der Übergang zu allgemeinen Formulierungen und damit auch zu einer systematischen Behandlung der Algebra sinnvoll.

Bei der Entwicklung einer symbolischen Schreibweise sollte gezeigt werden, daß unsere heutige Schreibweise nicht die einzig mögliche, sondern nur eine besonders zweckmäßige, durch Evolution entstandene Darstellung ist. Im Unterricht sollten auch andere Möglichkeiten, die sich auf dem Weg zu unserer Form ergeben haben, vorgestellt und diskutiert werden.

Anregungen können die Versuche zur Symbolisierung in der frühen abendländischen Mathematik geben. Wie bei *Leonardo von Pisa* und *Nemorarius* wird man vor der Verwendung von Formvariablen bei Gleichungen die Formulierung von Rechengesetzen in Buchstabenschreibweise behandeln. Dabei findet aber am Anfang noch kein formales „Rechnen mit Buchstaben" statt, sondern Termumformungen, deren Richtigkeit für positive Größen geometrisch „bewiesen" werden können, werden lediglich in algebraischer Schreibweise notiert.

Bei der Behandlung von Gleichungen kann die Symbolisierung in drei Stufen erfolgen:
1. Die Gleichungen werden in Worten formuliert
2. Die Einführung eines Symbols für die Unbekannte und die Verwendung von Rechenzeichen führen zur Gleichungsschreibweise
3. Durch die Einführung von Symbolen für gegebene Größen werden Typen von Gleichungen gelöst, es entsteht eine „Lösungsformel".

Das Bedürfnis für die Realisierung der 3. Stufe ist bei linearen Gleichungen wohl kaum gegeben. Erst bei den quadratischen Gleichungen wird der Schüler sie in der Regel für nützlich erachten. Dennoch sollten die Grundgedanken eines stufenweisen Aufbaus der symbolischen Darstellungsweise von Gleichungen bereits bei den leicht zu überschauenden linearen Gleichungen durchgeführt werden.

Als Beispiel diene folgende Aufgabe:
„Wenn ich das Dreifache meines Geldes und noch 150 Mark dazu hätte, könnte ich mir ein Fahrrad für 620 Mark leisten."

1. Stufe: „Das Dreifache meines Geldes wären $620 - 150 = 450$ (Mark); also habe ich $450 : 3 = 150$ (Mark).
2. Stufe: $3x + 150 = 620$; $3x = 450$; $x = 150$

3. Stufe: $\quad ax + b = c, ax = c - b; x = \dfrac{c-b}{a}$

Wobei die Gleichung der 2. Stufe dadurch zustande kommen kann, daß man von der Annahme, man habe 100 Mark ausgeht:
$$3 \cdot 100 + 150 \neq 620$$
Aus dieser falschen **Aussage** entsteht die **Aussageform**
$$3 \cdot \square + 150 = 620$$
$$\text{oder } 3 \cdot x + 150 = 620$$
die 3. Stufe erreicht man, wenn man von der Gleichung $3 \cdot x + 150 = 620$ ausgeht und die gegebenen Zahlen variiert, etwa in folgender Form:
$$3 \cdot x + 150 = 620$$
$$4 \cdot x + 150 = 620$$
$$5 \cdot x + 150 = 620$$
$$\ldots$$
Daraus ergibt sich $ax + 150 = 620$ und bei weiteren Variationen $ax + b = c$.

5.3.3 Termumformungen

Die arabische und die frühe mittelalterliche Algebra zeigen, daß die Gesetze für die Umformungen von Termen ursprünglich aus geometrischen Bezügen abgeleitet wurden. Erst wesentlich später erfolgte eine Herleitung aus den Körperaxiomen. Da die Termumformungen bereits im Algebraunterricht der Mittelstufe benötigt werden, liegt es nahe, von geometrischen Sätzen auszugehen und diese dann in der Sprache der Algebra zu formulieren und nicht, wie oft üblich, sie auf induktive Weise aus Zahlenbeispielen „abzuleiten" und sie eventuell anschließend geometrisch zu „veranschaulichen". Die hier empfohlene Vorgehensweise hat obendrein den Vorteil, daß sie für alle dem Schüler bekannten (positiven) Zahlenbereiche gültig ist.

Beispiele:
1. Multiplikation zweier Summen:
$$(a + b)(c + d) = ac + ad + bc + bd$$

Die Formel folgt unmittelbar aus folgender Figur, wenn man als „Axiom" voraussetzt, daß die Fläche eines Rechtecks gleich der Summe der Flächen der Teilrechtecke ist.

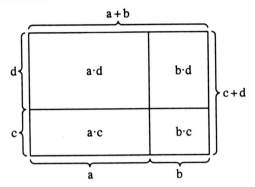

2. Die 1. binomische Formel:

$$(a+b)^2 = a^2 + 2ab + b^2$$

Der geometrische Beweis kann nach *Euklid* an folgender Figur hergeleitet werden:

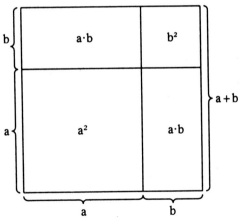

3. Die 2. Binomische Formel:

$$(a-b)^2 = a^2 - 2ab + b^2 \quad (a > b)$$

Denkt man sich das Quadrat über b hinzu erhält man direkt aus der folgenden Figur $(a-b)^2 = a^2 + b^2 - 2ab$

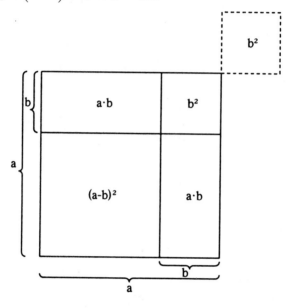

4. Die 3. binomische Formel:

$(a-b)(a+b) = a^2 - b^2$

Ausgangspunkt ist zweckmäßigerweise folgende Figur

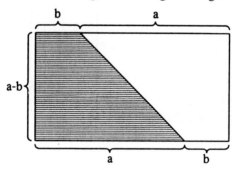

die durch Umordnung und Hinzufügen eines Quadrats der Seitenlänge b in ein Rechteck verwandelt wird, wobei auf den einfachen Beweis, daß tatsächlich ein Rechteck entsteht, nicht verzichtet werden sollte.

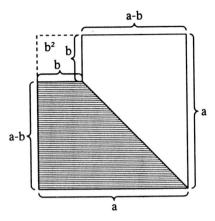

Es gilt dann: $(a-b)(a+b) = a^2 - b^2$.

Bei dieser Vorgehensweise kommt man obendrein auf natürliche Weise zur üblich algebraischen Schreibweise, da es der Schüler von der Geometrie her gewohnt ist, Strecken mit kleinen Buchstaben vom Anfang des Alphabets zu bezeichnen.

5.3.4 Lineare Gleichungen

Bereits in der ägyptischen Mathematik wurden mit Hilfe der sogenannten Hau-Rechnung einfache Probleme gelöst, die wir heute mit den Hilfsmitteln der Algebra bearbeiten. Durch das Einführen von Hilfsvariablen oder auch durch geometrische Überlegungen wurden auch etwas kompliziertere Gleichungen ohne algebraische Umformungen gelöst. Für den Unterricht ergibt sich als Konsequenz eine Behandlung linearer Gleichungen bereits in der Unterstufe ohne die formalen Umformungen der systematisch aufgebauten Algebra zu verwenden. Als Beispiele seien folgende Verfahren genannt:

Die „arithmetische Lösung" von Gleichungen

Einfache Gleichungen etwa von der Form $a \cdot x = b$ müssen nicht unbedingt durch die Division durch a gelöst werden. Möglich ist auch eine

„probierende Multiplikation", ein Verfahren, das offensichtlich von den Ägyptern praktiziert wurde. Dabei wird ein natürlicher Zugang zum Zusammenhang von Multiplikation und Division hergestellt.
Beispielsweise kann die Gleichung $3 \cdot x = 33$ folgendermaßen gelöst werden:

/ $3 \cdot 1\ = 3$
$3 \cdot 2\ = 6$
$\ldots$
/ $3 \cdot 10 = 30$

Daraus folgt:
$3 \cdot (1 + 10) = 3 + 30$
$3 \cdot 11 = 33$

Die Einführung von „Hilfsvariablen"

Dem ägyptischen Verfahren folgend kann beispielsweise die Gleichung
$$4 \cdot (x - 3) = 20$$
durch Einführung der Hilfsvariablen $\bar{x} = x - 3$ auf den vorher genannten Aufgabentyp zurückgeführt und gelöst werden.

Die „geometrische Veranschaulichung" von Gleichungen

Beispielsweise kann die Gleichung $3 \cdot (x + 2) = 18$ durch folgende geometrische Überlegung gelöst werden:
Gesucht ist die zweite Seite $(x + 2)$ eines Rechtecks mit der ersten Seite 3 und der Fläche 18.

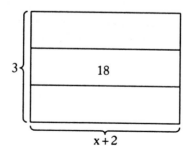

daraus folgt:

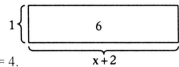

oder $x + 2 = 6$ bzw. $x = 4$.

5.3.5 Lineare Gleichungssysteme

Lineare Gleichungssysteme wurden lange Zeit mit speziellen, auf das einzelne Problem zugeschnittenen Methoden gelöst. Eine systematische Behandlung erfolgte erst im 16. Jahrhundert. Im algebraischen Anfangsunterricht sollte deshalb nicht die Systematik im Vordergrund stehen, sondern auf die jeweilige Aufgabe zugeschnittene individuelle Verfahren. Das ist schon deshalb nützlich, weil ja im weiteren Verlauf des Unterrichts auch nichtlineare Gleichungssysteme auftreten.
Solche individuelle Lösungsverfahren bieten sich beispielsweise bei Gleichungssysteme des Typs
$$ax + by = c$$
$$dx - by = d$$
an, bei dem ax das arithmetische Mittel aus c und d ist. Die Berechnung von x geschieht dann in der Form
$$ax = \frac{c+d}{2} \quad \text{bzw.} \quad x = \frac{c+d}{2a}.$$
Ein weiteres Beispiel ist der Typ
$$ax + by = c$$
$$ax + dy = e (b \neq d)$$
In diesem Fall gilt für y:
$$by - dy = c - e \quad \text{bzw.} \quad y = \frac{c-e}{b-d}.$$
Allgemeine Gleichungssysteme wurden ab dem 16. Jahrhundert meist mit Hilfe der Additions- bzw. Subtraktionsmethode berechnet. Sie stellt auch das im Unterricht hauptsächlich verwendete Verfahren dar.
In der Zeit, zu der die systematische Behandlung linearer Gleichungssysteme entstanden ist, begann man auch an einer Vereinfachung der Schreibweise zu arbeiten, die schließlich zur Determinantenbildung

führte. Auch wenn diese erst im 18. Jahrhundert voll entwickelt wurde, sollte sie doch im Algebraunterricht behandelt werden. Häufig wird die Cramersche Regel im Unterricht erst im Anschluß an die Behandlung der Matrixschreibweise bei der Darstellung von Vektoren oder Abbildungen eingeführt, indem man einfach definiert:

$$\begin{vmatrix} a & b \\ c & d \end{vmatrix} = ad - bc$$

und durch Nachrechnen verifiziert, daß das Gleichungssystem

$$a_{11}x + a_{12}y = b_1$$
$$a_{21}x + a_{22}y = b_2$$

durch die Formeln

$$x = \frac{\begin{vmatrix} b_1 & a_{12} \\ b_2 & a_{22} \end{vmatrix}}{\begin{vmatrix} a_{11} & a_{12} \\ a_{21} & a_{22} \end{vmatrix}} \quad y = \frac{\begin{vmatrix} a_{11} & b_1 \\ a_{21} & b_2 \end{vmatrix}}{\begin{vmatrix} a_{11} & a_{12} \\ a_{21} & a_{22} \end{vmatrix}}$$

gelöst wird, wenn $\begin{vmatrix} a_{11} & a_{12} \\ a_{21} & a_{22} \end{vmatrix} \neq 0.$

Gegen ein solches Vorgehen ist unter anderem einzuwenden, daß es nicht der historischen Entwicklung entspricht. Der Determinantenbegriff bei der Lösung von Gleichungen ist älter als das Rechnen mit Matrizen. Ausgangspunkt für die Bildung von Determinanten sollten deshalb konkrete Beispiele für lineare Gleichungssysteme der Form

$$a_{11}x + a_{12}y = b_1$$
$$a_{21}x + a_{22}y = b_2$$

sein, die so weit umgeformt werden, daß zwei Gleichungen der Form

$$(a_{11}a_{22} - a_{12}a_{21})x = a_{22}b_1 - a_{12}b_2$$
$$(a_{11}a_{22} - a_{12}a_{21})y = a_{11}b_2 - a_{21}b_1$$

entstehen.

An diesen Gleichungen fällt unmittelbar die Gleichheit der Differenzen der Koeffizientenprodukte auf den linken Seiten auf. Sie regt zu einer vereinfachten Schreibweise an, die dann auf die rechten Seiten der Gleichungen übertragen werden können.

5.3.6 Quadratische Gleichungen

Quadratische Gleichungen in der heute üblichen Form $x^2 + px + q = 0$ wurden zum erstenmal im 9. Jahrhundert von den Arabern gelöst, wobei diese auf Vorarbeiten der Griechen und Inder zurückgriffen. Sehr viel älter ist die Behandlung als Gleichungssystem in der Form
$$x + y = a$$
$$x \cdot y = b (a, b > 0, a^2 \geq 4b)$$
die auf die babylonische Mathematik des 2. Jahrtausends v. Chr. zurückgeht. Es ist deshalb sinnvoll, den Einstieg in die Behandlung quadratischer Gleichungen in dieser Form in Erwägung zu ziehen. Die Motivation zur Behandlung von Problemen dieser Art ist einfach, da ja das Berechnen von Umfang ($a = \frac{U}{2}$) und Inhalt (b) eines Rechtecks zu den elementaren Aufgaben der Unterstufe gehören.

Die zur Lösung des Gleichungssystems nötigen Umformungen bestehen aus folgenden, geometrisch leicht zu „beweisenden" Operationen:

(1) Addition und Subtraktion der gleichen Größen auf beiden Seiten einer Gleichung

(2) Multiplikation und Division der gleichen Größe auf beiden Seiten einer Gleichung

(3) Quadrieren und Wurzelziehen auf beiden Seiten einer Gleichung

(4) Addition und Subtraktion der linken und rechten Seiten zweier Gleichungen

Dazu kommt die Formel

(5) $(x+y)^2 - (x-y)^2 = 4xy$

die aus folgender Figur leicht hergeleitet werden kann:

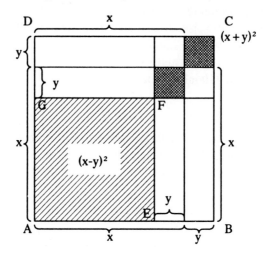

Die Differenz aus dem großen Quadrat $\left((x+y)^2\right)$ und dem kleinen Quadrat $\left((x-y)^2\right)$ entspricht dem Gnomon *EBCDGF*. Dieses Gnomon hat wegen der Flächengleichheit der beiden schraffierten Quadrate den Flächeninhalt $4xy$.

Aus der Formel (5) folgt wegen $(x-y)^2 = a^2 - 4b$ $x-y$ und dadurch eine Umwandlung des ursprünglichen Gleichungssystems in ein lineares Gleichungssystem der Form

$x + y = a$

$x - y = \sqrt{a^2 - 4b}$

Wie die babylonische Mathematik zeigt, lassen sich eine Fülle von Aufgaben durch einfache Umformungen oder durch Einführung von Hilfsunbekannten auf diese „Normalform" zurückführen. Beispielsweise das Gleichungssystem

$cx + dy = a$

$x \cdot y = b$

mit Hilfe von $\overline{x} = cx$ und $\overline{y} = dy$ auf

$\overline{x} + \overline{y} = a$

$\overline{x} \cdot \overline{y} = b \cdot c \cdot d$

Die von den Arabern entwickelten Methoden zur Lösung von $x^2 + px + q = 0$ sind für einen systematischen Algebraunterricht geeignet, da sie ihre Verfahren durch geometrische Beweise, die zum Teil direkt auf *Euklid* zurückgehen, auf sichere Grundlagen stellten.

Der Unterricht sollte diesem Weg folgen. Sicher ist die algebraische Ergänzung eines Ausdrucks $ax^2 + bx$ zu einem vollständigen Quadrat ein universelles Verfahren, das für alle Koeffizienten anwendbar ist. Es handelt sich dabei um eine Methode, die erst im 17. Jahrhundert entwickelt wurde. Bis dahin wurden die verschiedenen Normalformen unterschieden, die nur einzeln wegen der geometrischen Deutung gelöst werden konnten, wenn auch allmählich die Resultate zu einer einheitlichen Formel zusammengefaßt wurden.

Jede Normalform benötigt eine eigene Figur. Für den Fall $x^2 + px = q$ sieht sie beispielsweise folgendermaßen aus:

$p, q > 0$
aus der Figur folgt:

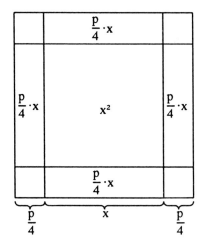

$$x^2 + px = \left(x + \frac{p}{2}\right)^2 - 4\left(\frac{p}{4}\right)^2.$$

Daraus wird also die neue Gleichung

$$\left(x + \frac{p}{2}\right)^2 - 4\left(\frac{p}{4}\right)^2 = q,$$

die nach x auflösbar ist.

Aus den drei Normalformen

(1) $\quad x^2 + px = q \qquad\qquad x = \sqrt{\left(\dfrac{p}{2}\right)^2 + q} - \dfrac{p}{2}$

(2) $\quad x^2 + q = px \qquad\qquad x = \pm\sqrt{\left(\dfrac{p}{2}\right)^2 - q} + \dfrac{p}{2}$

(3) $\quad x^2 = px + q \qquad\qquad x = \sqrt{\left(\dfrac{p}{2}\right)^2 + q} + \dfrac{p}{2}$

kann man dann wie bei *M. Stifel* eine allgemeine Regel für alle Fälle formulieren:

$$x = \pm\sqrt{\left(\dfrac{p}{2}\right)^2 \pm q} \pm \dfrac{p}{2}.$$

Daß der 4. mögliche Fall $x^2 + px + q = 0$ $(p, q > 0)$ keine positive Lösung hat und deshalb von den Arabern nicht behandelt wurde, muß natürlich im Unterricht geklärt werden.

5.3.7 Boolesche Algebra

Die Boolesche Algebra als eigenständige Theorie ist kaum mehr in den Lehrplänen vertreten. nach wie vor kann aber ihre Grundidee eine einheitliche Grundlage verschiedener Bereiche zu bilden als wirksames Mittel im Unterricht eingesetzt werden. Dabei ist es aber sicher nicht sinnvoll ihre Definitionen und Gesetze an den Anfang des Unterrichts zu stellen und daraus beispielsweise die Regeln der Algebra zu entwickeln. Die Boolesche Algebra ist im 19. Jahrhundert als allgemeine Denkstruktur entstanden. Sie wurde dann als logischer Überbau einzelner bis dahin entwickelter Strukturen eingesetzt. Konsequenterweise sollte man deshalb versuchen in den verschiedenen Bereichen der Mathematik gemeinsame Strukturen aufzufinden und sie in möglichst allgemeiner Form darzustellen.

Beispiel für die Einführung der Grundbegriffe:
- **(1) Elementare Zahlentheorie**
  - 1.1 Die Menge der Zahlen mit echten Teilern ist Komplementärmenge zur Menge der Primzahlen (in $\mathbb{N}\setminus\{1\}$)
  - 1.2 Die Schnittmenge der Teilermengen natürlicher Zahlen ergibt die Menge der gemeinsamen Teiler
- **(2) Algebra**
  - 2.1 Die Schnittmenge der Lösungsmengen einzelner Gleichungen eines Gleichungssystems ergibt die Lösungsmenge des Systems
  - 2.2 Die Vereinigungsmenge der Lösungsmenge von $ax + b < c$ und $ax + b = c$ ist die Lösungsmenge von $ax + b \leq c$.
- **(3) Geometrie**
  - 3.1 Die Untersuchung geometrischer Grundfiguren und ihrer Eigenschaften führt zum Begriff der Teilmenge
  (beispielsweise bei :
  Viereck → Parallelogramm → Rechteck → Quadrat
  oder Viereck → Raute → Quadrat)
  - 3.2 Bei der Behandlung geometrischer Ortslinien kann der Begriff Vereinigungsmenge eingeführt werden Beispielsweise ist der geometrische Ort aller Punkte, von denen aus eine Strecke unter einem bestimmten Winkel erscheint, die Vereinigungsmenge zweier Punktmengen, die jeweils auf Kreisbogen liegen.

6 Inhalte des Mathematikunterrichts: Geometrie

6.1 Allgemeine Anmerkungen zur Didaktik

6.1.1 Der deduktive Aufbau der Geometrie

Wie insbesondere der Blick auf die Entwicklung der Mathematik zeigt, ist die Geometrie von allen Unterrichtsgebieten am geeignetsten zur Demonstration der deduktiven Denkweise. Ein Hauptziel des Geometrieunterrichts muß es deshalb sein, dem Schüler zu vermitteln, daß sich Geometrie im Rahmen eines wissenschaftlichen Systems aus Grundbegriffen und einfachen Grundsätzen schrittweise aufbaut und daß dieser Aufbau allein durch deduktive Herleitung neuer Sätze aus den schon bekannten und bewiesenen Sätzen erfolgt.

Aus der Sicht der heutigen Fachmathematik steht am Anfang des Lehrgangs ein Axiomensystem, aus dem dann die entsprechenden Sätze abgleitet werden. Es entsteht dabei eine globale Ordnung der Geometrie. Für den elementaren Geometrieunterricht kommt nur ein Axiomensystem in Frage, daß sich an der anschaulich vorgegeben Geometrie der *euklidischen* Ebene orientiert. Eine so aufgebaute Geometrie beschreibt den physikalischen Raum unserer Erfahrung.

Axiomensystem nach *Hilbert*[21]
Gegeben ist die Menge aller **Punkte** ($A,B,C,...$) des **Raumes** R. Teilmengen von R werden **Geraden** ($g,h,k,...$) genannt, andere Teilmengen **Ebenen** ($\Phi, \Psi,...$). In R gelten folgende Axiome:

1. **Verknüpfungsaxiome:**
1.1 Zu jeder Geraden g gehören mindestens zwei Punkte $P \in g$ und $Q \in g$
1.2 Zu zwei Punkten $P \neq Q$ gehört genau eine Gerade g, für die $P \in g$ und $Q \in g$ gilt
1.3 Zu jeder Ebene Φ gehören mindestens drei verschiedene nicht

---

[21] s. auch die Originalarbeit von *D. Hilbert* im historischen Teil

auf einer Geraden liegende Punkte
1.4 Zu drei nicht auf einer Geraden liegenden Punkten A,B,C gehört genau eine Ebene Φ, für die $A \in \Phi$, $B \in \Phi$, $C \in \Phi$ gilt.
1.5 Wenn zwei Punkte einer Geraden einer Ebene angehören, dann gehören alle Punkte der Geraden der Ebene an
1.6 Wenn ein Punkt zwei Ebenen angehört, so gibt es mindestens noch einen Punkt, der beiden Ebenen angehört
1.7 Es gibt mindestens vier Punkte, die nicht in einer Ebene liegen

2. Anordnungsaxiome
2.1 In der Menge der Punkte einer Geraden ist eine Kleiner-Relation erklärt mit den Eigenschaften:
Für $P \neq Q$ gilt entweder $P < Q$ oder $Q < P$ und aus $P < Q$ und $Q < R$ folgt $P<R$
2.2 Zu zwei Punkten $P < Q$ einer Geraden gibt es Punkte R, S und T mit der Eignschaft $R < P < S < Q < T$
2.3 Geht eine in der durch das Dreieck ABC bestimmten Ebene gelegene Gerade durch keinen Eckpunkt, aber eine Seite des Dreiecks, so trifft sie mindestens noch eine Seite des Dreiecks

3. Kongruenzaxiome
3.1 Die Kongruenz ist eine Äquivalenzrelation
3.2 Gilt für drei Punkte einer Geraden g $A_1 < A_2 < A_3$ und für drei Punkte einer Geraden h: $B_1 < B_2 < B_3$ $A_1 A_2 \cong B_1 B_2$ und $A_2 A_3 \cong B_2 B_3$, dann gilt $A_1 A_3 \cong B_1 B_3$
3.3 Sind A_1 und A_2 Punkte einer Geraden g, B_1 einer Geraden h und h_{B_1} eine durch B_1 auf h gegebene Halbgerade, dann gibt es auf h_{B_1} genau einen Punkt B_1, für den $A_1 A_2 \cong B_1 B_2$ gilt
3.4 Wenn für die Punkte A_1, B_1, C_1 der Geraden g_1 $A_1 < B_1 < C_1$ und für die Punkte A_2, B_2, C_2 der Geraden g_2 $A_2 < B_2 < C_2$ und für die Punkte $D_1 \notin g_1$ bzw. $D_2 \notin g_2$ $A_1 B_1 \cong A_2 B_2$, $B_1 C_1 \cong B_2 C_2$, $B_1 D_1 \cong B_2 D_2$ gilt, dann gilt auch

$C_1D_1 \cong C_2D_2$

3.5 Wenn ein Dreieck ABC und eine Gerade g mit einer Strecke A_1B_1, die zu AB kongruent ist, gegeben sind, dann gibt es zu jeder durch g bestimmten Halbebene genau einen Punkt C_1 mit der Eigenschaft $AC \cong A_1C_1$ und $BC \cong B_1C_1$

4. **Das Parallelenaxiom**
In jeder Ebene gibt es für jede Gerade g und jeden Punkt P, der nicht auf der Geraden liegt, höchstens eine Gerade, die durch P geht und g nicht trifft.

Aus diesen Axiomen lassen sich insbesondere die Kongruenzsätze und damit viele Sätze der elementaren Geometrie herleiten. Da aber berechtigte Zweifel über die Brauchbarkeit eines solchen Verfahrens im Unterricht aufgetreten sind, hat man nach anderen Wegen zu einem axiomatischen Aufbau der Geometrie gesucht und versucht, die Geometrie aus dem **Abbildungsbegriff** zu entwickeln.

Abbildungstheoretischer Aufbau

1. **Spiegelung**

Definition: Unter einer Geradenspiegelung S_a an einer Geraden a versteht man die Abbildung einer Ebene E in sich, die jedem Punkt $P \in E$ einen Bildpunkt $S_a(P)$ so zuordnet, daß gilt:

Für $P \in a \Rightarrow S_a(P) = P$

Für $P \notin a \Rightarrow$ Die Strecke $PS_a(P)$ steht senkrecht auf a und wird von a halbiert

Für den Schritt von der Abbildung von Punkten zur Abbildung von Figuren benötigt man zwei Axiome:

A 1 Für alle $A, B \in E$ gilt: Länge (AB) = Länge $(S_a(A)S_a(B))$

A 2 Für alle $A, B, C \in E$ gilt: Winkelgröße $(wACB)$ = Winkelgröße $(w\,S(A)S(C)S(B))$

Daraus lassen sich grundlegende Sätze beweisen, wie beispielsweise, daß das Bild eines Vielecks wieder ein Vieleck der gleichen Eckenzahl ist, dessen Seitenlängen und Winkelgrößen gleich denen des ursprünglichen Vielecks sind. Ferner läßt sich herleiten, daß zwei parallele bzw. orthogonale Geraden in parallele bzw. orthogonale Geraden abgebildet werden und daß ein Kreis auf einen Kreis mit gleichem Radius abgebildet wird.

Eine wichtige Anwendung findet der Spiegelungsbegriff bei der Betrachtung **achsensymmetrischer Figuren** insbesondere bei Dreiecken und Vierecken.

Dreiecke mit einer Symmetrieachse bezeichnet man als **gleichschenklige Dreiecke**, solche mit drei Symmetrieachsen als **gleichseitige Dreiecke**.

Vierecke mit einer Symmetrieachse nennt man **Drachenvierecke** oder **symmetrische Trapeze**, je nachdem ob die Achse durch eine Ecke oder durch eine Seite verläuft.

Vierecke mit zwei Symmetrieachsen werden entsprechend entweder als **Rauten** oder als **Rechtecke** bezeichnet.

Vierecke mit vier Achsen schließlich nennt man **Quadrate**.

2. Drehungen

Definition: Unter einer Drehung um den Punkt M mit dem Winkel $\delta\,(0 \le \delta < 360°)$ versteht man die Abbildung einer Ebene E in sich, die jedem Punkt $P \in E$ einen Bildpunkt $D_{M,\delta}(P)$ so zuordnet, daß gilt:

Für $P = M \Rightarrow D_{M,\delta}(P) = P$

Für $P \ne M \Rightarrow P$ und $D_{M,\delta}(P)$ haben zu M den gleichen Abstand und $(PMD_{M,\delta}(P)) = \delta$

Wichtige Eigenschaften der Abbildung können als Sätze hergeleitet werden wie der schon bei der Spiegelung erwähnte Satz über die Abbildung eines Vielecks. Ferner der Satz, der den Zusammenhang zwischen Spiegelung und Drehung herstellt: Zu jeder Drehung $D_{M,\delta}$ gibt

es zwei Geradenspiegelungen, deren Verkettung $S_g \circ S_h = D_{M,\delta}$, wobei sich g und h in M schneiden und den Winkel δ bilden.
Als Spezialfall kann die Drehung um 180°, die sogenannte **Punktspiegelung** betrachtet werden. Vor allem sind **punktsymmetrische Figuren** für den Unterricht von Bedeutung. Die wichtigste Anwendung ist die Definition des **Parallelogramms** als punktsymmetrisches Viereck und die Untersuchung seiner Eigenschaften.

3. Verschiebungen

Definition: Unter einer Verschiebung um r parallel zur Halbgeraden h $V_{h,r}$ versteht man die Abbildung einer Ebene E in sich, die jedem Punkt $P \in E$ einen Bildpunkt $V_{h,r}(P)$ so zuordnet, daß gilt: $V_{h,r}(P)$ liegt auf der parallelen Halbgeraden durch P zu h und der Abstand von $V_{h,r}(P)$ zu P ist gleich r.

Die aus der Definition herleitbaren Eigenschaften der **Verschiebung** entsprechen den Eigenschaften der **Drehung**. Wie bei der **Drehung** kann man auch hier den Zusammenhang zwischen **Geradenspiegelung** und **Verschiebung** herstellen:
Zu jeder Verschiebung $V_{h,r}$ gibt es zwei Geradenspiegelungen, deren Verkettung $S_g \circ S_h = V_{h,r}$ g und h sind parallel und haben den Abstand $\frac{r}{2}$.

Mit Hilfe der gewonnenen Begriffe läßt sich die **Kongruenzabbildung** definieren.
Definition: Eine Abbildung der Ebene auf sich heißt **Kongruenzabbildung**, wenn sie eine Geradenspiegelung, eine Drehung, eine Verschiebung oder eine Verkettung aus endlich vielen dieser Abbildungen ist.
Als nächster Schritt kann die Kongruenz zweier Figuren, insbesondere zweier Dreiecke definiert werden.

Definition: $\triangle_{ABC} \cong \triangle_{A'B'C'} \Leftrightarrow$ Es gibt eine Kongruenzabbildung φ, so dass $\varphi(\triangle_{ABC}) = \triangle_{A'B'C'}$.

Danach können die **Kongruenzsätze** für Dreiecke abgeleitet werden.

4. Zentrische Streckung

Definition: Eine **zentrische Streckung** $S_{Z,k}$ ist eine Abbildung der Ebene E in sich, die jedem Punkt $P \in E$ einen Bildpunkt $S_{Z,k}(P)$ so zuordnet, daß gilt:

Für $P = Z \quad \Rightarrow \quad S_{Z,k}(P) = P$

Für $P \neq Z \quad \Rightarrow \quad S_{Z,k}(P)$

liegt auf der Halbgeraden ZP und hat von Z den Abstand $k \cdot |ZP|$.

Als wichtiger Satz folgt, daß bei einer zentrischen Streckung ein Vieleck wieder in ein Vieleck der gleichen Eckenzahl abgebildet wird, wobei die Winkelgröße erhalten bleibt. Ferner lassen sich die **Strahlensätze** unmittelbar herleiten. Im Anschluß kann man die **Ähnlichkeitsabbildung** definieren:

Definition: Eine Abbildung α der Ebene in sich heißt **Ähnlichkeitsabbildung**, wenn es eine Kongruenzabbildung φ und eine zentrische Streckung $S_{Z,k}$ gibt, so daß $\alpha = \varphi \circ S_{Z,k}$

Mit Hilfe dieses Begriffs läßt sich die **Ähnlichkeit zweier Figuren** insbesondere zweier Dreiecke definieren.

Definition: Für zwei Dreiecke ABC und $A'B'C'$ gilt: $\triangle_{ABC} \approx \triangle_{A'B'C'} \Leftrightarrow$ Es gibt eine Ähnlichkeitsabbildung α mit $\alpha(\triangle_{ABC}) = \triangle_{A'B'C'}$.

Wie bei der Kongruenz lassen sich auch hier die Ähnlichkeitssätze für Dreiecke und aus ihnen wichtige Sätze wie der **Satz des Pythagoras** oder der **Sehnen-Sekanten-Satz** herleiten.

Jeder deduktive Aufbau der Geometrie im Unterricht setzt die Kenntnis **geometrischer Grundbegriffe**, wie Punkt, Gerade, Winkel usw. voraus. Die Idee *Hilberts*, auf die Festlegung dieser Begriffe zu verzichten und sie gewissermaßen durch die Axiome zu definieren, ist für den Einstieg in die Geometrie nicht anwendbar. Der *Hilbertsche* Weg stellt ja den theoretischen Überbau einer schon bestehenden Wissenschaft dar. Am Anfang des elementaren Geometrieunterrichts muß deshalb die Einführung der geometrischen Grundbegriffe stehen.

6.1.2 Geometrische Grundbegriffe

Eine explizite Definition der geometrischen Grundbegriffe ist nicht möglich und nach *Hilbert* auch nicht nötig. Dennoch müssen zu Beginn des Geometrieunterrichts wichtige Begriffe aus der Anschauung hergeleitet und eine sinnvolle gemeinsame Sprechweise eingeführt werden.

Der Punkt
Ein Punkt kann geometrisch nicht dargestellt werden, sein Bild ist immer eine Fläche. Er kann deshalb nur „veranschaulicht" werden, wobei sich ein kleines Kreuz und dessen Schnittpunkt besser eignet, als ein Bleistiftpunkt. Die Annahme, daß es unendlich viele Punkte gibt, muß als Grundvoraussetzung der Schulgeometrie angenommen werden.

Der Raum
Die Menge aller denkbaren Punkte kann als Punktraum $\mathbb{P}$ bezeichnet werden. In ihm spielt sich die anschauliche Geometrie ab.

Die Ebene
Gewisse Teilmengen von $\mathbb{P}$ werden als Ebenen bezeichnet, wobei keine genauere Erklärung oder gar Definition möglich ist. Nur durch Vergleich mit „eben" Gebilden kann eine anschauliche Vorstellung von einer geometrischen Ebene vermittelt werden.
Wegen der Unklarheit dieses Begriffes ist es nicht abwegig, die Geometrie zu Beginn auf die „Zeichenebene" zu beschränken. Diese Beschränkung erspart zwar auch nicht den Rückgriff auf die Anschauung, vereinfacht aber den Einstieg in die Geometrie.

Aus dem Punktbegriff können die weiteren Grundbegriffe hergeleitet werden, wenn man den **Anordnungsbegriff,** den man sprachlich durch „zwischen" darstellen kann, dazu nimmt. Auch dieser Begriff ist nicht definierbar, er muß durch die **Anordnungsaxiome** festgelegt werden. Trotzdem ist es unabdingbar, daß man sich unter diesem Begriff etwas vorstellen kann, etwa mit Hilfe folgender Umschreibung:
„Der Punkt P liegt zwischen den Punkten A und B, wenn er irgendwo auf der Luftlinie von A nach B liegt, d. h. beim Visieren von A nach B den Punkt B abdeckt."
Aus dieser anschaulichen Vorstellung kann man die **Anordnungsaxiome** erklären.

Anordnungsaxiome
- A1   Zwischen zwei Punkten A und B ($A \neq B$) liegt mindestens ein weiterer Punkt C.
- A2 C liegt genau dann zwischen A und B, wenn er zwischen B und A liegt.
- A3   Wenn C zwischen A und B liegt und D zwischen A und C, dann liegt D zwischen A und B.
- A4   Zu zwei verschiedenen Punkten A und B gibt es mindestens einen Punkt C, so daß A zwischen C und B liegt und noch mindestens einen Punkt D, so daß B zwischen A und D liegt
- A5   Für die Punkte A, B, C ist höchstens eine der drei Aussagen wahr:
  B liegt zwischen A und C
  C liegt zwischen A und B
  A liegt zwischen C und B
- A6   Zu zwei verschiedenen Punkten A und B gibt es stets einen Punkt C so, daß weder C liegt zwischen A und B noch A liegt zwischen B und C gilt.

Die weiteren geometrischen Grundgebilde in einer Ebene E lassen sich aus den Anordungsaxiomen relativ einfach herleiten:

Strecke   Eine Strecke AB ist die Menge aller Punkte, die zwischen A und B liegen, einschließlich der Punkte A und B selbst.

Gerade   Die Gerade durch A und B ist die Menge aller Punkte

	P, für die gilt
	P liegt zwischen A und B oder
	A liegt zwischen P und B oder
	B liegt zwischen A und P
	einschließlich der Punkte A und B selbst
Halbebene	Jede Gerade g erzeugt zwei **Halbebenen** $E_1(g)$ und $E_2(g)$ mit folgenden Eigenschaften:
	$E_1(g) \cap E_2(g) = \{\}$
	$E_1(g) \cap g = \{\}$
	$E_2(g) \cap g = \{\}$
	$E_1(g) \cup g \cup E_2(g) = E$
Halbgerade	Wenn zwei Geraden g und h nur den Punkt P gemeinsam haben, nennt man die Teilmenge von h, die zu $E \setminus E_2(g)$ gehört, die Halbgerade mit dem Anfangspunkt P $(h_1(P))$, $h \cap (E \setminus E_1(g))$ die Halbgerade $h_2(P)$
Winkel	Ein geordnetes Paar zweier Halbgeraden g und h mit gemeinsamen Anfangspunkt heißt Winkel ($w(g,h)$)

6.1.3 Messen in der Geometrie

Längenmessung

Das Maß einer Strecke ist ein undefinierter Grundbegriff der Geometrie, für dessen Einführung verschiedene Wege vorgeschlagen wurden. Eine Möglichkeit ist die **Konstruktion des Größenbereichs der Länge**. Man führt eine Äquivalenzrelation „gleich lang" ein, indem man **kongruente** Strecken als **gleich lang** bezeichnet.

Die **Länge** [AB] der Strecke AB definiert man als die Eigenschaft, die AB mit allen kongruenten Strecken gemeinsam hat. Daraus folgt die Definition der **Streckenaddition**:

[AC] = [AB] + [BC], wenn B ein innerer Teilpunkt der Strecke AC ist, d. h. **zwischen** A und C liegt.

Anschließend definiert man die **Kleinerrelation**:

[AB] < [AC], wenn B **zwischen** A und C liegt und

$[AB] + [BC] = [AC]$ mit $[BC] > 0$.
Schließlich wird noch eine **Längeneinheit** gewählt.
Ein anderer Weg zur Längenmessung führt über die Einführung der **Längenmaßfunktion** l(AB), die jeder Strecke eine Zahl aus $\mathbb{R}^+$ zuordnet. Für diesen Aufbau sind **Axiome der Längenmessung** erforderlich:

A1 $C \in AB \Rightarrow l(AB) = l(AC) + l(CB)$
A2 $C \notin AB \Rightarrow l(AB) < l(AC) + l(CB)$
A3 Zu jeder Halbgeraden h mit dem Anfangspunkt S und jeder Länge r gibt es wenigstens einen Punkt P, so daß $P \in h$ und
$l(SP) = r \ (r \in \mathbb{R}^+)$

Es folgen dann in einer Ebene Sätze wie:

S1 $l(AB) \leq l(AC) + l(CB)$
S2 $C \in AB \Leftrightarrow l(AB) = l(AC) + l(CB)$
S3 $C \notin AB \Leftrightarrow l(AB) < l(AC) + l(CB)$
S4 $A = B \Leftrightarrow l(AB) = 0$

Winkelmessung

Die Einführung der **Winkelfunktion** w(ab) kann durch folgende Axiome erfolgen:

A1 Für jeden Winkel (ab) gilt: $0° \leq w(ab) < 360°$
A2 Für Halbgeraden a, b, c mit demselben Anfangspunkt gilt:
w(ab) + w(bc)   für w(ab) + w(bc) < 360°
w(ac) = w(ab) + w(bc) − 360°   für w(ab) + w(bc) ≥ 360°
A3 Zu jeder Halbgeraden a und jeder Winkelgröße δ mit
$0° \leq \delta < 360°$ gibt es genau eine Halbgerade b, derart, daß
w(ab) = δ.

Wichtige Sätze, die aus den Axiomen hergeleitet werden können, lauten beispielsweise:

S1 w(ab) = w(ac) $\Rightarrow b = c$
S2 $a \neq b \Rightarrow$ w(ab) + w(ba) = 360°
S3 Haben zwei Gerade a und b nur den Punkt P gemeinsam und teilt P die Geraden in die Halbgeraden a_1 und a_2 bzw. b_1 und b_2, so gilt:

$w(a_1 b_1) = w(a_2 b_2)$

und $w(a_1 b_1) + w(b_2 a_2) = 180°$

Flächenmessung
Im Gegensatz zur Längen- und Winkelmessung läßt sich die **Flächeninhaltsfunktion** durch Zurückführung auf die Längenmessung definieren. Es ergeben sich folgende Eigenschaften der Flächeninhaltsfunktion f:

F1   Für kongruente Vielecke V_1 und V_2 gilt $f(V_1) = f(V_2)$

F2   Für Vielecke $V_1 \cdots V_n$ mit $V_i \cap V_k = \{\}$ für $i \neq k$ gilt:
$f(V_1 \cup V_2 \cup \cdots \cup V_n) = f(V_1) + \cdots + f(V_n)$

F3 V ist ein Quadrat mit der Seitenlänge 1cm $\Rightarrow$ $f(V) = 1$ cm^2.

Nach Einführung des Begriffs **zerlegungsgleiche Vierecke** lassen sich wichtige Sätze herleiten:

S1   Zu jedem Vieleck gibt es wenigstens eine Zerlegung in Dreiecke.

S2   Haben zwei Parallelogramme eine Seite und die zugehörige Höhe gemeinsam, so sind sie zerlegungsgleich.

S3   Zu jedem Parallelogramm gibt es ein zerlegungsgleiches Rechteck.

S4   Zu jedem Vieleck gibt es ein zerlegungsgleiches Rechteck.

Daraus folgen die **Flächenformeln**:

(1)   Ist R ein Rechteck mit den Seitenlängen a cm und b cm $(a,b \in \mathbb{R}^+)$, so ist $f(R) = (a \cdot b)$ cm^2.

(2)   Ist P ein Parallelogramm mit der Seitenlinie g cm und die zugehörige Höhe h cm $(g,h \in \mathbb{R}^+)$, so ist $f(P) = (g \cdot h)$ cm^2.

(3)   Ist D ein Dreieck mit der Seitenlänge g cm und der zugehörigen Höhe h cm $(g,h \in \mathbb{R}^+)$, so ist $f(D) = \frac{1}{2} (g \cdot h)$ cm^2.

(4)   Ist V ein Vieleck und $D_1, \cdots, D_n$ eine Zerlegung der Dreiecke, so ist $f(V) = f(D_1) + \cdots + f(D_n)$.

6.1.4 Grundfragen der Trigonometrie

Trigonometrie als Erweiterung des Rechnens in der Geometrie von Strecken- und Flächenberechnungen auf Beziehungen zwischen Strecken und Winkeln stellt in der Regel den Abschluß des Geometrieunterrichts der Sekundarstufe I dar. Bei ihrer Behandlung sollten vor allem folgende Gesichtspunkte berücksichtigt werden:
– Die Rolle der Ähnlichkeitslehre in der Trigonometrie ist deutlich zu machen
– Der Funktionscharakter der trigonometrischen Beziehungen ist zu zeigen
– Den Anwendungen der trigonometrischen Sätze auf Berechnungen im Dreieck sind genügend Raum zu geben. Dabei sollte der Weg von der Konstruktion zur rechnerischen Lösung von Problemen aufgezeigt werden.

Für den Aufbau der Trigonometrie im Unterricht wurde eine Anzahl von zum Teil recht unterschiedlichen Wegen vorgeschlagen. Eine Möglichkeit ist der Aufbau auf der Vektorrechnung in einem kartesischen Koordinatensystem der Ebene, der kurz skizziert werden soll:

1. **Vektordarstellung**
1.1 Einführung des Vektors als Klasse aller gleichlangen und gleichgerichteten Pfeile
1.2 Festlegung eines Vektors durch seinen Richtungswinkel $\varphi (0 \leq \varphi < 360°)$ und seine Länge $a \in \mathbb{R}^+$ (Darstellung in **Polarkoordinaten** $\vec{a} = (\varphi; a)$)
1.3 Darstellung eines Vektors in **kartesischen Koordinaten:**
$$\vec{a} = \begin{pmatrix} a_1 \\ a_2 \end{pmatrix}$$
1.4 Definition der Multiplikation eines Vektors mit einem Skalar $r \in \mathbb{R}$: $r \cdot \begin{pmatrix} a_1 \\ a_2 \end{pmatrix} = \begin{pmatrix} ra_1 \\ ra_2 \end{pmatrix}$
1.5 Definition des Einheitsvektors durch die Bedingung

$$\sqrt{a_1^2+a_2^2}=1 \text{ als} \begin{pmatrix} \dfrac{a_1}{\sqrt{a_1^2+a_2^2}} \\ \dfrac{a_2}{\sqrt{a_1^2+a_2^2}} \end{pmatrix}$$

2. Einführung von Sinus und Kosinus

2.1 Definition des Sinus: Die 2. Koordinate $\dfrac{a_2}{\sqrt{a_1^2+a_2^2}}$ des Einheitsvektors $\vec{a}(\varphi;1)$ wird als $\sin \varphi$ bezeichnet

2.2 Definition des Kosinus: Die 1. Koordinate $\dfrac{a_1}{\sqrt{a_1^2+a_2^2}}$ des Einheitsvektors $\vec{a}(\varphi;1)$ wird als $\cos \varphi$ bezeichnet

2.3 Erarbeitung des Zusammenhangs der Sinus- und Kosinuswerte von stumpfen, überstumpfen und negativen Winkeln mit den Werten der entsprechenden spitzen Winkeln

3. Sinus und Kosinus als Funktionen

3.1 Definition des Bogenmaßes als Länge des zu einem Winkel gehörigen Bogens am Einheitskreis

3.2 Definition der Sinus- und Kosinusfunktion:
sin x: $x \mapsto \sin x, x \in \mathbb{R}$
cos x: $x \mapsto \cos x, x \in \mathbb{R}$

4. Berechnungen am rechtwinkligen Dreieck

Herleitung der Beziehungen $\quad \sin = \dfrac{a}{b}$

$\cos = \dfrac{c}{b}$

5. **Einführung von Tangens und Kotangens**
5.1 Definition durch:

$$\tan\varphi = \frac{\sin\varphi}{\cos\varphi}, \varphi \neq (2k+1)\cdot 90°, k \in \mathbb{Z}$$

$$\cot\varphi = \frac{\cos\varphi}{\sin\varphi}, \varphi \neq k\cdot 180°, k \in \mathbb{Z}$$

5.2 Definition der Tangens- und der Kotangensfunktion:

$\tan x : x \mapsto \tan x, x \in \mathbb{R}\setminus\{ x | x = (2k+1)\cdot\frac{\pi}{2}, k \in \mathbb{Z}\}$

$\cot x : x \mapsto \cot x, x \in \mathbb{R}\setminus\{ x | x = k\cdot\pi, k \in \mathbb{Z}\}$

5.3 Anwendung von Tangens und Kotangens im rechtwinkligen Dreieck

6. **Einführung des Skalarprodukts zweier Vektoren**
6.1 Definition des Skalarprodukts

Für $\vec{a}, \vec{b} \neq 0$ und $\vec{b}_a$ die senkrechte Projektion von $\vec{b}$ auf $\vec{a}$ soll $\vec{a} \circ \vec{b}$ einen Skalar k bedeuten, mit folgenden Eigenschaften:

$k = 0$ \qquad wenn $\vec{a} \perp \vec{b}$

$k = |\vec{a}|\cdot|\vec{b}_a|$ \qquad wenn $\vec{a}$ und $\vec{b}_a$ gleichgerichtet sind

$k = -|\vec{a}|\cdot|\vec{b}_a|$ \qquad wenn $\vec{a}$ und $\vec{b}_a$ entgegengesetzt gerichtet sind

6.2 Herleitung der wichtigsten Eigenschaften des Skalarprodukts

$\vec{a} \circ \vec{b} = \vec{b} \circ \vec{a}$

$\lambda \cdot (\vec{a} \circ \vec{b}) = (\lambda \vec{a}) \circ \vec{b}, \lambda \in \mathbb{R}$

$\vec{a} \circ (\vec{b} + \vec{c}) = \vec{a} \circ \vec{b} + \vec{a} \circ \vec{c}$

7. **Berechnungen am allgemeinen Dreieck**
Der Kosinussatz und der Sinussatz lassen sich mit Hilfe des Skalarprodukts unmittelbar herleiten

8. Additionstheoreme

8.1 Einführung der Komponentendarstellung in einem durch die Einheitsvektoren $\vec{e}_1$ und $\vec{e}_2$ aufgespannten Koordinatensystem:

$$\vec{a} = a_1 \vec{e}_1 + a_2 \vec{e}_2$$

8.2 Koordinatendarstellung des Skalarprodukts als

$$\begin{pmatrix} a_1 \\ a_2 \end{pmatrix} \circ \begin{pmatrix} b_1 \\ b_2 \end{pmatrix} = a_1 b_1 + a_2 b_2$$

8.3 Herleitung der Additionstheoreme des Sinus, Kosinus und Tangens.

Gegen diesen zweifelsohne eleganten Weg zur Trigonometrie wurden immer wieder Einwände erhoben. Die eigentlichen Hauptziele des Trigonometrieunterrichts beispielsweise werden nicht in hinreichendem Maße erfüllt, da die „formale" Herleitung der Gesetze die trigonometrischen Zusammenhänge eher verschleiert. Ferner ist der Aufwand zur groß, da der spezielle Vektorraum, der hier behandelt wird, keine ausreichende Grundlage für die Geometrie der Oberstufe darstellt und deshalb nur zur Betrachtung relativ einfacher trigonometrischer Beziehungen erarbeitet wird. Es soll deshalb noch ein zweiter, konventionellerer Weg für den Aufbau der Trigonometrie skizziert werden. Er baut auf Sätze der elementaren Geometrie auf und beginnt mit Betrachtungen am rechtwinkligen Dreieck:

1 Definition der trigonometrischen Funktionen am rechtwinkligen Dreieck

1.1 Aus der Betrachtung ähnlicher rechtwinkliger Dreiecke erhält man die Beziehung:

$$\frac{a}{b} = const., \frac{c}{b} = const., \frac{a}{c} = const., \frac{c}{a} = const.$$

und definiert die Konstanten als $\sin\alpha, \cos\alpha, \tan\alpha, \cot\alpha$

1.2 Durch diese Zuordnung und die zusätzlichen Festlegungen
sin 0° = 0, sin 90° = 1, cos 0° = 1, cos 90° = 0,
tan 0° = 0 und cot 90° = 1
definiert man die trigonometrischen Funktionen mit den vorläufigen Definitionsbereichen $0 \leq \alpha \leq 90°$ für Sinus und Kosinus und $0 \leq \alpha < 90°$ für den Tangens und $0 < \alpha \leq 90°$ für den Kotangens.

2 **Zusammenhänge zwischen Sinus, Kosinus, Tangens und Kotangens**
Die Zusammenhänge werden am rechtwinkligen Dreieck abgelesen; die Funktionswerte besonderer Winkel (z. B. 30°, 45°, 60°) werden mit Hilfe des Satzes des Pythagoras berechnet.

3 **Herleitung des Sinus- und Kosinussatzes**
mit Hilfe elementarer Überlegungen

4 **Trigonometrische Funktionen**
Nach Einführung eines Pfeils der Länge 1, der sich um den Ursprung des Koordinatensystems dreht, erkennt man, daß für $0 \leq \alpha \leq 90°$ die erste Koordinate dem Kosinus entspricht und die zweite dem Sinus. Indem man den Definitionsbereich auf $0° \leq \alpha < 360°$ erweitert, erhält man eine anschauliche Darstellung der trigonometrischen Funktionen am Einheitskreis. Durch Einführung des Bogenmaßes erhält man die übliche Form der trigonometrischen Funktionen mit dem Definitionsbereich $\mathbb{R}$.

5 **Additionstheoreme**
Mithilfe allerdings z. T. recht unübersichtlicher elementargeometrischer Überlegungen kann man die Additionstheoreme herleiten.

Die Problematik dieses Weges zur Trigonometrie liegt in der umständlichen Herleitung der wichtigen Sätze am schiefwinkligen Dreieck und der Additionstheoreme. Es gibt deshalb Vorschläge für Lehrgänge, die auf die Beweise dieser Sätze vorerst verzichten und erst in einem zweiten Durchgang nach Einführung des Skalarprodukts die entsprechenden Beweise nachliefern.

6.1.5 Vektorräume

Die Behandlung der Vektorräume stellt die Grundlagen für den Geometrieunterricht der Sekundarstufe II bereit. Auf dieser Basis kann die klassische analytische Geometrie als Synthese von Geometrie und Algebra begründet werden. Die Theorie der Vektorräume kann aber im Unterricht nicht nur als „Hilfswissenschaft" gesehen werden, sondern auch als ein überschaubares Beispiel für ein axiomatisch aufgebautes System. Die Behandlung ist im Unterricht sicher nur möglich, wenn dieser von der anschaulichen Behandlung der Geometrie in der Sekundarstufe I ausgeht. Durch Abstraktion kommt man von den anschaulich gewonnenen Vektoren als Klasse gleich langer, gleich gerichteter Pfeile zum Begriff des Vektors als Element eines allgemeinen **Vektorraums**, der nur durch Axiome definiert werden kann. Im folgenden sei eine Möglichkeit für den Aufbau eines Lehrgangs der Geometrie in der Sekundarstufe II skizziert:

1 Anschauliche Behandlung des geometrischen Vektorraums
1.1 Geometrische Definition
(1) Jedes geordnete Punktepaar (P/Q) heißt **Pfeil**.
(2) (P/Q) und (R/S) heißen **parallelgleich**, wenn sie gleichsinnig parallel sind und gleiche Länge haben.
(3) Die Klasse aller zum Pfeil (P/Q) parallelgleichen Pfeile heißt **Vektor** $PQ\ (=\vec{a}\,)$.
(4) Der Vektor PP heißt **Nullvektor.**
(5) Die Menge aller geometrischer Vektoren heißt der **geometrische Vektorraum** $\mathbb{V}$.
1.2 Addition von Vektoren
Auf $\mathbb{V} \times \mathbb{V}$ wird eine Verknüpfung erklärt, die jedem geordneten Paar von Vektoren einen **Summenvektor** zuordnet. Diese Zuordnung wird durch die „Identität von *Chasles*" $PQ + QR = PR$ definiert. Die Unabhängigkeit dieser Definition von der Wahl der Repräsentanten kann geometrisch gezeigt werden. Daraus lassen sich die wichtigsten Gesetze der Addition herleiten. Von besonderer Bedeutung für den später durchzuführenden axiomatischen Aufbau sind dies:

(1) Kommutativität
(2) Assoziativität
(3) Existenz des Nullvektors
(4) Existenz des inversen Elements

1.3 Multiplikation eines Vektors mit einer skalaren Größe
Durch Ähnlichkeitsbetrachtungen oder mit Hilfe der zentrischen Streckung wird anschaulich die Multiplikation $r \cdot \vec{a}$ ($r \in \mathbb{R}$, $\vec{a} \in \mathbb{V}$) eingeführt. Die wichtigsten Gesetze werden hergeleitet, insbesondere:

(1) $r \cdot \left(\vec{a} + \vec{b}\right) = r \cdot \vec{a} + r \cdot \vec{b}$

(2) $(r + s) \cdot \vec{a} = r \cdot \vec{a} + s \cdot \vec{a}$

(3) $r \cdot (s \cdot \vec{a}) = (rs) \cdot \vec{a}$

(4) $1 \cdot \vec{a} = \vec{a}$

2 Der abstrakte Vektorraum

2.1 Definition des Vektorraums

Die im geometrischen Vektorraum erkannten Strukturen dienen als Vorbild für die Definition eines **allgemeinen Vektorraums**:

Ein Vektorraum $\mathbb{V}$ über $\mathbb{R}$ ist eine nichtleere Menge $\mathbb{V}$ (deren Elemente Vektoren heißen) mit folgenden Eigenschaften:

(1) Auf $\mathbb{V} \times \mathbb{V}$ ist eine Funktion „+" definiert, die jedem (geordneten) Paar von Vektoren $\left(\vec{a} / \vec{b}\right)$ einen Vektor $\vec{c}$ als Summenvektor zuordnet. Man schreibt: $\vec{a} + \vec{b} = \vec{c}$.

(2) Auf $\mathbb{R} \times \mathbb{V}$ ist eine Funktion „·" definiert, die jedem (geordneten) Paar $(r / \vec{a})$ einen Vektor $\vec{b}$ zuordnet. Man schreibt: $r \cdot \vec{a} = \vec{b}$.

(3) Auf $\mathbb{V}$ ist eine Inversenfunktion definiert, die jedem Vektor $\vec{a}$ einen Vektor $\overline{\vec{a}}$ zuordnet, den Gegenvektor zu $\vec{a}$.

(4) In $\mathbb{V}$ gibt es genau ein ausgezeichnetes Element $\vec{o}$, den soge-

nannten Nullvektor.

Dabei gelten für alle $\vec{a}, \vec{b}, \vec{c} \in \mathbb{V}$ und für alle $r, s \in \mathbb{R}$ folgende Axiome:

A1 $\vec{a} + \vec{b} = \vec{b} + \vec{a}$

A2 $(\vec{a} + \vec{b}) + \vec{c} = \vec{a} + (\vec{b} + \vec{c})$

A3 $\vec{a} + \vec{o} = \vec{a}$

A4 $\vec{a} + \overline{\vec{a}} = \vec{o}$

A5 $r \cdot (\vec{a} + \vec{b}) = r \cdot \vec{a} + r \cdot \vec{b}$

A6 $(r + s) \cdot \vec{a} = r \cdot \vec{a} + s \cdot \vec{a}$

A7 $r \cdot (s \cdot \vec{a}) = (rs) \cdot \vec{a}$

A8 $1 \cdot \vec{a} = \vec{a}$.

2.2 Modelle für Vektorräume
Als Modelle können beispielsweise der Vektorraum der Polynome oder der n-Tupel behandelt werden.

2.3 Definition von Untervektorräumen
Eine nicht leere Teilmenge $\mathbb{U}$ von $\mathbb{V}$ wird genau dann als **Untervektorraum** bezeichnet, wenn gilt:

(1) $\vec{a}, \vec{b} \in \mathbb{U} \Rightarrow \vec{a} + \vec{b} \in \mathbb{U}$

(2) $\vec{a} \in \mathbb{U} \Rightarrow r \cdot \vec{a} \in \mathbb{U}$ für $r \in \mathbb{R}$.

3 Der Begriff der Linearkombination

3.1 Definition der Linearkombination
Ist $\{a_1, ..., a_n\}$ eine Menge von Vektoren und $(\lambda_1 / ... / \lambda_n)$ ein n-Tupel von reellen Zahlen, dann heißt der Vektor

$$\vec{s} = \lambda_1 a_1 + ... + \lambda_n a_n = \sum_{i=1}^{n} \lambda_i a_i$$ eine **Linearkombination** der

Vektoren.

3.2 Definition der linearen Abhängigkeit von Vektoren
Eine Menge von Vektoren heißt **linear abhängig**, wenn man

mit ihnen eine nicht-triviale Nullsumme bilden kann. Andernfalls heißen sie **linear unabhängig**.

3.3 Definition der Basis eines Vektorraums

Eine Menge $\{\vec{b}_1,...,\vec{b}_n\}$ von Vektoren eines Vektorraums $\mathbb{V}$ heißt eine **Basis** von $\mathbb{V}$, wenn gilt:

(1) $\{\vec{b}_1,...,\vec{b}_n\}$ ist linear unabhängig

(2) Jeder Vektor $\vec{a} \in \mathbb{V}$ läßt sich als Linearkombination von $\vec{b}_1,...,\vec{b}_n$ darstellen.

4 Einführung von Koordinaten

4.1 Darstellung eines Vektors als Linearkombination in einem Vektorraum $\mathbb{V}$ mit der Basis $\{\vec{b}_1,...,\vec{b}_n\} : \vec{a} = a_1 \cdot \vec{b}_1 + ... + a_n \vec{b}_n$; a_i wird als i-te **Koordinate** bezüglich der Basis $\{\vec{b}_1,...,\vec{b}_n\}$ bezeichnet.

4.2 Rechnen in Koordinaten

Nach der Definition der Gleichheit zweier Vektoren wird die Addition und die Multiplikation in Koordinaten erklärt.

5 Der Punktraum

5.1 Definition des Punktraums

$\mathbb{V}$ sei ein Vektorraum über $\mathbb{R}$. Eine nicht leere Menge $\mathbb{P}$ heißt ein (affiner) **Punktraum** über $\mathbb{V}$ und ihre Elemente werden **Punkte** genannt, wenn gilt: Es gibt eine Zuordnung, die jedem (geordneten) Paar (X/Y) von Punkten aus $\mathbb{P}$ eindeutig einen mit XY bezeichneten Vektor aus $\mathbb{V}$ zuordnet und zwar so, daß folgende Axiome erfüllt sind:

A1 Zu jedem Punkt $O \in \mathbb{P}$ und zu jedem Vektor $\vec{x} \in \mathbb{V}$ gibt es genau einen Punkt $X \in \mathbb{P}$, der die Bedingung $OX = \vec{x}$ erfüllt.

A2 Für alle Punkte $P, Q, R \in \mathbb{P}$ gilt: $PQ + QE = PR$.

5.2 Einführung des **Ortsvektors** des Punktes X als $X = OX$.

5.3 Definition eines **Koordinatensystems** $\left[O;\vec{b}_1,...,\vec{b}_n\right]$ des Punktraums $\mathbb{P}$ über dem Vektorraum $\mathbb{V}$ mit der Basis $\{\vec{b}_1,...,\vec{b}_n\}$

durch $OA = A = \sum_{i=1}^{n} a_i \vec{b}_i = \begin{pmatrix} a_1 \\ \cdot \\ a_n \end{pmatrix}$.

6 Geraden und Ebenen im $\mathbb{R}^3$

6.1 Definition der Geraden im $\mathbb{R}^3$ als
$$g = \{X \mid AX = \lambda \cdot \vec{u}; \lambda \in \mathbb{R}, A \in \mathbb{P}, \vec{u} \in \mathbb{V} \setminus \{0\}\}$$
und Herleitung anderer Formen der Geradengleichung.

6.2 Definition der Ebene im $\mathbb{R}^3$ als
$$E = \{X \mid AX = \lambda \cdot \vec{u} + \mu \cdot \vec{v}; \lambda, \mu \in \mathbb{R}, A \in \mathbb{P}, \vec{u}, \vec{v} \in \mathbb{V} \setminus \{0\}\}$$

und Herleitung anderer Formen der Ebenengleichung.

7 Das Skalarprodukt
7.1 Definition des Skalarprodukts

Jedem (geordneten) Paar $(\vec{a}/\vec{b})$ von Vektoren eines Vektorraums $\mathbb{V}$ wird eine reelle Zahl zugeordnet, wobei folgende Axiome gelten:

A1 $\vec{a} \circ \vec{b} = \vec{b} \circ \vec{a}$

A2 $\vec{a} \circ (\vec{b} + \vec{c}) = \vec{a} \circ \vec{b} + \vec{a} \circ \vec{c}$

A3 $(r \cdot \vec{a}) \circ \vec{b} = r \cdot (\vec{a} \circ \vec{b})$

A4 $\vec{a} \circ \vec{a} > 0$ für $\vec{a} \neq 0$.

7.2 Berechnung des Skalarprodukts in einem Koordinatensystem

Allgemein gilt für $\vec{x} = \begin{pmatrix} x_1 \\ \cdot \\ x_n \end{pmatrix}$ und $\vec{y} = \begin{pmatrix} y_1 \\ \cdot \\ y_n \end{pmatrix}$ in einem Koordinatensystem mit der Basis $\{\vec{b}_1,...,\vec{b}_n\}$:

$\vec{x} \circ \vec{y} = \sum_{i=1}^{n} \sum_{j=1}^{n} x_i y_j \cdot (\vec{b}_i \circ \vec{b}_j)$. Als einfachste Realisierung wählt man die Strukturkonstanten $\vec{b}_i \circ \vec{b}_j$ so, daß gilt:

$\vec{b}_i^{\,2} = 1$ für $i = 1,...,n$

$\vec{b}_i \circ \vec{b}_j = 0$ für $i \neq j$ (Standard-Skalarprodukt in einem Orthonormalsystem).

8   Einführung einer Metrik

8.1   Definition des **Betrags** eines Vektors als $|\vec{a}| = \sqrt{\vec{a}^2}$

8.2   Definition des **Winkels** zweier Vektoren als φ mit der Eigenschaft $\cos \varphi = \dfrac{\vec{a} \circ \vec{b}}{|\vec{a}| \cdot |\vec{b}|}$

9   Das Vektorprodukt in einem Orthonormalsystem
Definition im $\mathbb{R}$:

$\vec{a} \times \vec{b} = \begin{pmatrix} a_1 \\ a_2 \\ a_3 \end{pmatrix} \times \begin{pmatrix} b_1 \\ b_2 \\ b_3 \end{pmatrix} = \begin{pmatrix} a_2 b_3 - a_3 b_2 \\ -a_1 b_3 + a_3 b_1 \\ a_1 b_2 - a_2 b_1 \end{pmatrix}$.

Eine Anwendungsmöglichkeit ist beispielsweise die Herleitung der **Hesseform** der Geraden- und Ebenengleichung.

6.2 Historische Entwicklung

6.2.1 Geometrische Grundbegriffe

Der Beginn geometrischen Denkens in der menschlichen Entwicklungsgeschichte ist wohl zu dem Zeitpunkt anzusetzen, an dem zum erstenmal in der Vielfalt der in der Welt vorkommenden Formen immer wiederkehrende Grundformen erkannt wurden und diese zu einfachen Figuren abstrahiert wurden. Der nächste Schritt war dann die Anfertigung von Zeichnungen und die Bezeichnung der Grundformen mit Namen. Der Vorgang der Namensgebung ist natürlich erst aus den Zeiten nachweisbar, in denen es schriftliche Aufzeichnungen gab. Dagegen sind bereits aus vorgeschichtlicher Zeit ornamentale Zeichnungen erhalten, die Streckenzüge, aber auch geometrische Figuren wie Quadrate, Dreiecke und Rauten zeigen.

Beispiele[22]
Flächenornamente (Keramik aus Mohenjo-Daro, ca. 3000 v. Chr.)

Geometrisierung von Menschen und Tieren (Griechenland, ca. 1200 v. Chr.)

Die Geometrie hat historisch gesehen wohl zwei Wurzeln. Einmal ist sie aus den praktischen Bedürfnissen des täglichen Lebens entstanden.

---

[22] aus *K. Vogel*, Vorgriechische Mathematik I, Hannover, Paderborn 1958

Die Landvermesser und die Architekten benötigten geometrische Grundkenntnisse. So berichtet *Herodot* (5. Jahrhundert v. Chr.) die **Ägypter** hätten die Geometrie erfunden, da sie nach den Überschwemmungen des Nils die Besitztümer immer wieder neu vermessen mußten. Aus **altbabylonischer** Zeit ist ein Felderplan erhalten, in dem ein unregelmäßig geformtes Feld in Rechtecke, Dreiecke und Trapeze, also in geometrische Grundformen zerlegt wurde.[23]

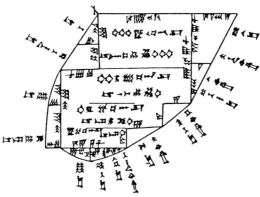

Als Beispiel für geometrische Methoden in der Architektur sei ein ägyptischer Papyrus aus der Zeit um 1400 v. Chr. genannt, auf dem Auf- und Seitenriß eines Altars zu sehen sind.[24]

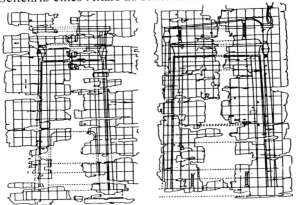

---

[23] aus *B. Meissner*, Babylon und Assyrien II, Heidelberg 1925
[24] aus *G. Wolff*, Über die Anfänge der darstellenden Geometrie, 1941

Die zweite Wurzel ist die schon erwähnte, bereits in vorgeschichtlicher Zeit feststellbare Ornamentik. Auf sie könnten beispielsweise 14 Aufgaben aus einem altbabylonischen Text hinweisen, bei denen in ein Quadrat weitere Quadrate, Dreiecke und Kreise einbeschrieben werden.[25]

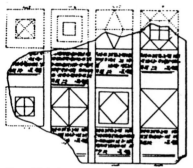 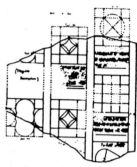

Das Zeichnen von einfachen geometrischen Grundfiguren stellt bereits eine hohe Abstraktionsstufe dar, da es ja in der realen Welt keine Dreiecke oder Kreise als abstrakte Gebilde gibt. Eine zweite Stufe der Begriffsbildung ist dann die Einführung von Fachwörtern für die als Grundfiguren erkannten Gebilde. Eine auszugsweise Zusammenstellung ägyptischer und babylonischer Bezeichnungen für geometrische Figuren zeigt deren Herkunft aus der Alltagssprache.

	ägyptisch	babylonisch
Rechteck:	„viereckiges Feld"	„Feld"
Dreieck:	„Gespitzes"	„Nagelkopf"
Trapez:	„Abgeschnittenes"	„Ochsenkopf"
Kreis:	„rundes Feld"	„Krümmung"

Erst die **Griechen** versuchten geometrische Grundbegriffe explizit zu definieren. Ihre Bemühungen sind in den Elementen des *Euklid* (um 300 v. Chr.) zusammengefaßt. Das erste Buch beginnt mit folgenden „Definitionen":[26]

---

[25] *O. Neugebauer*, Mathematische Keilschrifttexte II, Berlin 1935
[26] *Cl. Thaer, Euklid*: Die Elemente, Buch I – XIII, Darmstadt 1962

1. Ein Punkt ist, was keine Teile hat.
2. Eine Linie breitenlose Länge.
3. Die Enden einer Linie sind Punkte.
4. Eine gerade Linie ist eine solche, die zu den Punkten auf ihr gleichmäßig liegt.
5. Eine Fläche ist, was nur Länge und Breite hat.
...
13. Eine Grenze ist, worin etwas endet.
14. Eine Figur ist, was von einer oder mehreren Grenzen umfaßt wird.
15. Ein Kreis ist eine ebene, von einer einzigen Linie umfaßte Figur mit der Eigenschaft, daß alle von einem innerhalb der Figur gelegenen Punkt bis zur Linie laufenden Strecken einander gleich sind.
...
23. Parallel sind gerade Linien, die in derselben Ebene liegen und dabei, wenn man sie nach beiden Seiten ins Unendliche verlängert, auf keiner einander treffen.

Ein wichtiges Kennzeichen der griechischen Geometrie sind **Konstruktionsaufgaben**. So findet man im 1. Buch der Elemente folgende Aufgaben:

(1) Über einer gegebenen Strecke ein gleichschenkliges Dreieck zu errichten

...

(9) Einen gegebenen Winkel zu halbieren
(10) Eine gegebene Strecke zu halbieren

Beweis zu (9):

Der gegebene geradlinige Winkel sei BAC. Ihn soll man halbieren. Auf AB wähle man Punkt D beliebig, trage $AE = AD$ auf AC ab, ziehe DE, errichte über DE das gleichseitige Dreieck DEF und ziehe AF; ich behaupte, daß Winkel BAC durch die gerade Linie AF halbiert wird.

Da nämlich *AD* = *AE* ist und *AF* gemeinsam, so sind zwei Seiten *DA*, *AF* zwei Seiten *EA*, *AF* entsprechend gleich; ferner Grdl. *DF* = Grdl. *EF*; also ist Winkel *DAF* = Winkel *EAF*.
Der gegebene geradlinige Winkel *BAC* wird also durch die gerade Linie *AF* halbiert – dies hatte man ausführen sollen.

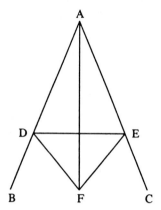

Auch im weitern Aufbau der Geometrie treten immer wieder Konstruktionsaufgaben auf, wie beispielsweise im 3. Buch:

(1) Zu einem gegebenen Kreis den Mittelpunkt finden

...

(17) Von einem gegebenen Punkt aus an einen gegebenen Kreis eine Tangente zu ziehen

...

(30) Einen gegebenen Bogen zu halbieren

Auch in der weiteren Entwicklung der griechischen Geometrie spielten die geometrischen Konstruktionen eine wichtige Rolle. Neben den einfachen Grundkonstruktionen, wie sie in den Elementen des *Euklid* behandelt wurden, traten Konstruktionen unter Zuhilfenahme der analytischen Methode, die wohl auf *Platon* zurückgeht und die nach einem festen Schema ablief. Dabei ging man in folgenden Schritten vor:

1. προτασις   Die Stellung der Aufgabe
2. εκϑεσις   Der Bezug zu einer bestimmten Figur
3. αναλυσις   Die Lösung der Konstruktion wird als bekannt vorausgesetzt und es werden Schlüsse gezogen, die das Problem auf bekannte Konstruktionen zurückführen
4. κατασκευη   Die Lösung

5. $\alpha\pi o\delta\varepsilon\iota\xi\iota\varsigma$ Die synthetische Behandlung der Aufgabe

Dazu kam um 370 v. Chr. (*Leon*) die Forderung nach einem

6. $\delta\iota o\rho\iota\sigma\mu o\varsigma$ Die Untersuchung der Bedingungen, unter denen die Aufgabe lösbar ist.

Von *Platon* stammt wahrscheinlich auch die Forderung, bei geometrischen Konstruktionen nur Zirkel und Lineal zu verwenden. Daß dies kein unbedingter Anspruch war, folgt aus *Pappos*, der sagte, daß nur, wenn die Unmöglichkeit der Konstruktion mit Zirkel und Lineal feststeht, höhere Hilfsmittel herangezogen werden dürfen.

Die Denkweise der Griechen bestimmte die Geometrie der Folgezeit. Insbesondere die **Araber** hielten sich eng an die griechischen Grundbegriffe. Auch das **Abendland**, in dem ab dem Beginn des 12. Jahrhunderts die mathematische Literatur der Griechen und Araber allmählich übernommen wurde, verwendete diese Begriffe. So der von ca. 1070 bis 1136 in Spanien lebende Jude *Abraham bar Hiyya ha-Nasi*, genannt *Savasorda* in seinem „Liber embadorum", in dem er die Definitionen des *Euklid* übernahm.

In der gleichen Zeit (um 1130) erfolgte auch die wahrscheinlich erste Übersetzung der Elemente des *Euklid* aus dem Arabischen durch *Adelard von Bath*. Im Anschluß entstanden weitere Übersetzungen der wichtigsten antiken Werke, z. T. auch direkt aus dem Griechischen.

Im 13. Jahrhundert entstanden dann die ersten eigenständigen Bearbeitungen der griechischen und arabischen Literatur, so die „Practica geometriae" des *Leonardo von Pisa* (1220), die eine Erweiterung und Verbesserung des „Liber embadorum" darstellt und der „Liber philotegni" des *Jordanus Nemorarius*. Merkwürdig sind die nutzlosen „Definitionen", die er an den Anfang seines Werks stellt, wie beispielsweise (6): „Angulus autem est continuorum incontinuitas termino conventium" („Ein Winkel ist die Unstetigkeit stetiger Größen, die in einer Grenze zusammentreffen.")

Erstaunlicherweise wurden in den folgenden Jahrhunderten kaum Fortschritte bei der Festlegung der geometrischen Grundbegriffe erzielt, man begnügte sich mit den griechischen Vorstellungen.

Erst im 19. Jahrhundert begann man wieder über die Grundlagen der Geometrie ernsthaft nachzudenken.

Schon *N. I. Lobatschewski* hatte 1835 in „Neue Anfangsgründe der Geometrie" festgestellt: „Raum, Ausdehnung, Ort, Körper, Fläche, Linie, Punkt, Richtung, Winkel sind Wörter, mit denen man die Geometrie begründet, mit denen man aber niemals einen klaren Begriff verbindet (...)." und damit eine Denkweise eingeleitet, durch die nur auf die geometrische Anschauung begründete Begriffsbildungen in Frage gestellt wurden. Etwa zur gleichen Zeit schrieb *J. Gergonne* in den „Annales": „Man wiederholt unaufhörlich, daß man nur mit Objekten operieren dürfe, von denen man eine klare Vorstellung hat; trotzdem ist nichts falscher. Tatsächlich operiert man mit Wörtern ganz so wie man in der Algebra mit Buchstaben rechnet; und ebenso, wie man eine Rechnung exakt durchführen kann ohne sich über die Bedeutung der Symbole, mit denen man operiert, Gedanken zu machen, kann man einer Überlegung folgen, ohne die Bedeutung der Termini zu kennen (...)."

Daß man Geometrie ohne anschauliche Vorstellung betreiben kann, deutete *A. Cayley* 1859 in „6. Memoir on quantics" an: „Das Wort Punkt kann Punkt bedeuten, das Wort Gerade Gerade, (...), das Wort Punkt kann Gerade bedeuten, das Wort Gerade Punkt (...)".

Über die Gefahr, die in der Verwendung anschaulich festgelegter Begriffe lauert, schreibt *M. Pasch* 1882 in „Vorlesungen über neue Geometrie": „(...) aber wenn selbst kein sinnliches Bild, nicht einmal die bewußte neuerliche Vorstellung eines solchen, zugelassen wird, so übt der Gebrauch vieler Wörter, mit denen namentlich die einfacheren geometrischen Begriffe bezeichnet werden, an sich schon einen gewissen Einfluß aus (...)."

Die Konsequenz aus diesen Überlegungen erfolgte durch den Aufbau der Geometrie auf streng axiomatischen Grundlagen durch *D. Hilbert*. In seinem Werk „Grundlagen der Geometrie" schrieb er:

„Die Geometrie bedarf – ebenso wie die Arithmetik – zu ihrem folgerichtigen Aufbau nur weniger und einfacher Grundsätze. Diese Grundsätze heißen Axiome der Geometrie. Die Aufstellung der Axiome der Geometrie und die Erforschung ihres Zusammenhangs ist eine Aufgabe, die seit *Euklid* in zahlreichen vortrefflichen Abhandlungen

der mathematischen Literatur sich erörtert findet. Die bezeichnete Aufgabe läuft auf die logische Analyse unserer räumlichen Anschauung hinaus.
Die vorliegende Untersuchung ist ein neuer Versuch, für die Geometrie ein vollständiges und möglichst einfaches System von Axiomen aufzustellen und aus denselben die wichtigsten geometrischen Sätze in der Weise abzuleiten, daß dabei die Bedeutung der verschiedenen Axiomengruppen und die Tragweite der aus den einzelnen Axiomen zu ziehenden Folgerungen klar zutage tritt"

6.2.2 Der axiomatische Aufbau der Geometrie

Wissenschaftliches Denken gab es sicher auch vor der Zeit der **Griechen**, aber in ihrer Mathematik und insbesondere in der Geometrie trat es zum erstenmal in der Geschichte klar und nachvollziehbar hervor. Im 5. und 6. Jahrhundert v. Chr. wurde in Ionien die **deduktive Methode** als wichtigstes Arbeitsmittel wissenschaftlicher Betätigung entwickelt. Am Anfang stand die Frage nach der Ursache der Naturerscheinungen und der Versuch einer natürlichen, rationalen Erklärung, während vorher als Ursache gerne das willkürliche Wirken von Göttern angenommen wurde. Das Programm der ionischen Naturphilosophen lautete: Das Weltgeschehen ist auf der Grundlage allgemeiner Naturgesetze zu erklären. Während davor ein übernatürliches Wesen als Schöpfer aller Dinge angenommen wurde, meinte *Thales von Milet*, es gebe nur einen natürlichen Urstoff aus dem alles andere entsteht. Für ihn war das Wasser der Ursprung aller Dinge. Diese neue Denkweise war für die Entwicklung der Mathematik bestimmend. Der Philosoph *Thales* ist der erste namentlich bekannte Mathematiker der Griechen. Von seinen Kenntnissen wissen wir allerdings nur aus Berichten, die zum Teil fast 1000 Jahre später verfaßt worden sind.
So berichtet *Diogenes Laertios* (3. Jahrhundert), daß *Thales* als erster das rechtwinklige Dreieck in den Kreis eingezeichnet hat. Diese vage Aussage ist der Grund dafür, daß wir den einem rechtwinkligem Dreieck umbeschriebenen Kreis „Thaleskreis" nennen. Etwas aussagekräftiger sind die Berichte über *Thales*, die *Proklos* (5. Jahrhundert) in seinem Euklidkommentar gibt und in denen er sich auf eine Geschichte der

Geometrie von *Eudemos* stützte. Dort ist die Rede von drei Sätzen, die *Thales* gefunden und formuliert haben soll.:
„*Thales* hat erkannt und ausgesprochen, daß die Basiswinkel im gleichschenkligen Dreieck gleich sind."
„Daß Scheitelwinkel gleich sind, habe *Thales* zuerst gefunden, einen Beweis habe erst *Euklid* für erforderlich gehalten."
Bei einem weiteren Satz des Thales berichtet *Proklos* vom wohl ersten Beweis in der Geschichte der Mathematik. Er sagt:
„Daß der Kreis durch den Durchmesser halbiert wird, soll zuerst *Thales* bewiesen haben(...)"
Es folgt zuerst eine recht zweifelhafte Begründung und dann ein etwas fundierterer Beweisversuch in Form eines Widerspruchbeweises, der aber offensichtlich von einem späteren Mathematiker stammt, da sonst *Proklos* wohl nicht „soll bewiesen haben" geschrieben hätte.
Aus den spärlichen Berichten kann man schließen, daß die griechische Mathematik um 500 v. Chr. kaum anders ausgesehen hat, als die über 1000 Jahre ältere Mathematik der Babylonier. Es bahnte sich zwar eine neue Sicht unter dem Einfluß der ionischen Naturphilosophen an, aber die Hauptkennzeichen der wissenschaftlichen Denkweise entwickelten sich erst im folgenden Jahrhundert.
Im wesentlichen handelt es sich dabei um zwei elementare Prinzipien, die logische Herleitung eines Satzes aus den anderen, schon bewiesenen durch **Deduktion** und damit der Aufbau eines wissenschaftlichen Systems und die Absicherung dieses Systems durch **Definitionen** und **Axiome**. Die Entwicklung der deduktiven Denkweise ist wohl ein Verdienst des *Pythagoras* und seiner Schule, wie man aus den später in den Elementen des *Euklid* veröffentlichten zahlentheoretischen Sätzen der Pythagoreer sehen kann.
Zur gleichen Zeit wurden in der *eleatischen* Schule die Anfänge der **Logik** entwickelt. Unter dem Einfluß der immer wieder konstruierten Widersprüche, insbesondere derer von *Zenon* (siehe 7.2.1.) wurde die Forderung immer deutlicher, daß ein Beweis gedanklich absolut überzeugend sein müsse und daß er sich nicht auf die Anschauung stützen darf.
Das zweite Prinzip der wissenschaftlichen Denkweise der Griechen ist der Aufbau eines Systems auf **Definitionen** und **Axiomen**. Die Forde-

rung nach klaren Definitionen war ein wichtiges Anliegen der griechischen Philosophie. Nach *Xenophon* geht die Forderung, in einer Diskussion zuerst festzulegen, welche Eigenschaften der diskutierte Gegenstand haben soll, auf *Sokrates* zurück.

Platon bemängelt das Fehlen von Definitionen im allgemeinen Sprachgebrauch und sagt im „Staat":

„Du weißt ja doch, daß die, welche sich mit Geometrie und Arithmetik und dergleichen abgeben, den Begriff von Gerade und Ungerade, von Figuren und den drei Arten von Winkeln und sonst dergleichen bei jedem Beweisverfahren voraussetzen, als hätten sie über diese Begriffe ein Wissen; sie machen sie zu Grundlagen und halten es nicht für nötig, sich oder anderen noch irgend eine weitere Rechenschaft davon zu geben als über etwas das jedermann klar ist."

Will man mathematische Aussagen machen, reichen Definitionen alleine nicht aus, es sind Grundaussagen nötig. Nach *Aristoteles* müssen sie folgende Eigenschaften haben:

„Sie müssen wahr, erste, unvermittelt, einsichtiger als das aus ihnen Geschlossene, früher, und das aus ihnen Geschlossene begründend sein"

„Wahre und erste Sätze sind solche, die nicht erst durch anderes, sondern durch sich selbst glaubhaft sind."

„Von den unvermittelten Prinzipien eines Schlusses nenne ich *Thesen* diejenigen, die man nicht beweisen kann und die nicht jeder schon inne zu haben braucht, der etwas wissenschaftlich begreifen will; dagegen nenne ich Prinzipien, die jeder, der etwas wissenschaftlich begreifen will, inne haben muß, Axiome. Von den Thesen sind diejenigen. die annehmen, daß etwas ist oder nicht ist, Hypothesen, diejenigen, die das nicht tun, Definitionen."

Bei *Euklid* werden allgemeine mathematische Prinzipien als „Axiome" bezeichnet. Im 1. Buch folgen sie den „Definitionen":

1. Was demselben gleich ist, ist untereinander gleich
2. Wenn Gleiches zu Gleichem hinzugefügt wird, sind die Summen gleich
3. Wenn Gleiches von Gleichem abgezogen wird, sind die Differenzen gleich
4. Was sich deckt, ist gleich

5. Das Ganze ist größer als der Teil

Nach den „Axiomen" folgen die „Postulate", von denen vor allem der 5. Satz von Bedeutung für die Geometrie ist:

1. Von jedem Punkt soll man eine Strecke ziehen können
2. Eine begrenzte gerade Linie soll man gerade verlängern können
3. Mit jedem Mittelpunkt soll man mit jedem Radius einen Kreis zeichnen können
4. Alle rechten Winkel sollen einander gleich sein
5. Werden zwei Geraden von einer dritten geschnitten und sind zwei innen an gleicher Seite liegende Winkel zusammen kleiner als zwei rechte Winkel, so schneiden sich an dieser Seite die beiden Geraden

Die griechische Mathematik unterscheidet sich nicht nur im grundsätzlichen Aufbau, sondern auch inhaltlich von der Mathematik der Ägypter und Babylonier. Wie bei diesen Völkern waren auch bei den Griechen Rechteck, Dreieck und Kreis die geometrischen Grundfiguren. Dann aber kam mit der Erkenntnis, daß diese Figuren aus Geraden und Kreisen bestehen, wahrscheinlich bereits im 5. Jahrhundert v. Chr. die Forderung auf, in der Geometrie nur mit Zirkel und Lineal gezeichnete Gebilde zuzulassen. So schrieb *Platon* (in Philebos):

„Lösungen geometrischer Aufgaben mit anderen Hilfsmittel als Zirkel und Lineal verfehlen den Sinn der Geometrie, der gerade darin besteht, zu zeigen, wie alle Figuren aus Geraden und Kreisen bestehen."

Die Konsequenzen aus dieser Einschränkung waren weitreichend und für die Weiterentwicklung der griechischen Mathematik bestimmend. Einerseits entstand ein System von beeindruckender Geschlossenheit, andererseits verhinderte sie die Weiterentwicklung der griechischen Mathematik über den selbstgewählten Rahmen hinaus.

Der systematische Aufbau der Geometrie ist aus den geometrischen Büchern der **Elemente** am einfachsten erkennbar. Ihre wesentlichen Inhalte sind deshalb hier kurz skizziert:

1. Buch

Nach den Definitionen, Postulaten und Axiomen und grundlegenden Konstruktionsaufgaben werden die **Kongruenzsätze** behandelt:

„Wenn in zwei Dreiecken zwei Seiten zwei Seiten entsprechend gleich sind und die von den gleichen Strecken umfaßten Winkel einander gleich, dann muß in ihnen auch die Grundlinie der Grundlinie gleich sein, das Dreieck muß dem Dreieck gleich sein, und die übrigen Winkel müssen den übrigen Winkeln entsprechend gleich sein, nämlich immer die, denen gleiche Seiten gegenüberliegen".

„Wenn in zwei Dreiecken zwei Seiten zwei Seiten entsprechend gleich sind und auch die Grundlinie der Grundlinie gleich ist, dann müssen in ihnen auch die von gleichen Strecken umfaßten Winkel einander gleich sein".

„Wenn in zwei Dreiecken zwei Winkel zwei Winkeln entsprechend gleich sind und eine Seite einer Seite, nämlich entweder die den gleichen Winkeln anliegenden oder die einem der gleichen Winkel gegenüberliegenden Seiten einander gleich, dann müssen auch die übrigen Seiten den übrigen Seiten (entsprechend) gleich sein und der letzte Winkel dem letzten Winkel".

Es folgen Sätze über Parallelen (27–31).
Beispiele:
27 (ohne Verwendung des Parallelenpostulats)
„Wenn eine gerade Linie beim Schnitt mit zwei Geraden einander gleiche (innere) Wechselwinkel bildet, müssen diese geraden Linien einander parallel sein"

Zum Beweis nimmt *Euklid* den Fall

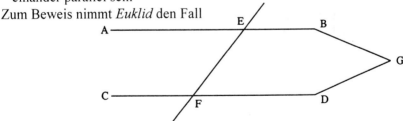

an und zeigt durch Winkelbetrachtungen; daß dies nicht möglich ist.

(30) (mit Verwendung des Parallelenpostulats)
„Derselben Linie parallele sind auch einander parallel"

Das Buch schließt mit der Lehre vom Flächeninhalt und dem Satz des *Pythagoras*.

3. Buch

In diesem Buch behandelt *Euklid* die Kreislehre. Auch hier stehen am Anfang Definitionen, die erst an dieser Stelle gebraucht werden, wie beispielsweise:

(1) Gleiche Kreise sind solche, deren Durchmesser oder deren Radien gleich sind.

(2) Daß sie den Kreis berühre, sagt man von einer geraden Linie, die einen Kreis trifft, ihn aber bei Verlängerung nicht schneidet.

Es folgen wieder Konstruktionsaufgaben und Sätze; Beispiele:

Konstruktionsaufgaben

(1) Zu einem gegebenen Kreis den Mittelpunkt zu finden

(17) Von einem gegebenen Punkt aus an einen gegebenen Kreis eine Tangente zu ziehen

(30) Einen gegebenen Bogen zu halbieren

Sätze

(6) Wenn zwei Kreise einander berühren, können sie nicht denselben Mittelpunkt haben

(10) Ein Kreis kann einen Kreis nicht in mehr als zwei Punkten schneiden

(20) Im Kreis ist der Mittelpunktswinkel doppelt so groß wie der Umfangswinkel, wenn die Winkel über demselben Bogen stehen

(21) Im Kreis sind die Winkel im demselben Abschnitt einander gleich

(22) In jedem einem Kreis einbeschriebenem Viereck sind gegenüberliegende Winkel zusammen zwei rechten Winkeln gleich

(35) Schneiden im Kreis zwei Sehnen einander, so ist das Rechteck aus den Abschnitten der einen dem Rechteck aus den Abschnitten der anderen gleich

4. Buch

In diesem Buch werden die regelmäßigen Polygone (Dreieck, Fünfeck, Fünfzehneck) behandelt. Dabei werden ein- und umbeschriebene Kreise untersucht.

6. Buch

Dieses Buch beschäftigt sich mit der Ähnlichkeitslehre. Zuerst wird die Ähnlichkeit definiert:
> Definition 1: Ähnlich sind geradlinige Figuren, in denen die Winkel einander gleich sind und die gleiche Winkel umfassenden Seiten in Proportion stehen

Es folgen dann die Ähnlichkeitssätze;
Beispiele:
(4) In winkelgleichen Dreiecken stehen die Seiten um gleiche Winkel in Proportion, und zwar entsprechen einander die, die gleichen Winkeln gegenüberliegen
(5) Stehen in zwei Dreiecken die Seiten in Proportion, so müssen die Dreiecke winkelgleich sein, und zwar müssen in ihnen die Winkel gleich sein, denen entsprechende Seiten gegenüberliegen

11. Buch

In diesem Buch werden die Grundfragen der Geometrie räumlicher Figuren behandelt.

13. Buch

Das Werk *Euklids* schließt mit der Konstruktion der regelmäßigen Polyeder.
Den **Arabern** ist es in erster Linie zu verdanken, daß die Geometrie der Griechen an die abendländische Mathematik weitergegeben wurde. Durch ihre Arbeiten wurde das griechische Erbe bewahrt und weiterge-

führt. *Al-Haggag ibn Yusuf* übersetzte Anfang des 9. Jahrhunderts die Elemente des *Euklid* und den Almagest des *Ptolemaios* ins Arabische. Vor allem die Parallelenfrage beschäftigte die Mathematiker dieser Zeit. Als einer der ersten befaßte sich *al-Gauhari* mit diesem Problemkreis. An den Beginn seines Werkes stellte er sechs Sätze ohne Beweise, die er wohl als „Axiome" auffaßte.
Beispiele:

Satz 3: „Ist im Dreieck ABC der Punkt D der Mittelpunkt von AB und E der Mittelpunkt von AC, so ist $BC = 2 \cdot DE$"

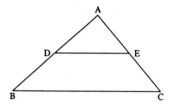

Satz 5: „Wenn ein Winkel durch eine Gerade halbiert wird, so gibt es durch jeden Punkt der Winkelhalbierenden eine Gerade, die die beiden Schenkel trifft"

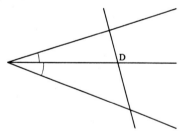

Aus diesen beiden Sätzen folgt das Parallelenpostulat (siehe *H. Gericke*, Geschichte der Mathematik in Antike und Orient, S. 209/210). Die Herleitungen *al-Gauhari's* sind allerdings nicht überliefert.

Als nächster beschäftigte sich *Tabit ibn Qurra* im selben Jahrhundert mit dem Parallelenpostulat. Er setzte an die Spitze seiner Überlegungen folgenden aus Bewegungsvorstellungen gewonnenen Satz:

„Wenn zwei Gerade AB und GD gegeben sind und es zwei Strecken $AG = EW$ gibt, die mit GD gleiche Winkel ($\omega = \omega'$) bilden, dann haben alle Lote, die von Punkten der Geraden *AB* auf die Gerade *GD* gefällt werden, die gleiche Länge ($l = l'$)"

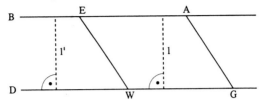

Daraus folgt ein Spezialfall, der asoeddck

ls Ersatz für das **Parallelenpostulat** dienen kann :
„Sind zwei von *AB* auf *GD* gefällte Lote gleich lang so sind alle Lote gleich lang".

Es schließt sich der Satz an, daß in einem Viereck *ABCD* aus $\alpha = \beta$ und $AD = BC$ folgt: $\gamma = \delta$, was leicht durch die Kongruenz der Dreiecke *ABC* und *BAD* bzw. *ACD* und *BDC* zu zeigen ist.

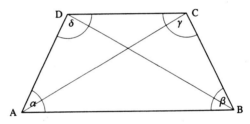

Es folgt die Umkehrung dieses Satzes und schließlich der wichtige Satz „Alle von *g* auf *h* gefüllten Lote stehen auch auf *g* senkrecht"

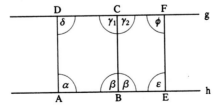

Tabit ibn Qurra geht von drei von ġ auf h gefällten Loten aus, von zwei gleich lang sein sollen,. also nach dem grundlegenden Satz alle gleich lang sind. Aus dem vorhergehenden Satz folgt dann:

$$\delta = \gamma_1, \gamma_2 = \varphi, \delta = \varphi$$

und daraus $\gamma_1 = \gamma_2$ und wegen $\gamma_1 + \gamma_2 = 180°$: $\gamma_1 = \gamma_2 = 90°$ und damit auch $\delta = \varphi = 90°$.

Die **abendländische** Mathematik griff die griechischen und arabischen Überlegungen auf, erzielte aber lange keine Fortschritte in den grundsätzlichen Fragen. Man beschränkte sich in erster Linie auf rechnerische Verfahren in der Geometrie und deren Weiterentwicklung. Erst gegen Ende des 18. Jahrhunderts machte man sich ernsthafte Gedanken über die Grundlagen der Geometrie.

C. F. Gauß wandte sich als einer der ersten gegen die von der Philosophie *Kants* bestimmte allgemeine Ansicht, daß der euklidische Raum eine reine Anschauungsform a priori vor jeder Erfahrung ist. Er hat zwar seine revolutionären Ansichten nie veröffentlicht, aus Briefen geht aber hervor, daß er schon 1792 der sicheren Meinung war, daß man bei Aufgabe des Parallelenpostulats „auf eine eigene, von der unsrigen ganz verschiedenen Geometrie, die in sich selbst durchaus konsequent ist, kommt."

J. Bolyai griff diese Idee auf und unterschied drei Arten der Geometrie. In einem Anhang zu einer Abhandlung seines Vaters *W. Bolyai* mit dem Titel „Raumlehre, unabhängig von der (a priori nie entschieden werdenden) Wahr- oder Falschheit des berüchtigten Euklidischen Axioms, (...)" (1833) führte er folgende Fälle auf:
1. Die **absolute Geometrie** ohne das Parallelenpostulat
2. Die **nichteuklidische Geometrie**, wobei an Stelle des Parallelenpostulats eine Annahme von *G. Saccheri* aus dem Jahr 1733 gesetzt wird. *Saccheri* hatte in Anlehnung an arabische Überlegungen in einem gleichschenkligen Trapez mit $\alpha = \beta = 90°$ zwei Fälle unterschieden:
    1. $\gamma = \delta = 90°$, woraus das Parallelenpostulat folgt
    2. $\gamma = \delta < 90°$, wobei das Parallelenpostulat nicht gilt.

Den 3. Fall $\gamma = \delta > 90°$ verwarf *Saccheri*, da sich in diesem Fall, wenn man Geraden fortsetzen darf, sich die Geraden *AB* und *CD* in

zwei Punkten schneiden würden. Der 2. Fall stellt die Ausgangsposition für die nichteuklidische Geometrie bei *Bolyai* dar.
3. Die **euklidische Geometrie**, mit dem Parallelenpostulat bzw. unter Zugrundelegung des 1. Falles bei Saccheri.

Noch deutlicher drückte sich *B. Riemann* aus, der 1854 in „Über die Hypothesen, welche der Geometrie zu Grunde liegen" feststellte, daß Geometrie sinnvoll auf jeder Fläche mit konstanter Totalkrümmung getrieben werden kann. Je nach der Totalkrümmung einer Fläche gilt:

Totalkrümmung 0: Euklidische Geometrie

Totalkrümmung < 0: Geometrie der Hypothese der spitzen Winkel im gleichschenkligen Trapez von *Saccheri*

Totalkrümmung > 0: Geometrie der Hypothese der stumpfen Winkel im gleichschenkligen Trapez von *Saccheri*

Alle diese Geometrien wurden von *Riemann* grundsätzlich als gleich angesehen. Damit war der Boden vorbereitet für die Auffassung, daß geometrische Wahrheiten unabhängig sind von experimentell gewonnenen Erfahrungen über den realen Raum.

Das moderne axiomatische Denken begründete *D. Hilbert* in seinen „Grundlagen der Geometrie" (1899). In diesem Werk stellte er ein umfangreiches Axiomensystem der Geometrie vor:

1 **Axiome der Verknüpfung** (sie definieren den Begriff „liegt auf" oder „gehört zu")

a) in der Ebene:

1.1 Zu zwei Punkten *A, B* gibt es stets eine Gerade *a*, die mit jedem der beiden Punkte *A, B* zusammengehört.

1.2 Zu zwei Punkten *A, B* gibt es nicht mehr als eine Gerade, die mit jedem der beiden Punkte *A, B* zusammengehört.

1.3 Auf einer Geraden gibt es stets wenigstens zwei Punkte. Es gibt wenigstens drei Punkte, die nicht auf einer Geraden liegen.

b) im Raum:

1.4 Zu irgend drei nicht auf ein und derselben Geraden liegenden Punkten *A, B, C* gibt es stets eine Ebene, die mit jedem der drei Punkte *A, B, C* zusammengehört. Zu jeder Ebene gibt es stets einen mit ihr zusammengehörigen Punkt.

1.5 Zu irgend drei nicht auf ein und derselben Geraden liegenden

Punkten *A, B, C* gibt es nicht mehr als eine Ebene die mit jedem der drei Punkte *A, B, C* zusammengehört.

1.6 Wenn zwei Punkte *A, B* einer Geraden *a* in einer Ebene liegen, so liegt jeder Punkt von *a* in der Ebene.

1.7 Wenn zwei Ebenen einen Punkt *A* gemein haben, so haben sie wenigstens noch einen weiteren Punkt *B* gemein.

1.8 Es gibt wenigstens vier nicht in einer Ebene gelegene Punkte.

2 Axiome der Anordnung (sie definieren den Begriff „zwischen")

a) auf der Geraden:

2.1 Wenn ein Punkt *B* zwischen einem Punkt *A* und einem Punkt *C* liegt, so sind *A, B, C* drei verschiedene Punkte einer Geraden, und *B* liegt dann auch zwischen *C* und *A*.

2.2 Zu zwei Punkten *A* und *C* gibt es stets wenigstens einen Punkt *B* auf der. Geraden *AC*, so daß *C* zwischen *A* und *B* liegt.

2.3 Unter irgend drei Punkten einer Geraden gibt es nicht mehr als einen, der zwischen den beiden anderen liegt.

b) in der Ebene:

2.4 Es seien *A, B, C* drei nicht in gerader Linie gelegene Punkte und *a* eine Gerade in der Ebene *ABC*, die keinen der Punkte *A, B, C* trifft: wenn dann die Gerade *a* durch einen Punkt der Strecke *A B* geht, so geht sie gewiß auch durch einen Punkt der Strecke *AG* oder durch einen Punkt der Strecke *BC*.

3 Axiome der Kongruenz (sie definieren den Begriff „Kongruenz")

a) auf der Geraden:

3.1 Wenn *A, B* zwei Punkte auf einer Geraden *a* und ferner *A'* ein Punkt auf derselben oder einer anderen Geraden *a'* ist, so kann man auf einer gegebenen Seite der Geraden *a'* von *A'* stets einen Punkt *B'* finden, so daß die Strecke *AB* der Strecke *A'B'* kongruent oder gleich ist, in Zeichen $AB \equiv A'B'$.

3.2 Wenn eine Strecke *A'B'* und eine Strecke *A"B"* derselben Strecke *AB* kongruent sind, so ist auch die Strecke *A'B'* der Strecke *A"B"* kongruent; oder kurz: wenn zwei Strecken einer dritten kongruent sind, so sind sie untereinander kongruent.

3.3 Es seien AB und BC zwei Strecken ohne gemeinsame Punkte auf der Geraden a und ferner $A'B'$ und $B'C'$ zwei Strecken auf derselben oder einer anderen Geraden a' ebenfalls ohne gemeinsame Punkte; wenn dann $AB \equiv A'B'$ und $BC \equiv B'C'$ ist, so ist auch stets $AC \equiv A'C'$.

b) in der Ebene:

3.4 Es sei ein Winkel w(h, k) in einer Ebene α und eine Gerade a' in einer Ebene α'; sowie eine bestimmte Seite von a' in α', gegeben. Es bedeute h' einen Halbstrahl der Geraden a', der von Punkt $0'$ ausgeht: dann gibt es in der Ebene α' einen und nur einen Halbstrahl k', so daß der Winkel w(h, k) kongruent oder gleich dem Winkel w(h', k') ist und zugleich alle inneren Punkte. des Winkels w(h', k'') auf der gegebenen Seite von a' liegen, in Zeichen w$(h, k) \equiv$ w(h', k'). Jeder Winkel ist sich selbst kongruent, d. h., es ist stets w$(h, k) \equiv w(h, k)$

3.5 Wenn für zwei Dreiecke ABC und $A'B'C'$ die Kongruenzen $AB \equiv A'B'$, $AC \equiv A'C'$, w $BAC \equiv$ w $B'A'C'$ gelten, so ist auch stets die Kongruenz w $ABC \equiv$ w $A'B'C'$ erfüllt.

4 Axiome der Parallelen (Euklidisches Axiom)

Es sei a eine beliebige Gerade und A ein Punkt außerhalb a: dann gibt es in der durch a und A bestimmten Ebene höchstens eine Gerade, die durch A läuft und a nicht schneidet. (Das Axiom wird bei allen Untersuchungen bei denen nicht auf die Axiome der Kongruenz zurückgegriffen wird, durch die Forderung verstärkt, daß eine Parallele existiert).

5 Axiom der Stetigkeit

5.1 (Axiom des Messens oder Archimedisches Axiom). Sind AB und CD irgendwelche Strecken, so gibt es auf der Geraden AB eine Anzahl von Punkten $A_1, A_2, \cdots, A_n$ so daß die Strecken $AA_1, A_1A_2, \cdots, A_{n-1}A_n$ der Strecke CD kongruent sind und B zwischen A und A_n liegt

5.2 (Axiom der linearen Vollständigkeit) Die Punkte einer Geraden bilden ein System, welches bei Aufrechterhaltung der linearen Anordnung, des ersten Kongruenzaxioms und des Archimedischen Axioms (d. h. der Axiome 1.1–2,2,3.1,5.1) keiner Erweiterung mehr fähig ist.

6.2.3 Längen- und Flächenberechnungen

Die Anfänge der Geometrie sind von der Berechnung von Strecken und vor allem von Flächen geprägt. Erst die Griechen stellten Konstruktion und Beweis in den Vordergrund. Die Herkunft der geometrischen Problemstellungen aus den Bedürfnissen der Praxis ist klar erkennbar, auch wenn sich bereits in der ägyptischen und babylonischen Geometrie das Interesse an theoretischen Überlegungen abzeichnet.

Nach dem Zeugnis der griechischen Geschichtsschreiber waren bei den **Ägyptern** die Harpedonapten („Seilspanner") die ersten Geometer. In bildlichen Darstellungen erkennt man ihre Hilfsmittel, insbesondere Meßseil, Meßstab, Lot und Visierstab. Mit Hilfe dieser Werkzeuge wurden für die oft gewaltigen Bauten der Ägypter die Grundrisse gezeichnet. Eine wichtige Aufgabe dabei war die Konstruktion rechter Winkel. Wie die Harpedonapten dieses Problem lösten, ist nicht bekannt. Man hat darüber spekuliert, daß dies mit Hilfe eines Seildreiecks mit den Seiten 3, 4 und 5 Längeneinheiten geschehen sei, ohne daß es einen Hinweis auf dieses Verfahren, das natürlich die Kenntnis des Satzes des *Pythagoras* voraussetzt, gibt.

Die geometrische Grundfigur der Ägypter war das Rechteck. Bereits im Alten Reich (3. Jahrtausend v. Chr.) war die Flächenformel „Länge mal Breite" bekannt. In den erhaltenen Texten des 2. Jahrtausends v. Chr. zeigt sich eine sichere Beherrschung dieser Formel und darüber hinaus das Interesse an Aufgaben, die über die reine Berechnung des Inhalts hinausgehen.

Beispiel: Moskauer Papyrus, Aufgabe 6:

Gegeben ist der Flächeninhalt eines Rechtecks (12) und das Verhältnis der Seiten („$\frac{1}{2} + \frac{1}{4}$ der Länge für die Breite" d. h. b = l)

Gesucht ist die Länge des Rechtecks.

Die Lösung lautet:

„Dividiere 1 durch $\frac{1}{2}+\frac{1}{4}$, es ergibt $1\frac{1}{3}$.

Multipliziere 12 mit $1\frac{1}{3}$, es gibt 16.

Berechne seinen Winkel (d. h. die Wurzel), es gibt 4 für die Länge.

Sein $\frac{1}{2}+\frac{1}{4}$ als 3 für die Breite."

Die Länge wird also als $l = \sqrt{12 \cdot \dfrac{1}{\frac{1}{2}+\frac{1}{4}}} = \sqrt{16} = 4$ berechnet.

Nach *Vogel* läßt sich die Lösung am einfachsten durch folgende geometrische Überlegung deuten:

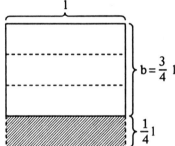

Die Fläche des durch das Hinzufügen des schraffierten Rechtecks entstandenen Quadrats ist $\frac{4}{3}$ der Fläche des Rechtecks, also $12 \cdot \frac{4}{3} = 16$; 1 ist dann die Wurzel aus 16.

Halbiert man ein Rechteck durch eine Diagonale, erhält man rechtwinklige Dreiecke. In den überlieferten Texten begnügte man sich meist mit der Flächenberechnung. Man findet aber auch Aufgaben, die der vorher besprochenen Berechnung am Rechteck entsprechen.

Beispiel: Moskauer Papyrus, Aufgabe 17:

Gegeben sind der Flächeninhalt eines rechtwinkligen Dreiecks (2) und das Verhältnis der Katheten („$\frac{1}{5}+\frac{1}{15}$ der Länge für die Breite", d. h. $b = \frac{2}{5}a$).

Gesucht ist die „Länge" d. h. die längere Kathete a.

Die Lösung wird als $a = \sqrt{20 \cdot 2 \cdot \dfrac{1}{\frac{2}{5}}} = \sqrt{100} = 10$ vorgerechnet, wobei offensichtlich das Dreieck in ein Rechteck übergeführt wurde (20·2) und dann nach der gleichen Methode wie in Aufgabe 6 gerechnet wurde.

Neben dem Rechteck und seiner Hälfte spielte das gleichschenklige Dreieck in der ägyptischen Geometrie eine wichtige Rolle.

Beispiel: Papyrus Rhind, Aufgabe 51:
Gegeben sind die Grundlinie („Mündung") (4) und die Höhe („Grenze") (10), wobei die Bezeichnung „Grenze" wohl darauf hindeutet, daß dadurch das Dreieck in zwei rechtwinklige Dreiecke zerlegt wird.
Gesucht ist die Fläche des gleichschenkligen Dreiecks.
Die Lösung lautet:
„Mache die Hälfte von 4, das ist 2
um es zu einem Rechteck zu machen.
Vervielfältige die Zahl 10 mit 2.
Sein Flächeninhalt ist es."
Die Lösung wurde also als $A = \frac{4}{3} \cdot 10 = 20$ berechnet, d. h. die Ägypter rechneten wie wir mit der Form $A = \frac{1}{2} \cdot b\,h$.
Aus der Behandlung gleichschenkliger Dreiecke ergibt sich naturgemäß die Betrachtung gleichschenkliger Trapeze.

Beispiel: Papyrus Rhind, Aufgabe 52:
Gegeben sind die beiden parallelen Seiten („Mund" und „Abschnitt") (6 und 4) und die Höhe („Grenze") (20).
Gesucht ist die Fläche des gleichschenkligen Trapezes.
Die Lösung lautet:
„Addiere den Mund zum Abschnitt; es macht 10.
Mache die Hälfte von 10, das ist 5;
um ihr Rechteck zu machen, vervielfältige die Zahlen:
20 mal 5, das gibt nun 100."

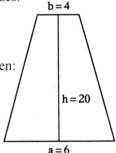

Die Lösung wird also als $A = \dfrac{4+6}{2} \cdot 20$ berechnet, wobei offensichtlich die Formel $A = \dfrac{a+b}{2} \cdot h$ durch Umwandlung des Trapezes in ein Rechteck gemäß der folgenden Figur entstand:

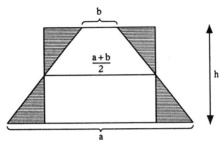

Auch bei den **Babyloniern** war das Rechteck die geometrische Grundfigur. Neben den einfachen Flächenberechnungen und der Bestimmung einer Seite aus gegebenem Flächeninhalt, die bereits auf das 3. Jahrtausend v. Chr. zurückgehen, findet man in altbabylonischer Zeit eine Fülle von Aufgaben zur Flächenberechnung, die auf Gleichungen 2. Grades führen.
Beispiel: AO 8862,3:
„Länge, Breite. Ich habe Länge und Breite multipliziert und so eine Fläche gebildet. Zweitens habe ich das, was über die Breite hinausgeht, mit der Summe aus Länge und meiner Breite multipliziert;
ich habe es zu meiner Fläche addiert, es ist 1,13,20.
Schließlich habe ich Länge und Breite addiert, es ist 1,40."
Das ergibt die beiden Gleichungen:
I $\quad x y + (x-y)(x+y) = 1,13,20$
II $\quad x + y = 1,40$
Es handelt sich dabei wohl nicht um ein echtes geometrisches Problem, sondern um eine rein algebraische Aufgabe, bei der nur die Bezeichnungen für die Variablen aus der Sprache der Geometrie gewählt wurden.
Ein echtes geometrisches Problem, für dessen Lösung eine allgemeine Berechnungsvorschrift angegeben wird, ist die 18. Aufgabe des Textes BM 34 568 aus der späteren babylonischen Mathematik. Gegeben sind

in einem Rechteck die Fläche und die Summe aus den beiden Seiten und der Diagonalen.

$a \cdot b = A$
$a + b + d = s$

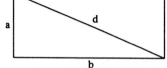

Gesucht ist die Diagonale d.

Der Text gibt eine allgemeine Vorschrift zur Berechnung der Diagonalen:

„Du multiplizierst Länge, Breite und Diagonale mit Länge, Breite und Diagonale. Du multiplizierst die Fläche mit 2. Du subtrahierst es von (dem Quadrat) der Länge, Breite und Diagonale. Du multiplizierst den Rest 0;30. Du multiplizierst (das Reziproke von) Länge, Breite und Diagonale mit der Hälfte des Rests, dann kannst Du setzen: Das Produkt ist die Diagonale."

In unserer Schreibweise lautet die Lösungsvorschrift:

$$d = \frac{\frac{1}{2} \cdot (s^2 - 2A)}{s}$$

Sie entspricht inhaltlich dem sogenannten Satz des *Pythagoras*[27].

Noch deutlicher erkennt man an einer in der Plimpton Library, New York aufbewahrten Keilschrifttafel, daß die Babylonier bereits im 2. Jahrtausend v. Chr. diesen Satz verwendeten. Auf dieser Tafel findet man 15 **pythagoreische Zahlentripel**. Die 13. Zeile lautet beispielsweise:

---

[27] Aus ihr folgt:

$2sd = s^2 - 2ab$

$2(a + b + d)d = (a + b + d)^2 - 2ab$

$2ad + 2bd + 2d^2 = a^2 + b^2 + d^2 + 2ad + 2bd \Rightarrow d^2 = a^2 + b^2$

Andererseits folgt aus $d^2 = a^2 + b^2$

$d^2 = (a + b)^2 - 2ab = (s - d)^2 - 2A \Rightarrow$

$d^2 = s^2 - 2sd + d^2 - 2A \Rightarrow d = \dfrac{\frac{1}{2}(s^2 - 2A)}{s}$

Bezeichnet man die Katheten eines rechtwinkligen Dreiecks mit a und b und die Hypotenuse mit c, bedeutet die erste Zahl $\left(\dfrac{b}{a}\right)^2$, die zweite b und die dritte c. Um den Satz $a^2 + b^2 = c^2$ nachzuprüfen, muß man die babylonischen Zahlzeichen richtig übersetzen. Die erste Zahl ist auf alle Fälle 0;33,45 d. h. $\frac{33}{60} + \frac{45}{60^2} = \frac{9}{16}$, also $\frac{b}{a} = \frac{3}{4}$. Die zweite kann man als 45 interpretieren und die dritte als $1 \cdot 60 + 15 = 75$. In diesem Fall gilt: $a = 60$, $b = 45$, $c = 75$ ($60^2 + 45^2 = 75^2$)
Die zweite Zahl kann aber z.B. auch 0;45 d. h. $\frac{45}{60} = \frac{3}{4}$ und die dritte 1;15 d. h. $1 + \frac{15}{60} = \frac{5}{4}$ sein. Dann gilt: $a = 1$, $b = \frac{3}{4}$, $c = \frac{5}{4}$ $\left(1^2 + \left(\frac{3}{4}\right)^2 = \left(\frac{5}{4}\right)^2\right)$.

Beispiel aus einem altbabylonischen Text für die Berechnung an einem rechtwinkligen Dreieck, BM 35 196,9:
Gegeben ist die Länge eines ursprünglich senkrecht an einer Wand stehenden Rohres (15), das um 3 Einheiten gesenkt wurde und jetzt schräg steht. Gesucht ist die Entfernung des Rohrfußes von der Wand.

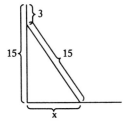

Wie bei uns wird die Entfernung durch das Lösen der Gleichung
$12^2 + x^2 = 15^2$
als $x = 9$ berechnet.

Bemerkenswerterweise taucht diese Aufgabe in abgewandelter Form immer wieder auf, so beispielsweise in einem spätbabylonischen Text (BM 34 568,12).

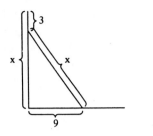

Dort ist neben der Absenkung (3) die Entfernung des Fußpunktes von der Mauer gegeben (9), was auf die etwas schwierigere Gleichung $(x-3)^2 + 9^2 = x^2$ führt, die von den Babyloniern offensichtlich problemlos gelöst wurde.

Auch bei anderen Dreiecken verwendeten die Babylonier den Satz von Pythagoras sehr geschickt, wie beispielsweise in einem Text aus Susa für die Berechnungen an einem gleichschenkligen Dreieck. In dieser Aufgabe sind die Basis (60) und die Schenkel (50) gegeben, gesucht ist der Radius des Umkreises.

Lösung:

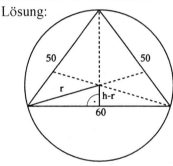

Zuerst wird die Höhe des Dreiecks berechnet:

$$h^2 = 50^2 - \left(\tfrac{60}{2}\right)^2$$
$$= 2500 - 900 = 1600$$
$$h = 40$$

Dann wird die Gleichung

$(40-r)^2 + \left(\tfrac{60}{2}\right)^2 = r^2$ gelöst.

Das Ergebnis lautet: $r = 31\tfrac{1}{4}$.

Die interessantesten Probleme der ebenen Geometrie ergaben sich auch bei den Babyloniern bei der Berechnung von Kreisen und Kreisteilen. Beispiel für die Berechnung der Kreisfläche aus dem Umfang (4) in BM 85 194:

„4 quadriere, 16 siehst Du; 16 mit 0;5,

(wegen der) Krümmung, multipliziere, 1;20 siehst Du."

Da im selben Text das gleiche Verfahren auf einen Kreis mit anderem Umfang angewandt wird, handelt es sich wohl um eine allgemeingültige Formel, die wir heute als $A = \tfrac{1}{12} u^2$ schreiben würden. Da die exakte Formel $A = \tfrac{1}{4\pi} u^2$ lautet, folgt daraus die Verwendung von 3 für die Kreiszahl π. An einigen Stellen kommt statt 0;5 der ziemlich genaue Wert 0;4,48 als Kreiskoeffizient vor. Er entspricht $\tfrac{8}{100}$ und würde auf $3\frac{1}{8}$ für die Kreiszahl führen. Die Frage, wie die Babylonier zu ihrer Formel gekommen sind, ist sicher von hohem Interesse für die Bewertung der babylonischen Mathematik. Die Kreisberechnung der Babylonier ist wahrscheinlich das einzige mathematische Verfahren vor der Zeit der Griechen, bei dem infinitesimale Überlegungen eine Rolle gespielt haben könnten. In welcher Form dies geschah, ist aber nicht erkennbar.

Beispiel für die Berechnung der Segmentfläche (BM 85 194):
„Ein Segment, 60 der Rand, 50 die Sehne. Die Fläche (ist was)?
Du 60, der Rand über 50 was geht er hinaus?
(um) 10 geht er hinaus. 50 mit 10, der Differenz, multipliziere; 8,20 siehst Du. 10, die Trennende, quadriere: 1,40 siehst Du. 1,40 von 8,20 ist entfernt. 7,30 siehst Du.
(4 (gán) $\frac{1}{2}$ (gán) (ist) die Fläche."

Benutzt man b = Rand oder Bogen, s = Sehne und h = Höhe oder Pfeil des Segments, so kann man verschiedene Formeln für die Segmentfläche aus dem Text herauslesen, da unklar ist, was „die Trennende" in der 4. Zeile bedeuten soll. Die beiden wahrscheinlichsten Formeln sind

$$A = s(b-s) - \tfrac{1}{2}h^2$$
$$A = s(b-s) - \tfrac{1}{2}(b-s)^2.$$

Beide Formeln beschreiben korrekte Verfahren, wenn man als Kreiszahl $\pi = 3$ annimmt.

In der **griechischen** Literatur spielen die Berechnungen am Rechteck keine Rolle. Zu dieser Zeit waren diese Probleme bereits gelöst und deshalb für die griechischen Mathematiker uninteressant. Kreisberechnungen dagegen waren von Anfang an ein wichtiges Thema.

Die ersten überlieferten Bemühungen um die Kreisquadratur gehen auf *Anaxagoras* (5. Jahrhundert v. Chr.) zurück. Nach *Plutarch* hat er im Gefängnis die Quadratur des Kreises „gezeichnet". Wie er das gemacht hat, ist nicht überliefert, es ist nicht einmal klar, was *Plutarch* mit „er hat gezeichnet" gemeint hat. Etwas später haben sich *Hippokrates von Chios*, *Antiphon* und *Bryson* mit diesem Problem befaßt. Auch über ihre Methoden wissen wir sehr wenig, sie sind aber jedenfalls der Infinitesimalrechnung zuzuschreiben, wenn sie Erfolg gehabt haben sollten.

Mit elementaren geometrischen Mitteln hat *Hipparch* (5. Jahrhundert v. Chr.) die Quadratur von Flächen, die von Kreisbögen begrenzt sind, behandelt. In einem Fragment von *Simplikios* (6. Jahrhundert), das dieser aus der verschollenen Geschichte der Mathematik des *Eudemos* (4. Jahrhundert v. Chr.) abgeschrieben hat, wird sein Verfahren beschrieben.

Zuerst soll *Hippokrates* bewiesen haben, daß ähnliche Kreissegmente dieselben Verhältnisse zueinander haben wie ihre Grundlinien im Quadrat. Dabei beruft er sich auf den Satz „daß die Durchmesser im Quadrat dasselbe Verhältnis haben wie die Kreise".

Dann wird ein „Möndchen" in ein flächengleiches Dreieck verwandelt. Dabei handelt es sich um ein Gebilde, das entsteht, wenn am um ein rechtwinkliges, gleichschenkliges Dreieck ABC einen Halbkreis beschreibt und über dessen Durchmesser ein den beiden anderen Segmenten ähnliches Segment mit dem Mittelpunkt M_2 zeichnet.

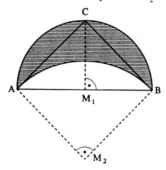

Daß das Möndchen dem Dreieck ABC inhaltsgleich ist, begründet er folgendermaßen:

„Da aber das Segment über der Basis den beiden anderen (Segmenten zusammen) inhaltsgleich ist, so wird, wenn beiderseits der Teil des Dreiecks, der über dem Segment über der über der Basis liegt, hinzugefügt wird, das Möndchen dem Dreieck inhaltsgleich sein."

Grundlinie des großen Segments: $2r$; Grundlinie des kleinen Segments:

$$\sqrt{2r} \quad \Rightarrow \quad \frac{A_{Seg} \cdot AB}{A_{Seg} \cdot AC + A_{Seg} \cdot BC} =$$

$$\frac{(2r)^2}{\left(\sqrt{2}r\right)^2 + \left(\sqrt{2}r\right)^2} = 1.$$

$A_{SegAB} = A_{SegAC} + A_{SegBC} \Rightarrow$

$A_{SegAB} + A_{\triangle ABC} = A_{SegAC} + A_{SegBC} + A_{\triangle ABC}$

$A_{\triangle ABC} = A_{MöndchenABC}.$

Anschließend behandelt *Hippokrates* ein Möndchen mit einem äußeren Bogen, der größer als der Halbkreis ist und stellt fest (ohne den Beweis anzugeben), daß es dem Trapez *ABCD* flächengleich ist.

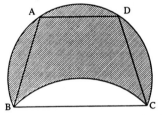

Schließlich wird auch noch der dritte Fall mit einem äußeren Bogen, der kleiner als der Halbkreis ist betrachtet.

Es folgt die Quadratur eines Möndchens zusammen mit einem Kreis. In der folgenden Figur gilt für die Radien der beiden Kreise $R = \sqrt{6} \cdot r$:

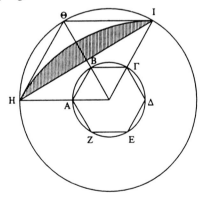

Hippokrates zeigt, daß das Dreieck H Θ I und das Sechseck zusammen gleich dem Möndchen über H I und dem kleinen Kreis sind.

Für die Fläche des kleinen Kreises gilt also:

$$A_K = A_{\Delta H\Theta I} + A_{Sechseck} - A_{Möndchen HI}$$

Es war *Hippokrates* durchaus klar, daß damit noch nicht die Kreisquadratur geleistet war. Im Text des *Simplikios* heißt es nur:

„Da nun die genannten geradlinigen Figuren quadriert werden können, so kann auch der Kreis zusammen mit dem Möndchen quadriert werden."

Noch wichtiger für die Entwicklung der Mathematik als die Sätze über die Möndchenquadratur ist der anfangs zitierte Satz, daß die Kreisdurchmesser im Quadrat dasselbe Verhältnis wie die Kreisinhalte haben. Diesen Satz, der die Grundlage seiner Überlegungen ist, soll *Hippokrates* nach *Simplikios* bewiesen haben. Es ist sehr fraglich, ob der Beweis wirklich einwandfrei war. Die Methode, nach der im Rahmen der griechischen Mathematik dieser Satz bewiesen werden konnte, stammt wohl erst von *Eudoxos* (4. Jahrhundert v. Chr.) und ist der Infinitesimalrechnung zuzuordnen. Der Satz steht als Nummer 2 im 12. Buch der Elemente des *Euklid*.

Neben der Kreisberechnung spielt vor allem der **Satz des *Pythagoras*** und die **Winkelberechnung** im Dreieck eine wichtige Rolle in der griechischen Geometrie. Der Satz des *Pythagoras* ist die Krönung des 1. Buches der Elemente des *Euklid*. Davor steht die Lehre vom Flächeninhalt, wenn auch ohne Berechnungen, aber doch deutlich auf das Ziel, den Satz des *Pythagoras* ausgerichtet.

Der Aufbau geschieht in folgenden Schritten:

(35) „Auf derselben Grundlinie zwischen denselben Parallelen gelegene Parallelogramme sind einander gleich"

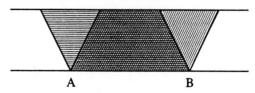

(36) „Auf gleichen Grundlinien zwischen denselben Parallelen gelegene Parallelogramme sind einander gleich"

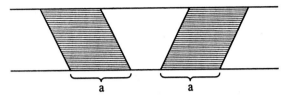

In den Sätzen (37) und (38) werden diese beiden Sätze für Dreiecke bewiesen.
Es folgt die Umkehrung der Sätze (37) und (38):

(39) „Auf derselben Grundlinie nach derselben Seite gelegene gleiche Dreiecke liegen auch zwischen denselben Parallelen"

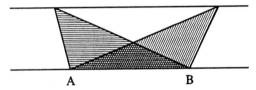

(40) „Auf gleichen Grundlinien nach derselben Seite gelegene gleiche Dreiecke liegen auch zwischen denselben Parallelen".

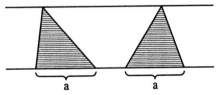

Im Anschluß wird der Zusammenhang der Dreiecksfläche mit der Parallelogrammfläche festgestellt:

(41) „Wenn ein Parallelogramm mit einem Dreieck dieselbe Grundlinie hat und zwischen denselben Parallelen liegt, ist das Parallelogramm doppelt so groß wie das Dreieck"

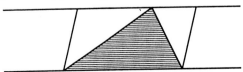

Nach einer Konstruktionsaufgabe (42) folgt der wahrscheinlich schon in der babylonischen Mathematik verwendete **Satz vom Gnomon**:

(43) „In jedem Parallelogramm sind die Ergänzungen der um die Diagonale liegenden Parallelogramme einander gleich"

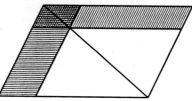

Es folgen wieder Konstruktionsaufgaben ((44) – (46)) und schließlich als Satz (47) der Satz von *Pythagoras* und seine Umkehrung (48). Der Beweis dieses Satzes erfolgt in folgenden Schritten:

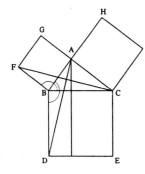

1) Wegen der beiden rechten Winkel bei A setzt CA AG gerade fort. Ebenso setzt auch BA AH gerade fort.

2) Aus w(DBC) = w(FBA) folgt durch Addition von w(DBA) = w(FBC)

3) $DB = BC$, $FB = BA$ $\Rightarrow$ $DB = BC$, $BA = FB$

4) w(DBA) = w(FBC) $\Rightarrow$ $AD = FC$ $\Rightarrow$ $\triangle ABC \cong \triangle FCB$

5) Das Parallelogramm BL und das Dreieck ABD haben die gleiche Grundlinie und liegen zwischen denselben Parallelen

$$A_{Parall.BL} = 2 \cdot A_{\triangle ABD}$$

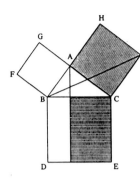

6) Ebenso: $A_{QuadratGB} = 2 \cdot A_{\triangle FCB}$

7) Aus 4), 5), 6) folgt:
$A_{Parall.BL} = A_{QuadratGB}$

8) Ebenso $A_{Parall.CL} = A_{QuadratHC}$

9) Aus 7) und 8) folgt:
$A_{QuadratDC} = A_{QuadratGB} + A_{QuadratHC}$.

Die Bedeutung der **Inder** für die Geometrie liegt in erster Linie in ihren Beiträgen zur Trigonometrie. Interessant ist aber auch die sehr anschauliche Behandlung elementarer Sätze, deren „Beweise" aus geschickt gewählten Figuren mittels intuitiver Kongruenzbetrachtungen gewonnen wurden Dabei fehlt jeder erläuternde Text, man findet immer nur das Wort „siehe!", wie beispielsweise bei der Berechnung der Dreiecksfläche:

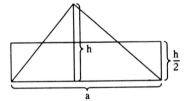

aus der Figur folgt sofort:
$$A_\triangle = a \cdot \frac{h}{2}$$

oder beim Satz des *Pythagoras*:

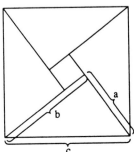

aus der Figur folgt:
$$c^2 = 4 \cdot \tfrac{1}{2}ab + (b-a)^2$$
$$c^2 = 2ab + (b-a)^2$$
$$c^2 = a^2 + b^2$$

Auch die Beiträge der **Araber** zur Strecken- und Flächenberechnung sind unbedeutend. Die arabischen Mathematiker übernahmen die griechischen Methoden der rechnerischen Trigonometrie. Ihre Beiträge konzentrierten sich auf die Weiterentwicklung der Trigonometrie und auf Fragen der geometrischen Axiomatik.

Die Kenntnisse des **Abendlands** zu dieser Zeit sind vergleichsweise sehr bescheiden. Als Beispiel seien einige Aufgaben aus „Propositiones ad acuendos iuvenes" („Aufgaben zur Schärfung des Geistes der Jünglinge") genannt, ein verbreitetes Werk, das *Alkuin v. York* (Ende des 8. Jahrhunderts) zugeschrieben wir.

Aufgabe 23: Die Fläche eines Vierecks wird nach der primitiven Näherungsformel $A = \dfrac{a+c}{2} \cdot \dfrac{b+d}{2}$ berechnet.

Aufgabe 24: Die Formel aus Aufgabe 23 wird auf ein gleichschenkliges Dreieck übertragen, indem offensichtlich eine Seite gleich Null gesetzt wird. Es entsteht so die kuriose Formel:

$$A = \frac{a+a}{2} \cdot \frac{h}{2} \text{ statt } A = h \cdot \frac{b}{2},$$

was schon den Ägyptern und Babyloniern bekannt war.

Aufgabe 25: Die Fläche des Kreises wird als $A = \left(\dfrac{u}{4}\right)^2$ berechnet,

so als wäre der Kreis ein Quadrat mit gleichem Umfang, wobei mit $\pi = 4$ wohl der schlechteste aller überlieferten Näherungswerte verwendet wird.

Erst ab dem Beginn des 12. Jahrhunderts wurden die Methoden der Antike übernommen und allmählich das griechische Niveau erreicht.

6.2.4 Trigonometrie

Erste Versuche, den Zusammenhang zwischen Winkeln und Strecken zu berechnen, findet man bereits in der **ägyptischen** Mathematik des frühen 2. Jahrtausends v. Chr. dabei wurde kein Winkelbegriff in unserem Sinn verwendet, aber es gab Methoden zur Bestimmung der Neigung etwa einer Pyramidenseitenfläche gegen die Grundfläche. Die Ägypter benutzten dafür den „Sequed" („Rücksprung"), der als Kathete in einem Steigungsdreieck, dessen andere Kathete 1 Elle war, definiert war.

Da der Sequed in „Handbreiten" d. h. $\frac{1}{7}$ Ellen gerechnet wurde, entsprach er $7 \cdot \cot \alpha$.

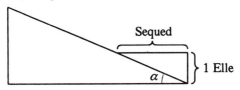

Beispiel für die Berechnung eines Sequeds (Papyrus Rhind, Aufgabe 42):
Gegeben ist die Grundkante einer Pyramide (360 Ellen) und deren Höhe (250 Ellen).
Gesucht ist der Sequed.
Lösung:
„Mache $\frac{1}{2}$ von 360, es gibt soviel wie 180.
Rechne mit 250 bis zum finden von 180;
es macht $\frac{1}{2} + \frac{1}{5} + \frac{1}{50}$ der Elle.
Es ist diese Elle 7 Handbreiten.
Multipliziere mit 7 (...)"
Es wurde also folgendermaßen gerechnet:
$$7 \cdot \cot \alpha = 7 \cdot \tfrac{180}{250} = 7 \cdot \left(\tfrac{1}{2} + \tfrac{1}{5} + \tfrac{1}{50}\right) = 5\tfrac{1}{25}$$

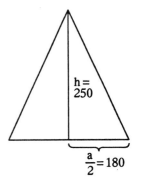

Auch bei den **Babyloniern** kann man Vorstufen zur Trigonometrie erkennen, auch wenn kein Winkelbegriff vorhanden war. Deutlicher als bei den Ägyptern ist die „**Ähnlichkeit**" als eine Voraussetzung für die Trigonometrie sichtbar.

Beispiel: Altbabylonischer Text (YBC 8633,2 und 3):
Gegeben ist ein rechtwinkliges Dreieck mit den Katheten 3 und 4 und der Hypotenuse 5. Mit Hilfe eines „maksarum" (20) wird das Dreieck in ein ähnliches übergeführt, wobei „maksarum" (von „binden") offenbar

ein Proportionalitätsfaktor ist. Die Seiten des neuen Dreiecks werden korrekt mit 60, 80 und 100 berechnet.

Der Neigungswinkel wird ähnlich wie bei den Ägyptern durch einen „Rücksprung" ausgedrückt.

Beispiel: BM 85 210,C2:
Es wird ein Pyramidenstumpf betrachtet, dessen Grundfläche, die Höhe und die Neigung der Seitenfläche durch Worte („um 1 Elle bin ich herausgegangen") gegeben sind. Gemeint ist, daß man bei einer Senkrechten der Länge 1 Elle um 1 Elle nach innen gehen muß, d. h. $\cot\alpha = \frac{1}{1}$.

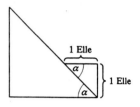

Für den Rücksprung gibt es ein eigenes Fachwort sa-gal („Essen"). Er entspricht dem $\cot \alpha$. Meist ist er in den Aufgaben vorgegeben, wie es wohl den Bedürfnissen der Praxis entsprach.

In VAT 6598,5 soll er berechnet werden:
Gegeben ist die Höhe (2 GAR), die obere Dicke (1 Elle) und die untere Dicke (2 Ellen) einer Mauer.
Gesucht ist der Rücksprung.
Da 1 GAR = 12 Ellen ergibt sich folgendes Trapez als Querschnitt der Mauer:

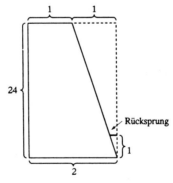

Für den Rücksprung wird $\frac{1}{24}$ Ellen (= 0;2,30 Ellen) berechnet.

Die **Griechen** übernahmen wie auch in anderen praxisorientierten Bereichen die trigonometrischen Methoden der Ägypter und Babylonier. Bekannt sind die trigonometrischen Fertigkeiten des *Thales von Milet* (6. Jahrhundert v. Chr.). Nach *Diogenes Laertius* hat er die Höhe einer Pyramide mittels ihres Schattens gemessen und nach *Proklos* die Entfernung von Schiffen im Hafen von Milet bestimmt, wozu elementare Kenntnisse über ähnliche Dreiecke nötig waren, die wir als eine Grundlage der Trigonometrie ansehen. Daß die Schattenmessung mit Hilfe des „Gnomons" (Schattenstab) auf die Babylonier zurückgeht, berichtet *Herodot*: „Die Sonnenuhr und das Gnomon sowie die Einteilung des Tages in 12 Stunden erhielten die Griechen von den Babyloniern."

Ab dem 3. Jahrhundert v. Chr. entwickelten dann die Griechen die Trigonometrie durch eigenständige Arbeiten zu einer praxisorientierten Wissenschaft. *Aristarch von Samos* gelangte in seinen astronomischen Arbeiten zu einfachen trigonometrischen Aussagen, etwa von der Art, die wir heute in der Form $\sin 3° < \frac{1}{18}$ ausdrücken würden.

Der Beweis in *Aristarchs* Werk „Über die Größen und Abstände der Sonne und des Mondes" ist recht kompliziert, gibt aber ein gutes Bild vom Übergang der Geometrie *Euklids* zur Trigonometrie. Aus der nachstehenden, nicht maßstabsgetreuen Figur, in der *EBAS* ein Quadrat darstellen soll, wird durch geometrische Überlegung folgende Beziehung abgeleitet:

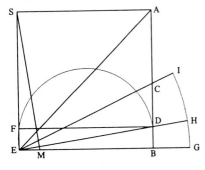

$$\frac{CB}{DB} > \frac{Sektor\, IEG}{Sektor\, HEG}$$

Daraus folgt:

$$(1)\quad \frac{CB}{DB} > \frac{22\frac{1}{2}°}{3°} = \frac{15}{2}$$

Ferner gilt
$$\frac{AB}{CB} = \frac{CB+AC}{CB} = 1 + \frac{AC}{CB} = 1 + \frac{AE}{EB} = 1 + \sqrt{2}$$
woraus wegen $\sqrt{2} > \frac{7}{5}$ folgt:

(2) $\quad \dfrac{AB}{CB} > \dfrac{12}{5}$

Durch Multiplikation der beiden Ungleichungen (1) und (2) erhält man
$$\frac{CB}{DB} \cdot \frac{AB}{CB} > \frac{15}{2} \cdot \frac{12}{5} \Rightarrow \frac{AB}{DB} > 18.$$

In unserer trigonometrischen Ausdrucksweise ist $\dfrac{DB}{AD} = \sin 3°$, d. h. der Aussage *Aristarchs* entspricht die Beziehung $\sin 3° < \frac{1}{18}$.
Da *Aristarch* in ähnlicher Weise auch

$\sin 3° > \frac{1}{20}$

herleitete, hat er im Prinzip mit

$0{,}050 < \sin 3° < 0{,}055\ldots$

eine erste Näherungsberechnung eines trigonometrischen Funktionswerts durchgeführt, die immerhin für die 2. Dezimalstelle genau ist.
Als der eigentliche Schöpfer der Trigonometrie gilt *Hipparch von Alexandria* (2. Jahrhundert v. Chr.), der nach *Theon von Alexandria* (4. Jahrhundert) 12 Bücher über die Berechnung der Kreissehnen aus den Winkeln geschrieben hat, die allerdings verschollen sind. In einem späteren Werk *Hipparchs*, das erhalten ist, bezieht sich dieser auf die 12 Bücher zur Sehnengeometrie und sagt, daß er die Berechnungen „durch Zeichnung" bewiesen habe. Dabei ist die Frage, ob es sich um ein rein graphisches Verfahren handelte, wie *A. v. Braunmühl* glaubt, oder um echte geometrische Beweise im Sinn der *Euklidischen* Methoden geführt wurden.
Einen Überblick über die trigonometrischen Methoden der Griechen erhalten wir aus dem Hauptwerk des *Klaudios Ptolemaios* (2. Jahrhundert), das später als „Almagest" weit verbreitet war. Im 1. Buch entwickelte *Ptolemaios* die Sehnenrechnung. Er zerlegte den Kreisumfang in 360 Teile und den Radius in 60 Teile. Da er in babylonischer Tradition

Sexagesimalbrüche verwendete, wurde ein Teil („pars" in der lateinischen Übersetzung) in 60 „partes minutae primae" und diese wieder in je 60 „partes minutae secundae" eingeteilt.
Zur Berechnung der Sehnen aller Winkel im Abstand von halben Graden (bei *Ptolemaios* „partes") benützte er folgende Prinzipien:

1. **Die Berechnung der Seiten der regelmäßigen Drei-, Vier-, Fünf-, Sechs- und Zehnecke aus dem Radius nach den Sätzen *Euklids***

    Dabei erhielt er folgende Werte für die Sehnenlänge

    Zehneck: $36°$ $\quad \frac{37}{60} \frac{1}{60^2} \frac{55}{60^3} \; r = 0{,}61720 \, r$
    (gen. Wert $0{,}61803 \, r$)

    Sechseck: $60°$ $\quad r$

    Fünfeck: $72°$ $\quad \frac{70}{60} \frac{32}{60^2} \frac{3}{60^3} \, r = 1{,}1755694 \, r$
    (gen. Wert $1{,}1755705 \, r$)

    Viereck: $90°$ $\quad \frac{84}{60} \frac{51}{60^2} \frac{10}{60^3} \, r = 1{,}41421296 \, r$
    (gen. Wert $1{,}4142136 \, r$ ($\sqrt{2}$!))

    Dreieck: $120°$ $\quad \frac{103}{60} \frac{55}{60^2} \frac{23}{60^3} \, r = 1{,}7320509 \, r$
    (gen. Wert $1{,}7320508 \, r$ ($\sqrt{3}$!))

    (Die Abweichungen sind reine Rundungsfehler durch das Abbrechen der Sexagesimaldarstellung)

Mit Hilfe des Satzes, daß die Summe der Quadrate der Sehnen zu α und $180° - \alpha (2r)^2$ ergeben, errechnete *Ptolemaios* auch noch die Sehnen für die Winkel $180° - 36° = 144°$ und $180° - 72° = 108°$. Der dabei verwendete Satz folgt unmittelbar aus folgender Zeichnung nach dem Satz von *Pythagoras*:

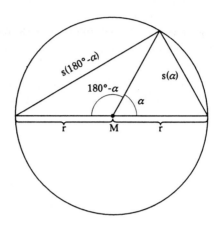

2. **Der „Ptolemäische Satz"**
   „Es sei in den Kreis ein beliebiges Viereck $ABCD$ einbeschrieben, in welchem man die Diagonalen AC und BD ziehe. Dann ist das aus den Diagonalen gebildete Rechteck gleich der Summe der aus den einander gegenüberliegenden Seiten gebildeten Rechtecke."

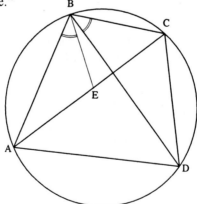

$$AC \cdot BD = AB \cdot DC + AD \cdot BC$$

Zum Beweis wird die Strecke BE so eingezeichnet, daß w ABE = w DBC. Dann sind die Dreiecke BCE und BDA ähnlich. Es gilt also:
(1) $AD : EC = BD : BC$ bzw. $AD \cdot BC = EC \cdot BD$
Ferner sind die Dreiecke BAE und BDC ähnlich. Es gilt also auch:
(2) $AB : AE = BD : DC$ bzw. $AB \cdot DC = AE \cdot BD$
Addiert man (1) und (2), erhält man:
$AB \cdot DC + AD \cdot BC = AE \cdot BD + EC \cdot BD =$
$(AE + EC) \cdot BD = AC \cdot BD.$

3. **Die Additionsformeln der Sehnenfunktion**
$2r \cdot$ Sehne $(\alpha + \beta)$ = Sehne $(\alpha) \cdot$ Sehne $(180°-\beta)$
   + Sehne $(\beta) \cdot$ Sehne $(180°-\alpha)$
$2r \cdot$ Sehne $(\alpha - \beta)$ = Sehne $(\alpha) \cdot$ Sehne $(180°-\beta)$
   − Sehne $(\beta) \cdot$ Sehne $(180°-\alpha)$

(Diese Aussagen folgen unmittelbar aus dem Ptolemäischen Satz).

4. **Berechnung der zum halben Winkel gehörenden Sehne aus der Sehne des ganzen Winkels**
Ptolemaios ging nach einem Verfahren vor, das von *Archimedes* stammen soll und das (etwas vereinfacht) folgendermaßen aussieht:

Sehne $\left(\frac{\alpha}{2}\right)^2 = BC^2 = EC^2 + EB^2$

mit: $EC = \frac{1}{2}$ Sehne (α)

und $EB = MB - ME = r - \frac{1}{2} AD =$

$r - \frac{1}{2}$ Sehne $(180°-\alpha)$ gilt dann:

Sehne $\left(\frac{\alpha}{2}\right)^2 = (\frac{1}{2}$ Sehne $(\alpha))^2$

$+ (r - \frac{1}{2}$ Sehne $(180°-\alpha))^2$

woraus sofort Sehne $\left(\frac{\alpha}{2}\right)$ folgt.

Aus diesen Prinzipien berechnete *Ptolemaios* die Sehnen zu allen Winkeln im Abstand $1\frac{1}{2}°$. Durch ein Interpolationsverfahren fand er auch noch für die Zwischenwinkel brauchbare Näherungswerte. Er stellte so eine **Sehnentabelle** auf, die immerhin auf fünf Dezimalstellen genau ist. Als Sehne, die zum 1° -Winkel gehört, berechnete er beispielsweise $\frac{1}{60} + \frac{2}{60^2} + \frac{50}{60^3}$
= 0,0174357 (genauer Wert 0,0174531).

Nach der Berechnung der Sehnentabelle behandelte *Ptolemaios* auch Probleme aus der eigentlichen Trigonometrie, die sich im wesentlichen mit der Berechnung zweier Winkel aus der Summe bzw. Differenz und dem Verhältnis der zugehörigen Sehnen beschäftigen. Mit seinen Methoden war er in der Lage, alle Fälle, die bei rechtwinkligen sphärischen Dreiecken in der Astronomie vorkommen, zu lösen.

Die direkten Nachfolger der Griechen in der Weiterentwicklung der Trigonometrie waren die **Inder**. Sie übernahmen die geometrischen Ideen der Griechen, erzielten aber dank ihrer besonderen Begabung für die Arithmetik und die daraus entstandene leistungsfähigere Rechentechnik auf diesem Gebiet beachtliche Fortschritte. Ihre wichtigste Leistung ist die Umwandlung griechischen **Sehnentrigonometrie** in die zukunftsweisende **Sinustrigonometrie** und insbesondere die Berechnung der ersten **Sinustafeln**.

Aryabhata (5. Jahrhundert) führte den Sinus in Surya-Siddhanta folgendermaßen ein:

„Teile den Viertelkreis mittels eines Dreiecks und eines Vierecks in gleiche Teile, so hast Du auf dem Radius alle gewünschten Halbsehnen der Bögen."

Bei einer Teilung in vier gleiche Teile ergibt sich beispielsweise folgende Figur mit dem Dreieck *DCB* und dem Viereck *OACD*. Es gilt dann:
$OD = \sin \alpha$.

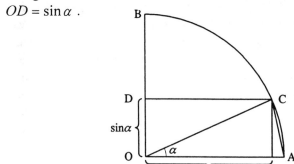

Aryabhata gab folgende Sinuswerte an:

Winkel:	Sinus (in Teilen des Radius):
3° 45'	0,065445
7° 30'	0,130599
11° 15'	0,195172
15°	0,258871
18° 45'	0,32408
...	...
86° 15'	0,997964
90°	1,000000

Aus dem Text geht leider nicht hervor, wie diese Tafel berechnet wurde. Es genügen aber zur Berechnung bereits zwei Beziehungen, die schon den Griechen im Prinzip bekannt waren und die man auch an anderer Stelle der indischen Literatur findet, beispielsweise bei *Varaha-Mihira*. In moderner Form sind dies die Formeln

(1) $(\sin \alpha)^2 + (\cos \alpha)^2 = 1$

(2) $\sin \dfrac{\alpha}{2} = \sqrt{\dfrac{1 - \cos \alpha}{2}}$

Dazu benötigt man noch die unmittelbar geometrisch zu berechnenden Sinuswerte von 30°, 60°, 90°, 135° und 150°.

Der erste Satz folgt unmittelbar aus der Figur *Aryabhatas*, der zweite wurde im Prinzip von *Ptolmaios* bewiesen und zwar in folgender Form:

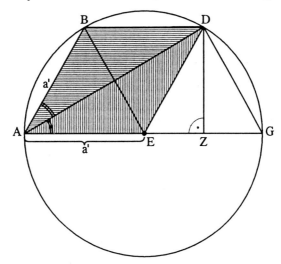

D halbiert den Winkel GAB, daraus folgt:
$$\Delta ABD \cong \Delta ADE$$
$\Rightarrow \quad DE = DB = DG$

$\Rightarrow \quad \Delta EDG$ ist gleichschenklig

$\Rightarrow \quad EZ = ZG = \tfrac{1}{2}(AG - AB)$

Da ΔDAG rechtwinklig ist gilt:
$$GD^2 = 2r \cdot GZ$$
$$GD = \sqrt{2r \cdot \tfrac{1}{2}(2r - a')} = \sqrt{r(2r - a')}$$

Mit $r = 1$ und $\sin\tfrac{\alpha}{2} = \dfrac{GD}{2r}$ bzw. $\cos\alpha = \dfrac{a'}{2r}$ bzw. $GD = 2 \cdot \sin\tfrac{\alpha}{2}$ und $a' = 2 \cdot \cos\alpha$ ergibt sich

$$2 \cdot \sin\tfrac{\alpha}{2} = \sqrt{(2 - 2 \cdot \cos\alpha)}$$

$$\sin\tfrac{\alpha}{2} = \sqrt{\dfrac{1 - \cos\alpha}{2}}$$

Die **Araber** überwanden die Schwerfälligkeit der griechischen und indischen Winkelrechnung und entwickelten für die Astronomie, Landvermessung und Navigation praktikable Methoden. Die indische Sinustrigonometrie wurde direkt übernommen, wobei die Araber auch die indische Bezeichnung für die halbe Sehne „dschiba" oder „dschaib" wörtlich übernahmen. Da „dschaib" aber im Arabischen eine eigene Bedeutung, nämlich „Busen" hat, entstand daraus im Mittelalter, als man die arabischen Texte ins Lateinische übersetzte, das Fachwort „Sinus". Neben dem Sinus führten die Araber weitere trigonometrische Begriffe ein, wie den Tangens und Kotangens.

So unterschied *Abu'l Wafa* (10. Jahrhundert) zwei „Schatten":

Beim 1. Schatten steht der Schattenstab senkrecht auf einer Vertikalen, die Länge des Schattens ist also durch den **Tangens** gegeben:

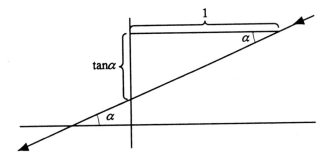

Beim 2. Schatten steht der Schattenstab senkrecht auf der Horizontalen, dann ist der Schatten durch den **Kotangens** bestimmt:

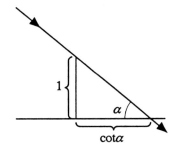

Den Zusammenhang mit den bereits früher eingeführten trigonometrischen Figuren gibt *Abu l'Wafa* folgendermaßen an:

„Also ist es klar, daß wenn man den Radius gleich 1 setzt, das Verhältnis des Sinus eines Bogens zu dem Sinus seines Komplements der erste Schatten und das Verhältnis des Sinus des Komplements zu dem Sinus des Bogens der zweite Schatten ist"

In unser Schreibweise:

$$\frac{\sin\alpha}{\sin(90° - \alpha)} = \frac{\sin\alpha}{\cos\alpha} = \tan\alpha$$

$$\frac{\sin(90° - \alpha)}{\sin\alpha} = \frac{\cos\alpha}{\sin\alpha} = \cot\alpha$$

Bemerkenswert ist die Tatsache, daß $r = 1$ gesetzt wurde und damit das Mitschleppen des Radius vermieden wurde.

Nach diesen Vorarbeiten erfolgte im 13. Jahrhundert der Ausbau der Trigonometrie als eigenständige Disziplin. Bis dahin wurde sie in erster Linie als Hilfsmittel für die Astronomie gesehen.

Nasir Eddin berechnete in Schakl al-Katta neben der ausführlichen Behandlung rechtwinkliger Dreiecke auch schiefwinklige Dreiecke. Bei ihm findet man die erste Formulierung und den Beweis des **Sinussatzes**. Ihm liegt folgende Figur zu Grunde, wobei $CE = BH$ und um C und B Kreisbögen mit Radius 1 gezeichnet sind:

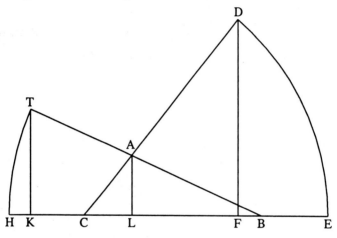

$\sin \alpha = DF$

$\sin \beta = TK$

$AB : AL = BT : TK = \dfrac{1}{\sin \beta}$

$AL : AC = DF : DC = \dfrac{\sin \alpha}{1}$

$\dfrac{AB}{AL} = \dfrac{BT}{TK} = \dfrac{1}{\sin \beta}$

$\dfrac{AL}{AC} = \dfrac{DF}{DC} = \dfrac{\sin \alpha}{1}$

woraus durch Multiplikation folgt:

$$\frac{AB}{AC} = \frac{\sin \alpha}{\sin \beta}.$$

Die arabische Trigonometrie kam in erster Linie durch ein Werk *al-Zarquilis*, das im 12. Jahrhundert von *Gerhard von Cremona* unter dem Titel „Canones sive regule super tabula Toletanas" ins Lateinische übersetzt wurde, in das **Abendland**. Dieses Werk beginnt mit einer Sinustafel, deren Berechnungsmethoden beschrieben sind. Zuerst werden durch geometrische Betrachtungen an einer relativ komplizierten Figur die Sinus-Werte für 15°, 45°, 60° und 90° berechnet. Dann werden die halben Winkel berechnet mit Hilfe der Beziehung

$$\left(2\sin\tfrac{\alpha}{2}\right)^2 = (\sin\alpha)^2 + (1-\cos\alpha)^2$$

bzw.

$$\left(2\sin\tfrac{\alpha}{2}\right)^2 = (\sin\alpha)^2 + (1-\sin(90°-\alpha))^2$$

die man sich an folgender Figur leicht klar macht:

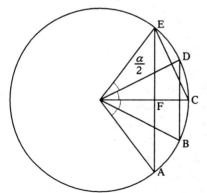

$EF = \sin\alpha$

$BD = 2\sin\tfrac{\alpha}{2}$

$FC = 1 - \cos\alpha$

Da $EC = BD$ gilt in $\triangle CEF$:

$EC^2 = EF^2 + FC^2$.

Ab dem 14. Jahrhundert wurden auch eigenständige Leistungen in der Trigonometrie erbracht. So von *Levi ben Gerson*, der in der Schrift „Leo de Balneolis Israhelita De sinibus, chordis et arcubus. Item Instrumento Revelatore Secretorum" seine Ergebnisse veröffentlichte. Das im Titel genannte Instrument „Revelator secretorum" ist der später in der Navigation häufig verwendete Jakobsstab:

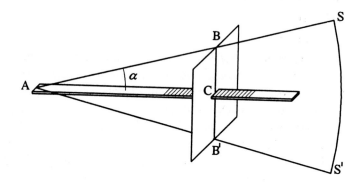

Zur Messung des Winkels SS' verschob man die Platte, bis über B bzw. $B'S$ bzw. S' anvisiert wurde. Statt des Tangens wurde der Sinus berechnet:

$$\sin \alpha = \frac{BC}{\sqrt{AC^2 + BC^2}}$$

und dann der Winkel aus einer Sinustafel abgelesen, die um $15'$ fortschreitend berechnet ist.

Den wichtigsten Beitrag zur Trigonometrie im 15. Jahrhundert leistete *J. Regiomontanus*. Von ihm stammen genaue Sinustafeln, die lange Zeit Standardwerke waren. Die Verbesserung gegenüber den früher üblichen Tafeln erzielte er durch die Vergrößerung des Radius. In seiner ersten Sinustafel wählte er den Radius 60 000, in der zweiten 6 000 000 und in der dritten 10 000 000. Die Berechnung geschieht nach der arabischen Methode mit der Bestimmung von Sinuswerte der Winkel, die elementar berechenbar sind und anschließender Winkelhalbierung.

In seinem Werk „De triangulis omnimodis libri quinque" (um 1460, gedruckt erst 1533) behandelt er in den ersten beiden Büchern die ebene Trigonometrie in systematischer Weise, wobei er bis zum Sinussatz vorstößt. Den Kosinussatz scheint er nicht zu kennen, wie folgende Aufgabe zeigt, die eigentlich mit dem Kosinussatz gelöst werden sollte, aber von *Regiomontanus* mit Hilfe einiger Kunstkniffe auf den Sinussatz zurückgeführt wird:

„Aus gegebener Basis und Höhe sowie dem Gegenwinkel der ersten die beiden anderen Seiten zu bestimmen."

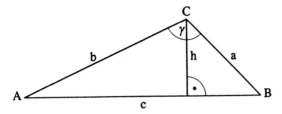

Gegeben ist also: c, h, γ
Gesucht ist: a, b.

Der **Kosinussatz** wurde erst im 16. Jahrhundert formuliert und bewiesen. Der bedeutendste Vertreter der trigonometrischen Wissenschaft in dieser Zeit ist *F. Vieta*. In „Francis Vietaei universalium inspectionum ad canonem mathematicum liber singularis" baut er eine systematische Goniometrie auf. Dabei beweist er wichtige Sätze wie

$$1 : 2 \sin \frac{\alpha - \beta}{2} =$$

$$\sin \frac{\alpha + \beta}{2} : (\cos \beta - \cos \alpha) =$$

$$\cos \frac{\alpha + \beta}{2} : (\sin \alpha - \sin \beta)$$

woraus beispielsweise sofort

$$\cos \beta - \cos \alpha = 2 \sin \frac{\alpha + \beta}{2} \sin \frac{\alpha - \beta}{2}$$

oder

$$\sin \alpha - \sin \beta = 2 \sin \frac{\alpha - \beta}{2} \cos \frac{\alpha + \beta}{2}$$

folgt.

Der grundlegende Satz wird reingeometrisch bewiesen und zwar an Hand folgender Figur:

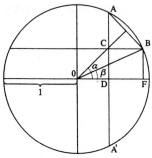

Aus ihr liest man ab:

$$AB = 2\sin\frac{\alpha-\beta}{2}$$

$$OF = \cos\beta$$

$$OD = \cos\alpha$$

$$AD = \sin\alpha$$

$$DC = FB = \sin\beta$$

Daraus folgt:
$$BC = DF = \cos\beta - \cos\alpha$$
$$AC = \sin\alpha - \sin\beta$$

Da $w(BAC) = \frac{1}{2}(\alpha+\beta)$ gilt im Dreieck ABC:

$$\sin 90°: AB = \sin\frac{\alpha+\beta}{2}: BC = \cos\frac{\alpha+\beta}{2}: AC$$

und das ist mit den oben genannten Umformungen der zu beweisende Satz.

Bemerkenswert sind *Vietas* Überlegungen zur Reihenentwicklung der Funktion *cos n* und *sin n* in einer im Original verschollenen Schrift, die von *Anderson* überliefert wurde. Aus folgender Figur, in welcher der Durchmesser 2 gesetzt wurde, berechnete er:

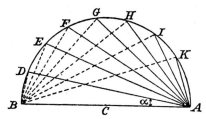

$$2\cos 1\alpha = AD$$

$$2\cos 2\alpha = AE = AD^2 - 2$$

$$2\cos 3\alpha = AF = AD^3 - 3AD$$

$$2\cos 4\alpha = AG = AD^4 - 4AD^2 + 2$$

$$2\cos 5\alpha = AH = AD^5 - 5AD^3 + 5AD$$

usw. bis $2\cos 10\alpha$ und leitete das Bildungsgesetz der Reihe ab.

6.2.5 Analytische Geometrie

Die **Griechen** verwendeten keine algebraischen oder analytischen Methoden in der Geometrie, schufen aber mit der Behandlung der **Kegelschnitte** eine Grundvoraussetzung für die zwei Jahrtausende später entstandene **analytische Geometrie**.
Einer der ersten Mathematiker der sich mit Kegelschnitten befaßte war nach dem *Euklid*-Kommentar des *Proklos* (5. Jahrhundert) *Menaichmos* (4. Jahrhundert v. Chr.). Ausgangspunkt war das berühmte Problem der Würfelverdopplung, bei dem es galt im Prinzip die Gleichung $x^3 = 2$ zu lösen. In der griechischen Mathematik wurde das Problem allerdings nicht als Gleichung sondern nach der Methode der mittleren Proportionalen dargestellt. *Hippokrates von Chios* (5. Jahrhundert v. Chr.) hat bereits erkannt, daß es sich dabei um die Lösung von

$1 : x = x : y = y : 2$

handelt. Daraus folgen in unserer Schreibweise drei voneinander abhängige Gleichungen:

$y = x^2$

$y^2 = 2x$

$y \cdot x = 2$

Die beiden letzten, die auf eine **Parabel** und eine **Hyperbel** führen, wurden von *Menaichmos* benutzt, wobei er nach *Eratosthenes* (3. Jahrhundert v. Chr.) seine Kurven als ebene Schnitte von Kegeln konstruierte. Da man zu dieser Zeit grundsätzlich den Kegel mit einer Ebene senkrecht zu einer erzeugenden Geraden schnitt, nannte man die Parabel „Schnitt des rechtwinkligen Kegels" und die Hyperbel „Schnitt des stumpfwinkligen Kegels". Die hier nicht benötigte Ellipse hatte den Namen „Schnitt des des spitzwinkligen Kegels".
Die heute üblichen Bezeichnungen stammen erst von *Apollonios von Perge* (3. Jahrhundert v. Chr.). Er gilt allgemein als der Schöpfer der Lehre von den Kegelschnitten, wenn er auch auf Vorarbeiten insbesondere von *Euklid* und *Archimedes* zurückgreifen konnte. Neu ist bei *Apollonios* die Definition der Kegelschnitte in der heute üblichen Weise als schiefe Schnitte an einem einzigen Kegel. Als Beispiel sei die Definition

der **Ellipse** bei *Apollonios* erwähnt. Dabei wird zuerst der Kreis als Spezialfall behandelt[28]:

„Wenn ein schiefer Kegel mit einer Ebene geschnitten wird, die durch die Achse geht und die zur Grundfläche senkrecht steht und dieser Kegel noch von einer zweiten Ebene geschnitten wird, die auf dem Achsendreieck senkrecht steht, und wenn diese letztere Ebene gegen den Scheitel hin ein Dreieck abschneidet, das dem Dreieck durch die Achse ähnlich ist, aber entgegengesetzt liegt, so ist der Schnitt (der Ebene mit dem Kegel) ein Kreis, und ein solcher Schnitt soll Gegenschnitt heißen."

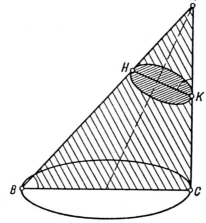

Die erste Ebene schneide den Kreiskegel im Dreieck *ABC*. Die zweite Ebene treffe die Mantellinien *AB* und *AC* in den Punkten *H* und *K*. Dann sollen die Dreiecke *BCA* und *KHA* ähnlich sein. Die Behauptung sagt dann, daß die Schnittfigur ein Kreis mit dem Durchmesser *HK* ist. Anschließend behandelt *Apollonios* den allgemeinen Fall:

„Wenn ein Kegel mit einer Ebene durch die Achse, die jede der beiden Seiten des durch die Achse gelegten Dreiecks trifft, aber weder zur Grundfläche des Kegels noch zum Gegenschnitt parallel ist, (...)"

Apollonios zeigt, daß unter diesen Voraussetzungen eine Figur entsteht, welche einer Flächenbezeichnung genügt, die wie in der Form

---

[28] *J. L. Heiberg*, Apollonii Pergaei quae graece exstant cum commentariis antiquis, Leipzig 1891

6.2 Historische Entwicklung

$$y^2 = px - \frac{p}{d}x^2$$

schreiben würden. Das ist die Scheitelgleichung einer Ellipse. Setzt man $d = 2a$ und $p = \frac{2b^2}{a}$ und führt noch die Koordinatentransformation $x + a$ statt x durch, erhält man die Mittelpunktsgleichung der Ellipse:

$$\frac{x^2}{a^2} + \frac{y^2}{b^2} = 1$$

Apollonios nannte die so entstandene Schnittkurve „$\varepsilon \lambda \lambda \varepsilon \iota \psi \iota \varsigma$" („das Fehlende").
Für die beiden anderen Kegelschnitte erhielt er Flächenbeziehungen, die in unserer Schreibweise

$$y^2 = px \quad \text{und} \quad y^2 = px + \frac{p}{d}x^2$$

lauten würden.
Diese beiden Figuren nannte er „das Antragen" und „den Übergang".
Die Entstehung dieser Fachwörter hängt eng mit klassischen Aufgaben der griechischen Geometrie zusammen, die bereits bei *Euklid* ausführlich behandelt wurden. So wird in den Elementen des *Euklid* (Buch I, Satz 44) das Antragen eines Rechtecks mit vorgegebener Fläche an eine gegebene Strecke gefordert. Nennt man die gegebene Rechteckseite p, die gesuchte x, und nimmt an, die Fläche sei durch ein Quadrat mit der Seitenlänge y gegeben, so erhält man die Flächenbeziehung:

$$y^2 = px.$$

Den Kegelschnitt, bei dem die gleiche Beziehungen auftaucht, nannte *Apollonios* deshalb **Parabel**. Die Namensgebung für **Ellipse** und **Hyperbel** begründet sich aus der Verschiedenheit der Vorzeichen der in den Flächenbeziehungen dieser Kurven auftretenden Ausdrücke $\pm \frac{p}{d}x^2$.

Bemerkenswert ist, daß bei *Apollonios* bereits Kurven durch Gleichungen dargestellt werden, wobei die Gleichungen Beziehungen zwischen Größen des jeweiligen Kegelschnitts und nicht zwischen Koordinaten angeben. Dieser entscheidende Schritt auf dem Weg zur analytischen Geometrie fand erst über 1800 Jahre später statt und zwar in der ersten Hälfte des 17. Jahrhunderts.

Während in der klassischen griechischen Mathematik algebraische Probleme in geometrische Form gekleidet und gelöst wurden, ging man nun den umgekehrten Weg. Da die Regeln der Algebra weiterentwickelt worden waren, erschien es jetzt sinnvoll, geometrische Probleme algebraisch zu behandeln. Dazu wurde natürlich der inzwischen entwickelte Funktionsbegriff und die Darstellung einer Funktion durch eine Kurve in einem Koordinatensystem benötigt. Den entscheidenden Schritt zur Koordinatendarstellung verdanken wir in erster Linie *P. Fermat*, der in seiner 1636 entstandenen, allerdings erst später gedruckten Schrift „Ad locos planos et solidos isagoge" schreibt:

„Wir unterwerfen daher diesen Wissenszweig einer besonderen und ihm eigens angepaßten Analyse, damit in Zukunft ein allgemeiner Zugang zu den Örtern offensteht.

Sobald in einer Schlußgleichung zwei unbekannt Größen auftreten, hat man einen Ort, und der Endpunkt der einen Größe beschreibt eine gerade oder krumme Linie (...) Die Gleichung kann man aber bequem versinnbildlichen, wenn man die beiden unbekannten Größen in einem gegebenen Winkel, den wir meist gleich einem rechten nehmen, aneinandersetzen und von der einen die Lage und den einen Endpunkt gibt (...)

NZM sei eine der Lage nach gegebenen Gerade. *N* ein fester Punkt auf ihr. *NZ* sei die eine unbekannte Größe *A*, und die an sie unter dem gegebenen Winkel *NZI* angesetzte Strecke *ZI* sei gleich der anderen unbekannten Größe *E*.

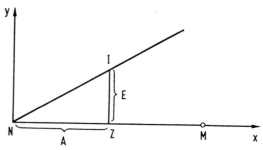

Wenn dann D mal A gleich B mal E, so beschreibt der Punkt I eine der Lage nach gegebene Gerade."

Fermat behauptet also, daß (in der heute üblichen Schreibweise) $d \cdot x = b \cdot y$ oder $y = \frac{d}{b}x$ die Gleichung einer Geraden ist. Anschließend beweist er diese Behauptung:

„Es verhält sich nämlich A zu E wie B zu D. Daher ist das Verhältnis von A zu E gegeben, und da außerdem der Winkel bei Z gegeben ist, kennt man die Form des Dreiecks NIZ und damit den Winkel INZ. Der Punkt N ist aber gegeben und die Gerade NZ der Lage nach bekannt. Also ist die Lage von NI gegeben, und es ist leicht die Synthese zu machen."

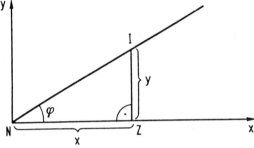

Im Folgenden erweitert *Fermat* seine Überlegungen auf allgemeine lineare Gleichungen:

„Auf diese Gleichung kann man alle zurückführen, deren Glieder teils gegeben, teils mit den Unbekannten A und E behaftet sind, sei es, daß diese letzteren Glieder mit gegebenen multipliziert sind oder einfach auftreten.

Es sei $Zpl.-D$ mal A gleich B mal E. setzt man D mal R gleich $Zpl.$, so verhält sich $R-A$ zu E wie B zu D. Nehmen wir MN gleich R, so ist der Punkt M gegeben, also ist MZ gleich $R-A$. Daher ist das Verhältnis von MZ zu ZI bekannt".

Die Überlegungen *Fermats* würden in moderner Schreibweise folgendermaßen lauten:

$$c - d \cdot x = b \cdot y \quad \text{oder} \quad y = \frac{c}{b} - \frac{d}{b}x$$

Zu c und d gibt es eine reelle Zahl r mit der Eigenschaft: $d \cdot r = c$. Es gilt dann:

$$d \cdot r - d \cdot x = b \cdot y \quad \text{oder} \quad \frac{r-x}{y} = \frac{b}{d}.$$

Der Quotient $\frac{r-x}{y}$ hat nach der vorhergehenden Überlegung den konstanten Wert $\frac{b}{d}$.

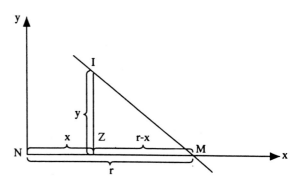

Aus der Gleichheit der Winkel φ und $MZI = 90°$ in allen Dreiecken MZI folgert *Fermat* die Ähnlichkeit aller Dreiecke dieser Art und damit die Behauptung:

„Da aber der Winkel bei Z gegeben ist, kennt man die Form des Dreiecks IZM und schließt, daß die Gerade MI der Lage nach gegeben ist. Also läuft der Punkt I auf einer der Lage nach gegebenen Geraden."

Diese neue, analytische Betrachtungsweise wurde von *Fermat* nicht nur auf Geraden angewandt, sondern auch auf Kurven. So stellte er Gleichungen für die Ellipse, die Hyperbel und die Parabel auf und ermöglichte auf diese Weise eine rechnerische Behandlung der Kegelschnitte:

„Wenn aber $Bq. - Aq.$ zu $Eq.$ ein gegebenes Verhältnis hat, so läuft der Punkt J auf einer Ellipse. Man nehme MN gleich B und beschreibe eine Ellipse mit dem Scheitel M, dem Durchmesser NM[29] und dem Mittelpunkt N, deren Ordinaten der Geraden ZJ parallel sind und die Quadrate der Ordinaten sollen zum Rechteck aus den Abschnitten des

---

[29] Gemeint ist die Gerade durch N und M, auf der der Durchmesser liegt.

Durchmessers ein gegebenes Verhältnis haben. Dann läuft der Punkt J auf einer solchen Ellipse. Es ist nämlich Quadrat NM – Quadrat NZ gleich dem Rechteck aus den Abschnitten des Durchmessers."

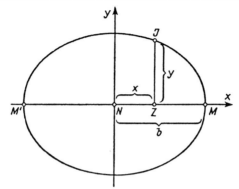

In unserer Schreibweise folgt die Ellipsengleichung aus

$$\frac{(b-x)\cdot(b+x)}{y^2} = c^2$$

Durch Umformung erhält man:

$$\frac{x^2}{b^2} + \frac{y^2}{\left(\dfrac{b}{c}\right)^2} = 1$$

Die Hyperbelgleichung gibt *Fermat* in folgender Form an:
„Wenn $Bq. + Aq.$ zu $Eq.$ in einem gegebenem Verhältnis steht, so läuft der Punkt J auf einer Hyperbel (...)"

d. h. $\dfrac{b^2 + x^2}{y^2} = c^2$

oder $-x^2 + c^2 y^2 = b^2$ bzw. $\dfrac{y^2}{\left(\dfrac{b}{c}\right)^2} - \dfrac{x^2}{b^2} = 1$

Bei der Parabel schreibt *Fermat*:
„Wenn $Aq.$ gleich D mal E ist, so läuft der Punkt J auf einer Parabel (...)"

d. h. $x^2 = d \cdot y$ oder $y = ax^2$.

Noch konsequenter als *Fermat* war *R. Descartes* in seinem berühmten Werk „Discours de la Méthode" (1637), in dessen Anhang man ein Kapitel „Géométrie" findet. Zukunftsweisend wir hier die Verbindung von Rechnung und geometrischer Betrachtungsweise entwickelt. Zur Lösung einer geometrischen Aufgabe wird ein Koordinatensystem eingeführt, wobei die heute noch üblichen Bezeichnungen x und y für die Koordinaten verwendet werden. Dann wird die entsprechende Gleichung zwischen x und y gesucht, wie man an folgendem Beispiel sieht:

„Wenn ich z .B. wissen will, von welcher Gattung die Linie *EC* ist, die ich mir beschrieben denke durch den Schnitt des Lineals *Gl* und des geradlinigen Ebenenstücks *CNKL*, dessen Seite *KN* gegen *C* hin unbegrenzt verlängert ist und das über der darunterliegenden Ebene geradlinig bewegt wird, nämlich so, daß sein Durchmesser *KL* immer auf irgendeiner Stelle der Linie *BA* (...) aufliegt, wobei dieses Lineal *GL* kreisförmig um den Punkt *G* bewegt wird, weil es mit dem Flächenstück so verbunden ist, daß es immer durch den Punkt *L* geht."

Zur Untersuchung der so definierten Kurve führt *Descartes* ein rechtwinkliges Koordinatensystem mit dem Ursprung *A* ein:

„Ich wähle eine gerade Linie, etwa *AB*, um auf ihre verschiedenen Punkte alle die Punkte der Linie *EC* zu beziehen; auf (...) *AB* wähle ich einen Punkt, etwa *A*, um von ihm aus die Rechnung zu beginnen (...) Nun nehme ich einen beliebigen Punkt auf der Kurve, etwa *C*, (...) und ziehe von diesem Punkt *C* die Linie *CB* parallel zu *GA*, und da *CB* und *BA* zwei unbestimmte und unbekannte Größen sind, nenne ich die eine y und die andere x."

Aus der Ähnlichkeit der Dreiecke *LKN* und *BKC* folgt *Descartes* $BK = \frac{b}{c} \cdot y$.

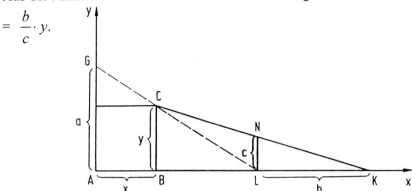

„Um aber die Beziehung der einen zur anderen zu finden, betrachte ich auch die bekannten Größen, die die Beschreibung dieser krummen Linie bestimmen, wie *GA*, das ich *a* nenne, *KL*, das ich *b* nenne, und *NL*, (...), das ich *c* nenne. Dann sage ich, wie *NL* sich verhält zu *LK*, oder *c* zu *b*, so verhält sich *CB*, oder *y*, zu *BK*, das folglich gleich $\frac{b}{c} y$ ist."

Schließlich leitet *Descartes* die Hyperbelgleichung

$$y^2 = (c+a) \cdot y - \frac{c}{b} \cdot xy - ac$$ her:

„*BL* ist $\frac{b}{c} y - b$, *AL* ist $x + \frac{b}{c} y - b$. Folglich kommt, wenn man das zweite und das dritte (Glied der Proportion) multipliziert $\frac{ab}{c} y - ab$, und das ist gleich $xy + \frac{b}{c} yy - by$, was durch Multiplikation des ersten und des letzten Gliedes herauskommt. und so ist die Gleichung, die man finden sollte:

$$xy = cy - \frac{cx}{b} y + ay - ac$$ aus der man erkennt, daß die Linie *EC* von der ersten Gattung ist, wie sie in der Tat nichts anderes als eine Hyperbel ist."

6.3 Didaktische und methodische Konsequenzen

6.3.1 Geometrische Grundbegriffe

Eine historische Wurzel der Geometrie ist die abstrahierende Darstellung von realen Dingen, wie beispielsweise Menschen und Tieren. Die Erkenntnis geometrischer Grundfiguren und die entsprechende Begriffsbildung kann deshalb nicht von „Strecken", „Winkeln" oder gar von „Punkten" ausgehen, sondern von komplexen Figuren, die soweit abstrahiert werden, daß sie in „Strichzeichnungen" dargestellt werden. Als nächster Schritt erfolgt ein Erkennen immer wiederkehrender Grundfiguren. Diese können aneinandergereiht werden und so Ornamente bilden. Ausgangspunkt ist immer eine räumliche Figur, die zweidimensional abgebildet wird.

Beispiel: Ein zwei Eimer tragender Mensch wurde um ca. 1100 v. Chr. aus Strecken und den Grundfiguren Dreieck, Rechteck und Kreis dargestellt.

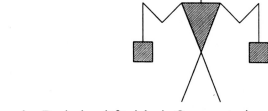

Aus den Dreiecken läßt sich ein Ornament wie aus dem 3. Jahrtausend v. Chr. in Mohenjo-Daro bilden:

Die bei der Darstellung verwendeten einfachen Grundfiguren erhalten Namen und werden zu „Bausteinen" der Geometrie.
Die Definitionen *Euklids* zeigen, daß es nötig ist, sich Klarheit über die Begriffsbildung in der Geometrie zu verschaffen, daß aber alle Versuche expliziter Definitionen zum Scheitern verurteilt sind. Man wird sich deshalb mit möglichst anschaulichen Begriffsbildungen begnügen.

Die zweite Wurzel der Geometrie ist wohl die Landvermessung. Ihre Methoden gaben die Anregung zu Konstruktionsaufgaben, wie wir sie auch auf den ersten Seiten der Elemente des *Euklids* finden. Die Übertragung der antiken Vermessungsmethoden wie das Seilspannen für die Zeichnung von Strecken oder Kreise auf die Geometrie führt zur Verwendung der klassischen Hilfsmittel Lineal und Zirkel.

Eine der ersten konstruktiven Grundaufgaben ist beispielsweise das Fällen eines Lots von einem Punkt auf eine Gerade durch Konstruktion der Höhe eines gleichschenkligen Dreiecks, dessen Spitze der Punkt ist und dessen Basis auf der Geraden liegt. Mit Hilfe der Lotkonstruktion läßt sich der Begriff „parallel" einführen: Zwei Gerade werden parallel genannt, wenn sie auf einer dritten Geraden senkrecht stehen.

6.3.2 Der Aufbau eines geometrischen Systems

Gegen einen systematischen Aufbau der Geometrie im Unterricht bei dem an den Anfang die Axiome, aus denen alles weitere hergeleitet wird, gestellt werden, gibt es vielfältige Einwände. Insbesondere stellt eine solche Vorgehensweise die Entwicklungsgeschichte der Mathematik völlig auf den Kopf. Axiomatisierung war in der Geometrie immer der Abschluß einer Entwicklung. Der Schüler soll diesen wichtigen Denkvorgang nicht als fertiges Ergebnis präsentiert bekommen, sondern dazu angeleitet werden, ihn zu vollziehen. Am Anfang muß deshalb das Sammeln anschaulich gewonnener Sätze stehen. Dann erst folgt die Frage nach den einfachen, grundlegenden Sätzen, aus denen komplexere Sätze hergeleitet werden können. Dieses Programm kann sicher nicht für alle im Unterricht zu behandelnden geometrischen Sätze durchgeführt werden. Man wird deshalb geometrische Teilbereiche herausgreifen und die dort erkannten Sätze daraufhin untersuchen, ob sie auf einfachere, allen vorliegenden Sätzen zugrundeliegende „Grundsätze" zurückgeführt werden können. Bei diesem Vorgehen kommt man zu einem **lokalen Ordnen** der Geometrie.

Folgende Bereiche bieten sich für die Behandlung im Unterricht an:
(1) Die Winkelsätze
(2) Die Kongruenzsätze
(3) Die Ähnlichkeitssätze

Grundsätzlich können für alle Bereiche Konstruktionsaufgaben als Ausgangspunkt dienen. Die Konstruktionen führen zu einfachen geometrischen Figuren, an denen geometrische Sachverhalte erkannt und formuliert werden. Der Versuch, diese Aussagen aus einfacheren zu beweisen, führt zu besonders einfachen, anschaulich evidenten Sätzen, die als „Axiomensystem" ausgewiesen werden. Aus ihnen werden dann weitere Sätze bewiesen. Dabei können die Grenzen des Axiomensystems erkannt werden, was zur Einführung neuer Axiome für weitergehende Fragestellungen anregt.

Die Winkelsätze

1. Winkel an zwei Geraden

1.1 Konstruktion   Man zeichnet zwei sich schneidende Geraden:

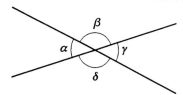

1.2 Erkenntnis   (1) $\alpha = \beta$ und $\beta = \delta$

(2) $\alpha + \beta = \beta + \gamma = \gamma + \delta = \delta + \alpha = 180°$

1.3 Sätze   (1) Scheitelwinkel sind gleich groß
(2) Nebenwinkel ergänzen sich zu 180°

1.4 Folgerung   Der Satz (2) läßt sich aus Satz (1) ableiten. Satz (1) wird deshalb als **Axiom** formuliert und Satz (2) daraus beweisen

2. Winkel an drei Geraden

2.1 Konstruktion   Man konstruiert zwei parallele Geraden g und h als Lote auf einer weiteren Geraden und zeichnet eine vierte Gerade k ein, die g und h schneidet.

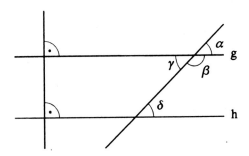

2.2	Erkenntnis	(1) $\alpha = \delta$
		(2) $\gamma = \delta$
		(3) $\beta + \delta = 180°$
2.3	Sätze	(1) An parallelen Geraden sind **Stufenwinkel** gleich groß
		(2) An parallelen Geraden sind *Wechselwinkel* gleich groß
		(3) An parallelen Geraden ergänzen sich **Nachbarwinkel** zu 180°
2.4	Überlegung	Aus jedem der Sätze (1) bis (3) folgen die anderen beiden. Ein Satz, beispielsweise (1) wird als Axiom eingeführt, die anderen sind dann „abgeleitete" Sätze

Aus den beiden Axiomen (**Scheitelwinkel sind gleich groß** und **Stufenwinkel an parallelen Geraden sind gleich groß**) lassen sich weitere Sätze über Winkel herleiten.

Winkelsummensätze

(1) Die Summe der Innenwinkel in jedem Dreieck beträgt 180°
(2) In jedem Dreieck ist jeder Außenwinkel so groß wie die Summe der nicht anliegenden Innenwinkel
(3) Die Summe der Innenwinkel in jedem Viereck beträgt 360°

Umkehrung der Winkelsätze an zwei parallelen Geraden
(1) Zwei Geraden sind genau dann parallel, wenn die Stufenwinkel gleich groß sind
(2) Zwei Geraden sind genau dann parallel, wenn die Wechselwinkel gleich groß sind
(3) Zwei Geraden sind genau dann parallel, wenn sich die Nachbarwinkel zu 180° ergänzen

Die Kongruenzsätze

1.1 Konstruktion — Von einem beliebigen Dreieck ABC ausgehend konstruiert man ein Viereck $ABDC$, bei dem D der Schnittpunkt der Kreise um B mit Radius c und um C mit Radius b ist.

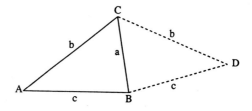

1.2 Erkenntnis — Durch „Spiegelung" an der Geraden BC erkennt man, daß die Dreiecke ABC und DBC in allen Stücken, also insbesondere auch in den Winkeln übereinstimmen. Man nennt sie „deckungsgleich" oder „kongruent".

1.3 Satz — Stimmen zwei Dreiecke in der Länge ihrer Seiten überein, so sind sie kongruent.
(1. Kongruenzsatz: SSS)

2.1 Konstruktion — Von einem beliebigen Dreieck ABC ausgehend konstruiert man ein Viereck

6.3 Didaktische und methodische Konsequenzen

ABDC, bei dem D der Schnittpunkt des in B an a angetragenen freien Schenkels des Winkels β und des Kreises um B mit Radius c ist.

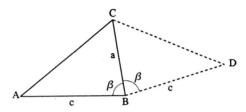

2.2 Erkenntnis

Durch „Spiegelung" an der Geraden BC erkennt man, daß die Dreiecke ABC und DBC in allen Stücken, also insbesondere auch in den B gegenüberliegenden Seiten und in den beiden anliegenden Innenwinkeln übereinstimmen.

2.3 Satz

Stimmen zwei Dreiecke in der Länge zweier entsprechender Seiten und in der Größe des Zwischenwinkels überein, so sind sie kongruent.
(2. Kongruenzsatz: SWS)

3.1 Konstruktion

Von einem beliebigen Dreieck ABC ausgehend konstruiert man ein Viereck ABDC, bei dem D der Schnittpunkt des in C an a angetragenen freien Schenkels des Winkels γ und des Kreises um B mit dem Radius c ist.

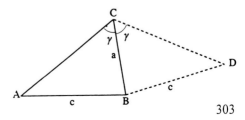

3.2 Erkenntnis	Durch „Spiegelung" an der Geraden BC erkennt man, daß die Dreiecke ABC und DBC in allen Stücken, also insbesondere auch in den dem Punkt B gegenüberliegenden Seiten und in den beiden anderen Innenwinkeln übereinstimmen.
3.3 Satz	Stimmen zwei Dreiecke in der Länge zweier entsprechender Seiten und in der Größe des Gegenwinkels der größeren Seite überein, so sind sie kongruent. (3. Kongruenzsatz: SsW)
4.1 Konstruktion	Von einem beliebigen Dreieck ABC ausgehend konstruiert man ein Viereck ABDC, bei dem D der Schnittpunkt des in B an a angetragenen freien Schenkels des Winkels β und des in C an a angetragenen freien Schenkels des Winkels γ ist.

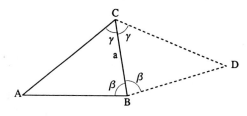

4.2 Erkenntnis	Durch „Spiegelung" an der Geraden BC erkennt man, daß die Dreiecke ABC und DBC in allen Stücken, also insbesondere auch in den der Seite a gegenüberliegenden Winkeln und in den den Punkten C und B gegenüberliegenden Seiten übereinstimmen.
4.3 Satz	Stimmen zwei Dreiecke in einer Seite und zwei entsprechenden Winkeln überein, so sind sie kongruent. (4. Kongruenzsatz: SWW bzw. WSW)

Aus den Kongruenzsätzen lassen sich die meisten Sätze, die für den Unterricht von Bedeutung sind, herleiten. Wichtig ist es aber auch die Grenzen dieses „Axiomensystems" aufzuzeigen. So ist beispielsweise der Satz

„Verbindet man in einem Dreieck ABC die Punkte D und E, die b bzw. a im gleichen Verhältnis teilen, durch eine Strecke, dann ist diese parallel zu c"

aus den **Kongruenzsätzen** nicht beweisbar. Entsprechende Überlegungen wie bei den Kongruenzsätzen führen zur Formulierung der **Ähnlichkeitssätze**:

Ä1   Stimmen zwei Dreiecke im Verhältnis aller entsprechenden Seiten überein, so sind sie ähnlich

Ä2   Stimmen zwei Dreiecke im Verhältnis zweier entsprechender Seiten und der Größe des Zwischenwinkels überein, so sind sie ähnlich

Ä3   Stimmen zwei Dreiecke im Verhältnis zweier entsprechender Seiten und in der Größe des Gegenwinkels der größeren Seiten überein, so sind sie ähnlich

Ä4   Stimmen zwei Dreiecke in den Winkeln überein, so sind sie ähnlich.

6.3.3 Messen in der Geometrie

1. Längenmessung

Am Beginn jeder Messung steht der Größenvergleich. Das Antragen zweier gegebener Strecken auf einer Halbgeraden vom Anfangspunkt aus ist die Grundlage einer konstruktiv erarbeiteten Größer-Kleiner-Relation. Die geschichtliche Entwicklung der Messung legt es nahe, am Anfang selbstgewählte, etwa aus Körpermaßen abgeleitete Einheiten zu verwenden und erst dann zur „Naturkonstante" **Meter** und deren kleineren Einheiten überzugehen.

Die **Länge einer Strecke** wird dann durch **Maßzahl** und **Maßeinheit** dargestellt, wobei die Maßzahl anfangs immer eine natürliche Zahl ist. Nach Einführung der Dezimalbrüche kann dann der Übergang zu Brüchen als Maßzahl erfolgen. Das Problem irrationaler Maßzahlen kann im geometrischen Anfangsunterricht nicht explizit behandelt werden. Man wird sinnvollerweise Näherungswerte verwenden.[30]

2. Winkelmessung

Nach der Einführung des Winkels, etwa durch die Festlegung „Dreht man eine Halbgerade g um ihren Anfangspunkt S entgegen dem Uhrzeigersinn bis zur Halbgeraden h, so wird ein Gebiet überstrichen, das wir den Winkel von g und h nennen" kann man dem Vollwinkel die Größe 360° zuordnen. Durch Konstruktion erhält man eine Einteilung des Vollwinkels in gleiche Teile und so auch die **Maßeinheit** 1°.

3. Flächenmessung

Nennt man analog der Längengleichheit kongruenter Strecken Figuren **flächengleich**, wenn sie kongruent sind, lassen sich als nächster Schritt Flächenvergleiche durchführen. Bei Quadraten sind Flächenvergleiche durch Konstruktion immer anschaulich möglich, dagegen versagt die Methode in der Regel bereits bei Rechtecken. Eine Einteilung der Rechtecke in Quadrate liegt deshalb nahe. Besonders einfach ist dies, wenn die Seitenlängen ganze Zahlen als Maßzahlen haben, insbesondere bei

---

[30] s. Arithmetik: Einführung der reellen Zahlen

gleicher Längeneinheit. Aus der Einteilung in kongruente Quadrate folgt unmittelbar die Flächenformel:
Die Fläche eines Rechtecks ist das Produkt der Maßzahlen der (in gleichen Einheiten gemessenen) Seiten und die entsprechende Flächeneinheit.
Bei nicht-ganzzahligen, aber kommensurablen Streckenmaßzahlen läßt sich diese Formel durch Wahl einer gemeinsamen Maßeinheit leicht übertragen. Sind die Streckenmaßzahlen inkommensurabel, treten die gleichen Schwierigkeiten wie bei der Streckenmessung auf. Eine einwandfreie Herleitung der Flächenformel würde den Grenzwertbegriff erfordern. Eine nicht bewiesene analoge Verwendung der Flächenformel auch für inkommensurable Strecken ist deshalb für den geometrischen Anfangsunterricht sinnvoll.

4. Volumenmessung
Die bei der Flächenmessung beschriebene Vorgehensweise läßt sich sinngemäß auf die Volumenmessung übertragen.

6.3.4 Flächenberechnung

Aus der Erkenntnis, daß zwei Rechtecke den gleichen Flächeninhalt haben, wenn sie sich in gleichviel kongruente Quadrate zerlegen lassen, kann eine schrittweise, anschauliche Herleitung des folgenden (unbewiesenen) **Grundsatzes** erfolgen:
Zwei Figuren haben den gleichen Flächeninhalt, wenn sie sich in die gleiche Anzahl kongruenter Figuren zerlegen lassen.
Das hier formulierte **Prinzip der Zerlegungsgleichheit** ist sicher einfacher zu vermitteln als das ebenfalls als Grundsatz geeignete **Prinzip der Ergänzungsgleichheit**. Aus dem Prinzip der Zerlegungsgleichheit lassen sich elementare **Flächenformeln** herleiten:

(1) Parallelogrammfläche

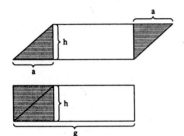

Aus der Kongruenz der schraffierten Dreiecke und der unschraffierten Rechtecke folgt: $A = g \cdot h$

(2) Dreiecksfläche

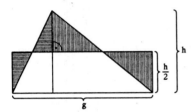

Ähnlich wie beim Parallelogramm folgt auch hier:

$$A = g \cdot \frac{h}{2} = \tfrac{1}{2} \cdot g \cdot h$$

Auch der Satz des *Pythagoras* läßt sich aus dem Prinzip der Zerlegungsgleichheit ableiten. Als Voraussetzung sind dabei nur die Kongruenz von Dreiecken und die Flächenformeln für das Dreieck bzw. das Parallelogramm nötig. Auf diesem Weg kann der grundlegende Satz der rechnerischen Geometrie relativ früh behandelt werden. Andere, zweifelsohne elegantere Beweise mit Hilfe der Ähnlichkeit oder gar der Vektorrechnung sind erst zu einem wesentlich späteren Zeitpunkt im Geometrieunterricht möglich.

Am einfachsten leitet man zuerst den sogenannten Satz des *Euklid* her, aus dem der Satz des *Pythagoras* unmittelbar folgt:
In der folgenden Figur erkennt man die Kongruenz der Dreiecke *ACD* und *AFB*.

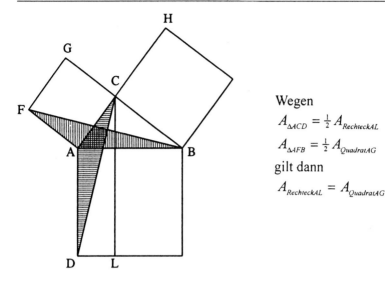

Wegen

$A_{\triangle ACD} = \frac{1}{2} A_{RechteckAL}$

$A_{\triangle AFB} = \frac{1}{2} A_{QuadratAG}$

gilt dann

$A_{RechteckAL} = A_{QuadratAG}$

Üblicherweise wird im Geometrieunterricht der Mittelstufe auch die **Kreisfläche** behandelt, obwohl ihre Bestimmung immer infinitesimale Methoden erforderlich macht, die auf dieser Stufe normalerweise nicht zur Verfügung stehen. Teilaspekte wie beispielsweise der Flächenvergleich von Möndchen wie bei *Hippokrates* können aber mit elementaren Hilfsmitteln behandelt werden.

Vor allem aber kann die Erkenntnis vermittelt werden, daß die Kreisfläche zwischen Grenzen liegt, wie bereits *Archimedes* gezeigt hat und es können solche Grenzwerte berechnet werden. Für den Mittelstufenunterricht genügt dann die Berechnung von **Näherungswerten** als arithmetisches Mittel der jeweils berechneten Grenzen.

Am einfachsten ist natürlich die Berechnung des Flächeninhalts ein- und umbeschriebener Quadrate:

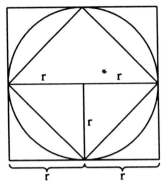

$$2 \cdot \tfrac{1}{2} \cdot (2r \cdot r) < A_K < (2r)^2$$
$$2r^2 < A_K < 4r^2$$
d. h. $2 < \pi < 4$ mit $\pi = 3$.

Um zu vermeiden, daß der altbabylonische Näherungswert 3 für die Kreiszahl als genauer Wert angesehen wird, sollten weitere, bessere Grenzen für die Kreisfläche berechnet werden, beispielsweise mit Hilfe ein- und umbeschriebener regelmäßigen Sechsecke:

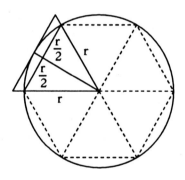

Für das einbeschriebene Sechseck folgt nach Berechnung der Höhe als $\tfrac{1}{2}\sqrt{3}r$ mit Hilfe des Satzes von *Pythagoras:*
$$A = 6 \cdot \tfrac{1}{2} \cdot r \cdot \tfrac{1}{2}\sqrt{3}r = \tfrac{3}{2}\sqrt{3}r^2$$

Beim umbeschriebenen Sechseck berechnet man zuerst ebenfalls mit Hilfe des Satzes von *Pythagoras* die Seitenlänge als $\tfrac{2}{3}\sqrt{3}r$ und dann die Fläche:
$$A = 6 \cdot \tfrac{1}{2} \cdot r \cdot \tfrac{2}{3}\sqrt{3}r = 2\sqrt{3}r^2.$$

Für die Kreisfläche gilt also
$$\tfrac{3}{2}\sqrt{3}r^2 < A_K < 2\sqrt{3}r^2$$
d. h.
$$\tfrac{3}{2}\sqrt{3} < \pi < 2\sqrt{3}$$
Als Näherungswert für π folgt dann: $\pi \approx \tfrac{7}{4}\sqrt{3} \approx 3{,}03\cdots$

6.3.5 Trigonometrie

Der Trigonometrieunterricht hat vor allem drei Zielsetzungen:
1. Bestimmung der Steigung einer Geraden und damit zusammenhängende Berechnungen
2. Berechnungen am Dreieck im Zusammenhang mit Winkeln
3. Behandlung der trigonometrischen Funktionen.

Die **Bestimmung der Steigung** geht bereits auf die vorgriechische Mathematik zurück. Entsprechende Aufgaben können bereits in der Unterstufe gelöst werden.

Die **Berechnungen am Dreieck** wurden in dem im Unterricht üblichen Umfang fast vollständig in der griechischen Mathematik durchgeführt. Sie stehen in engem Zusammenhang mit dem im 4. Jahrhundert v. Chr. entwickelten System der wissenschaftlichen Geometrie und sind deshalb sinnvollerweise im Anschluß an den Geometrieunterricht der Mittelstufe zu behandeln.

Trigonometrische Funktionen spielten in der Geschichte der Mathematik lange keine Rolle. Der Funktionsbegriff in unserem Sinn entstand ja erst im 19. Jahrhundert. Die Behandlung dieser Funktionen ist eher der Analysis zuzuordnen und sollte deshalb erst in der Oberstufe stattfinden.

Der Begriff **Steigung einer Geraden** kann spätestens nach der Behandlung der positiven rationalen Zahlen eingeführt werden. Dabei ist eine vorausgehende Behandlung der Ähnlichkeit von Dreiecken in der allgemeinen Form nicht nötig. Vielmehr kann er aus einer Anwendung der Lehre von den proportionalen Größen hergeleitet werden. Die benötigten Proportionalitäten sind für den Schüler unmittelbar einsichtig:

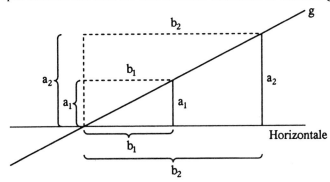

$$\frac{b_1}{a_1} = \frac{b_2}{a_2} = \cdots = c(\cot) \text{ bzw. } \frac{a_1}{b_1} = \frac{a_2}{b_2} = \cdots = t(\tan).$$

Die Konstante c für die Gerade g entspricht dem ursprünglichem Verfahren der Steigungsmessung ($\cot\alpha$), die Konstante t dem heute üblichen Verfahren ($\tan\alpha$). Einfache Berechnungsaufgaben wie beispielsweise der von einer Bergbahn erreichten Höhe lassen sich dann mit Hilfe dieses Proportionalitätsfaktors durchführen.

Zur Vorbereitung der später zu definierenden Winkelfunktionen Sinus und Kosinus und zur Durchführung weiterer Berechnungsaufgaben kann man auch andere Proportionalitätsfaktoren herleiten:

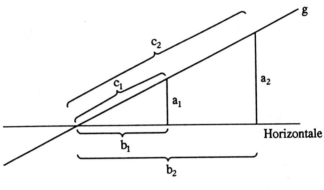

$$\frac{a_1}{c_1} = \frac{a_2}{c_2} = \cdots = s \text{ (sin) bzw. } \frac{b_1}{c_1} = \frac{b_2}{c_2} = \cdots = c \text{ (cos)}$$

Anwendungen ergeben sich etwa bei der Berechnung der auf einer Straße erreichten Höhe nach einer bestimmten zurückgelegten Strecke und umgekehrt.

Bei der Behandlung der Trigonometrie in der Mittelstufe als Lehre von den Dreiecksberechnungen legt die historische Entwicklung die Überlegung nahe, ob sie nicht sinnvoller Weise in der Form der griechischen **Sehnentrigonometrie** statt in der Form der indisch-arabischen **Sinustrigonometrie** geschieht. Für die Sehnentrigonometrie sprechen in erster Linie zwei Gründe. Einmal ist die Grundfragestellung, nämlich zu einem gegebenen Winkel die zugehörige Sehne zu berechnen, für den Schüler unmittelbar einsichtig. Sie erwächst auf natürliche Weise aus den üblichen Berechnungsaufgaben der Geometrie. Vor allem aber ist die Herleitung der grundlegenden Sätze einfacher als in der Sinustrigonometrie, wie der folgende Vorschlag für einen Aufbau des Trigonometrieunterrichts für die Mittelstufe zeigt. Ein Übergang zur Sinustrigonometrie ist anschließend leicht durchführbar. Ausgangspunkt dieses Aufbaus sind die Bereitstellung von Hilfsmittel zur Berechnung einer Sehnentabelle, eine Aufgabe, die im modernen Trigonometrieunterricht im Hinblick auf die leichte Verfügbarkeit der trigonometrischen Funktionswerte mit Hilfe des Taschenrechners oft vernachlässigt wird.

Vorschlag für einen Aufbau der Sehnentrigonometrie

1. Berechnung der Sehnen zu bestimmten Winkeln

Am einfachsten sind die zu den Winkeln 60° und 90° gehörigen Sehnen zu berechnen. In Verbindung mit den folgenden elementaren Formeln reichen diese beiden Werte bereits zum Aufstellen einer Sehnentafel aus.

$\alpha = 60°$:

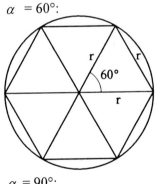

Wegen der Gleichseitigkeit der sechs Dreiecke gilt:

$s(60°) = r$ bzw. im Einheitskreis:
$s(60°) = 1$

$\alpha = 90°$:

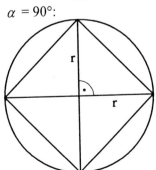

Nach dem Satz des *Pythagoras* folgt für jedes der vier Dreiecke:

$s(90°) = \sqrt{2} \cdot r$ bzw. im Einheitskreis
$s(90°) = \sqrt{2}$

2. Berechnung der Sehne zu $180° - \alpha$ aus der Sehne zu α

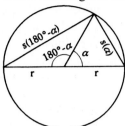

Nach den Sätzen von *Thales* und *Pythagoras* gilt:

$$s(\alpha)^2 + s(180°-\alpha)^2 = 4r^2$$

bzw.

$$s(180°-\alpha) = \sqrt{4r^2 - s(\alpha)^2}$$

Aus dieser Beziehung ergibt sich sofort der Sehnenwert zu 120°:

$$s(120°) = s(180°-60°) = \sqrt{4r^2 - s(60°)^2} = r\sqrt{3}$$

bzw. im Einheitskreis:

$$s(120°) = \sqrt{3}$$

3. Berechnung der zum halben Winkel gehörenden Sehne aus der Sehne, die zum ganzen Winkel gehört

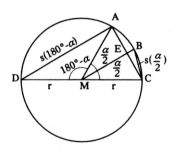

Nach dem Satz des *Pythagoras* im Dreieck *BCE* und dem Satz über die Mittellinie im Dreieck *ACD* gilt:

$$s\left(\tfrac{\alpha}{2}\right)^2 = EC^2 + BE^2$$

$$= \left[\tfrac{1}{2}s(\alpha)\right]^2 + [MB - ME]^2$$

$$= \tfrac{1}{4}s(\alpha)^2 + \left[r - \tfrac{1}{2}AD\right]^2$$

$$= \tfrac{1}{4}s(\alpha)^2 + r^2 - rs(180°-\alpha) + \tfrac{1}{4}s(180°-\alpha)^2$$

$$= \tfrac{1}{4}s(\alpha)^2 + r^2 - r\sqrt{4r^2 - s(\alpha)^2} + r^2 - \tfrac{1}{4}s(\alpha)$$

$$\Rightarrow s\left(\tfrac{\alpha}{2}\right) = \sqrt{2r^2 - r\sqrt{4r^2 - s(\alpha)^2}}$$

Als wichtige Werte lassen sich unter anderem die Länge der Sehne zu 30° und 45° berechnen. Für den Einheitskreis erhält man sofort:

$$s(30°) = \sqrt{2 - \sqrt{3}}$$

$$s(45°) = \sqrt{2 - \sqrt{2}}$$

4. Die Additionsformel der Sehnenfunktion

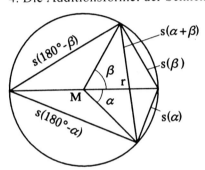

Nach dem Satz des *Pythagoras* folgt unmittelbar im Einheitskreis:

$$s(\alpha + \beta) = s(\alpha) \cdot s(180° - \beta) + s(\beta) \cdot s(180° - \alpha)$$

Mit dieser Formel lassen sich aus den bereits berechneten Sehnen weitere Werte der Sehnenfunktion berechnen, nämlich für 75°, 105°, 135°, 150° und 165°.

Da $s(15°)$ als $\sqrt{2r^2 - r\sqrt{4r^2 - s(30°)^2}}$ berechnet werden kann, hat man nach der Festlegung $s(0°) = 0$ und $s(180°) = 2r$ bereits eine um 15° fortschreitende **Sehnentabelle**, die weiter verfeinert werden könnte. Der Rechenaufwand läßt sich bei der Verwendung dezimaler Näherungswerte mit Hilfe des Taschenrechners relativ gering halten. Auch in der antiken Trigonometrie wurden die Sehnentabellen in Sexagesimalbrüchen berechnet.

5. Dreiecksberechnung mit Hilfe der Sehnentrigonometrie
Der größte Teil der im Unterricht üblichen Dreiecksberechnungen lassen sich mit Hilfe der Sehnentrigonometrie einfacher als mit der Sinustrigo-

nometrie durchführen. Lediglich bei der Berechnung rechtwinkliger Dreiecke ist die Sehnentrigonometrie etwas umständlicher, wie die folgenden Beispiele zeigen. Dafür kommt man mit einer einzigen trigonometrischen Funktion aus (die Funktionswerte $s(\varphi)$ sind jeweils die Werte im Einheitskreis).

(1) Berechnungen am rechtwinkligen Dreieck
gegeben: die Hypotenuse (c) und ein spitzer Winkel (α)
gesucht: die Katheten (a und b)

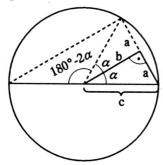

$s(2\alpha) \cdot c = 2 \cdot a \Rightarrow a = \tfrac{1}{2} s(2\alpha) \cdot c$

$s(180° - 2\alpha) \cdot c = 2 \cdot b \Rightarrow$

$b = \tfrac{1}{2} s(180° - 2\alpha) \cdot c$

(2) Berechnungen am gleichschenkligen Dreieck
gegeben: Der Winkel an der Spitze (γ) und der Schenkel (a)
gesucht: Die Basis (b)

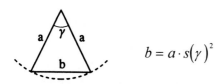

$b = a \cdot s(\gamma)^2$

(3) Berechnungen an schiefwinkligen Dreiecken
Für Berechnungen an schiefwinkligen Dreiecken verwendet man zweckmäßigerweise eine dem Sinussatz entsprechende Beziehung, die sich unter Verwendung des Umkreises und des Satzes vom Mittelpunktswinkel einfach herleiten läßt:

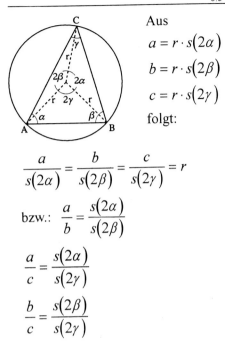

Aus
$$a = r \cdot s(2\alpha)$$
$$b = r \cdot s(2\beta)$$
$$c = r \cdot s(2\gamma)$$
folgt:

$$\frac{a}{s(2\alpha)} = \frac{b}{s(2\beta)} = \frac{c}{s(2\gamma)} = r$$

bzw.: $\dfrac{a}{b} = \dfrac{s(2\alpha)}{s(2\beta)}$

$$\frac{a}{c} = \frac{s(2\alpha)}{s(2\gamma)}$$

$$\frac{b}{c} = \frac{s(2\beta)}{s(2\gamma)}$$

6. Übergang zur Sinustrigonometrie

Alle Aussagen der Sehnentrigonometrie lassen sich mit Hilfe zweier einfacher, unmittelbar aus einer Zeichnung ablesbaren Formeln in die Sinustrigonometrie übersetzen:

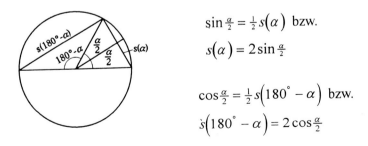

$\sin\frac{\alpha}{2} = \frac{1}{2}s(\alpha)$ bzw.

$s(\alpha) = 2\sin\frac{\alpha}{2}$

$\cos\frac{\alpha}{2} = \frac{1}{2}s(180° - \alpha)$ bzw.

$s(180° - \alpha) = 2\cos\frac{\alpha}{2}$

Beispielsweise folgt der in der Sinustrigonometrie nur recht umständlich

zu beweisende Additionssatz sofort aus der Additionsformel
$$s(\alpha+\beta) = \tfrac{1}{2}\left[s(\alpha)\cdot s(180°-\beta) + s(\beta)\cdot s(180°-\alpha)\right]$$
durch Einsetzen:
$$2\cdot\sin\frac{\alpha+\beta}{2} = \tfrac{1}{2}\left[2\sin\frac{\alpha}{2}\cdot 2\cos\frac{\beta}{2} + 2\sin\frac{\beta}{2}\cdot 2\cos\frac{\alpha}{2}\right]$$

bzw. $\sin\left(\dfrac{\alpha}{2}+\dfrac{\beta}{2}\right) = \sin\dfrac{\alpha}{2}\cdot\cos\dfrac{\beta}{2} + \sin\dfrac{\beta}{2}\cdot\cos\dfrac{\alpha}{2}$

bzw. $\sin(\alpha+\beta) = \sin\alpha\cdot\cos\beta + \sin\beta\cdot\cos\alpha$.

Noch einfacher ist die Herleitung des Sinussatzes aus der Beziehung
$$\frac{a}{s(2\alpha)} = \frac{b}{s(2\beta)} = \frac{c}{s(2\gamma)} = r$$
ebenfalls durch Einsetzen:
$$\frac{a}{2\sin\alpha} = \frac{b}{2\sin\beta} = \frac{c}{2\sin\gamma} = r$$

bzw. $\dfrac{a}{\sin\alpha} = \dfrac{b}{\sin\beta} = \dfrac{c}{\sin\gamma} = 2r$.

Stellt man diesen Herleitungen den im modernen Mathematikunterricht oft propagierten Weg über das Skalarprodukt zweier Vektoren gegenüber, sieht man die Einfachheit des hier vorgeschlagenen Aufbaus der Trigonometrie unmittelbar ein. Vor allem aber erkennt der Schüler bei diese Methode die trigonometrischen Zusammenhänge klar und unmittelbar, die bei der vektoriellen Methode durch die in der Theorie bereits vorhandenen trigonometrischen Bezüge eher verschleiert werden.

6.3.6 Analytische Geometrie

Die analytische Geometrie ist im 17. Jahrhundert aus dem Bestreben entstanden, die bis dahin erarbeiteten vielfältigen Methoden der Algebra auf geometrische Fragestellungen anzuwenden. Erst über 200 Jahre später entstand die Vektorrechnung. Ausgangspunkt für die Behandlung der analytischen Geometrie im Unterricht sollten die elementaren geometrischen Grundbegriffe und ihre Beziehungen sein. Am Anfang stehen deshalb **Punkte** und **Geraden**. Während die Darstellung eines Punktes in einem Koordinatensystem völlig unproblematisch ist und schon in der Unterstufe eingeführt werden kann, erfordert die Geradendarstellung einige elementargeometrische Überlegungen.

Beginnt man mit dem Versuch eine Ursprungsgerade in einem kartesischen Koordinatensystem zu beschreiben, wird man von der Charakterisierung einer Geraden durch die konstante Steigung und dem bereits in der Unterstufe erarbeiteten Proportionalitätsbegriff ausgehen. Die Beziehung

$$\frac{y}{x} = \tan\alpha\,(a) \quad \text{bzw.} \quad y = a \cdot x$$

gilt für alle Punkte P einer Geraden g und umgekehrt wird durch diese Gleichung jeder Punkt der Geraden beschrieben.

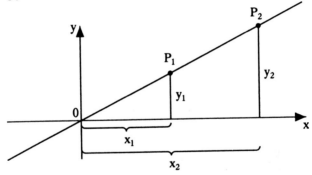

Die Erweiterung auf beliebige Geraden läßt sich geometrisch leicht herleiten:

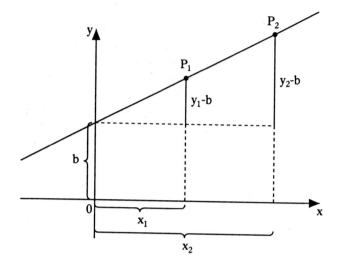

$$\frac{y-b}{x} = a, \quad y = a \cdot x + b$$

Nach der Behandlung des Sonderfalls der Geraden mit einem Neigungswinkel von 90° und ihre Darstellung in der Form $x = a$ kann man die Gerade als Punktmenge definieren:

$$g = \{(x/y) | ax + by + c = 0, x, y \in \mathbb{R} \text{ und } a \neq 0 \vee b \neq 0\}$$

Nach der Behandlung der Aufgaben, wie eine Gerade, die durch zwei Punkte festgelegt ist, durch eine Gleichung dargestellt werden kann und wie der Schnittpunkt zweier Geraden berechnet werden kann, wird man eine **Metrik** in der analytischen Geometrie einführen. Beim Rückgriff auf die geometrische Anschauung bietet sich bei Anwendung des Satzes von *Pythagoras* die Definition der **Entfernung zweier Punkte** A und B als $|AB| = \sqrt{(b_1 - a_1)^2 + (b_2 - a_2)^2}$ an.

Nach der Definition des Teilverhältnisse einer Strecke kann man zur Erweiterung von der algebraischen Darstellung der Geraden zur Darstellung des Kreises übergehen. In diesem Fall wird man von der Grundeigenschaft des Kreises als Menge aller Punkte, die von einem festen Punkt gleichen Abstand haben, ausgehen und den Kreis als

$$K = \left\{ (x\,/\,y) \mid (x-a)^2 + (y-b)^2 = r^2 \wedge x, y \in \mathbb{R} \right\}$$
definieren.

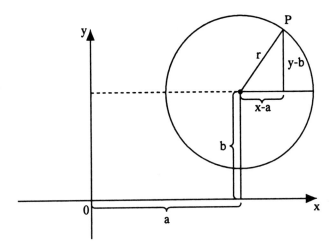

Ein anderer Weg der Erweiterung geht von der algebraischen Fragestellung aus. Nach der Untersuchung, welche Punkte durch die lineare Gleichung $y = ax + b$ beschrieben werden, wird man die Untersuchung auf die quadratische Gleichung $y = ax^2 + bx + c$ ausdehnen. Dabei wird man zweckmäßigerweise zuerst den Spezialfall $a = 1, b,c = 0$ betrachten, dann $a \in \mathbb{R}, b,c = 0$ und schließlich den allgemeinen Fall.
Nach der analytischen Behandlung der wichtigsten, von der elementaren Geometrie her bekannten Sätze kann man die Grenzen dieser Methode erkennen. Insbesondere wird man die Schwierigkeiten bei einer Behandlung der räumlichen Geometrie sehen und dies als Anlaß für die Einführung von Vektoren in der analytischen Geometrie nehmen.

7 Inhalte des Mathematikunterrichts: Analysis

7.1 Allgemeine Anmerkungen zur Didaktik

7.1.1 Der traditionelle Aufbau der Analysis

Über die zentralen Begriffe der Analysis, die im Unterricht der Sekundarstufe II behandelt werden sollen, besteht weitgehend Einigkeit. In jedem Lehrgang findet man den Funktionsbegriff, die Differentialrechnung und die Integralrechnung. Über die Reihenfolge, in der diese Themen behandelt werden sollen, ist aber viel diskutiert worden. Einige Unterrichtsmodelle gehen von Folgen aus, aus denen der Grenzwertbegriff und die Stetigkeit entwickelt werden. Es folgt die Ableitung einer Funktion und der Integralbegriff[31]. Andere beginnen mit der Stetigkeit, behandeln dann die Ableitung und das Integral und führen erst dann den Grenzwertbegriff ein[32]. Vorgeschlagen wird auch die gleichzeitige Einführung von Differentialquotient und Integration durch Näherungsmethoden[33].

Beim üblichen Aufbau beginnt man mit dem Funktionsbegriff und definiert dann die Stetigkeit und die Ableitung einer Funktion, um schließlich über die Stammfunktion zur Flächeninhaltsfunktion und zur Integralfunktion zu kommen:

1 Funktionen
1.1 Funktionsbegriff

Definition: Wird jedem Element x einer nicht leeren Menge $A \subset \mathbb{R}$ **genau ein** Element y einer Menge $B \subset \mathbb{R}$ zugeordnet, ist durch A und B und die Zuordnung eine **reelle Funktion** gegeben.

Schreibweise: $f: x \mapsto f(x); x \in A$

---

[31] Beispielsweise in: *H. Griesel*, Analysis I und II, Hannover 1968, 1970
[32] Beispielsweise in: *G. Pickert*, Einführung in die Differential- und Integralrechnung, Stuttgart 1969
[33] Beispielsweise in: *H. Freudenthal*, Mathematik als pädagogische Aufgabe, Stuttgart 1973

Bezeichnungen: A : **Definitionsmenge** von f
                       B : **Zielmenge** von f
                       $W = \{f(x) \text{ mit } x \in A\}$: **Wertemenge** von f.

Kann die Zuordnung durch einen Rechenausdruck $f(x)$ dargestellt werden, nennt man $f(x)$ den **Funktionsterm**.

1.2 Graphische Darstellung einer Funktion

Die Paarmenge $G = \{(x, f(x)) | x \in A, f(x) \in B\}$ kann als Punktmenge in einem kartesischen Koordinatensystem dargestellt werden. Die Punkte bilden dann den **Graphen** der Funktion $x \mapsto f(x)$.

1.3 Beispiele für Funktionen

lineare Funktionen: $f(x) = ax + b \quad a, b \in \mathbb{R}$

ganze rationale Funktionen
(vom Grade n): $f(x) = a_n x^n + \cdots + a_1 x + a_0 \quad a_v \in \mathbb{R}$, $a_n \neq 0$

rationale Funktionen $f(x) = \dfrac{u(x)}{v(x)}$

                             Wenn $u(x)$ und $v(x)$ ganzrationale Funktionen sind und $v(x)$ nicht die „Nullfunktion" (d. h. nicht $v(x) = 0$ für alle x) ist.

1.4 Verkettung von Funktionen

Definition: Sind f: $x \mapsto f(x), x \in A$ und
                       g: $x \mapsto g(x), x \in B$ und gilt
                       $g(B) \subset A$, dann heißt
                       h: $x \mapsto f(g(x)), x \in B$ die **Verkettung** von f mit g.

Schreibweise: $\quad h(x) = (f \circ g)(x) = f(g(x))$

1.5 Monotonie von Funktionen
Definition: $\quad f\colon x \mapsto f(x), x \in A$ heißt **monoton wachsend (fallend)** auf dem Intervall $[a,b] \subset A$, wenn für alle $x_1, x_2 \in [a,b]$ gilt:

$x_1 < x_2 \Rightarrow$

$f(x_1) \le f(x_2) \; (f(x_1) \ge f(x_2))$

1.6 Beschränkte Funktionen
Nach Einführung der Begriffe **obere** und **untere Schranke** einer Teilmenge der reellen Zahlen können diese Begriffe auf Funktionen übertragen werden:

Definition: Eine Funktion $f\colon x \mapsto f(x)$ mit $x \in A$ heißt **nach oben (unten) beschränkt**, wenn die Wertemenge $f(A)$ eine obere (untere) Schranke besitzt.

2 Folgen
2.1 Folgen als Funktionen
Definition: $\quad f\colon n \mapsto f(n), n \in \mathbb{N}$, $f(n) \in \mathbb{R}$ heißt **reelle Zahlenfolge**.

2.2 Nullfolgen
Definition: Eine Folge heißt **Nullfolge**, wenn es zu jedem $\varepsilon > 0$ ein $n_0 \in \mathbb{N}$ gibt, so daß für alle $n \in \mathbb{N}$ mit $n \ge n_0$ gilt: $|f(x)| < \varepsilon$.

2.3 Folgen mit beliebigem Grenzwert
Definition: Die Folge $(f(n))$ hat den **Grenzwert** g, wenn die Folge $(f(n) - g)$ eine Nullfolge ist.

Schreibweise: $\lim_{n \to \infty} f(n) = g$

Bezeichnung: $(f(n))$ heißt **konvergente Folge**

3 Grenzwerte bei Funktionen

3.1 $|x| \to \infty$

Definition: Eine Funktion $x \mapsto f(x), x \in A$ mit rechtsseitig unbeschränkter Definitionsmenge $A \subset \mathbb{R}$ heißt **konvergent mit Grenzwert g für x gegen** ∞, wenn es zu jedem $\varepsilon > 0$ ein $x_n > 0$ gibt, so daß für alle $x \in A$ mit $x > x_0$ gilt:

$$|f(x) - g| < \varepsilon$$

Schreibweise: $\lim_{x \to \infty} f(x) = g$

Analog definiert man den Grenzwert für $x \to -\infty$ bei einer linksseitig unbeschränkten Definitionsmenge.

3.2 $x \to x_0$

Nach der Festlegung des Begriffs Häufungsstelle einer Teilmenge von $\mathbb{R}$ durch die Forderung, daß es in jeder ε-Umgebung der Häufungsstelle x_0 mindestens ein $x \neq x_0$ aus der Teilmenge liegen muß, kann man den Grenzwert einer Funktion für $x \to x_0$ mit Hilfe des Folgenbegriffs definieren.

Definition: Eine Zahl g heißt **Grenzwert** der Funktion f: $x \to f(x), x \in A$ an der Häufungsstelle x_0 von A, wenn für jede gegen x_0 konvergierende Folge (x_n) mit $x \in A \setminus \{x_0\}$ gilt:

$$\lim_{n \to \infty} f(x_n) = g$$

Eine Alternative zu dieser Definition ist die Vorgehensweise nach *Cauchy*.

Definition: g heißt **Grenzwert** der Funktion f:
$x \mapsto f(x), x \in A$ an der Häufungsstelle x_0, wenn es zu jedem $\varepsilon > 0$ ein $\delta > 0$ gibt, so daß für alle $x \in A$ mit $x \neq x_0$ gilt:

$$|x - x_0| < \delta \Rightarrow |f(x) - g| < \varepsilon$$

Schreibweise: $\lim_{x \to x_0} f(x) = g$

Im Anschluß an die Definition wird man den wichtigen Satz behandeln, daß der Grenzwert einer Summe, einer Differenz, eines Produkts und eines Quotienten von Funktionen gleich der Summe, der Differenz, dem Produkt und dem Quotienten (falls definiert) der einzelnen Grenzwerte ist. Dabei ergibt sich der Beweis dieses Satzes bei der Definition des Grenzwertes über konvergente Folgen relativ einfach, während er bei der *Cauchy*-Definition deutlich schwieriger ist.

4 Stetigkeit

4.1 Stetigkeit an einer Stelle

Die einfachste Definition ergibt sich aus dem Grenzwertbegriff:

Definition: $f: x \mapsto f(x), x \in A$ heißt **an der Stelle** $x_0 \in A$ **stetig**, wenn gilt:

(1) $\lim_{x \to x_0} f(x)$ existiert

(2) $\lim_{x \to x_0} f(x) = f(x_0)$

Eine Alternative zu dieser Definition stellt die folgende nach *Cauchy* dar:

Definition: $f: x \mapsto f(x), x \in A$ heißt **an der Stelle** $x \in A$ **stetig**, wenn es zu jeder Zahl $\varepsilon > 0$ eine Zahl $\delta > 0$ gibt, so daß für alle $x \in A$ gilt:

$$|x - x_0| < \delta \Rightarrow |f(x) - f(x_0)| < \varepsilon$$

4.2 Stetigkeit in einem Intervall

Definition: $f: x \mapsto f(x), x \in A$ heißt **stetig auf** $]a,b[\subset A$, wenn f für alle $x \in]a,b[$ stetig ist.

Will man die Stetigkeit in einem abgeschlossenen Intervall definieren, ist der Begriff des **links-** und **rechtsseitigen Grenzwerts** erforderlich. Nach der Definition können die Sätze über die Stetigkeit einer Funktion bei der Bildung von Summen, Differenzen, Produkten und Quotienten stetiger Funktionen sowie über die Stetigkeit bei der Verkettung hergeleitet werden.

5 Die Ableitung einer Funktion
5.1 Der Differentialquotient

Definition 1: Für $f: x \mapsto f(x)$ definiert auf $[a,b]$ heißt

$$D_{x_0}(x) = \frac{f(x)-f(x_0)}{x-x_0}$$

$(x, x_0 \in [a,b], x \neq x_0)$

der **Differenzenquotient** an der Stelle x_0.

Definition 2: $f: x \mapsto f(x)$ definiert auf $[a,b]$ heißt in x_0 **differenzierbar**, wenn $\lim\limits_{x \to x_0} \dfrac{f(x)-f(x_0)}{x-x_0}$

(der **Differentialquotient**) existiert.

Schreibweise: $f'(x_0) = \lim\limits_{x \to x_0} \dfrac{f(x)-f(x_0)}{x-x_0}$ (Bezeichnung: **Ableitung**)

Mit Hilfe der Ableitung läßt sich die Tangente des Graphen einer Funktion festlegen:

Definition: Existiert $f'(x_0)$, so heißt die Gerade durch $P_0(x_0, f(x_0))$ mit der Steigung $f'(x_0)$ **Tangente an den Graphen von** f **im Punkt** P_0

5.2 Die Ableitungsfunktion

Definition 1: $f\colon x \mapsto f(x)$ heißt **im Intervall** $[a,b]$ **differenzierbar**, wenn f für jedes $x \in [a,b]$ differenzierbar ist.

Definition 2: $f\colon x \mapsto f'(x), x \in A$ heißt **Ableitungsfunktion** von f.

Als nächster Schritt werden die **Ableitungsregeln** hergeleitet aus denen sich die Anwendungen der Differentialrechnung wie beispielsweise die Diskussion von Kurven ergeben:

(1) $f(x) = c \Rightarrow f'(x) = 0$

(2) $f(x) = u(x) + c \Rightarrow f'(x) = u'(x)$

(3) $f(x) = c \cdot u(x) \Rightarrow f'(x) = c \cdot u'(x)$

(4) $f(x) = u(x) + v(x) \Rightarrow$
       $f'(x) = u'(x) + v'(x)$

(5) $f(x) = x^n \Rightarrow f'(x) = n \cdot x^{n-1}$

(6) $f(x) = u(v(x)) \Rightarrow f'(x) = u'(v(x)) \cdot v'(x)$ (Kettenregel)

(7) $f(x) = u(x) \cdot v(x) \Rightarrow$
       $f'(x) = u'(x) \cdot v(x) + u(x) \cdot v'(x)$ (Produktregel)

(8) $f(x) = \dfrac{u(x)}{v(x)} \Rightarrow$
       $f'(x) = \dfrac{v(x) \cdot u'(x) - u(x) \cdot v'(x)}{[v(x)]^2}$ (Quotientenregel)

6 Die Integralrechnung
6.1 Die Stammfunktion

Definition: $F\colon x \mapsto F(x), x \in A$ heißt **Stammfunktion** einer Funktion f: $x \mapsto f(x), x \in A$, wenn F

auf A differenzierbar ist und für alle $x \in A$ gilt: $F'(x) = f(x)$.

Es folgt der wichtige Satz:
Ist F eine Stammfunktion von f, dann läßt sich jede Stammfunktion G von f in der Form D: $x \mapsto F(x) + c$ darstellen.

6.2 Die Flächeninhaltsfunktion

Definition: $F_a: x \mapsto F_a(x), x \in [a,b]$ heißt **Flächeninhaltsfunktion zur Randfunktion** $f \geq 0$ **bezüglich a**, wenn $F_a(x)$ für alle $x \in [a,b]$ der Flächeninhalt der von der x-Achse, den Geraden $x = a$ und $x = x_0$ und dem Graphen von $f(x)$ begrenzten Figur ist.

Den Zusammenhang zur Differentialrechnung stellt der sogenannte Hauptsatz her:
Ist F eine Stammfunktion von f, dann ist die Flächeninhaltsfunktion F_a von f gegeben durch: $F_a(x) = F(x) - F(a)$.

6.3 Die Integralfunktion

Definition: Ist F eine Stammfunktion der auf $[a,b]$ stetigen Funktion f, heißt für jedes $x_0 \in [a,b]$ die Funktion $F_{x_0}: x \mapsto F(x) - F(x_0)$ **Integralfunktion** von f bezüglich a.

Schreibweise: $F_{x_0}(x) = \int_{x_0}^{x} f(t)dt$

Nach der Untersuchung der Eigenschaften der Integralfunktion muß der Zusammenhang mit der Inhaltsfunktion hergestellt werden, wobei zu berücksichtigen ist, daß die **Existenz** der Stammfunktion nicht selbstverständlich ist und deshalb eine Summendefinition des Integrals durch ein- und umbeschriebene Treppenfiguren erforderlich ist.

7.1.2 Die Non-Standard-Analysis

Eine Alternative zum Aufbau der Analysis auf dem Grenzwertbegriff ist die in den letzten 30 Jahren entwickelte **Non-Standard-Analysis**. Ihre Grundlage ist eine Erweiterung des Körpers der reellen Zahlen um unendlich kleine („infinitesimale") und unendlich große („infinite") Zahlen zum Körper der hyperreellen Zahlen $\mathbb{H}$. Für die Einführung von $\mathbb{H}$ gibt es im wesentlichen zwei verschiedene Wege: Der **konstruktive** Weg baut auf mengentheoretische Überlegungen auf und überträgt nach dem Permanenzprinzip die Strukturen von $\mathbb{R}$ auf. Der **axiomatische** Weg definiert von vornherein Grundlagen für die Existenz und die Eigenschaften der Elemente von $\mathbb{H}$. Beide werden hier kurz skizziert:

1. **Konstruktiver Aufbau von $\mathbb{H}$**[34]

1.1 Einführung von hyperreellen Zahlen

Etwa von der Fragestellung, ob $0,\overline{9}$ wegen $0,\overline{9} = 9 \cdot 0,\overline{1} = 9 \cdot \frac{1}{9}$ gleich 1 ist ausgehend kann man die Dezimaldarstellung von $0,\overline{9}$ benutzen und mit $1 - 0,\overline{9} = 0{,}000\ldots 1$ eine Zahl einführen, die zwei wichtige Eigenschaften besitzt:

(1) $0{,}000\ldots 1 > 0$

(2) $0{,}000\ldots 1 < r$ für alle $r \in \mathbb{R}$.

Diese Überlegung führt zur Festsetzung: Eine Zahl mit den Eigenschaften (1) und (2) heißt **hyperreell** oder **Non-Standard-Zahl**.

1.2 Darstellung hyperreeller Zahlen

Aus der Darstellung der reellen Zahlen als Dezimalbrüche läßt sich der Begriff der Darstellung einer reellen Zahl durch eine Folge herleiten. So läßt sich beispielsweise 0,123 durch die Folge 0,1; 0,12; 0,123; 0,1230; 0,12300; ... beschreiben. Non-Standard-Zahlen werden entsprechend dargestellt, so etwa $0{,}000\ldots 1$ als Folge 0,1; 0,01; 0,001;...

---

[34] Literatur: *Landers, Rogge*, Nichstandard Analysis, Berlin, Heidelberg, New York, 1994

Diese Überlegung führt zu folgender Festlegung:
Definition: Jede reelle Zahlenfolge ist die Darstellung einer hyperreellen Zahl

1.3 Gleichheit zweier hyperreeller Zahlen
Definition: Zwei reelle Zahlenfolgen (a_n) und (b_n) stellen dieselbe hyperreelle Zahl genau dann dar, wenn es einen Index n_0 gibt mit der Eigenschaft: $a_n = b_n$ für alle $n \geq n_0$.

1.4 Anordnung der hyperreellen Zahlen
Definition: Für zwei hyperreelle Zahlen a und b, die durch die Zahlenfolgen (a_n) und (b_n) dargestellt werden, gilt $a < b$ genau dann, wenn es einen Index n_0 gibt mit der Eigenschaft: $a_n < b_n$ für alle $n \geq n_0$.

1.5 Rechnen mit hyperreellen Zahlen
Definition: Für zwei hyperreelle Zahlen a und b, die durch die Zahlenfolgen (a_n) und (b_n) dargestellt werden, werden die Addition und die Multiplikation folgendermaßen festgelegt:
$s = a + b$
$p = a \cdot b$, wenn $(s_n) = (a_n) + (b_n)$ und $(p_n) = (a_n) \cdot (b_n)$, wobei (s_n) und (p_n) die Zahlenfolgen für s und p bilden.

Definition: Eine hyperreelle Zahl a, dargestellt durch die reelle Zahlenfolge (a_n), heißt genau dann **Einheit**, wenn ab einem bestimmten Index n_0 für alle Folgenglieder $a = 0$ gilt.

1.6 Fortsetzung von Funktionen

Um möglichst viele in $\mathbb{R}$ entwickelten Methoden auf $\mathbb{H}$ übertragen zu können, setzt man die in $\mathbb{R}$ definierten bekannten Funktionen nach $\mathbb{H}$ fort.

Definition: Wenn $f: \mathbb{R} \mapsto \mathbb{R}$ eine einstellige, auf ganz $\mathbb{R}$ definierte, reellwertige Funktion und a eine durch die reelle Zahlenfolge (a) dargestellte hyperreelle Zahl ist, dann ist $f(a)$ eine hyperreelle Zahl mit der Darstellung

$$\left(f(a_1); f(a_2); f(a_3); \ldots\right).$$

Für nicht auf ganz $\mathbb{R}$ definierte Funktionen legt man fest::

Definition: Wenn $f: D_f \mapsto \mathbb{R}$ eine einstellige, reellwertige Funktion und a eine durch die reelle Zahlenfolge (a_n) dargestellt hyperreelle Zahl ist, dann ist $f(a)$ als hyperreelle Zahl definiert, wenn ab einem bestimmten Index n_0 für alle Folgenglieder $a_n \in D_f$ gilt.

$f(a)$ wird dann durch die Folge (f_n) mit $f(a_n)$ falls $a_n \in D_f$; $f = 0$ falls $a_n \notin D_f$ dargestellt.

1.7 Übertragungen von Aussagen aus $\mathbb{R}$ nach $\mathbb{H}$

Nach dem Transferprinzip werden reelle Aussagen und Eigenschaften sinngemäß auf hyperreelle Zahlen übertragen.
Beispiele:
(1) Sowohl für zwei positive, als auch für zwei negative hyperreelle Zahlen $a, b \in \mathbb{H}$ gilt:

$$a < b \Rightarrow \frac{1}{a} > \frac{1}{b}$$

(2) Für zwei beliebige hyperreelle Zahlen $a, b \in \mathbb{H}$ gilt die Dreiecksungleichung:
$$|a \pm b| \leq |a| + |b|$$

(3) Im Hyperreellen ist die strenge Monotonie der Wurzelfunktion gültig, d. h. für nichtnegative hyperreelle Zahlen gilt:
$$a < b \Rightarrow \sqrt{a} < \sqrt{b}$$

1.8 Typen hyperreeller Zahlen

Die hyperreellen Zahlen können in folgender Form klassifiziert werden:

(1) Eine hyperreelle Zahl $\alpha \in \mathbb{H}$ heißt genau dann **infinitesimal**, wenn für alle $r \in \mathbb{R}^+$ $|a| < r$ gilt.

(2) Eine hyperreelle Zahl $A \in \mathbb{H}$ heißt genau dann **infinit**, wenn für alle $r \in \mathbb{R}^+$ $|A| > r$ gilt.

(3) Eine hyperreelle Zahl $a \in \mathbb{H}$ heißt genau dann **finit**, wenn ein $r \in \mathbb{R}^+$ mit $|a| < r$ existiert.

Bei dieser Klassifizierung wurde die übliche Schreibweise verwendet, bei der die Infinitesimalzahlen durch kleine griechische Buchstaben, die infiniten Zahlen durch große griechische Buchstaben und die finiten Zahlen durch kleine lateinische Buchstaben dargestellt werden.

1.9 Rechenregeln für hyperreelle Zahlen

Aus den in 1.5 dargestellten Grundsätzen werden die wichtigsten Rechenregeln für hyperreelle Zahlen hergeleitet:

(1) $\alpha, \beta \in \mathbb{H}$ infinitesimal $\Rightarrow \alpha \pm \beta$ infinitesimal

(2) $\alpha \in \mathbb{H}$ infinitesimal, $a \in \mathbb{H}$ finit $\Rightarrow \alpha \cdot a$ infinitesimal

(3) $\alpha \in \mathbb{H}$ infinitesimale Einheit $\Rightarrow \dfrac{1}{\alpha}$ infinitesimal

(4) $A \in \mathbb{H}$ infinit $\Rightarrow \dfrac{1}{A}$ infinitesimal

(5) $a, b \in \mathbb{H}$ finit $\Rightarrow a \pm b$ finit

(6) $A \in \mathbb{H}$ infinit, $a \in \mathbb{H}$ finit $\Rightarrow A \pm a$ infinit

(7) $\quad a \geq 0$ infinitesimal $\Rightarrow \sqrt{a}$ infinitesimal

(8) $\quad A > 0$ ~~infinit~~ $\Rightarrow \sqrt{A}$ infinit

1.10 Infinitesimale Nachbarschaft

Für die Anwendung der Theorie der hyperreellen Zahlen auf die Infinitesimalrechnung ist der Begriff des **Standard-Anteils** einer hyperreellen Zahl von zentraler Bedeutung. Man definiert deshalb:
Zwei Zahlen $a, b \in \mathbb{H}$ heißen genau dann **infinitesimal benachbart** oder **unendlich nahe** ($a \approx b$), wenn $a - b$ infinitesimal ist.
Die Menge aller zu einer Zahl $r \in \mathbb{R}$ infinitesimal benachbarter Zahlen heißt **Monade von r (Mon(r))**.
Im Hinblick auf die Anwendungen in der Infinitesimalrechnung ist es sinnvoll wichtige Sätze für die Relation „$\approx$" abzuleiten.

Beispiele:

(1) Aus $a \approx b$ und $c \approx d$ folgt $a + c \approx b + d$ (für $a, b, c, d \in \mathbb{H}$)

(2) Aus $a \approx b$ und c finit folgt $ac \approx bc$ (für $a, b, c \in \mathbb{H}$)

(3) Für a, b finit gilt: Aus $a \approx b$ folgt $a^2 \approx b^2$ (für $a, b \in \mathbb{R}$)

(4) Aus $a \approx r$ folgt $\sqrt{a} \approx \sqrt{r}$ (für $a \in \mathbb{H}_0^+$ und $r \in \mathbb{R}_0^+$)

1.11 Standard-Anteil

Behandelt man ein Problem in $\mathbb{R}$ mit Hilfe der hyperreellen Zahlen erhält man als Resultat eine hyperreelle Zahl. Um diese in eine reelle Zahl zu verwandeln, führt man den Begriff des Standard-Anteils ein.

Definition: Gibt es zu einer Zahl $h \in \mathbb{H}$ eine infinitesimal benachbarte reelle Zahl r ($h \approx r$), so heißt r der Standard-Anteil von h ($r = st(h)$).

Für das Rechnen mit Standard-Anteilen kann man im Hinblick auf die Anwendungen einfache Sätze herleiten.

Beispiele:
Für zwei Zahlen $a, b \in \mathbb{H}$ mit den Standard-Anteilen $st(a)$ und $st(b)$ gilt:
(1) $st(a \pm b) = st(a) + st(b)$
(2) $st(a \cdot b) = st(a) \cdot st(b)$
(3) ist b Einheit mit $st(b) \neq 0$ gilt:
(4) ist $a \geq 0$ gilt: $st\left(\sqrt{a}\right) = \sqrt{st(a)}$

2. Axiomatischer Aufbau von H [35]

Der axiomatische Weg zur Einführung des Körpers der hyperreellen Zahlen stützt sich auf drei Grundgedanken:
1. Die Strukturen im Körper der reellen Zahlen werden auf neue, erweiterte Objekte übertragen und diese durch ihre Eigenschaften definiert (Erweiterungsprinzip).
2. Aussagen aus dem Reellen werden in das Hyperreelle übertragen (Übertragungsprinzip)
3. Zu jeder hyperreellen Zahl wird ihr Standard-Anteil festgestellt und so die Anwendung der hyperreellen Zahlen auf die reelle Analysis ermöglicht.

Es ergibt sich folgendes **Axiomensystem**:

Erweiterungsprinzip
(1) Die Menge $\mathbb{H}$ der hyperreellen Zahlen ist ein Erweiterungskörper der reellen Zahlen
(2) Die hyperreellen Zahlen sind angeordnet, wobei die Ordnungsrelation auf $\mathbb{R}$ eine Teilmenge derer auf $\mathbb{H}$ ist
(3) Es gibt eine hyperreelle Zahl $\alpha \in \mathbb{H}$, für die gilt: $\alpha > 0$ und $\alpha < r$ für alle $r \in \mathbb{R}^+$
(4) Jede reellwertige Funktion f besitzt eine eindeutig bestimmte Erweiterung $\tilde{f}$ auf die hyperreellen Zahlen mit derselben Anzahl von Variablen

---

[35] Literatur: *Keisler*, Elementary Calculus, Boston 1986

Übertragungsprinzip

(5) Jede Aussage, die für alle reellen Zahlen gültig ist, ist auch für alle hyperreellen Zahlen gültig und umgekehrt

Prinzip der Standard-Anteile

(6) Zu jeder endlichen hyperreellen Zahl $f \in \mathbb{H}$ existiert genau eine reelle Zahl r, die ihr unendlich nahe ist, d. h. für die $f-r$ ist infinitesimal gilt. r heißt Standard-Anteil von f ($r = st(f)$).

Im Prinzip verwendete bereits *Leibniz* den hyperreellen Zahlenraum, indem er mit infinitesimalen Größen, also insbesondere den Differentialen nach den gleichen Regeln rechnete wie bei endlichen reellen Zahlen. Diese Methode bezeichnete er als Kontinuitätsprinzip. Es handelt sich dabei um eine sehr anschauliche Vorgehensweise, die für die in der Schule üblichen Anwendungen einen geeigneten Weg aufzeigt. Der fehlende strenge Unterbau der *Leibnizschen* Infinitesimalrechnung wurde durch die Begriffsbildung der Non-Standard-Analysis nachgeholt.

Am Beispiel der **Tangentensteigung** soll die Anwendung der Non-Standard-Analysis auf ein klassisches Problem der Infinitesimalrechnung gezeigt werden. Identifiziert man die Tangentensteigung mit dem Standard-Anteil einer hyperreellen Steigung einer Sekante, die durch einen infinitesimal benachbarten Punkt des Graphen festgelegt ist, erhält man die Steigung eines Graphen.

Definition: Gegeben sei eine reelle Funktion $f: D_f \mapsto \mathbb{R}$ ($D_f \subset \mathbb{R}$) mit Graph G_f sowie ein Punkt $P(x_0; f(x_0)) \in G_f$.

Existiert zu jeder infinitesimalen Einheit dx der Standard-Anteil des Differentialquotienten

$$\frac{df}{dx} = \frac{f(x_0 + dx) - f(x_0)}{dx}$$

und hat er stets denselben Wert, so ist

$$m(x_0) = st\left(\frac{f(x_0 + dx) - f(x_0)}{dx}\right)$$

die Steigung der Tangente an G_f in P.

Entsprechend definiert man die **Differenzierbarkeit** einer Funktion:
Definition: Eine reelle Funktion f heißt differenzierbar an der Stelle x_0 mit Ableitung c genau dann, wenn für alle infinitesimalen Einheiten gilt:

$$st\left(\frac{f(x_0 + \alpha) - f(x_0)}{\alpha}\right) = c.$$

Bei der Anwendung auf die im Unterricht traditionell behandelten Funktionen ergeben sich die üblichen Rechengänge. Der Unterschied besteht im Prinzip nur in der Interpretation von dx. In entsprechnder Weise lassen sich auch die anderen Grundbegriffe der Infinitesimalrechnung, wie beispielsweise Stetigkeit und Integrierbarkeit in der Non-Standard-Analysis definieren.

7.2 Historische Entwicklung

7.2.1 Der Begriff des Unendlichen

Die erste Begegnung mit dem Unendlichen erfolgte wahrscheinlich über den Zahlbegriff. Auch den vorgriechischen Mathematikern war es sicher klar, daß es keine größte Zahl gibt, sondern immer weiter gezählt werden kann. Explizit tritt diese Erkenntnis aber zum erstenmal bei den Griechen auf. Als Beispiel sei die Aussage *Euklids* im 11. Buch der Elemente genannt, daß es unendlich viele Primzahlen gibt. Größere Schwierigkeiten ergaben sich bei der Frage nach den unendlich kleinen Größen. Berühmt sind die Paradoxa des *Zenon von Eulea* (5. Jahrhundert v. Chr.), deren bekanntestes von *Achilles* und der Schildkröte handelt. In vereinfachter Darstellung geht es dabei um einen Wettlauf zwischen *Achilles* und einer Schildkröte. Dabei läuft *Achilles* zehnmal so schnell wie die Schildkröte. Die Schildkröte habe dabei einen Vorsprung a, den *Achilles*, wenn er sie einholen will, erst einmal zurücklegen muß. In dieser Zeit hat sich aber die Schildkröte weiterbewegt, sie hat jetzt einen Vorsprung von $\frac{1}{10}a$ und das Rennen beginnt gewissermaßen von vorne. Ihr Vorsprung schmilzt dann auf $\frac{1}{100}a$ usw. *Achilles* kann nach *Zenon* die Schildkröte nicht einholen, da sie immer einen endlichen Vorsprung behält.

Ein weiteres bekanntes Paradoxon ist das Problem der Zweiteilung (Dichotomie). Um eine Strecke AB zu durchwandern, muß zuerst die halbe Entfernung zurückgelegt werden; um nach B_1 zu kommen, muß man zuerst nach B_2, um die Mitte von AB_1 zu erreichen usw. Die Bewegung kann überhaupt nicht begonnen werden.

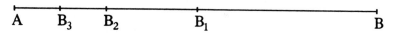

Die Griechen des 5. Jahrhunderts dachten sich also durchaus eine endliche Strecke in beliebig viele, unendlich kleine Strecken zerlegbar. Die Folgerung daraus, daß die Summation unendlich vieler infinitesimaler Größen eine endliche Größe ergeben kann, wurde nicht gezogen. Trotz-

dem arbeiteten die griechischen Mathematiker mit infinitesimalen Überlegungen, umgingen aber den Grenzwertbegriff durch die sogenannte **Exhaustionsmethode**. Sie wurde von *Eudoxos* (4. Jahrhundert v. Chr.) entwickelt und den Elementen des *Euklid* dargestellt.
Ihre Grundlage ist im Satz 1 des 10. Buchs formuliert:
„Nimmt man bei Vorliegen zweier ungleicher (gleichartiger) Größen von der größeren ein Stück größer als die Hälfte weg und vom Rest ein Stück größer als die Hälfte und wiederholt dies immer, dann muß einmal eine Größe übrigbleiben, die kleiner als die kleinere Ausgangsgröße ist."
In moderne Schreibweise übersetzt, bedeutet das:

$$a_n < \frac{1}{2^n} a_0 < \varepsilon$$

d. h. die Konvergenz der Folge $\left(\frac{1}{2}\right)^n$.

Der Beweis lautet bei *Euklid* folgendermaßen:
„*AB, c* seien zwei ungleiche (gleichartige) Größen, *AB* die größere von ihnen. Ich behaupt, daß, wenn man von *AB* ein Stück größer als die Hälfte wegnimmt, einmal eine Größe übrigbleiben muß, die kleiner ist als die Größe *c*.
c muß nämlich vervielfacht schließlich größer als *AB* werden. Man vervielfache es, und *DE* sei ein Vielfaches von *c*, dabei $> AB$; auch sei *DE* in die mit *c* gleichen Abschnitte *DF, FG, GE* geteilt; ferner nehme man von *AB BH*, das größer als die Hälfte ist, und wiederhole dies immer, bis die Anzahl der Teilungen in *AB* der der Teilungen in *DE* gleich wird.
Die Teile seien nun *AK, KH, HB*, an Anzahl gleich *DF, FG, GE*; da hier $DE > AB$ und man von *DE* ein Stück kleiner als die Hälfte, nämlich *EG* weggenommen hat, von *AB* aber ein Stück größer als die Hälfte, nämlich *BH*, so ist der Rest $GD >$ Rest HA. Und da $GD > HA$ und man von *GD* die Hälfte, nämlich *GF* weggenommen hat, von *HA* aber ein Stück größer als die Hälfte, nämlich *HK*, so ist Rest $DF >$ Rest AK. Aber $DF = c$; also ist auch $c > AK$, also $AK < c$.
Von der Größe *AB* bleibt also schließlich die Größe *AK* übrig, die kleiner ist als die kleinere Ausgangsgröße c – q. e. d."

Da *Euklid* noch die Bemerkung macht „Ähnlich läßt sich der Beweis auch führen, wenn die weggenommenen Stücke die Hälfte sind", läßt sich der Beweisgedanke in moderner Form folgendermaßen darstellen: Ausgangspunkt ist die 4. Definition des 5. Buches, nach der es zu jedem ein n mit der Eigenschaft $n \cdot \varepsilon > a$ gibt.

Dann folgt aus $2^n > n$: $\dfrac{1}{2^n} < \dfrac{1}{n}$ bzw. $\dfrac{a_0}{2^n} < \dfrac{a_0}{n}$.

Wegen $n = \dfrac{a_0}{\varepsilon}$ gilt: $\dfrac{a_0}{2^n} < \dfrac{a_0}{a_0} \cdot \varepsilon$ d. h. $\dfrac{a_0}{2^n} < \varepsilon$.

Als Anwendungsbeispiel in der Flächenberechnung sei der 2. Satz des 12. Buchs der Elemente des *Euklid* genannt. Er lautet: „Kreise verhalten sich zueinander wie die Quadrate über den Durchmessern"
Zuerst wird ein Hilfssatz bewiesen, der in unserer Schreibweise lautet:
  Es läßt sich zu jedem Kreis K ein Polygon P_n in K konstruieren mit der Eigenschaft: $J(K) - J(P_n) < \varepsilon$.
In unserer Schreibweise lautet der Beweisgedanke:
  1. Dem Kreis wird ein Quadrat (P_4) einbeschrieben. Da das umbeschriebene Quadrat den doppelten Flächeninhalt wie das einbeschriebene hat, gilt:
  $P_4 < K < 2 \cdot P_4 \Rightarrow P_4 > \tfrac{1}{2} K$

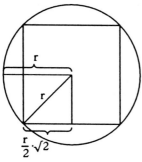

einbeschriebenes Quadrat:
$$\left(\sqrt{2}r\right)^2 = 2r^2$$
umbeschriebenes Quadrat:
$$(2r)^2 = 4r^2$$

  2. $P_4 < P_8 < P_{16} < \ldots$

3. $K - P_8 = 8 \cdot Segment < \frac{1}{2}(K - P_4)$, da die beiden kleinen Segmente zusammen kleiner als die Hälfte des großen Segments sind (s. gezeichnetes Rechteck, in dem das Dreieck bereits die Hälfte der Fläche einnimmt).

4. allgemein gilt:
$K - P_{2n} < \frac{1}{2}(K - P_n)$.

Damit sind die Voraussetzungen von X,1 erfüllt und der Hilfssatz bewiesen. Nach unserem Verständnis ist damit bereits der ganze Satz gezeigt, da ja

$$\frac{A_1}{A_2} = \frac{r_1^2}{r_2^2}$$

für einbeschriebene Polygone gilt. *Euklid* zeigt aber jetzt erst mit Hilfe eines ziemlich umständlichen Beweises, daß sowohl die Annahme

$\frac{J(K_1)}{J(K_2)} < \frac{r_1^2}{r_2^2}$ als auch $\frac{J(K_1)}{J(K_2)} > \frac{r_1^2}{r_2^2}$ zu Widersprüchen führen.

Für die erste Annahme verläuft der Beweis in folgenden Schritten (die zweite Annahme wird analog behandelt):

1. Annahme: $\frac{J(K_1)}{J(K_2)} < \frac{r_1^2}{r_2^2} \Rightarrow J(K_2) > \frac{J(K_1) \cdot r_2^2}{r_1^2}$

    wird als neue Größe S definiert, für die dann gilt: $J(K_2) - S > 0$ so, daß $J(K_2) - S$ als ε gewählt werden kann.

2. Nach dem Hilfssatz gibt es dann ein Polygon P_n mit der Eigenschaft:

    $J(K_2) - J(P_n) < J(K_2) - S \Rightarrow J(P_n) > S$

3. Es wird ein weiteres Polygon P_n^* in K_1 einbeschrieben, das zu P_n ähnlich ist und für das gelten soll:

$$\frac{J(P_n^*)}{J(P_n)} = \frac{J(K_1)}{S} = \frac{r_1^2}{r_2^2}$$

$$\Rightarrow \frac{S}{J(P_n)} = \frac{J(K_1)}{J(P_n^*)} > 1$$

(da P_n^* dem Kreis einbeschrieben ist)

$$\Rightarrow S > J(P_n)$$

Die Schlußfolgerungen aus 2 und 3 stehen im Widerspruch.

Bemerkenswert ist, daß der umständliche Widerspruchsbeweis in allen ähnlichen Fällen nach dem Beweis des Hilfssatzes, in dem die eigentliche Aussage gezeigt wird, geführt wurde. Die Frage, warum die Griechen fast ausschließlich die relativ umständliche Exhaustionsmethode benützt haben, ist von grundlegendem Interesse. Aufschluß kann die Denkweise des neben *Platon* einflußreichsten Philosophen der Griechen, *Aristoteles* (4. Jahrhundert v. Chr.) geben. Er unterschied zwischen dem **potentiell Unendlichen** und dem **aktual Unendlichen**. Das potentiell Unendliche war das unendliche Fortschreiten in der Zeit, wie es beispielsweise beim Abzählen auftritt. Das fortwährende Wegnehmen von Strecken im Satz 1 des 10. Buches der Elemente und damit das Exhaustionsprinzip ist ein solcher Vorgang. Das aktual Unendliche setzt voraus, daß die Folge der Exhaustionsschritte bereits vollständig durchlaufen ist, wie man es bei der Bildung eines Grenzwerts annimmt. Da dieses Denkprinzip von *Aristoteles* abgelehnt wurde, stießen die griechischen Mathematiker nicht zu diesem für die Entwicklung der Infinitesimalrechnung wichtigen Begriff vor.

Die Diskussion über den Unendlichkeitsbegriff wurde erst wieder im Mittelalter aufgenommen. Die Griechen haben den Begriff des aktual Unendlichen abgelehnt und ihre Mathematik deshalb ohne diese Vorstellung aufgebaut. Für die von der Unendlichkeitslehre des Christentums geprägten Mathematiker des Mittelalters ergab sich eine neue Ausgangssituation. Sie machten sich Gedanken über das aktual Unendliche,

ohne dieser schwierigen Problematik gewachsen zu sein und kamen deshalb zu bemerkenswerten Widersprüchen.
So leitete *R. Bacon* (13. Jahrhundert) in „Opus tertium"[36] einen Widerspruch zwischen den folgenden, auf den ersten Blick einleuchtenden Sätzen her:
„Unendlich ist gleich unendlich"
„Das Ganze ist größer als der Teil"
indem er eine Strecke BA nach beiden Seiten ins Unendliche verlängerte:

$$BD = BAC \quad \text{(„Unendlich ist gleich unendlich")}$$

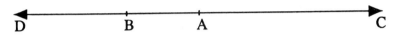

Dann gilt: $\quad BAC > AC \quad$ („Das Ganze ist größer als der Teil")

$\qquad\qquad AC = ABD \quad$ („Unendlich ist gleich unendlich")

Daraus folgt, daß $BD > ABD$, was dem Satz „Das Ganze ist größer als der Teil" widerspricht. Solche Widersprüche versuchte man dadurch zu vermeiden, daß man verschiedene „Unendlich" unterschied. So schrieb *R. Grosseteste* in „De luce seu de inchoatione formarum"[37]:
„Et sunt infinita aliis infinitis plura et alia aliis pauciora. Aggregatio omnium numerorum tam parium quam imparium est infinita, et est maior aggregatione omnium numerorum parium, quae nihilominus est infinita." („Es gibt verschieden große Unendlich. Denn die Menge der ganzen Zahlen ist unendlich und größer als die ebenfalls unendliche Menge der geraden Zahlen.")
In engem Zusammenhang mit der Frage nach dem unendlich Großen steht die Beschäftigung mit dem Kontinuum und damit das Problem des unendlich Kleinen. Das Mittelalter griff bei dieser Problematik auf *Aristoteles* (4. Jahrhundert v. Chr.) zurück, der $\sigma \acute{\upsilon} \nu \epsilon \chi \epsilon \varsigma$, lat. continuum (zusammenhängend) in der „Physik" folgendermaßen definierte:
„Ich sage, es sei etwas zusammenhängend, wenn die Grenze eines jeden von zwei Dingen mit welcher sie sich berühren, ein und dieselbe ist."

---

[36] *Brewer, Bacon,* Opus tertium, London 1859
[37] *Bauer,* Beiträge zur Geschichte der Philosophie des Mittelalters, Münster 1912

In der „Metaphysik" sagt er dann:

„Ein Kontinuum ist eine Größe, welche in gleichartige zusammenhängende Teile zerlegt werden kann."

Daraus leitet er her, daß ein Kontinuum nicht aus kleinsten, unteilbaren Elementen (Atomen) bestehen kann, also beispielsweise eine Strecke nicht aus Punkten zusammengesetzt ist.

Im Mittelalter wurde diese Argumentation wieder aufgenommen, obwohl doch inzwischen *Archimedes* (3. Jahrhundert v. Chr.) mit Hilfe der „atomistischen" Theorie des *Demokritos v. Abdera* (4. Jahrhundert v. Chr.) erfolgreich Flächenberechnungen durchgeführt hatte. Allerdings war die entsprechende Schrift im Mittelalter nicht bekannt. So schreibt *R. Bacon* (13. Jahrhundert) in „Quaestiones":

„Gibt es unteilbare geometrische Gebilde, z.B. Quadrate, kann man 16 so zusammensetzen, daß sie ein weiteres Quadrat bilden. Die Diagonale würde dann wie die Seite aus vier unteilbaren Strecken bestehen, d. h. Seite und Diagonale wären gleich".

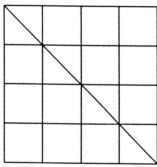

Dagegen sagt *H. v. Harclay* (14. Jahrhundert) in „Rationes mathematicae":

„Freilich berührt ein Unteilbares ein anderes im Ganzen, aber das ist auf zwei Weisen möglich: Erstens in derselben Lage; dann findet Überlagerung statt, und unendlich viele Indivisiblen machen nicht mehr aus als eines; zweitens in verschiedener Lage; dann kann etwas größeres entstehen."

Anders argumentiert *N. v. Cues* (15. Jahrhundert). Er stört sich nicht an den logischen Widersprüchen im Bereich des Unendlichen, sondern er versucht zu beweisen, daß das Unendliche anders als das Endliche ist. Über das Unendliche (das „absolut Größte") philosophiert er in „De docta ignorantia":[38]

---

[38] *Gabriel, Nikolaus v. Kues*: Philosophisch-theologische Schriften, Wien 1964

„Beim Beurteilen des Ungewissen wird immer mit einer als gewiß Vorausgesetzen verglichen; daraus folgt: Das Unendliche ist unbekannt, da es sich jeder Verhältnisbeziehung entzieht.
Das Sichtbare ist Bild des Unsichtbaren. Es ist notwendig, daß beim Bild in dessen übertragenem Verhältnisbezug das Unbekannte erforscht wird, kein Zweifel besteht, da der Weg zum Ungewissen nur durch das Gewisse möglich ist. Die mathematischen Zeichen haben eine unvergängliche Gewißheit.
Das Unendliche ist nichts von dem, was von und gewußt oder erfahren werden kann. Wenn es durch Symbole erforscht werden soll, ist es notwendig, die einfache Ähnlichkeit zu überschreiten".
Für die Mathematik ergiebiger waren die Arbeiten der sogenannten Merton-Schule in Oxford (14. Jahrhundert). *N. Oresme* verwendete als einer der ersten den Begriff der „Momentangeschwindigkeit". Dabei stellt er fest, daß der von einem gleichförmig beschleunigten Körper zurückgelegte Weg gleich demjenigen Weg ist, den der Körper zurücklegen würde, wenn er sich während des gleichen Zeitraums konstant mit der nach der Hälfte der Zeit erreichten Momentangeschwindigkeit bewegen würde.
Bemerkenswert ist ist auch die Feststellung in „Quaestiones disputatae de Euclidis elementis"[39], daß die harmonische Reihe nicht konvergiert. *Oresme* schreibt:
„Zu einer Größe von 1 Fuß werde im ersten proportionalen Teil einer Stunde 1/2 Fuß, im zweiten Teil 1/3 Fuß, dann 1/4, 1/5 Fuß hinzugefügt, und so ins Unendliche nach der Ordnung der Zahlen, dann, behaupte ich, wird das Ganze unendlich sein. Das wird folgendermaßen bewiesen: Es existieren unendlich viele Teile, von denen jeder größer als 1/2 Fuß ist, also ist das Ganze unendlich. Der Vordersatz gilt, weil 1/4 und 1/3 mehr sind als 1/2, ähnlich 1/5 bis 1/8, dann bis 1/16 und so bis ins Unendliche."

---

[39] *Busard*, Leiden 1961

7 Inhalte des Mathematikunterrichts: Analysis

Oresme zeigt also durch geschicktes Zusammenfassen:

$$\frac{1}{2} + \left(\frac{1}{3}+\frac{1}{4}\right) + \left(\frac{1}{5}+\frac{1}{6}+\frac{1}{7}+\frac{1}{8}\right) + \cdots$$
$$\geq \frac{1}{2} + \frac{1}{2} + \frac{1}{2} + \cdots$$

Klarere Vorstellungen über das Unendliche wurden erst im 17. Jahrhundert erzielt., wo beispielsweise *G. Galilei* in den „Dialogen" eine Zuordnung der natürlichen Zahlen zu den Quadratzahlen angab und damit die Gleichheit zeigte. Die endgültige Klärung des Unendlichkeitsbegriffs ließ allerdings bis zum Ende des 19. Jahrhunderts auf sich warten.

Einer der ersten Versuche, die Grundlagen der Infinitesimalrechnung zu klären, stammt von *L. Carnot*. In „Réflexions sur la métaphysique du calcul infinitesimal" (1797) stellt er fest, daß unendlich kleine Größen von verschiedener Ordnung seien. Sind beispielsweise a und b und der Quotient $\frac{a}{b}$ unendlich klein, dann ist a unendlich klein relativ zu b.

Carnot ging in der Praxis folgendermaßen vor: Er stellte eine exakte Gleichung des Problems auf, transformierte diese Gleichungen und eliminierte dann alle unendlich kleinen Größen. Im Prinzip handelt es sich dabei um die Methode des 17. Jahrhunderts. Der Fortschritt ist in der Tatsache zu sehen, daß die Problematik dieser Vorgehensweise erkannt wurde.

Die offenkundigen Mängel in der Begründung der Infinitesimalrechnung führten zu einer von *J. Lagrange* angeregten Preisfrage der Berliner Akademie von 1784, in der eine „lichtvolle und strenge Theorie dessen, was man unendlich in der Mathematik nennt" gefordert wird.

Einen Weg zu diesem Ziel wies *J. Lagrange* in seiner „Théorie des Fonctions analytiques" (1797) selbst, indem er die Funktionen in Taylorreihen entwickelte. Seine Hauptziele nannte er 1798:

„Die Differentialrechnung von den metaphysischen Betrachtungen unendlich kleiner oder verschwindender Größen zu befreien. Die Differentialrechnung auf der Algebra in einer Art und Weise aufzubauen, daß dazu nur eine einzige Methode benötigt werde."

Das erste Werk, das einen konsequenten Aufbau der Analysis versuchte, war der „Cours d'Analyse" von *A. Cauchy* (1821). In Kapitel 1 wird der Begriff der reellen Funktion erklärt:

„Damit eine Funktion einer einzigen Veränderlichen vollständig bestimmt sei, ist notwendig und hinreichend, daß man aus jedem einzelnen der Veränderlichen beigelegten Werte den entsprechenden Wert der Funktion herstellen kann".

Anschließend erklärt *Cauchy* die Stetigkeit einer Funktion:

„Die Funktion f ist im Punkt x stetig, wenn der numerische Wert (absolute Betrag) der Differenz $f(x+\alpha)-f(x)$ mit α zugleich so abnimmt, daß er kleiner wird als jede endliche Zahl"

Im Kapitel VI behandelt er dann „convergente und divergente Reihen". Nach der Definition der Reihe $u_0, u_1, u_2, \ldots$ und der Summe der ersten n Glieder $s_n = u_0 + u_1 + \cdots + u_{n-1}$ schreibt er dann:

„Wenn alsdann für stets zunehmende Werte von n die Summe s_n sich einer gewissen Grenze s beliebig nähert, so werden wir die Reihe convergent nennen, und die in Rede stehende Grenze heißt die Summe der Reihe. Nähert sich dagegen, wenn n ohne Ende zunimmt, die Summe s keiner gegebenen Grenze, so wird die Reihe divergent genannt, und sie wird nicht mehr eine Summe haben. Sowohl in diesem wie in jenem Fall wird das Glied, welches mit dem Index n behaftet ist, d. h. u_n, das allgemeine Glied genannt. Die Darstellung dieses allgemeinen Gliedes als Funktion des Index n reicht zur vollständigen Bestimmung der Reihe hin".

Von besonderem Interesse ist die Definition der Ableitung, wie sie *Cauchy* in „Résumé" (1823) gibt:

„Ist die Funktion $y = f(x)$ stetig zwischen zwei vorgegebenen Grenzen für die Variable x und gibt man dieser Variablen einen Wert, der zwischen diesen beiden fraglichen Grenzen liegt, so liefert ein unendlichkleiner Zuwachs der Variablen einen unendlichkleinen Zuwachs der Funktion selbst. Folglich werden die beiden Bestandteile des Differenzenquotienten (man setzt $\Delta x = i$)

$$\frac{\Delta y}{\Delta x} = \frac{f(x+i)-f(x)}{i}$$

unendlich kleine Größen sein. Aber während sich die beiden Anteile unbegrenzt und gleichzeitig dem Grenzwert Null nähern, kann der

Quotient seinerseits gegen einen anderen – positiven oder negativen – Grenzwert konvergieren. Dieser Grenzwert hat, falls er existiert, einen eindeutig bestimmten Wert für jeden speziellen Wert von x; aber dieser ändert sich mit x. (...) So ist das im allgemeinen; nur die Form der neuen Funktion, die als Grenzwert des Quotienten

$$\frac{f(x+i)-f(x)}{i}$$

dient, hängt von der Form der gegebenen Funktion $y = f(x)$ ab. Um diese Abhängigkeit anzudeuten, gibt man der neuen Funktion den Namen abgeleitete Funktion und bezeichnet sie mit einem Akzent: y' oder $f'(x)$."

Der wichtigste Beitrag *Cauchys* zur Analysis ist die Entwicklung der $\delta - \varepsilon$ - Technik, wie sie beispielsweise im Beweis des Mittelwertsatzes in „Résume" (1823) angewandt wird:

„Satz: Die Funktion $f(x)$ sei stetig zwischen den Grenzen $x = x_0$ und $x = X$. Es bezeichne A den kleinsten und B den größten Wert, den die Ableitung $f'(x)$ in diesem Intervall annimmt. Dann ist der Quotient der endlichen Differenzen

(A) $$\frac{f(x)-f(x_0)}{x-x_0}$$

notwendigerweise zwischen A und B enthalten.

Beweis: Wir bezeichnen mit δ und ε zwei sehr kleine Zahlen. Dabei soll die erstere so gewählt werden, daß für Werte von i, die numerisch kleiner als δ sind, und für beliebige x zwischen den Grenzen x_0 und X der Quotient

$$\frac{f(x+i)-f(x)}{i}$$

immer größer als $f'(x) - \varepsilon$ und kleiner als $f'(x) + \varepsilon$ ist. Zwischen den Grenzen x_0 und X schiebe man $n-1$ neue Werte der Variablen x ein – $x_1, x_2, \ldots, x_{n-1}$ – so daß die Differenz $X - x_0$ in $x_1 - x_0, x_2 - x_1, \ldots, X - x_{n-1}$ unterteilt wird. Diese Differenzen haben

alle das gleiche Vorzeichen. Sind ihre numerischen Werte kleiner als δ, so liegen die Brüche $\dfrac{f(x_1)-f(x_0)}{x_1-x_0}$, $\dfrac{f(x_2)-f(x_1)}{x_2-x_1}$, ..., $\dfrac{f(x)-f(x_{n-1})}{x-x_{n-1}}$ respektive zwischen den Grenzen $f'(x_0)-\varepsilon$ und $f'(x_0)+\varepsilon$ (der erste Bruch), $f'(x_1)-\varepsilon$ und $f'(x_1)+\varepsilon$ (der zweite Bruch) ...
Alle diese Grenzen sind größer als $A-\varepsilon$ und kleiner als $B+\varepsilon$. Andererseits haben die Brüche alle Nenner mit gleichem Vorzeichen, so daß man, wenn man die Summe der Zähler durch die Summe der Nenner dividiert, einen mittleren Bruch erhält, daß heißt einen, der zwischen dem kleinsten und dem größten unter den Ausgangsbrüchen liegt. Der Ausdruck (A), mit dem dieser mittlere Bruch zusammenfällt wird deshalb von den Grenzen $A-\varepsilon$ und $B+\varepsilon$ eingeschlossen. Weil dieser Schluß für alle wie klein diese auch sein mögen, gilt, darf man behaupten, daß der Ausdruck zwischen A und B liegt.
Korollar: Ist die Ableitung $f'(x)$ selbst stetig zwischen den Grenzen $x = x_0$ und $x = X$, ... , so variiert diese Funktion derart, daß sie stets zwischen den beiden Werten A und B eingeschlossen bleibt. Sie nimmt nach und nach alle Zwischenwerte an. Also wird jeder Wert zwischen A und B von $f'(x)$ an einer Stelle zwischen den Grenzen x_0 und $X = x_0 + h$ angenommen. Oder, was auf dasselbe hinausläuft, jeder Zwischenwert wird an einer Stelle x der Form $x_0 + \Theta \cdot h = x_0 + \Theta(X - x_0)$ angenommen, wobei Θ eine Zahl kleiner Eins bedeutet. Wendet man diese Bemerkung auf den Ausdruck (A) an, so kann man schließen, daß es einen zwischen 0 und 1 gelegenen Wert von Θ gibt, der die Gleichung

$$\frac{f(x)-f(x_0)}{x-x_0} = f'(x_0 + \Theta(x-x_0))$$

erfüllt."

Mit *Cauchy* war die heute übliche Darstellungsweise des Grenzwertbegriffs erreicht. In der Zeit danach rückte die schon in der Antike diskutierte Frage nach dem **aktual Unendlichen** wieder in den Vordergrund.

Bis zur Mitte des 19. Jahrhunderts war in der Mathematik nur das **potential Unendliche** als exakter Begriff anerkannt. So schrieb *C. F. Gauß* 1799 „so protestiere ich gegen den Gebrauch einer unendlichen Größe als einer Vollendeten, welcher in der Mathematik niemals erlaubt ist. Das Unendliche ist nur eine Sprechweise."

Das Verdienst, dem Begriff **Aktual-Unendlich** in der Mathematik zum Durchbruch verholfen zu haben, gebührt *G. Cantor*, der sich ab 1873 mit dem Problem des Unendlichen intensiv auseinandergesetzt hat. Zwar gab es Vorläufer, wie schon im 17. Jahrhundert *G. Galilei* oder später zu Beginn des 19. Jahrhunderts *B. Bolzano*, aber erst *Cantor* erarbeitete eine tragfähige Darstellung, wobei allerdings festgestellt werden muß, daß sich seine Vorstellungen nur zögernd durchsetzten So nannte sein Zeitgenosse *L. Kronecker* ihn einen „Verderber der Jugend" und noch 1909 behauptete *H. Poincaré* „Es gibt kein Aktual-Unendlich"

In einem Brief an *G. Eneström* vom 4.11.1885 („Über die verschiedenen Standpunkte in bezug auf das aktuelle Unendlich") hat sich *G. Cantor* mit den Mathematikern, die das Aktual-Unendliche ablehnten, auseinandergesetzt.

„Alle sogenannten Beweise wider die Möglichkeit aktual unendlicher Zahlen sind, wie in jedem fall besonders gezeigt werden kann, der Hauptsache nach dadurch fehlerhaft, und darin liegt ihr $\pi\rho\omega\tau o\nu$ $\psi\varepsilon\upsilon\delta o\varsigma$, daß sie von vorne herein den in Frage stehenden Zahlen alle Eigenschaften der endlichen Zahlen zumuten oder vielmehr aufdrängen, während die unendlichen Zahlen doch andererseits, wenn sie überhaupt in irgendeiner Form denkbar sein sollen, durch ihren Gegensatz zu den endlichen Zahlen ein ganz neues Zahlengeschlecht konstruieren müssen dessen Beschaffenheit von der Natur der Dinge durchaus abhängig und Gegenstand der Forschung, nicht aber unserer Willkür oder unserer Vorurteile ist."

Es folgt ein geschichtlicher Überblick über die Argumente gegen den

Begriff des Aktual-Unendlichen (A-U):
„Man kann nämlich das A-U in drei Hauptbeziehungen in Frage stellen: erstens sofern es in Deo extramundando aeterno omnipotenti sive natura naturante, wo es das Absolute heißt, zweitens sofern es in concreto seu in natura naturata vorkommt, wo ich es Transfinitum nenne und drittens kann das A-U in abstracto in Frage gezogen werden, d. h. sofern es von der menschlichen Erkenntnis in Form von aktual-unendlich, oder in der noch allgemeineren Form der transfiniten Ordnungstypen aufgefaßt werden könne.
Sehen wir zunächst von dem ersten dieser drei Probleme ab und beschränken uns auf die beiden letzteren, so ergeben sich von selbst vier verschiedene Standpunkte, welche auch wirklich in Vergangenheit und Gegenwart sich vertreten finden.
Man kann erstens das A-U sowohl in concreto, wie auch in abstracto verwerfen, wie dies z. B. von *Gerdil, Cauchy, Moigno* (...) geschieht.
Zweitens kann man das A-U in concreto bejahen, dagegen in abstracto verwerfen; dieser Standpunkt findet sich (...) bei *Descartes, Spinoza, Leibniz, Locke* und vielen anderen. (...)
Es kann drittens das A-U in abstracto bejaht, dagegen in concreto verneint werden; auf diesem Standpunkt befindet sich ein Teil der Neuscholastiker, während ein anderer, und vielleicht der größere Teil dieser, durch die Enzyklika *Leos XIII*, vom 4. August 1879 (...) mächtig angespornten Schule den ersten dieser vier Standpunkte noch zu verteidigen sucht.
Endlich kann man viertens das A-U sowohl in concreto, wie auch in abstracto bejaht werden; auf diesem Boden, den ich für den einzig richtigen halte stehen nur wenige; vielleicht bin ich der zeitlich erste, der diesen Standpunkt mit voller Bestimmtheit und in allen seinen Konsequenzen vertritt, doch das weiß ich sicher, daß ich nicht der letzte sein werde, der ihn verteidigt."
Schließlich sagt *Cantor* deutlich, wo er den Unterschied zwischen dem potentiell und dem aktual Unendlichen sieht:
„Trotz wesentlicher Verschiedenheit der Begriffe des potentialen und aktualen Unendlichen, indem ersteres eine veränderliche endliche, über alle endlichen Grenzen hinaus wachsende Größe, letzteres ein in sich festes, konstantes, jedoch jenseits aller endlichen Größen liegen-

des Quantum bedeutet, tritt doch leider nur zu oft der Fall ein, daß das eine mit dem anderen verwechselt wird. So beruht z. B. die nicht selten vorkommende Auffassung der Differentiale, als wären sie bestimmt unendlich kleine Größen (während sie doch nur veränderliche, beliebig klein anzunehmende Hilfsgrößen sind, die aus den Endresultaten der Rechnung gänzlich verschwinden und darum schon von *Leibniz* als bloße Fiktionen charakterisiert werden (...)), auf einer Verwechslung jener Begriffe."

7.2.2 Integralrechnung

Die ältesten überlieferten Berechnungen krummlinig begrenzter Flächen stammen von *Archimedes* (3. Jahrhundert v. Chr.). Am bekanntesten ist die Kreisberechnung, die allerdings keine infinitesimale Verfahren verwendet. Der wichtigste 3. Satz lautet:[40]

„Der Umfang eines Kreises ist dreimal so groß wie der Durchmesser und noch etwas größer, nämlich um weniger als $\frac{1}{7}$, aber um mehr als $\frac{10}{71}$ des Durchmessers."

Für den Beweis dieser Behauptung geht *Archimedes* von einem umbeschriebenen Sechseck aus:

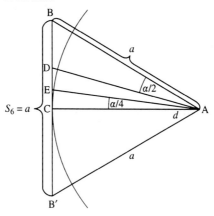

---

[40] *Czwalina*, Archimedes Werke, Darmstadt 1963

Die Sechseckseite S_6 errechnet sich als $\dfrac{2r}{\sqrt{3}}$

Deshalb gilt: $\dfrac{AC}{BC} = \dfrac{\sqrt{3}}{1}$ bzw. $\dfrac{AC}{BC} = \dfrac{265}{153}$

mit der guten Näherung $\sqrt{3} \approx \dfrac{265}{153}$

und $\dfrac{AC+AB}{BC} = \dfrac{AC+2BC}{BC} > \dfrac{571}{153}$

Wenn DA den Winkel BAC halbiert, so gilt:

$$\dfrac{AB}{AC} = \dfrac{BD}{DC}$$

$\Rightarrow \quad \dfrac{AB+AC}{AC} = \dfrac{BD+DC}{DC}$

$\Rightarrow \quad \dfrac{AC}{DC} = \dfrac{AB+AC}{BC}$

$\Rightarrow \quad \dfrac{AC}{DC} > \dfrac{571}{153}$

Bei der Seite DC handelt es sich um die Seite des umbeschriebenen Zwölfecks. Als nächster Schritt wird die Seite des entsprechenden Vierundzwanzigecks gesucht. Mit Hilfe des Satzes von *Pythagoras* und $\dfrac{(AC)^2}{(DC)^2} > \dfrac{571^2}{153^2}$ folgt:

$$\dfrac{(AC)^2 + (DC)^2}{(DC)^2} > \dfrac{349450}{1532}$$

$$\dfrac{AD}{DC} > \dfrac{591\tfrac{1}{8}}{153}$$

oder modern:

$$\frac{1}{\sin 15°} > \frac{591\frac{1}{8}}{153}$$

bzw. $\sin 15° < \dfrac{153}{591\frac{1}{8}}$

Durch Fortsetzung des Verfahrens erhält *Archimedes*:

$$\frac{AC}{EC} > \frac{1162\frac{1}{8}}{153}$$

oder modern:

$$\cot 7\tfrac{1}{2}° > \frac{1162\frac{1}{8}}{153}$$

bzw. $\tan 7\tfrac{1}{2}° < \dfrac{153}{1162\frac{1}{8}}$

Durch Fortschreiten bis zum Sechsundneunzigeck stellte *Archimedes* folgende Proportionen auf:

$$\frac{U_{96}}{2r} < \frac{14688}{4673\frac{1}{2}} < \frac{22}{7}\left(= 3\tfrac{1}{7}\right)$$

In analoger Weise gewann er eine untere Grenze durch einbeschriebene Figuren, wobei er mit dem gleichseitigen Dreieck begann. Dabei kam er zu:

$$\frac{u_{96}}{2r} > \frac{6336}{2017\frac{1}{4}} > \frac{223}{71}\left(= 3\tfrac{10}{71}\right)$$

In Zusammenhang mit dem von *Archimedes* vorher behandelten Satz „Jeder Kreis ist einem rechtwinkligen Dreieck gleich, wenn der Radius gleich der einen der den rechten Winkel einschließenden Seiten, der Umfang aber gleich der Basis ist."
ergibt sich für den Kreisinhalt A:

$$r^2 \cdot 3\tfrac{10}{71} < A < r^2 \cdot 3\tfrac{1}{7}$$

Das *archimedische* Verfahren war für lange Zeit die Standard-Methode zur Berechnung der Kreisfläche, mit deren Hilfe man durch Erhöhung des Rechenaufwands die Grenzen für die Kreiszahl π weiter verfeinerte. Auf die weitere Entwicklung der Infinitesimalrechnung hatte dieses

Verfahren keinen Einfluß. Dagegen gingen von den weitern Arbeiten des *Archimedes*, in denen er die Exhaustionsmethode des *Eudoxos* bei der Berechnung von Flächen anwandte, wichtige Impulse aus.

Das von *Archimedes* angewandte Verfahren läßt sich am besten bei der Berechnung der Parabelfläche erkennen. Er beschreibt es in einer erst 1906 widergefundenen Arbeit mit dem Titel „De mechanicis propostionibus ad Eratosthenem methodus". Da die Exhaustionsmethode nur ein Beweisverfahren ist, bei dem die Flächenformel vorher bekannt sein muß, erfand *Archimedes* eine eigene Methode um den Satz zu erhalten, daß die Fläche eines Parabelsegments gleich $\frac{4}{3}$ der Fläche des einbeschriebenen Dreiecks ist. In der Einleitung schreibt er:

„(...) gewisse Dinge sind mir zuerst durch eine mechanische Methode klargeworden, mußten aber nachher geometrisch bewiesen werden. weil ihre Behandlung nach der genannten Methode keinen wirklichen Beweis liefert. Denn es ist offenbar leichter, wenn wir durch die Methode vorher einige Kenntnisse von den Fragen gewonnen haben, den Beweis zu finden, als ihn ohne vorläufige Kenntnis zu finden (...)"

Am Beispiel der Parabel sieht die mechanische Methode des *Archimedes* folgendermaßen aus:

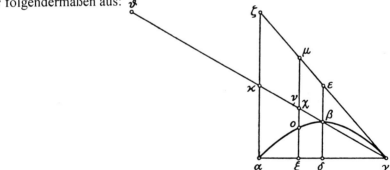

Gegeben ist eine Parabel $\alpha\beta\gamma$ und deren Tangente in γ. Durch γ und β wird eine Gerade gelegt, die $\alpha\zeta$ im Punkt κ schneidet. Diese Gerade wird über κ hinaus bis ϑ verlängert und zwar so, daß gilt: $\kappa\vartheta = \kappa\gamma$. Ferner wird eine Parallele zu $\alpha\zeta$ gezeichnet, welche die Parabel im Punkt o schneidet.

Aus der Kegelschnittlehre folgt dann: $\varepsilon\beta = \beta\delta$ und daraus wiederum:

$$\mu\nu = \nu\xi$$
$$\xi\kappa = \kappa\alpha$$

Aus einer seiner anderen geometrischen Schriften verwendet jetzt *Archimedes* den Satz:

$$\gamma\alpha : \alpha\xi = \mu\xi : \xi o$$

ferner gilt:

$$\gamma\alpha : \alpha\xi = \gamma\kappa : \kappa\nu$$

daraus folgt:

$$\gamma\kappa : \kappa\nu = \mu\xi : \xi o$$

oder wegen $\gamma\kappa = \kappa\vartheta$

$$\kappa\vartheta : \kappa\nu = \mu\xi : \xi o$$

Nun denkt sich *Archimedes* das Parabelsegment $\alpha\beta\gamma$ aus lauter dünnen Streifen der Länge ξo und das Dreieck $\alpha\zeta\gamma$ aus Streifen der Länge $\mu\xi$ zusammengesetzt. Dann wählt er die $\mu\xi$ so, daß der Punkt ν der Schwerpunkt des Dreiecks $\alpha\zeta\gamma$ ist und nennt diesen Punkt χ. Er nimmt nun an, das Dreieck und das Parabelsegment wären aus einem überall gleich dicken Material ausgeschnittene Figuren. Wird das Dreieck $\alpha\zeta\gamma$ in seinem Schwerpunkt χ an dem einen Ende eines in κ drehbaren Hebels $\vartheta\nu$ befestigt und das Parabelsegment $\alpha\beta\gamma$ am anderen Ende, so würde sich dieser Hebel im Gleichgewicht befinden.

In der Schrift „Quadratura parabolae" wird dann der strenge Beweis nach der Exhaustionsmethode geführt In der Einleitung dieser Arbeit schreibt *Archimedes*:

„Ich habe nichts davon gehört, daß einer meiner Vorgänger versucht hätte, das von einer geraden Linie und einer Parabel begrenzte Segment zu quadrieren, eine Aufgabe, deren Lösung ich jetzt gefunden habe. Denn hier wird gezeigt, daß jedes von einer geraden Linie und einer Parabel begrenzte Segment gleich vier Drittel des Dreiecks ist, das mit dem Segment dieselbe Grundlinie und die gleiche Höhe hat.

Zum Beweis dieser Eigenschaft ist folgender Hilfssatz benützt:
Der Überschuß, um den die größere von zwei ungleichen Flachen die kleinere übertrifft, kann, zu sich selbst hinzugefügt, größer gemacht werden als jede gegebene Fläche.
Die früheren Geometer haben diesen Hilfssatz auch benutzt, denn durch Benutzung desselben Hilfssatzes haben sie gezeigt, daß Kreise sich wie die Quadrate ihrer Durchmesser und Kugeln sich wie die Kuben ihrer Durchmesser verhalten. Und tatsächlich ist jeder dieser Sätze anerkannt worden, nicht minder als die ohne den Hilfssatz bewiesenen Sätze.. Es genügt mir also, wenn mein jetzt veröffentlichtes Werk dieselben Proben besteht wie die eben genannten Sätze (...)"

Der hier erwähnte grundlegende Hilfssatz ist das sogenannte *Archimedische* Axiom des Messens. In unserer Schreibweise würde es lauten:
Zu zwei gegebenen Größen $0 < a < b$ existiert immer eine natürliche Zahl n, so daß gilt: $n \cdot a > b$.
Das Axiom stammt wahrscheinlich bereits von *Eudoxos*, da die von *Archimedes* erwähnten Sätze über das Verhältnis zweier Kreisflächen bzw. zweier Kugelinhalte von ihm zum erstenmal bewiesen wurden. *Archimedes* hat offenbar bereits erkannt, daß es sich bei der von ihm „Hilfssatz" (Lemma) genannten Aussage um ein nicht beweisbares Axiom handelt. Die Begründer der modernen axiomatischen Geometrie haben ihm darin recht gegeben. So hat *D. Hilbert* (1862 bis 1943) in seinen „Grundlagen der Geometrie" im Jahr 1900 dieses Axiom als eines der Stetigkeitsaxiome eingeführt. Die „Quadratur der Parabel" selbst besteht aus 24 Kapiteln, von denen die ersten 17 die wichtigsten Sätze über die Parabel behandeln. Darunter findet man im 14. Kapitel eine Verbesserung des in der Methodenlehre geschilderten Verfahrens.

Dabei werden, wie in der folgenden Abbildung angedeutet, dem Parabelsegment Trapeze und Dreiecke ein- und umbeschrieben.

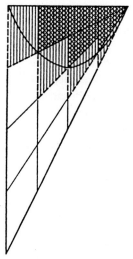

Durch Verfeinerung der Einteilung wird gezeigt, daß die durch eine obere und eine untere Grenze eingeschlossenen Fläche des Parabelsegments der dritte Teil der Fläche des großen Dreiecks ist.

In den letzten sieben Kapiteln folgt dann die rein geometrische Quadratur nach der Exhaustionsmethode. Darin wird zuerst gezeigt, daß für Dreiecke, die einem Parabelsegment ACB (G und H halbieren jeweils die Strecken AF und FC) einbeschrieben sind, folgender Zusammenhang gilt:

$$F_{\triangle ACB} = 4 \cdot \left(F_{\triangle ABD} + F_{\triangle BCE} \right)$$

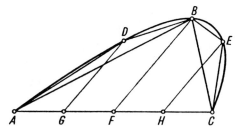

Der Weg, auf dem *Archimedes* zu diesem Ergebnis kommt, würde in moderner Schreibweise folgendermaßen aussehen:

Ist die Parabel in einem orthogonalen Koordinatensystem gegeben so lautet ihre Gleichung: $y^2 = mx$.

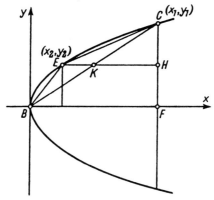

Berechnung der Koordinaten x_2, y_2 in Abhängigkeit von $C(x_1, y_1)$:

$$y_2 = \frac{y_1}{2}$$

$$\frac{(y_2)^2}{x_2} = \frac{(y_1)^2}{x_1} \Rightarrow \frac{x_2}{x_1} = \left(\frac{y_2}{y_1}\right)^2 \Rightarrow \frac{x_2}{x_1} = \frac{1}{4} \Rightarrow x_2 = \frac{x_1}{4}$$

Daraus folgt: $EH = \frac{3}{4} BF$.
Da ferner $HK = \frac{1}{2} BF$, gilt $KE = \frac{1}{4} FB$
Also ist $HK = 2 KE$.
Daraus folgt: $F_{\triangle HCK} = 2 \cdot F_{\triangle KCE}$ (gleiche Höhe HC, aber halbe Basis)

$\qquad = F_{\triangle BCE}$ (gleiche Basis BC, aber doppelte Höhe, da K die Strecke BC halbiert)

$F_{\triangle FCB} = 4 F_{\triangle HCK}$ (halbe Höhe und halbe Basis)

Zusammengefaßt gilt: $F_{\triangle FCB} = 4 F_{\triangle BCE}$.

Da das gleiche Ergebnis für den unterhalb der x-Achse liegenden Teil der Figur gilt, ist damit die Aussage des *Archimedes* bewiesen.

Betrachtet man jetzt etwa das Parabelsegment A*BD* mit dem eingeschriebenen Dreieck A*BD* und zeichnet in ähnlicher Weise zwei weitere Dreiecke *AJD* und *DKB*, so gilt die gleiche Überlegung wie vorher. Es besteht also auch hier der Zusammenhang:

$$F_{\triangle ABD} = 4\left(F_{\triangle AJD} + F_{\triangle DKB}\right)$$

Ebenso gilt auf der rechten Seite:

$$F_{\triangle BCE} = 4\left(F_{\triangle BLE} + F_{\triangle EMC}\right)$$

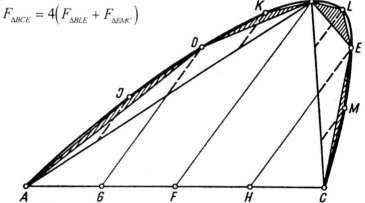

Führt man dieses Verfahren fort, indem man weitere Dreiecke einbeschreibt, so zeigt sich, daß dem Parabelsegment einbeschriebene Polygone entstehen. Betrachtet man die unendliche Folge der Flächeninhalte dieser Polygone, so ist der Grenzwert dieser Folge der Flächeninhalt des Parabelsegments. Nach unserer heutigen Auffassung gilt es also die unendliche Reihe

$$F_{\triangle ABC} + \tfrac{1}{4} F_{\triangle ABC} + \left(\tfrac{1}{4}\right)^2 F_{\triangle ABC} + \cdots$$

bzw. $A + A \cdot \tfrac{1}{4} + A\left(\tfrac{1}{4}\right)^2 + \cdots$

zu bestimmen.

Archimedes berechnet die Summe dieser Reihe als $\tfrac{4}{3} A - \tfrac{1}{3} E$, wobei E das letzte Glied der Reihe ist. In der modernen Mathematik wäre das Ergebnis bereits klar. Man würde bei einem Grenzübergang das letzte Glied E vernachlässigen und so als Summe der unendlichen geometrischen Reihe $\frac{4}{3}A$ und als Fläche des Parabelsegments $\frac{4}{3}F_{\triangle ABC}$ erhalten. *Archimedes* hat dies sicher auch getan. In seiner Schrift vermeidet er aber den Grenzwertbegriff, der ihm nicht streng genug erschien. Er beweist den Satz, indem er mit Hilfe der Exhaustionsmethode zeigt, daß sowohl die Annahme, die gesuchte Fläche sei größer als $\frac{4}{3}F_{\triangle ABC}$, als auch die Annahme, die gesuchte Fläche sei kleiner, zu Widersprüchen führt. *Archimedes* schreibt:

„Es sei *ADBEC* ein Segment, das begrenzt wird von einer Geraden und dem Schnitt eines rechtwinkligen Kegels (d. h. einer Parabel); das Dreieck *ABC* aber habe dieselbe Grundlinie wie das Segment und die gleiche Höhe; die Fläche *K* sei gleich vier Drittel des Dreiecks ABC. Es ist zu zeigen, daß sie gleich dem Segment *ADBEC* ist.

Wenn sie nämlich nicht gleich ist, so ist sie entweder größer oder kleiner. Es sei zuerst, wenn möglich; das Segment größer als die Fläche *K*.

Ich schreibe nun die Dreiecke *ADB* und *BEC,* wie gesagt wurde, ein und auch in die übrig bleibenden Segmente andere Dreiecke mit derselben Grundlinie und der gleichen Höhe wie die Segmente und immer in den daraufhin entstehenden Segmenten schreibe ich Dreiecke ein mit derselben Basis und der gleichen Höhe wie die Segmente. Es werden dann die restlichen Segmente kleiner sein als der Unterschied, um den das Segment die Fläche *K* übertrifft. Dann wäre das eingeschriebene Vieleck größer als *K*."

In moderner Schreibweise:

Die Annahme lautet: $F > K$ (*F*: Fläche des Segments). Wenn die einbeschriebenen Polygone die Flächeninhalte $P_1, P_2, \cdots, P_n$ haben, so gilt:

$$F - P_n < F - K \text{ für hinreichend großes } n; \text{ hieraus folgt } P_n > K.$$

„Das ist aber unmöglich. Da nämlich (...) das Dreieck *ABC* viermal so groß ist als die Dreiecke *ADB* und *BEC* zusammen, dann diese selbst viermal so groß sind als die Summe der den folgenden Segmenten einbeschriebenen Dreiecke und immer so weiter, ist offenbar, daß alle die Flachen zusammen kleiner sind als vier Drittel der größten. Die Fläche *K* ist aber gleich vier Drittel der größten Fläche. Es ist also das Segment nicht größer als die Fläche *K*.

Es sei nun, wenn möglich, kleiner. Wir setzen dann das Dreieck *ABC* gleich der Fläche *Z*, das Viertel der Fläche *Z* gleich *H* und ähnlich das Viertel der *H* gleich *0* und fahren so fort, bis die letzte Fläche kleiner wird als der Unterschied, um den die Fläche *K* das Segment übertrifft, und diese letzte Fläche sei *J*.
Dann sind also *Z, H, 0, J* zusammengenommen und dazu noch ein Drittel von *J* um ein Drittel größer als *Z*."

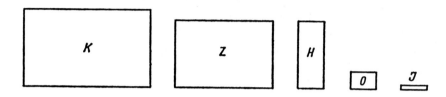

In moderner Schreibweise:
Die Annahme lautet: $F < K; J < X - F$
Aus der Summation der geometrischen Reihe folgt:
$$(Z + H + O + J) + \tfrac{1}{3}J = Z$$
„Es ist aber auch *K* um ein Drittel größer als *Z*. Also ist *K* gleich *Z*, *H*, *O*, *J* zusammen und dazu noch der dritte Teil von *J*. Da nun die Fläche *K* die Summe der Flächen *Z*, *H*, *O*, *J* um weniger als *J* übertrifft, das Segment aber um mehr als *J*, so ist offenbar, daß die Flächen *Z*, *H*, *O*, *J* zusammen größer sind als das Segment."
In moderner Schreibweise:

Aus $K = \tfrac{4}{3}Z$ folgt: $\quad K = (Z + H + O + J) + \tfrac{1}{3}J$
daraus folgt: $\quad K - (Z + H + O + J) < J$
Nach der Annahme gilt: $\quad K - F > J$
und daraus folgt: $\quad Z + H + O + J > F$

„Das ist aber unmöglich. Es wurde nämlich bewiesen, daß (...) alle die Flächen zusammen kleiner sein werden als das Segment. Folglich ist das Segment nicht kleiner als die Fläche *K*. Es wurde aber gezeigt, daß es auch nicht größer sein kann, also ist es der Fläche *K* gleich. Die Fläche *K* ist aber gleich vier Drittel des Dreiecks *ABC*."

Ein wichtiger Grundgedanke der Integralrechnung tritt in der Schrift „De conoidibus et sphaeroibus", in der bei der Berechnung von Rotationskörpern Unter- und Obersummen gebildet werden, zu Tage. Die Inhaltsberechnung eines Paraboloids geschieht beispielsweise in folgenden Schritten:
1. Einem Paraboloid werden Körper aus gleichhohen Zylindern ein- und umbeschrieben

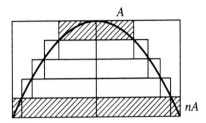

2. Aus den Parabeleigenschaften folgt, daß die Differenz zweier aufeinanderfolgender Zylinder gleich dem kleinsten Zylinder (A) ist.
3. Die Summe der Außenzylinder bildet die **Obersumme**:
$S_1 = A + 2A + 3A + \cdots + nA$
4. Die Summe der Innenzylinder bildet die **Untersumme**:
$S_2 = A + 2a + 3A + \cdots + (n-1)A$
5. Aus der Summenformel für natürliche Zahlen werden zwei Ungleichungen hergeleitet

$$1 + 2 + 3 + \ldots + n = \frac{n(n+1)}{2}$$

$$\Rightarrow 1 + 2 + 3 + \ldots + n > \frac{n \cdot n}{2}$$

$$1 + 2 + 3 + \ldots + (n-1) = \frac{(n-1)n}{2}$$

$$\Rightarrow 1 + 2 + 3 + \ldots + (n-1) < \frac{n \cdot n}{2}$$

6. Für die Ober- und Untersumme gilt deshalb die Ungleichung.

$$S_1 > \frac{n \cdot n}{2} A > S_2$$

bzw. $2S_1 > n(nA) > 2S_2$

und da *n(nA)* der Rauminhalt C eines Zylinders mit der Höhe und der Basis des Paraboloids ist:

$$S_1 > \tfrac{1}{2}C > S_2$$

7. Da die Differenz aus S_1 und S_2 gleich *nA* ist, folgt für unendlich großes n:

$nA \to 0$ d.h $S = \tfrac{1}{2}C$.

Die wichtigsten in den hier zitierten Arbeiten des *Archimedes* erkennbaren Grundgedanken der Infinitesimalrechnung sind die Berechnung unendlicher Reihen, die Zerlegung einer Fläche in Streifen bzw. eines Körpers in Schichten und der Einschluß von Flächen bzw. Körpern zwischen Ober- und Untersummen. Dabei handelt es sich um rein geometrische Verfahren, die immer auf das jeweilige Problem zugeschnitten sind.

Bis zum Beginn des 17. Jahrhunderts wurden in der Integralrechnung gegenüber *Archimedes* praktisch keine Fortschritte erzielt. *J. Kepler* war einer der ersten, der die antiken Gedankengänge wieder aufnahm Unter Verzicht auf die archimedische Strenge entwickelte er Methoden, die nach langer Zeit der Stagnation wieder neue Impulse für eine Weiterentwicklung der Mathematik setzten. Seine Schritt „Nova Stereometria Doliorum Vinariorum" (Linz 1615) in der er sich eigentlich mit der Inhaltsbestimmung von Weinfässern mit Hilfe einer Meßrute beschäftigte, wurde dank der in der Einleitung durchgeführten Berechnung des Inhalts von Rotationskörpern und der dabei benutzten Verfahren zu einem der grundlegenden Werke der modernen Integralrechnung

So berechnete *Kepler* den Rauminhalt eines „apfelförmigen Körpers", der dadurch entsteht, daß man einen Kreis um eine Achse, die den Kreis schneidet, rotieren läßt. Dies geschieht in folgenden Schritten:

Kepler betrachtet den Querschnitt des Rotationskörpers und zeichnet dem Kreis ein Rechteck *NKIM* ein.

Eine Hälfte der Querschnittfläche wird waagrecht gelegt, und im Punkt D wird eine Senkrechte DS so errichtet, daß DS gleich dem Umfang des Rotationskörpers ist $(DS = TD \cdot \pi)$.

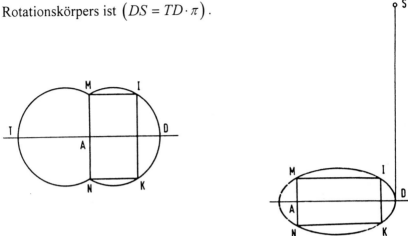

Kepler denkt sich nun den Körper durch sehr viele Schnitte durch die Achse MN in keilförmige Teile zerlegt. Diese Keile werden so auseinandergezogen, daß sie mit ihren gebogenen Außenseiten die Strecke DS berühren.

Blick von oben:

Durch diese Transformation ist der Rotationskörper Teil eines Zylinders geworden, der dadurch entsteht, daß man einen Zylinder nut der Grundfläche des rotierenden Kreises und der Höhe des Umfangs des Rotationskörpers mit einer Ebene durch die Punkte M, N und S schneidet.

Kepler berechnet mit Hilfe eines früheren Satzes den Teil des Rotationskörpers, der durch die Rotation des Flächenstücks entsteht, das aus dem Rechteck *NKIM* und den beiden Kreisbögen über *NK* und *IM* gebildet wird. Das Volumen dieses Teiles errechnet sich aus der Fläche des Querschnitts mal dem Weg des Schwerpunkts *F*.

Zu berechnen ist also noch das Volumen des Ringkörpers, der durch die Rotation des Segments *KDI* entsteht. Diesen Körper nennt *Kepler* „zona mali" („Apfelzone").

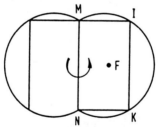

Im transformierten Körper entspricht der Apfelzone der Teil, der vom Segment *KJD*, vom Rechteck *KUVI*, vom Ellipsenabschnitt *UVS* und vom Zylinder begrenzt wird.

Diesen Körper zerlegt *Kepler* in zwei Teile, deren unteren er mit Hilfe der Formel Segmentfläche mal Höhe *DR* leicht berechnen kann und von deren oberem Teil *QPRS* er zeigt, daß er gleich dem Kugelteil ist, das durch Rotation des Segments *PQR* uni die Achse *CE* entsteht, indem er sich den Körper wieder zurücktransformiert denkt. Da dieses Volumen berechnet werden kann, kann der ganze Rotationskörper berechnet werden.

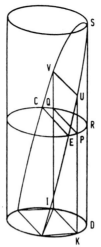

Damit war *J. Kepler* neben *G. Galilei* einer der ersten, die mit Hilfe der Indivisiblenmethode konkrete Ergebnisse erzielten. *B. Cavalieri* schrieb dann 1629 die erste systematische Darstellung der Geometrie der Indivisiblen, der er den Namen „Geometria indivisibilibus continuorum nova quadam ratione promota" gab. Eine genaue Definition des grundlegenden Begriffs fehlt bei *Cavalieri*. Er beschränkt sich auf einen Vergleich, indem er schreibt: „Es ist also offenbar, daß wir ebene Figuren wie Gewebe, die aus parallelen Fäden zusammengesetzt sind, auffassen können und die Körper wie Bücher, die aus parallelen Blättern aufgeschichtet sind".

Am Beispiel der Berechnung der Fläche eines rechtwinkligen Dreiecks sieht das *Cavalierische* Verfahren folgendermaßen aus:

Gegeben ist ein rechtwinkliges Dreieck *ABC* mit dem rechten Winkle bei *B*. Die Kathete *BC* sei a mal so lang wie die Kathete *AB*.

Die Kathete *AB* bestehe aus Punkten; *BC* besteht dann aus $a \cdot n$ Punkten.

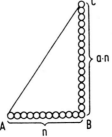

Teilt man die Kathete AB in n Streifen ein, so hat der letzte Streifen $n \cdot a$ Punkte, der vorletzte $(n-1) \cdot a$ usw. bis zum ersten Streifen, der a Punkte hat.

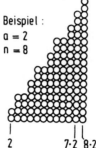

Beispiel:
$a = 2$
$n = 8$

Die Fläche des Dreiecks wird aus der Summe dieser Streifen – oder wie sie *Cavalieri* nennt – Indivisiblen berechnet.

$$F = a + 2a + 3a + \cdots + na = a(1 + 2 + 3 + \cdots + n) =$$

$$a(1+n)\frac{n}{2} = \frac{an}{2} + \frac{an^2}{2}$$

Für sehr große n wird das zweite Glied vernachlässigt:

$$F = \frac{an^2}{2} = \frac{1}{2} a \cdot n \cdot n = \frac{1}{2} AB \cdot BC .$$

Die Methode *Cavalieris* war wesentlich ausbaufähiger als die des *Archimedes* So konnte *Cavalieri* die Flächen der allgemeinen Parabeln der Form $f(x) = x^n$ berechnen. 1646 gab dann *E. Torricelli* die entsprechenden Berechnungen auch für negative Exponenten an. Etwa zur gleichen Zeit entwickelte *P. de Fermat* eine eigene Integrationsmethode für alle höheren Hyperbeln, die aber erst 1679 in „Varia Opera" veröffentlicht wurde. Dort schreibt er:

„Als Hyperbeln aber definieren wir unendlich viele Kurven verschiedener Art, wie *DSEF,* deren Eigenschaft die folgende ist: Nimmt man als Asymptoten der Kurven unter einem beliebig gegebenen Winkel *RAC* die Geraden *AR* und *AC* an, (...), und zieht man parallel zu der einen Asymptote die beliebigen Strecken *GE, HJ, ON, MP, RS* usw., so verhalte sich wie irgendeine

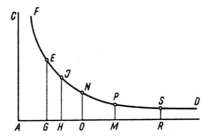

Potenz der Strecke *AH* zu derselben Potenz der Strecke *AG*, so eine Potenz der Geraden *GE*,..., zur gleichen Potenz der Strecke *HJ*. Unter den Potenzen verstehen wir aber nicht nur die Quadrate, Kuben, Biquadrate usw., deren Exponenten 2, 3, 4 usw. sind, sondern auch die einfachen Wurzeln, deren Exponent die Einheit ist."

Wir würden schreiben:

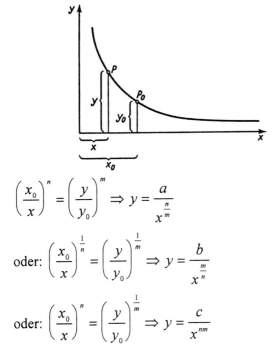

$$\left(\frac{x_0}{x}\right)^n = \left(\frac{y}{y_0}\right)^m \Rightarrow y = \frac{a}{x^{\frac{n}{m}}}$$

oder: $\left(\dfrac{x_0}{x}\right)^{\frac{1}{n}} = \left(\dfrac{y}{y_0}\right)^{\frac{1}{m}} \Rightarrow y = \dfrac{b}{x^{\frac{m}{n}}}$

oder: $\left(\dfrac{x_0}{x}\right)^n = \left(\dfrac{y}{y_0}\right)^{\frac{1}{m}} \Rightarrow y = \dfrac{c}{x^{nm}}$

oder: $\left(\dfrac{x_0}{x}\right)^{\frac{1}{n}} = \left(\dfrac{y}{y_0}\right)^m \Rightarrow y = \dfrac{d}{x^{\frac{1}{nm}}}$ ($n, m \in \mathbb{N}$)

„Ich sage nun, daß alle diese Hyperbeln, mit Ausnahme einer einzigen, der *Apollonischen* oder ersten, mit Hilfe des geometrischen Verhältnisses in gleichförmiger und auf alle (Fälle) anwendbare Art quadriert werden können.
Es sei z. B. eine Hyperbel vorgelegt, deren Eigenschaften sei, daß sich immer Strecke GE zur Strecke *HJ* verhält wie das Quadrat der Strecke *AH* zum Quadrat der Strecke *AG (...)*
Ich sage, daß die unendliche Fläche, deren Grundlinie *GE* ist, und deren Begrenzung auf der einen Seite die Kurve *ES* und auf der anderen die Asymptote *GOR* ist, gleich einer geradlinigen Fläche ist."
Es handelt sich also hier um den Spezialfall:

$$\left(\dfrac{x_0}{x}\right)^2 = \dfrac{y}{y_0} \quad \text{oder:} \quad y = \dfrac{a}{x^2}$$

Der nicht integrierbare Fall ist: $\dfrac{x_0}{x} = \dfrac{y}{y_0}$ oder: $y = \dfrac{c}{x}$

„Denken wir uns Glieder der sich ins Unendliche erstreckenden Reihe: Das erste sei *AG*, das zweite *AH*, das dritte *AO* usw. und diese Glieder seien einander so genähert, daß es genügt, um nach der *Archimedischen* Methode das geradlinige Parallelogramm aus *GE* und *GH* dem gemischtlinigen Viereck *GHJE* anzugleichen, wie *Diophant* sagt, oder angenähert gleich zu setzen. Ferner nehmen wir an, daß die ersten Intervalle (...) , nämlich *GH, HO, OM* usw. nahezu unter sich gleich seien, Unter diesen Voraussetzungen und da sich
    AG zu *AH* verhält wie *AH* zu *AO* und *AO* zu *AM.*
hat man ebenfalls
    AG verhält sich *zu AH* wie *GH* zu *HO* und *HO* zu *OM* usw.
Das Parallelogramm aber aus *EG* und *GH* verhält sich zum Parallelogramm aus *HJ* und *HO* wie das Parallelogramm aus *HJ* und *HO* zum Parallelogramm aus *NO* und *OM* (...) also sind die unendlich vielen Parallelogramme (...) alle stetig proportional im Verhältnis der Strecken *AH* zu AG."

Führen wir unsere Schreibweise ein, so lauten die Überlegungen *Fermats*:

$$AG:AH = AH:AO = AO:AM = \cdots$$
$$x_0:x_1 = x_1:x_2 = x_2:x_3 = \cdots$$

Die $x_0, x_1, x_2, \ldots$ bilden also eine geometrische Folge der Form:

$$x_1 = hx_0$$
$$x_2 = h^2 x_0$$
$$x_3 = h^3 x_0$$
$$\ldots\ldots\ldots$$

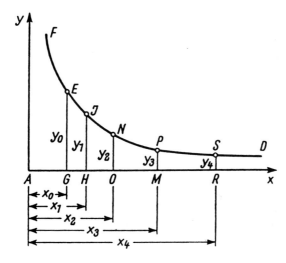

Dabei ist $h > 1$;
Auch die Abszissendifferenzen bilden eine geometrische Folge:

$$x_1 - x_0 = hx_0 - x_0 = x_0(h-1)$$
$$x_2 - x_1 = h^2 x_0 - hx_0 = x_0 h(h-1)$$
$$\ldots\ldots\ldots\ldots\ldots$$

wobei *Fermat* verlangt, daß die ersten Glieder dieser Folge angenähert gleich groß sind (d. h. $h \approx 1$). Auch die Flächeninhalte der entsprechenden Parallelogramme bilden eine geometrische Folge. Der Quotient aus zwei aufeinanderfolgenden Gliedern, d. h. in unserer Bezeichnungsweise $\frac{1}{q}$, läßt sich berechnen als:

$$\frac{y_0(x_1 - x_0)}{y_1(x_2 - x_1)} = \frac{y_1(x_2 - x_1)}{y_2(x_3 - x_2)} = \cdots = \frac{x_1^2}{x_2^2} \cdot \frac{x_0(h-1)}{x_0 h(h-1)} =$$

$$\frac{x_1^2}{x_0^2 h} = \frac{(hx_0)^2}{x_0^2 h} = h = \frac{x_1}{x_0}$$

oder in der Bezeichnungsweise von *Fermat*: $\dfrac{AH}{AG}$.

„Es ist daher, nach dem grundlegenden Satz für unsere Methode: Das erste Glied der Reihe der Parallelogramme, das ist das Parallelogramm aus *EG* und *GH* verhält sich zu den übrigen unendlich vielen Parallelogrammen wie *GH (...)* zu *GA*, d. h. nach der „Angleichung" des *Archimedes* zu der Figur, die von *HJ*, der Asymptote *HR* und der ins Unendliche sich erstreckenden Kurve *JND* gebildet wird." Der grundlegende Satz, den *Fermat* meint, ist die Berechnung des Summenwerts der geometrischen Reihe:

$$S = \frac{a_1}{1-q},$$

wobei für a_1 der Flächeninhalt des Parallelogramms mit den Seiten *HG* und *GE* und für $q = \frac{1}{h}$ gesetzt wird.

$S = \dfrac{a_1}{1-q}$ läßt sich umformen zu:

$$S - a_1 = \frac{a_1 - a_1(1-q)}{1-q} = \frac{a_1 q}{1-q} \quad \text{oder:} \quad \frac{a_1}{s-a_1} = \frac{1-q}{q} \quad \text{bzw.:}$$

$$\frac{a_1}{s-a_1} = h - 1$$

In dieser Form verwendet *Fermat* hier den Satz, da

$$\frac{GH}{GA} = \frac{x_1 - x_0}{x_0} = \frac{x_0(h-1)}{x_0} = h - 1$$

„Aber wie *GH* zu *GA*, so verhält sich (...) das Parallelogramm aus *GE* und *GH* zum Parallelogramm aus *GE* und *GA*. Es verhält sich also das Parallelogramm aus GE und *GH* zum Parallelogramm aus *GE* und *GA* wie das Parallelogramm aus *GE* und *GH* zu jener unendlichen Figur mit der Grundlinie *HJ*.

Also ist das Parallelogramm aus *GE* und *GA* (...) „angeglichen" der vorher genannten Figur. Zählt man dazu das Parallelogramm aus *GE* und *GH*, das wegen der ganz kleinen Teilung verschwindet und zu nichts wird, so kommt heraus als völlig wahr und leicht mittels eines *Archimedischen* Beweises zu bekräftigen:

Das Parallelogramm *AB* ist bei dieser Art der Hyperbeln gleich der Figur, die von der Grundlinie *GE*, der Asymptote *GR* und der ins Unendliche erstreckten Kurve *ED* begrenzt wird.."

Da $h - 1 = \frac{P(HE)}{P(AE)}$ gilt also:

$$\frac{a_1}{S - a_1} = \frac{P(HE)}{P(AE)}$$

oder: $\frac{P(HE)}{S - a_1} = \frac{P(HE)}{P(AE)}$

Nun wird auf beiden Seiten die Fläche des Parallelogramms HB $(= a_1)$ addiert und man erhält, wenn man a_1 gegen Null gehen läßt:

$S = P(AE)$.

Damit hat also *Fermat* die **Quadratur des Hyperbelabschnitts** durchgeführt. Nimmt man für den Winkel *CAR* 90°, so kann man das Ergebnis in moderner Form folgendermaßen ausdrücken:

$S = x_0 y_0$

und da $y = \frac{a}{x^2}$ folgt:

$$S = \frac{ax_0}{x_0^2} = \frac{a}{x_0} \quad \text{oder} \quad S = \int_{x_0}^{\infty} \frac{a}{x^2} dx = \frac{a}{x_0}.$$

„(...) Ähnlich kann der Beweis für alle anderen Fälle geführt werden, nur für die erste Hyperbel läßt uns die Methode aus dem einzigen Grund im Stich, weil bei ihr die Parallelogramme *EH, JO, NM*... immer unter sich gleich sind, (...) findet man (...) eine allgemeine Regel: Es verhält sich nämlich immer, bei jeder beliebigen Hyperbel das Parallelogramm *AE* zu der ins Unendliche erstreckten Figur, *RGED* wie die Differenz der Exponenten der Ordinate und der Abszisse zum Exponenten der Potenz der Ordinate."

Ist die Hyperbel in der Form $\left(\dfrac{x_0}{x}\right)^n = \left(\dfrac{y}{y_0}\right)^m$ mit $n > m$ oder $y = \dfrac{a}{x^{\frac{n}{m}}}$

gegeben, gilt also: $\dfrac{P(AE)}{F} = \dfrac{n-m}{m}$ oder $F = P(AE) \cdot \dfrac{m}{n-n}$.

In moderner Schreibweise:

$$F = \int_{x_0}^{\infty} \frac{a}{x^{\frac{n}{m}}} dx = \frac{m}{n-m} x_0 y_0$$

$$a \int_{x_0}^{\infty} x^{-\frac{n}{m}} dx = a \frac{m}{n-m} x_0^{\frac{m-n}{m}}$$

7.2.3 Differentialrechnung

Das Problem der Berechnung der Steigung einer Kurve bzw. der Bestimmung der Tangente an einen Kurvenpunkt wurde erst im 17. Jahrhundert aufgegriffen. Seine Lösung führte zur Entstehung der Differentialrechnung. Aus der Antike ist nur eine Tangentenberechnung, sieht man von der Bestimmung der Kreistangente ab, bekannt, nämlich die Tangentenberechnung an eine Spirale durch *Archimedes*. Das dabei verwendete Verfahren ist aber speziell auf den Einzelfall zugeschnitten und deshalb nicht ausbaufähig.

Der erste bedeutende Beitrag zum Tangentenproblem stammt von *P. Fermat*.[41]

„Man führe A als irgendeine unbekannte Größe der Frage ein, (...), und drücke dann das Maximum oder Minimum mittels A durch Glieder aus, die von beliebigen Grad sein können. Hierauf setze man für A die Größe $A+E$ und drücke von neuem das Maximum oder Minimum durch Glieder mittels A und E aus, wobei beliebige Potenzen auftreten mögen. Man setze nun die beiden Aggregate, (...), angenähert einander gleich und nehme auf beiden Seiten die gleichen Glieder weg. (...) darauf dividiere man alle Glieder mit E oder einer höheren Potenz davon, bis (wenigstens) eines der Glieder auf irgendeiner Seite von dem Faktor E ganz befreit ist. Nun streiche man auf beiden Seiten die Glieder mit E oder dessen Potenzen und setze die anderen einander gleich oder, wenn auf einer Seite nichts übrigbleibt, setze man (...) die negativen gleich den positiven Gliedern. Die Auflösung jener letzten Gleichung gibt den Wert von A, und wenn man diesen kennt, erhält man das Maximum oder Minimum, indem man die Schritte bei der vorangegangenen Lösung wiederholt."

Fermat betrachtet also die „Gleichung" $f(x+h) \approx f(x)$, dividiert sie durch h^n, wobei er n so wählt, daß er ein Glied ohne h erhält und setzt dann $h = 0$. Dabei löst er im Prinzip bereits die Gleichung

$$\lim_{h \to 0} \frac{f(x+h) - f(x)}{h^n} = 0.$$

Als Beispiel löst *Fermat* die Aufgabe, dasjenige Rechteck zu finden, das bei gegebenem Umfang den größten Flächeninhalt hat, indem er für den Flächeninhalt die Funktion

$$y = x \cdot (b - x) = bx - x^2$$

aufstellt, x durch $x + h$ ersetzt und so zu

$$bx - x^2 + bh - 2xh - h^2 \approx bx - x^2$$

kommt, woraus er $b \approx 2x + h$ erhält. Nach Weglassen von h ergibt sich

---

[41] *H. Tannery*, Oeuvres de Fermat, Paris 1891

$x = \dfrac{b}{2}$ als Rechteckseite:

„Es sei die Strecke *AC* so durch *E* zu teilen, daß die Fläche des Rechtecks *AEC* ein Maximum wird. Die Strecke *AC* heiße *B*, der eine Teil von *B* wird *A* genannt, also wird der andere *B–A* sein. Das Rechteck aus den Abschnitten ist $B \cdot A - A^2$ und dies soll zu einem Maximum werden.

Nun setze man den einen Teil von *B* gleich *A + E*, also wird der andere *B – A – E* sein, und das Rechteck aus den Abschnitten wird $B \cdot A - A^2 + B \cdot E - 2 \cdot A \cdot E - E^2$, was annähernd mit dem Rechteck $B \cdot A - A^2$ gleichgesetzt werden muß.

Nimmt man die gleichen Glieder weg, so wird $B \cdot E$ annähernd gleich $2 \cdot A \cdot E + E^2$, und wenn man alles durch *E* dividiert, wird *B* annähernd gleich $2 \cdot A + E$.

Läßt man *E* weg, so ist *B* gleich $2 \cdot A$. Also ist *B* zur Lösung der Aufgabe zu halbieren."

Mit Hilfe dieser Methode berechnete *Fermat* auch die Steigung der Tangente einer Kurve. Am Beispiel des Kreises sieht sein Verfahren in der heute üblichen Schreibweise folgendermaßen aus:

Ein Kreis um den Nullpunkt mit Radius *r* sei durch die Gleichung $x^2 + y^2 - r^2 = 0$ gegeben.

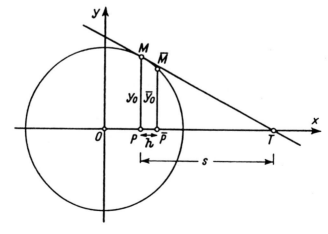

Im Punkt M mit den Koordinaten (x_0, y_0) soll die Tangente gezeichnet werden. Die Aufgabe ist gelöst, wenn die Strecke $PT = s$, die sogenannte Subtangente, gefunden ist. Um s zu finden, nimmt *Fermat* einen weiteren Kurvenpunkt $\overline{M}$ an, der beliebig nahe an M liegt Die Abszisse von $\overline{M}$ sei $\overline{x_0} = x_0 + h$. Liegt der Punkt $\overline{M}$ genügend nahe an M, so gilt angenähert:

$$\Delta MPT \sim \Delta \overline{M}PT.$$

Daraus folgt:
$$\overline{y_0} : y_0 \approx (s-h) : s$$
oder:
$$\overline{y_0} \approx y_0 \left(1 - \frac{h}{s}\right).$$

Da M und $\overline{M}$ Kurvenpunkte sind, müssen ihre Koordinaten der Gleichung $x^2 + y^2 - r^2 = 0$ genügen. Es entsteht also wie bei der Berechnung des Extremwerts eine angenäherte Gleichung:

$$x_0^2 + y_0^2 - r^2 \approx \overline{x_0^2} + \overline{y_0^2} - r^2$$

$$x_0^2 + y_0^2 - r^2 \approx (x_0 + h)^2 + \left[y_0\left(1 - \frac{h}{s}\right)\right]^2 - r^2.$$

Die weitere Behandlung dieser Gleichung erfolgt jetzt wie bei der Bestimmung von Extremwerten. Man vereinfacht also und läßt die Glieder, die auf beiden Seiten vorkommen, weg.

$$x_0^2 + y_0^2 - r^2 \approx x_0^2 + 2hx_0 + h^2 + y_0^2\left(1 + \frac{h^2}{s^2} - \frac{2h}{s}\right) - r^2$$

$$0 \approx 2hx_0 - \frac{2hy_0^2}{s} + h^2 + \frac{y_0^2 h^2}{s^2}$$

Jetzt wird durch h dividiert und anschließend werden alle Glieder mit h weggelassen:

$$0 \approx 2x_0 - \frac{2y_0^2}{s} + h + \frac{y_0^2 h}{s^2}$$

$$0 = 2x_0 - \frac{2y_0^2}{s}.$$

Daraus läßt sich die Länge der Subtangente s bestimmen:

$$s = \frac{y_0^2}{x_0}$$

Damit ist auch die Steigung m der Tangente im Punkt M bestimmt, d. h. also die erste Ableitung in diesem Punkt. Es gilt nämlich:

$$m = -\frac{y_0}{s} = -\frac{y_0 \cdot x_0}{y_0^2} = -\frac{x_0}{y_0}.$$

Das Verdienst aus der Fülle von speziellen Verfahren zur Berechnung der Steigung einer Kurve, die bis zu den siebziger Jahren des 17. Jahrhunderts gefunden worden waren, eine allgemeine Methode entwickelt zu haben, gebührt G. W. *Leibniz* Im berühmten Aufsatz „Nova methodus pro maximis ei minimis, itemque tangentibus, quae nec fractas, nec irrationales quantitatis moratur, et singulare pro illis calculi genus" („Neue Methode für die Maxima und Minima und für die Tangentenbestimmung, die weder vor den gebrochenen noch vor den irrationalen Größen haltmacht, und eine besondere Rechnung dafür"), den *Leibniz* 1684 in der Zeitschriff „Acta Eruditorum" veröffentlichte, entwickelte er den „Calculus", die moderne Form der Differentialrechnung. Die wichtigsten Aussagen des Aufsatzes lauten:[42]

„Es seien gegeben die Achse AX und mehrere Kurven wie VV, WW, YY, ZZ, dann deren zur Achse senkrechten Ordinaten VX, WX, YX, ZX, die wir v, w, y, z nennen, das von der Achse abgeschnittene Stück nennen wir x.

Tangenten seien VB, WC, YD, ZE, die die Achse in den Punkten B, C, D und E treffen mögen. Nun bezeichnen wir eine beliebig angenommene Strecke mit dx, und eine andere, die sich zu dx verhält wie v (oder w, oder y, oder z) zu XB (oder XC, oder XD, oder XB), nennen wir dv (oder dw, oder dy, oder dz)."

---

[42] *Gerhardt*, Leibnizens mathematische Schriften, Halle 1859

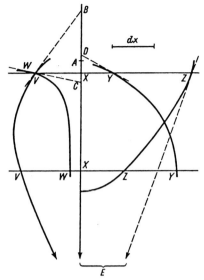

Leibniz führt also hier die Differenz der Abszissen als endliche Strecke ein. Schreiben wir, wie heute üblich, Δx und Δy, so gilt

$\Delta y : \Delta x = y : XD$.

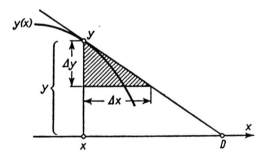

Wie sich im weiteren Text zeigt, hat *Leibniz* bereits stillschweigend den Grenzübergang, der aus dem **Differenzenquotienten** $\dfrac{\Delta y}{\Delta x}$ den **Differentialquotienten** $\dfrac{dy}{dx}$ macht, vollzogen.

Er hat angenommen, daß dx beliebig klein zu denken ist. Also sind dx und dy infinitesimale Größen, was auch unserer Schreibweise entspricht.

„Nach diesen Annahmen sind die Regeln des „calculus" die folgenden:
Es sei a eine gegebene konstante Größe, so ist da gleich 0, und $d(ax)$ ist gleich adx. (...)
Ferner die Addition und Subtraktion:
Wenn $z - y + w + x = v$,
so ist $d(z - y + w + x) = dv = dz - dy + dw + dx$.
Die Multiplikation: $d(xv) = xdv + vdx$.

Ferner die Division: $d\dfrac{v}{y} = \dfrac{\pm vdy \mp ydv}{yy}$

Potenzen: $dx^\alpha = \alpha x^{\alpha-1}dx$ z. B. $dx^3 = 3x^2 dx$

$d\dfrac{1}{x^\alpha} = \dfrac{-\alpha\, dx}{x^{\alpha+1}}$ z. B. $d\dfrac{1}{x^3} = \dfrac{-3dx}{x^4}$

Wurzeln: $d\left(\sqrt[b]{a}\right) = \dfrac{a}{b}dx\sqrt[b]{x^{a-b}}, d\dfrac{1}{\sqrt[b]{x^a}} = \dfrac{-adx}{b\sqrt[b]{x^{a+b}}}$

Hat man so den Algorithmus, wenn ich so sagen darf, dieser Rechnungsart, die ich differentiale nenne, kennengelernt, so können alle anderen Differentialgleichungen durch das allgemeine Rechenverfahren gefunden werden, und man kann die Maxima und Minima sowie die Tangenten erhalten und zwar ohne daß es nötig ist, die Brüche oder Irrationalitäten oder andere Zusammenfassungen wegzuschaffen, was man doch nach den bisher bekannten Methoden tun mußte
Es ist offenbar, daß sich unsere Methode auch auf die transzendenten Kurven erstreckt, die sich auf algebraische Gleichungen nicht zurückführen lassen, und zwar in der allgemeinsten Weise, ... wenn man nur daran festhält, daß eine Tangente zu finden heißt, eine Gerade zu ziehen, die zwei Kurvenpunkte verbindet, welche eine unendlich kleine Entfernung haben, oder die verlängerte Seite des unendlich vieleckigen Polygons zu ziehen, das für uns mit der Kurve gleichbedeutend ist."

Ein anderer, von der Physik geprägter Ansatz liegt der Differentialrechnung *I. Newtons* zugrunde. In der schon 1675 konzipierten Arbeit „Metodus fluxionum et serium infinitorum", die erst 1736 in einer englischen Übersetzung erschien, heißt es.[43]

„Aber zuerst ist zu bemerken, daß all die Schwierigkeiten bei diesen Problemen, insbesondere in bezug auf Kurven auf folgenden zwei Probleme allein zurückgeführt werden können, die ich vorlege in bezug auf eine Strecke, die von einem Körper bei Bewegung zurückgelegt wird, unter Voraussetzung einer beliebigen Beschleunigung oder Verzögerung.

Wenn die Länge der zurückgelegten Strecke stetig gegeben ist, die Geschwindigkeit der Bewegung zu irgendeiner gegebenen Zeit zu finden.

Wenn die Geschwindigkeit der Bewegung stetig gegeben ist, die Länge der zurückgelegten Strecke zu irgendeiner gegeben Zeit zu finden."

Zur Behandlung dieser beiden Aufgaben werden folgende Bezeichnungen eingeführt:

„Ich nehme an, daß eine von den gegebenen Größen, (...) , durch einen beständigen Fluß (Fluxion) anwachse, und auf diese sollen die übrigen bezogen werden als wie auf die Zeit. Und daher kann diese Größe nach Analogie unpassend den Namen Zeit erhalten. Wo immer also im folgenden das Wort Zeit auftritt (...), möchte ich nicht die Zeit in ihrer formalen Bedeutung verstanden wissen, sondern nur jene andere Größe, durch deren gleichmäßiges Wachsen oder Fluxion die Zeit dargestellt und gemessen wird.

Nun wende ich jene Größen, die ich als allmählich und unbegrenzt wachsend betrachte, im folgenden Fluenten oder fließende Größen nenne und werde sie durch die letzten Buchstaben des Alphabets v, x, y und z darstellen (...)

Die Geschwindigkeit, mit denen die einzelnen Fluenten (...) wachsen, werde ich durch dieselben Buchstaben, aber so punktiert $\dot{v}, \dot{x}, \dot{y}$ und $\dot{y}$ bezeichnen."

---

[43] *Colson*, The Method of Fluxions and infinite series, with ist Application to the Geometry of Cuve-Lines, London 1736

7 Inhalte des Mathematikunterrichts: Analysis

Das Problem I wird dann neu formuliert:
„Wenn die Beziehung der fließenden Größen zueinander gegeben ist, die Beziehung ihrer Fluxionen zu finden."
Die beiden Probleme 1 und II bedeuten nichts anderes, als zu einer gegebenen Gleichung die zugehörigen Differentialgleichungen zu finden, bzw. eine gegebene Differentialgleichung zu integrieren.
Um z. B. zur Gleichung $x^3 - ax^2 + axy - y^3 = 0$ die Differentialgleichung aufzufinden, setzt *Newton* zuerst $x + \dot{x}o$ für x und $y + \dot{y}o$ für y. Dabei nannte er $\dot{x}o$ und $\dot{y}o$ **Momente der Fluxion**, wobei er aber über die wahre Natur der „unendlich kleinen Größe" o keine vollständige Klarheit erzielen konnte.
Die umgeschriebene Gleichung lautet:

$$\underline{x^3} + 3x^2\dot{x}o + 3x\dot{x}o\dot{x}o + \dot{x}^3o^3 - \underline{ax^2} - 2ax\dot{x}o - a\dot{x}o\dot{x}o + \underline{axy}$$
$$+ ay\dot{x}o + a\dot{x}oyo + ax\dot{y}o - \underline{y^3} - 3y^2\dot{y}o - 3y\dot{y}oyo - \dot{y}^3o^3 = 0$$

Die unterstrichenen Größen können weggelassen werden, da ja $x^3 - ax^2 + axy - y^3 = 0$ gilt. Der Ausdruck wird jetzt durch o dividiert:

$$3x^2\dot{x} - 2ax\dot{x} + ay\dot{x} + ax\dot{y} - 3y^2\dot{y} + 3x\dot{x}\dot{x}o$$
$$- a\dot{x}\dot{x}o + a\dot{x}\dot{y}o - 3y\dot{y}\dot{y}o + \dot{x}^3oo - \dot{y}^3oo = 0$$

Da o als unendlich klein gedacht ist, werden jetzt die damit multiplizierten Größen weggelassen, und es bleibt die Differentialgleichung:

$$3x^2\dot{x} - 2ax\dot{x} + ay\dot{x} + ax\dot{y} - 3y^2\dot{y} = 0 \,.$$

Der weitere Ausbau der Analysis im 18. Jahrhundert war einerseits von großen inhaltlichen Erfolgen und andererseits von den immer deutlicher werdenden Schwächen in der Behandlung der Grundlagen gekennzeichnet. Der Begriff der „unendlichen Größe" war völlig ungeklärt. Trotzdem wurde mit ihm erfolgreich gearbeitet. Als Beispiel sei die Ableitung der Sinusfunktion durch *L. Euler* genannt.[44] Nach der Darstellung der Sinusfunktion als unendliche Reihe differenziert sie *Euler* in folgender Weise:

---

[44] L. *Euler*, Institutiones calculi differentialis cum eius usu in analysi finitorum ac doctrina serierum, Petersburg, 1755

„Es sei x der Bogen eines Kreises und *sin x* bedeutet seinen Sinus, dessen Differential wir zu suchen haben. Setzen wir $y = \sin x$ und nehmen wir noch $x + dx$ anstelle von x, so wird, da dann y zu $y + dy$ wird, $y + dy = \sin(x + dx)$ oder $dy = \sin(x + dx) - \sin x$.
Es ist aber $\sin(x + dx) = \sin x \cdot \cos dx + \cos x \cdot \sin dx$ und da, (...)

$$\sin z = \frac{z}{1} - \frac{z^3}{1 \cdot 2 \cdot 3} + \frac{z^5}{1 \cdot 2 \cdot 3 \cdot 4 \cdot 5} - \cdots$$

$$\cos z = 1 - \frac{z^2}{1 \cdot 2} + \frac{z^4}{1 \cdot 2 \cdot 3 \cdot 4} - \cdots$$

so ist, wenn man die verschwindenden Glieder wegläßt $\cos dx = 1$ und $\sin dx = dx$, und daher wird $\sin(x + dx) = \sin x + dx \cos x$.
Setzt man also $y = \sin x$, so ist $dy = dx \cdot \cos x$.
Das Differential des Sinus irgendeines Bogens ist also gleich dem Differential des Bogens, multipliziert mit dem Kosinus."

7.2.4 Zusammenhang zwischen Differential- und Integralrechnung

Im speziellen Fall der Parabeln höherer Ordnung hatte bereits *E. Torricelli* (um 1646) bemerkt, daß die Flächenberechnung und die Bestimmung der Tangente inverse Operationen sind. Der allgemeine Zusammenhang wurde zum erstenmal von *I. Barrow* (1630 bis 1677) erkannt und 1670 in „Lectiones Geometricae" veröffentlicht. Die Arbeit ist noch ganz in der geometrischen Form abgefaßt, die zwar den Hauptgesichtspunkt klar zeigt, aber für einen weiteren Ausbau der Infinitesimalrechnung zu schwerfällig ist. Die Algebraisierung der ganzen Theorie findet man erst bei *Newton* und *Leibniz*.
Bei *Barrow*[45] lautet das Hauptergebnis:
„Es sei *ZGE* irgendeine Linie mit der Achse *VD*. Die auf dieser vorzugsweise errichteten Senkrechten (*VZ*, *PG*, *DE*) sollen von der ersten (*VZ*) an ständig irgendwie wachsen. Es sei ferner die Linie *VJF* derart, daß immer, wenn man irgendeine Gerade *EDF* senkrecht zu *VD* zieht, das Rechteck aus *DF* und einer gewissen vorgegebenen Strecke

---

[45] *I. Barrow*, Lectiones Geometricae, London 1670

R gleich ist dem jeweils abgeschnittenen Flächenraum *VDEZ*. Es sei außerdem $DE : DF = R : DT$. Zieht man dann die Gerade *TF*, so berührt diese die Kurve *VJF*."

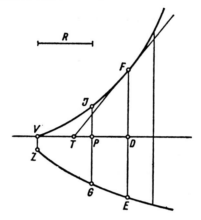

In unserer Schreibweise würde das Ergebnis von *Barrow* folgendermaßen aussehen

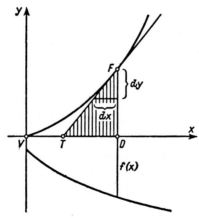

Hat die untere Kurve die Gleichung $y = f(x)$, wobei *V* im Ursprung des Koordinatensystems liegt, so lautet die Gleichung der oberen Kurve:

$$y = \int_0^x f(t)dt \cdot \text{(R als Einheitsstrecke gewählt)}.$$

Die Aussage lautet dann: $f(x) : dy = 1 : dx$, wobei dy und dx die Differentiale der oberen Kurve sind. Daraus folgt also unmittelbar: Die Ableitung der oberen Kurve an einer bestimmten Stelle x ist durch den Funktionswert der unteren Funktion an der gleichen Stelle gegeben:

$$\frac{dy}{dx} = f(x).$$

„Ferner sei AMB irgendeine Kurve mit der Achse AD und BD sei senkrecht zu letzterer, außerdem sei die Linie KZL derart, daß, wenn man in der Kurve AB irgendeinen Punkt M nimmt und durch ihn die Gerade MT zieht, die die Kurve AB berührt und die Gerade MFZ parallel zu DB zeichnet und wenn eine gewisse Strecke R gegeben ist, dann sei

$TF : FM = R : FZ$,

so ist die Fläche $ADLK$ gleich dem Rechteck aus R und DB."

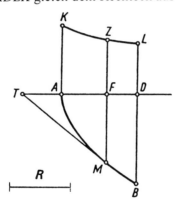

Wählt man wieder dieselbe Bezeichnungsweise wie beim ersten Teil, so hat die untere Kurve die Gleichung $y = f(x)$ und die obere die Gleichung $F(x) = f'(x)$.

Aus $TF : FM = R : FZ$ folgt:

$$\frac{dx}{dy} = \frac{1}{F(x)}$$

Das Ergebnis von *Barrow* lautet dann, wenn der Nullpunkt des Koordinatensystems in A liegt:

$$\int_0^x F(t)dt = f(x) \quad \text{oder} \quad \int_0^x f'(t)dt = f(x).$$

In algebraischer Form kommt der Zusammenhang zwischen Differential- und Integralrechnung erst bei *Leibniz* zum Ausdruck. Bei ihm findet man auch zum erstenmal das Integralzeichen. In einer Notiz aus dem Jahr 1675 heißt es:

„Es ist nützlich, statt der „Gesamtheiten" des *Cavalieri*, also statt „Summe aller y", von jetzt an $\int y dy$ zu schreiben. Hier zeigt sich die neue Gattung des Kalküls, die der Addition und Multiplikation entspricht. Ist $\int y dy = \dfrac{y^2}{2}$ ergeben, so bietet sich sofort das zweite auflösende Kalkül an, das aus $d\left(\dfrac{y^2}{2}\right)$ wieder y macht. Wie nämlich das Zeichen $\int$ die Dimension vermehrt, so vermindert sie das d. Das Zeichen $\int$ aber bedeutet eine Summe, d eine Differenz."

7.3 Didaktische und methodische Konsequenzen

7.3.1 Allgemeine Überlegungen

Berücksichtigt man die historische Entwicklung der Analysis bietet sich für den Unterricht folgender Aufbau an:

1. Der Begriff des **Unendlichen**
Dieser Begriff bildet mit dem Funktionsbegriff die Basis der Analysis. Er stand seit dem 5. Jahrhundert v. Chr. im Mittelpunkt der mathematischen Diskussion.

2. Der **Grenzwertbegriff**
Grenzwerte wurden zum erstenmal in der griechischen Mathematik bei der Berechnung von Flächen betrachtet. Das der Exhaustionsmethode zugrundeliegende Verfahren der Annäherung durch ein- und umbeschriebene Polygone stellt einen anschaulichen Zugang zum Grenzwertbegriff dar.

3. Der **Funktionsbegriff**
Die Funktionsschreibweise stellt den Zusammenhang zwischen Geometrie und Algebra her. Sie war die Voraussetzung für das Entstehen der Infinitesimalrechnung im 17. Jahrhundert.

4. Die **Integralrechnung**
Die Anwendung infinitesimaler Methoden auf die Berechnung von Flächeninhalten ist fast 2000 Jahre älter als die Behandlung des Steigungsproblems. Die Fragestellung und die Methoden der Integralrechnung sind offensichtlich leichter zugänglich als die der Differentialrechnung.

5. Die **Differentialrechnung**
Die Differentialrechnung ist gegen Ende des 17. Jahrhunderts entstanden. Vorausgegangen waren die Anfänge der Integralrechnung.

6. Der **Hauptsatz**
Der Zusammenhang zwischen den beiden grundlegenden Verfahren der

Infinitesimalrechnung wurde im 17. Jahrhundert nach deren Entwicklung entdeckt. Der Hauptsatz sollt auch im Unterricht nach der Einführung in die Differential- und Integralrechnung behandelt werden.
Im Analysisunterricht werden die infinitesimalen Grundbegriffe und Verfahren gelehrt und auf die verschiedenen Funktionstypen angewandt. Es ist sicher nicht sinnvoll zuerst die Methoden vollständig zu behandeln und sie dann auf die Funktionstypen anzuwenden. Ein solches Vorgehen widerspräche sowohl der geschichtlichen Entwicklung als auch der Forderung nach der Motivation für die Erarbeitung neuer Begriffe und Methoden. Die beiden Bereiche **Erarbeitung infinitesimaler Methoden** und **Untersuchung von Funktionen** sind eng ineinander verzahnt. Die Untersuchung neuer komplexerer Funktionstypen erfordert die Entwicklung neuer Verfahren und umgekehrt ermöglichen leistungsfähige analytische Verfahren die Behandlung neuer Funktionstypen.
So könnte man etwa bei der Behandlung der **linearen Funktionen** den **Steigungsbegriff** einführen, bei den **quadratischen Funktionen** die Begriffe **Monotonie, Extrema** und **Symmetrie**, bei den **Wurzelfunktionen** den **Definitionsbereich** und den Begriff der **Umkehrfunktion**, bei den **rationalen Funktionen** den Begriff der **Nullstelle** und die **Zerlegung eines Polynoms in Linearfaktoren** und bei den **gebrochen rationalen Funktionen** den **Asymptotenbegriff**.
Neben der Frage nach den Inhalten der Analysis ist das Problem der **mathematischen Strenge** von grundsätzlicher Bedeutung. Die Infinitesimalrechnung hat sich in einem langwierigen Prozeß von über 2000 Jahre Dauer auf anschaulicher Basis entwickelt. Erst im 19. Jahrhundert wurde sie axiomatisch streng begründet. Eine „schulgemäße Umsetzung" der „Hochschulmathematik", die natürlich vom heutigen Stand der Forschung ausgeht, ist im Unterricht sicher nicht möglich. Ein streng deduktiver Aufbau und eine vollständige Systematik ist für den Einstieg in die Analysis fehl am Platz. Aus der Anschauung entwickelte Methoden sollten im Unterricht zur Lösung von Problemen der Analysis führen. Die anschaulich evidenten Ergebnisse sollten allerdings einer kritischen Betrachtung unterworfen werden, aus der sich unter Umständen die Notwendigkeit einer Präzisierung der Aussage ergeben können.

Beispiele:

1. Die Erkenntnis, daß jede geometrische Reihe $\sum_{n=0}^{\infty} a^n$ mit $-1 < a < 1$ konvergent ist, könnte zur Vermutung Anlaß geben, daß jede Reihe mit immer kleiner werdenden positiven Gliedern konvergiert. Schon *Oresme* hat aber gezeigt, daß dies beispielsweise für die harmonische Reihe $\frac{1}{2} + \frac{1}{3} + \frac{1}{4} + \cdots$ nicht zutrifft.

2. Die Erkenntnis, daß $f(x) = x^2$ in den Bereichen $x < 0$ und $x > 0$, wo sie jeweils streng monoton ist, d. h. daß $f'(x) < 0$ bzw. > 0 gilt, umkehrbar ist und ähnliche Beispiele könnten zur Annahme führen, daß $f(x)$ genau dann umkehrbar ist, wenn die Funktion im Definitionsbereich monoton ist. Die umkehrbare Funktion $f(x) = \frac{1}{x}$ zeigt aber, daß diese Annahme nicht zutrifft.

3. Anschaulich ist das Integral $\int_a^{\infty} \frac{1}{x^2} dx$ ($a>1$) nicht existent. Erst entsprechende Grenzwertbetrachtungen ergeben seine Existenz.

Diese und ähnliche Beispiele zeigen die Notwendigkeit einer theoretischen einwandfreien Grundlegung der Analysis auf. Dies kann auf verschiedenen Wegen geschehen. Der traditionelle Aufbau erfolgt über die Vollständigkeit des Körpers der reellen Zahlen und den Grenzwertbegriff. Als für den Unterricht geeignete Alternative soll aber auch die in den letzten Jahrzehnten entwickelte **Non-Standard-Analysis** in Betracht gezogen werden.

7.3.2 Die Vollständigkeit der reellen Zahlen

Der Körper der reellen Zahlen bildet die Grundlage der Analysis. Eine strenge Begriffsbildung der Analysis in $\mathbb{R}$ ist nur möglich, wenn die Vollständigkeit von $\mathbb{R}$ vorausgesetzt ist. Im Unterricht wird man ihn in der Regel als evident voraussetzen und ihn dann durch axiomatische

Festlegungen definieren. Die wichtigsten Möglichkeiten seien kurz genannt:
1. Das **Axiom der Intervallschachtelung** (zu jeder Intervallschachtelung gibt es eine reelle Zahl, die in allen Intervallen enthalten ist) in Verbindung mit dem **archimedischen Axiom** (zu $a, b \in \mathbb{R}$ gibt es ein $n \in \mathbb{N}$ mit $b < a \cdot n$).
Es handelt sich dabei um einen relativ anschaulichen Weg, dessen Hauptvorzug darin besteht, daß die Intervallschachtelung oft schon von der Einführung der reellen Zahlen in der Sekundarstufe I her bekannt ist. Er wird deshalb in der Praxis am häufigsten verwendet.
2. Das **archimedische Axiom** in Verbindung mit dem **Cauchyschen Konvergenzkriterium** (jede Folge $n \to f(n)$ reeller Zahlen mit der Eigenschaft, daß es zu jedem $\varepsilon > 0$ ein n_0 gibt, so daß für alle $n > n_0$ gilt: $|f(n) - f(n_0)| < \varepsilon$, konvergiert gegen eine reelle Zahl).
Dieser Weg bietet sich vom entwicklungsgeschichtlichen Standpunkt aus an. Das Konvergenzkriterium ist gut zu veranschaulichen und folgt dem Grundgedanken der antiken Exhaustionsmethode bei der Flächenberechnung. Die Betragsabschätzungen sind oft nicht ganz einfach, ermöglichen aber den Beweis für die Existenz eines Grenzwerts ohne seinen Wert zu kennen.
3. Der **Satz von der oberen Grenze** (hat eine Menge $M \subset \mathbb{R}$ ($M \neq \{\}$) eine obere Schranke, so gibt es ein $r \in \mathbb{R}$, das kleinste obere Schranke ist).
Beschränkt man die Aussage auf reelle Folgen, ist auch dieser Satz einigermaßen einsichtig unk kann als Grundlage gewählt werden.

Andere Wege führen über den **Dedekindschen Schnitt**, über die **Dezimalbruchentwicklung** usw.

7.3.3 Grenzwerte von Folgen und Reihen

Der Grenzwert ist der zentrale Begriff der klassischen Analysis, dessen Behandlung im Unterricht besondere Sorgfalt erfordert. In der heutigen

Form ist er erst im 19. Jahrhundert entstanden. Wesentlich älter ist die Differential- und Integralrechnung, die den Kernpunkt des Analysisunterrichts darstellt. Beim Aufbau der Infinitesimalrechnung ist es deshalb nicht sinnvoll mit dem modernen Grenzwertbegriff zu beginnen und daraus die infinitesimalen Verfahren herzuleiten. Es gilt vielmehr Wege zur Behandlung des Grenzwertbegriffs zu finden, die auf anschauliche aber mathematisch einwandfreie Weise die Voraussetzungen für die Differential- und Integralrechnung schaffen. Ein erster Schritt ist die Klärung der Begriffe **unendlich groß** und **unendlich klein**.

Schon im Anfangsunterricht, beispielsweise beim Zählen in der Arithmetik oder bei der Behandlung der Geraden in der Geometrie treten die Begriffe unendlich viele und unendlich groß auf. So stellt man nach der Einführung der natürlichen Zahlen und der Behandlung der Ordnungsrelation fest, daß bei Vorgabe einer noch so großen Zahl n durch $n+1$ immer eine noch größere entsteht: Die Menge $\mathbb{N}$ hat „(abzählbar) unendlich viele Elemente". Ein wichtiger Aspekt ist, daß auch Teilmengen von $\mathbb{N}$, wie beispielsweise die geraden Zahlen, die Primzahlen usw. unendlich viele Elemente haben können. Die dabei sich entwickelnde Auffassung vom potentiell Unendlichen ist sicher für den Analysisunterricht eine geeignete Grundlage. Die Unendlichkeit weiterer Zahlbereiche ergibt sich ganz natürlich aus der Tatsache, daß $\mathbb{N}$ eine Teilmenge von $\mathbb{Q}, \mathbb{Z}, \mathbb{R}, \mathbb{C}$ usw. ist. Der Unterschied zwischen der **Abzählbarkeit** etwa von $\mathbb{Q}$ und der **Nichtabzählbarkeit** von $\mathbb{R}$ ist sicher für den Unterricht erwähnenswert, für den Aufbau der Analysis in der Sekundarstufe II aber entbehrlich.

Nach der Behandlung von „unendlich groß" liegt es nahe spätestens nach der Einführung der reellen Zahlen „unendlich klein" für positive Zahlen entsprechend als kleiner als jede beliebig vorgegebene positive Zahl zu definieren. Für die „Konstruktion" einer unendlich kleinen Größe bietet sich das der griechischen Exhaustionsmethode als erste infinitesimale Methode der Geschichte zugrundeliegende Verfahren an. Ausgangspunkt ist der Satz, der auf den 1. Satz des 10. Buchs der Elemente des *Euklid* zurückgeht:

Wenn eine Strecke der Länge ε und eine größere Strecke der Länge a gegeben sind, entsteht durch fortgesetztes Halbieren von a eine Strecke

$\left(\frac{1}{2^n} a\right)$, die kleiner als ε ist.

Voraussetzung für den Beweis ist das im 5. Buch der Elemente des *Euklid* als Definition 4 angeführte Axiom, daß es zu zwei Strecken der Längen ε und a eine natürliche Zahl n so gibt, daß das n-fache von ε a übertrifft. In moderner Form kann dann der Satz folgendermaßen bewiesen werden:

Wegen $2^n > n$ (z.B. aus $2^{n-1} > 1$ für $n \geq 2$ durch Multiplikation mit n) folgt, daß wenn a in 2 Teile geteilt wird, dann ist ein solcher Teil größer als wenn a in n Teile geteilt wird $\left(\frac{a}{2^n} < \frac{a}{n}\right)$. Wählt man n so, daß $n \cdot \varepsilon > a$ ist, d. h. $n > \frac{a}{\varepsilon}$ oder $\frac{a}{n} < \varepsilon$ folgt $\frac{a}{2^n} < \varepsilon$.

Im Prinzip ist durch diese Überlegungen die Konvergenz der Folge $f: n \mapsto \left(\frac{1}{2}\right)^n$ gezeigt. Man kann folgende Sprechweise festlegen:

Gibt es für eine Folge $f: n \mapsto a_n (a_n \geq 0)$ für alle $\varepsilon \in \mathbb{R}^+$ jeweils ein $n_0 \in \mathbb{N}$, so daß $a_n < \varepsilon$ gilt für alle $n > n_0$, dann hat die Folge den Grenzwert 0. („Nullfolge").

Die Beschränkung auf Folgen mit positiven Gliedern ist nicht notwendig, erleichtert aber den Zugang und ist auch historisch begründet. Dies gilt auch für Folgen, die gegen eine beliebige Zahl $g \in \mathbb{R}^+$ konvergieren. In diesem Fall gilt:

Bei Folgen $f: n \mapsto b_n (b_n \geq 0)$ mit der Eigenschaft, daß es eine reelle Zahl g so gibt, daß $\bar{f}: n \mapsto |b_n - g|$ eine Nullfolge ist, spricht man von einer konvergenten Folge mit dem Grenzwert g.

Den Begriff der Konvergenz kann man auf Reihen übertragen. Daß konvergente Reihen auch mit einfachen Hilfsmitteln berechnet werden können, zeigt die Berechnung der Reihe

$$\sum_{n=0}^{\infty} \left(\tfrac{1}{4}\right)^n = \tfrac{4}{3} \quad \text{bzw.} \quad \sum_{n=1}^{\infty} \left(\tfrac{1}{4}\right)^n = \tfrac{1}{3}$$

durch *Archimedes* bei der Bestimmung der Parabelfläche. In heutiger Schreibweise liegt dem Verfahren des *Archimedes* folgende Überlegung zu Grunde:
Ersetzt man in der Gleichung

$$1 + \tfrac{1}{4} + \tfrac{1}{3} \cdot \tfrac{1}{4} = \tfrac{4}{3}$$

$\tfrac{1}{3} \cdot \tfrac{1}{4}$ durch $\tfrac{4}{3} \cdot \left(\tfrac{1}{4}\right)^2 = \left(\tfrac{1}{4}\right)^2 + \tfrac{1}{3} \cdot \left(\tfrac{1}{4}\right)^2$ erhält man:

$$1 + \tfrac{1}{4} + \left(\tfrac{1}{4}\right)^2 + \tfrac{1}{3} \cdot \left(\tfrac{1}{4}\right)^2 = \tfrac{4}{3}$$

Da allgemein $\tfrac{1}{3} \cdot \left(\tfrac{1}{4}\right)^{n-1} = \tfrac{4}{3} \cdot \left(\tfrac{1}{4}\right)^n = \left(\tfrac{1}{4}\right)^n + \tfrac{1}{3} \cdot \left(\tfrac{1}{4}\right)^n$ gilt, erhält man als Summenformel für die endliche Reihe

$$1 + \tfrac{1}{4} + \left(\tfrac{1}{4}\right)^2 + \cdots + \left(\tfrac{1}{4}\right)^n + \tfrac{1}{3} \cdot \left(\tfrac{1}{4}\right)^n = \tfrac{4}{3}.$$

Das Ergebnis läßt sich dann leicht auf die unendliche Reihe übertragen:

$$\sum_{n=0}^{\infty} \left(\tfrac{1}{4}\right)^n = \tfrac{4}{3}.$$

7.3.4 Grenzwerte von Funktionen

Die Erkenntnis, daß die Folge $f: n \mapsto \dfrac{1}{n}$ den Grenzwert 0 hat läßt sich auf die Funktion

$$f: x \mapsto \dfrac{1}{x} \quad (x \in \mathbb{R}^+)$$

erweitern:

$$\lim_{x \to \infty} \dfrac{1}{x} = 0$$

(Es gibt zu jedem $\dfrac{1}{n} (< \varepsilon)$ mindestens ein $x > n$, für das gilt: $\dfrac{1}{x} < \dfrac{1}{n}$).

7 Inhalte des Mathematikunterrichts: Analysis

Mit Hilfe des Satzes $\lim\limits_{x\to\infty}\dfrac{1}{x}=0$ lassen sich weitere wichtige Grenzwerte herleiten, wenn man die Verknüpfungssätze für Grenzwerte zu Grunde legt.

Verknüpfungssätze für Grenzwerte:
Beispiel:
Aus

$$\lim_{x\to\infty}\frac{1}{x}=0 \quad \text{folgt} \quad \lim_{x\to\infty}\left(\frac{1}{x}+\frac{1}{x}\right)=0,$$

was sofort aus

$$\frac{1}{x}+\frac{1}{x}<2\varepsilon \quad \text{für} \quad \frac{1}{x}<\varepsilon \quad \text{und} \quad \overline{\varepsilon}=2\varepsilon$$

folgt.
Nach den Vorüberlegungen ergibt sich dann auch, daß aus
$$\lim_{x\to\infty}f(x)=0 \quad \text{und} \quad \lim_{x\to\infty}g(x)=0$$
folgt:

$$\lim_{x\to\infty}\bigl((f(x)+g(x)\bigr)=0.$$

Bei der Behandlung von $\lim\limits_{x\to\infty}f(x)$ kann man in vielen Fällen nach einer entsprechenden algebraischen Umformung den Satz $\lim\limits_{x\to\infty}\dfrac{1}{x}=0$ verwenden.
Insbesondere gilt dies für rationale Funktionen, bei denen der Grad des Zählerpolynoms höchstens dem Grad des Nennerpolynoms entspricht:

$$f(x)=\frac{a_n x^n + \cdots a_1 x + a_0}{b_m x^m + \cdots + b_1 x + b_0}$$

Durch Kürzen mit x^n erhält man im Fall $m=n$ im Zähler a_n und im Nenner b_m und eventuell weitere Summanden, bei denen $x^\nu (\nu\in\mathbb{N})$ im Nenner steht.

Es gilt dann:

$$\lim_{x \to \infty} f(x) = \frac{a_n + 0 + \cdots + 0}{b_m + 0 + \cdots + 0} = \frac{a_n}{b_m}.$$

Im Fall $m > n$ steht auch bei $a_n x^v (v \in \mathbb{N})$ im Nenner. Es ergibt sich dann:

$$\lim_{x \to \infty} f(x) = \frac{0}{b_m} = 0.$$

7.3.5 Die Ableitung

Die übliche Behandlung des Differentialquotienten benützt den Grenzwertbegriff, der erst im 19. Jahrhundert in einwandfreier Form eingeführt wurde. Der Differentialquotient entstand aber bereits im 17. Jahrhundert und wurde seit dieser Zeit erfolgreich in der Analysis verwendet. Es ist deshalb erwägenswert, ob nicht im Unterricht unter Verzicht auf den exakten Grenzwertbegriff eine Behandlung des Differentialquotienten nach den Methoden von *Fermat* und *Leibniz* sinnvoll ist. Mit diesen Methoden können die Steigung von Graphen einer Funktion und insbesondere deren Extremwerte bestimmt werden, woraus sich eine Fülle von Anwendungen ergibt. Eine Fundierung der Theorie mit Hilfe des Grenzwertbegriffs könnte dann zu einem späteren Zeitpunkt erfolgen.

Nach *Fermat* bestimmt man das **Maximum** (entsprechend auch das **Minimum**) einer Funktion folgendermaßen:

Man bildet $f(x+h)$, wobei h eine sehr kleine positive Größe ist. An einer Stelle, an der die Funktion ein Maximum hat, ist dieser Funktionswert ungefähr gleich $f(x)$.

$$f(x) \approx f(x+h)$$

Nach Division der „Gleichung" durch h bzw. dessen Potenzen erhält man eine einfachere „Gleichung", in der man h gleich Null setzt. Daraus folgt der x-Wert des Maximums.

Beispiel:
Gesucht ist das Maximum der Funktion
$$f(x) = x(b-x) = bx - x^2$$
$$f(x) \approx f(x+h):$$
$$bx - x^2 \approx bx - x^2 + bh - 2xh - h^2$$
$$bh - 2xh - h^2 \approx 0 \quad |\cdot \tfrac{1}{h}$$
$$b - 2x - h \approx 0$$
mit $h = 0$: $2x = b$ bzw. $x = \dfrac{b}{2}$.

Mit dieser Methode läßt sich auch jeder andere Punkt des Graphen mit vorgegebener Steigung (s) berechnen, wenn man sie auf die Funktion $g(x) = f(x) - s \cdot x$ anwendet.

Beispiel:
Für die Parabel mit der Funktion $f(x) = x^2$ soll der x-Wert des Punktes mit der Steigung s bestimmt werden.
$$g(x+h) \approx g(x):$$
$$(x+h)^2 - s(x+h) \approx x^2 - sx$$
$$x^2 + 2xh + h^2 - sx - sh \approx x^2 - sx$$
$$2xh + h^2 - sh \approx 0 \quad |\cdot \tfrac{1}{h}$$
$$2x + h - s \approx 0$$
$$2x = s; x = \dfrac{s}{2} \text{ bzw. } s = 2x.$$

Die Problematik der *Fermatschen* Methode liegt in der unterschiedlichen Deutung von h. Zuerst wird h als endliche Größe, durch die man dividieren kann, aufgefaßt und dann gleich Null gesetzt. *Leibniz* benützte in seinem durch die Verwendung des charakteristischen Dreiecks viel klareren Methode im Prinzip das gleiche Verfahren. Ein Vorgehen im Sinne von *Leibniz* im Unterricht ist praktikabel, läßt aber entscheidende Lücken im Aufbau. Eine Lösung dieses Problems liefert die moderne Non-Standard-Analysis, die in den letzten Jahrzehnten entstanden ist. Ihr Kerngedanke ist eine axiomatisch fundierte Weiterentwicklung der

Leibnizschen Überlegungen. Statt der an *Leibniz* orientierten Definition nach der $f: x \mapsto f(x)$ in x_0 differenzierbar ist, wenn

$$\lim_{x \to x_0} \frac{f(x) - f(x_0)}{x - x_0}$$

oder einfacher $\lim_{h \to 0} \frac{f(x_0 + h) - f(x_0)}{h}$ existiert,

definiert die Non-Standard-Analysis:

$f: x \mapsto f(x)$ ist in x_0 differenzierbar, wenn der Standardanteil von

$$\frac{f(x_0 + \alpha) - f(x_0)}{\alpha}$$

für alle infinitesimalen Einheiten α immer die gleiche reelle Zahl ist (siehe Allgemeine Anmerkungen zur Didaktik).

7.3.6 Ableitungsregeln

Der Erfolg der *Leibnizschen* Differentialrechnung beruht in erster Linie neben der zweckmäßigen Schreibweise auf den einfachen Regeln, die er in seinem Aufsatz von 1684 aufgestellt hat und deren Hilfe insbesondere alle rationalen Funktionen ohne Schwierigkeit differenziert werden können. Auch im Unterricht wird man möglichst rasch im Anschluß an die Definition des Differentialquotienten diese Regeln herleiten. Für ganzrationale Funktionen benötigt man die folgenden Regeln, deren Beweise sich unmittelbar aus der *Leibnizschen* Schreibweise des Differentialquotienten ergeben und die auch aus der Sicht der Non-Standard-Analysis in entsprechender Weise geführt werden können:

(1) $f(x) = c \Rightarrow f'(x) = 0$

(2) $f(x) = x^n \Rightarrow f'(x) = n \cdot x^{n-1}$

(3) $f(x) = c \cdot u(x) \Rightarrow f'(x) = c \cdot u'(x)$

(4) $f(x) = u(x) + v(x) \Rightarrow f'(x) = u'(x) + v'(x)$

7 INHALTE DES MATHEMATIKUNTERRICHTS: ANALYSIS

Die Herleitung im Unterricht ist bis auf Regel (2) unproblematisch. Die Ableitung von $f(x) = x^n$ wird oft nur für $n = 1,2,3$ gezeigt und dann (unzulässigerweise) auf n übertragen, da der allgemeine Fall mit beliebigem n den binomischen Satz

$$(a+b)^n = \binom{n}{0}a^n + \binom{n}{1}a^{n-1}b + \cdots + \binom{n}{n-1}ab^{n-1} + \binom{n}{n}b^n$$

erforderlich macht. Die Koeffizienten werden dabei wegen Unkenntnis der Binomialkoeffizienten aus dem *Pascalschen* Koeffizienten-Schema übernommen:

```
n = 0              1
n = 1             1 1
n = 2            1 2 1
n = 3           1 3 3 1
n = 4          1 4 6 4 1
...            .........
```

Wegen der Problematik dieses Vorgehens bietet sich an, vor Regel (2) die Produktregel

(5) $\quad f(x) = u(x) \cdot v(x) \Rightarrow$
$\quad\quad f'(x) = u'(x) \cdot v(x) + u(x) \cdot v'(x)$

herzuleiten, wie dies auch im Aufbau von *Leibniz* der Fall war. Regel (2) kann dann problemlos aus dem Spezialfall $n = 1$ mit Hilfe des Prinzips der vollständigen Induktion abgeleitet werden.
Als letzte der einfacheren Ableitungsregeln wird man noch die Quotientenregel

(6) $\quad f(x) = \dfrac{u(x)}{v(x)}$

mit $D = \mathbb{R} \setminus \{x | v(x) = 0\}$

$\Rightarrow f'(x) = \dfrac{v(x) \cdot u'(x) - v'(x) \cdot u(x)}{[v(x)]^2}$

behandeln,

wobei man zweckmäßigerweise vom Spezialfall

$$f(x) = \frac{1}{v(x)}, \quad D = \mathbb{R} \setminus \{x \mid v(x) = 0\}$$ ausgeht und dann die Regel

(6a) $f(x) = \dfrac{1}{v(x)}$ mit $D = \mathbb{R} \setminus \{x \mid v(x) = 0\}$

$$\Rightarrow f'(x) = \frac{-v'(x)}{[v(x)]^2}$$

auf $f(x) = u(x) \cdot \dfrac{1}{v(x)}$ unter Zuhilfenahme der Produktregel anwendet.

Für weitere Ableitungen über den Bereich der rationalen Funktionen hinaus wird noch die sogenannte Kettenregel benötigt. In ihrer allgemeinen Form stellt sie eine umfassende Methode mit vielfältigen Einsatzmöglichkeiten dar. Aber sie ist im Unterricht nur schwer vermittelbar. Man könnte deshalb daran denken, zumindestens vorläufig auf diese Regel in ihrer allgemeinen Form zu verzichten und sie nur in den für den Unterricht relevanten Fällen herzuleiten. Eine Vorgehensweise, die auch der historischen Entwicklung entspricht.

Beispiel:

$$f(x) = \sqrt{g(x)} \text{ mit } D = \{x \mid g(x) > 0\}$$

$$f'(x) = \lim_{h \to 0} \frac{\sqrt{g(x+h)} - \sqrt{g(x)}}{h}$$

$$= \lim_{h \to 0} \frac{g(x+h) - g(x)}{h \cdot \left(\sqrt{g(x+h)} + \sqrt{g(x)}\right)}$$

$$= \lim_{h \to 0} \frac{g(x+h) - g(x)}{h} \cdot \lim_{h \to 0} \frac{1}{\sqrt{g(x+h)} + \sqrt{g(x)}}$$

$$= g'(x) \cdot \frac{1}{2\sqrt{g(x)}}.$$

7.3.7 Ableitung nichtrationaler Funktionen

Neben den schon in 7.3.6 erwähnten **Wurzelfunktionen** sind für den Unterricht in erster Linie die **trigonometrischen Funktionen**, die **Logarithmusfunktion** und die **Exponentialfunktion** von Bedeutung. Definiert man in $\mathbb{R}^+$: $\ln x = \int_1^x \frac{1}{t} dt$, ist die Ableitung der Logarithmusfunktion wegen des Hauptsatzes unproblematisch. Für die anderen der angesprochenen Funktionen könnte man an eine Behandlung nach *Euler* denken. Er hat beispielsweise die Sinus- und die Kosinusfunktion als Reihen entwickelt:

$$f(x) = \sin x = x - \frac{x^3}{3!} + \frac{x^5}{5!} - \cdots$$

$$g(x) = \cos x = 1 - \frac{x^2}{2!} + \frac{x^4}{4!} - \cdots$$

$f(x) = \sin x$ läßt sich dann leicht ableiten:

$$f'(x) = 1 - \frac{3x^2}{3!} + \frac{5x^4}{5!} - \cdots$$

$$= 1 - \frac{x^2}{2!} + \frac{x^4}{4!} - \cdots$$

$$= g(x).$$

Ähnlich ging *Euler* bei der Exponentialfunktion vor:

$$f(x) = e^x = 1 + \frac{x}{1} + \frac{x^2}{2!} + \frac{x^3}{3!} + \cdots$$

$$f'(x) = 1 + \frac{2x}{2!} + \frac{3x^2}{3!} + \cdots$$

$$= 1 + \frac{x}{1} + \frac{x^2}{2!} + \cdots$$
$$= f(x).$$

Während bei der Exponentialfunktion dieser Weg für den Unterricht möglich wäre, wenn man e^x als unendliche Reihe definiert und dann die Eigenschaften der Funktion untersucht, ist er für die trigonometrischen Funktionen problematisch, da ja diese bereits in der Sekundarstufe I im Rahmen geometrischer Vorstellungen eingeführt werden.

Bei den **trigonometrischen Funktionen** steht die Ableitung der Sinusfunktion im Vordergrund, da ja die anderen durch einfache trigonometrische Umformungen auf diese Funktion zurückgeführt werden können. Voraussetzung für die üblichen Verfahren zur Bestimmung der Ableitung der Sinusfunktion ist der Grenzwert

$$\lim_{x \to 0} \frac{\sin x}{x} = 1.$$

Auf die geometrische Veranschaulichung der trigonometrischen Funktionen zurückgreifend erhält man für $0 < x < \frac{\pi}{4}$:

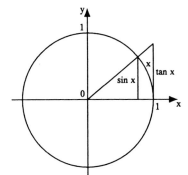

$$\sin x < x < \tan x$$
$$\text{bzw. } 1 < \frac{x}{\sin x} < \frac{1}{\cos x}$$
$$\text{oder } \cos x < \frac{\sin x}{x} < 1$$

woraus für $x \to 0$ der Grenzwert $\lim_{x \to 0} \frac{\sin x}{x} = 1$ folgt.

Die Ableitung von $f(x) = \sin x$ läßt sich dann leicht bestimmen:

$$f'(x) = \lim_{h \to 0} \frac{\sin(x+h) - \sin x}{h} = \lim_{h \to 0} \frac{\sin \frac{h}{2} \cdot \cos\left(x + \frac{h}{2}\right)}{\frac{h}{2}}$$

7 INHALTE DES MATHEMATIKUNTERRICHTS: ANALYSIS

$$= 1 \cdot \lim_{h \to 0} \cos(x + \tfrac{h}{2}) = \cos x.$$

Bei der **Exponentialfunktion** $f(x) = a^x, x \in \mathbb{R}^+ \setminus \{1\}$ stellt man beim Aufstellen des Differentialquotienten fest, daß ein Faktor $\dfrac{a^h - 1}{h}$ auftritt:

$$f'(x) = \lim_{h \to 0} \frac{a^{x+h} - a^x}{h} = a^x \cdot \lim_{h \to 0} \frac{a^h - 1}{h}$$

Wählt man $a = e$ so, daß der Grenzwert $\lim_{h \to 0} \dfrac{e^h - 1}{h}$ 1 ergibt, erhält man die Ableitung

$$f'(x) = e^x = f(x).$$

Für e gilt dann: $\lim_{h \to 0} \dfrac{e^h - 1}{h} = 1$. Durch Übergang von h zu $\tfrac{1}{h}$ erhält man:

$$\lim_{n \to \infty} \frac{e^{\frac{1}{n}} - 1}{\frac{1}{n}} = 1$$

und daraus die Definition der Zahl e:

$$e = \lim_{n \to \infty} \left(1 + \frac{1}{n}\right)^n.$$

7.3.8 Integralrechnung

Die erste Beschäftigung mit infinitesimalen Größen in der Mathematik fand bei der Flächenberechnung statt. Schon die Griechen berechneten mit Verfahren, die im Prinzip der Grenzwertberechnung entsprachen, die Inhalte krummlinig begrenzter Flächen. Die Differentialrechnung entstand erst zu Beginn des 17. Jahrhunderts. Der „Hauptsatz", also die Klärung des Zusammenhangs zwischen Differential- und Integralrechnung wurde erst Ende des 17. Jahrhunderts aufgestellt. Es wäre also

7.3 DIDAKTISCHE UND METHODISCHE KONSEQUENZEN

vom entwicklungsgeschichtlichem Standpunkt aus sinnvoll im Unterricht nicht zuerst die Differentialrechnung und dann die Integralrechnung zu behandeln, sondern vom Integral auszugehen und die Grundfragen der Infinitesimalrechnung bei der Beschäftigung mit dem Flächeninhalt zu klären.

Geht man von den Grundgedanken der antiken Mathematik aus, wie sie besonders bei *Archimedes* auftreten, benötigt man zur Integration einer Reihe wichtiger Funktionen außer einigen elementar herzuleitenden arithmetischen Summenformeln nur den Satz, daß die Folge $f\colon n \mapsto \dfrac{1}{n}$ eine Nullfolge ist, daß also gilt: $\lim\limits_{n \to \infty} \dfrac{1}{n} = 0$.

Beispiel: $\int_0^1 x^2 dx$

Die in diesem Fall benötigte Summenformel
$$1^2 + 2^2 + 3^2 + \cdots + n^2 = \tfrac{1}{6}n(n+1)(2n+1),$$
die bereits von den Babyloniern verwendet und von den Griechen bewiesen wurde (s. Arithmetik) läßt sich anschaulich herleiten:

(1) $\quad 1 + 2 + 3 + \cdots + n = \tfrac{1}{2}n(n+1)$, wie man aus der folgenden Figur ablesen kann:

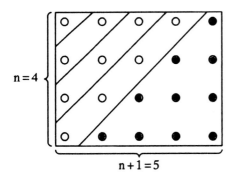

$1 + 2 + 3 + 4 = \tfrac{1}{6} \cdot 4 \cdot 5$

(2) $1+3+5+\cdots+(2n-1) = n^2$ ist ebenfalls an einer Figur ablesbar:

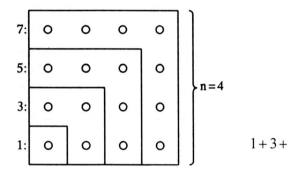

Die Quadratzahlen lassen sich also folgendermaßen anordnen:

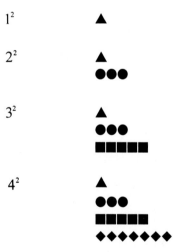

Durch geschicktes Umordnen und entsprechende Ergänzungen läßt sich die Summe der Quadratzahlen ablesen.

(3) $1^2 + 2^2 + 3^2 + \cdots + n^2 = \frac{1}{6}n(n+1)(2n+1)$

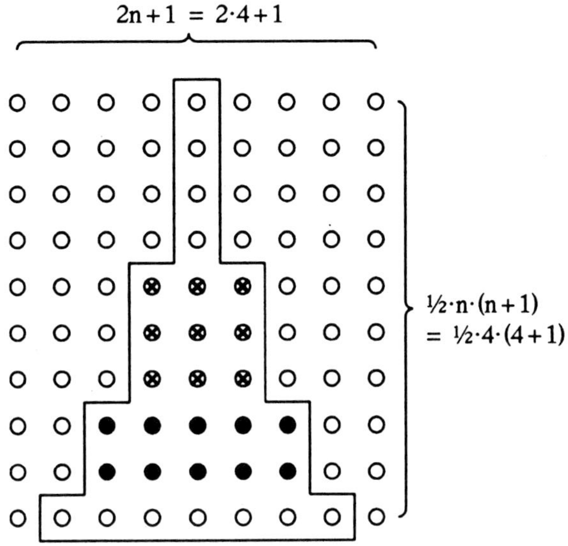

$2n+1 = 2\cdot 4 + 1$

$\frac{1}{2}\cdot n\cdot (n+1)$
$= \frac{1}{2}\cdot 4\cdot (4+1)$

$1^2 + 2^2 + 3^2 + \cdots + n^2 = \frac{1}{3}\left(\frac{1}{2}n(n+1)(2n+1)\right) =$
$\frac{1}{6}n(n+1)(2n+1)$.

Die eigentliche Berechnung von $\int_0^1 x^2 dx$ verläuft dann in moderner Schreibweise folgendermaßen:

(1)   Berechnung einer **Untersumme**:
Das Intervall $[0;1]$ wird in n gleiche Teile eingeteilt. Für die Untersumme ergibt sich dann:

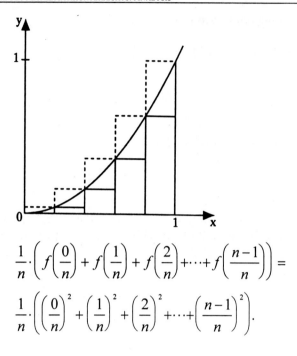

$$\frac{1}{n} \cdot \left(f\left(\frac{0}{n}\right) + f\left(\frac{1}{n}\right) + f\left(\frac{2}{n}\right) + \cdots + f\left(\frac{n-1}{n}\right) \right) =$$

$$\frac{1}{n} \cdot \left(\left(\frac{0}{n}\right)^2 + \left(\frac{1}{n}\right)^2 + \left(\frac{2}{n}\right)^2 + \cdots + \left(\frac{n-1}{n}\right)^2 \right).$$

(2) Berechnung einer **Obersumme**:

Bei der gleichen Einteilung von $[0;1]$ ergibt sich für die Obersumme:

$$\frac{1}{n} \cdot \left(\left(\frac{1}{n}\right)^2 + \left(\frac{2}{n}\right)^2 + \cdots + \left(\frac{n}{n}\right)^2 \right).$$

(3) Bildung der **Differenz** aus **Ober-** und **Untersumme**:

$$D(n) = \frac{1}{n}\left(\left(\frac{1}{n}\right)^2\right) = \frac{1}{n^3};$$

da $\dfrac{1}{n}$ Nullfolge ist folgt die Existenz des Integrals $\int_0^1 x^2 dx$.

(4) Berechnung des **Grenzwerts**

$$\frac{1}{n} \cdot \frac{1}{n^2}\left(1^2 + 2^2 + \cdots + n^2\right) = \frac{1}{n^3} \cdot \tfrac{1}{6}n(n+1)(2n+1) =$$

$$\tfrac{1}{6} \cdot \left(2 + \frac{3}{n} + \frac{1}{n^2}\right)$$

$$\lim_{n \to \infty} \tfrac{1}{6}\left(2 + \frac{3}{n} + \frac{1}{n^2}\right) = \tfrac{1}{3}.$$

Eine Einteilung des Intervalls $[1; x]$ in verschieden lange Teilintervalle läge den Gedanken des *Archimedes* noch näher und würde oft zu sehr eleganten Lösungsverfahren führen. Da diese aber auf das spezielle Problem zugeschnitten sind, sind sie im Unterricht nur in Ausnahmefällen möglich.

Literatur

Neben den im Text zitierten Werken wird auf die folgende Literatur zur Didaktik und zur Geschichte der Mathematik hingewiesen:

I Zur Didaktik der Mathematik

H.-G. Bigalke, K. Hasemann	Zur Didaktik der Mathematik in den Klassen 5 und 6, Frankfurt 1977
H. Eckhardt	Neue Mathematik in den Klassen 5 bis 7, Frankfurt 1977
A. Engel	Elementarmathematik vom algorithmischen Standpunkt, Stuttgart 1977
K. Fladt	Elementare Arithmetik, Stuttgart 1957
H. Freudenthal	Mathematik als pädagogische Aufgabe, Stuttgart 1973
H. Griesel	Die neue Mathematik für Lehrer und Studenten, Hannover 1971/74
G. Holland	Geometrie für Lehrer und Studenten, Hannover 1974/77
H. Jahner	Methodik des mathematischen Unterrichts, Heidelberg 1978
A. Kirsch	Elementare Zahlen- und Größenbereiche, Göttingen 1970

A. Kirsch	Mathematik wirklich verstehen, Köln 1987
H. Lenz	Grundlagen der Elementarmathematik, Berlin 1961
H. Meschkowski, D. Laugwitz	Didaktik der Mathematik, Stuttgart 1972/74
H. Meschkowski	Mathematik in der Orientierungsstufe, München 1971
A. Oberschelp	Der Aufbau des Zahlensystems, Göttingen 1968
R. Stender	Didaktische Themen aus der neueren Mathematik, Heidelberg 1962
H.-J. Vollrath	Didaktik der Algebra, Stuttgart 1974
G. Wolff	Handbuch der Schulmathematik, Hannover 1967/68

II. Zur Geschichte der Mathematik

M. Cantor	Vorlesungen über Geschichte der Mathematik, Stuttgart 1900/08
J. L. Coolidge	A History of Geometrical Methods, Oxford 1940
O. Becker, J. E. Hofmann	Geschichte der Mathematik, Bonn 1951
Th. Heath	A History of Greek Mathematics, Oxford 1921
G. Ifrah	Universalgeschichte der Zahlen, Frankfurt/M. 1986

LITERATUR

A.P. Juschkewitsch	Geschichte der Mathematik im Mittelalter, Leipzig 1964
K. Mainzer	Geschichte der Geometrie, Mannheim 1980
H. Meschkowski	Problemgeschichte der Mathematik, Mannheim 1978/81
W. Popp	Wege des exakten Denkens, München 1981
D. J. Struik	Abriß der Geschichte der Mathematik, Berlin 1965
B. L. van der Waerden	Erwachende Wissenschaft, Basel 1966
H. Wussing	Vorlesungen zur Geschichte der Mathematik, Berlin 1979
H. Wussing, W. Arnold	Biographien bedeutender Mathematiker, Köln 1985

Personenregister

Abel, Niels	31
Abu'l Wafa	99, 283
al-Gauhari	252
al-Khwaraczmi	26, 85, 86, 98, 192
Alkuin von York	272
Apollonios von Pergä	24, 289
Archimedes von Syrakus	24, 113, 352
Aristarch von Samos	275
Aristoteles	247
Aryabhata	280
Bacon, Roger	343
Barrow, Isaac	29, 383
Bhaskara	105
Bombelli, Rafael	116
Bernoulli, Jacob	30
Bolzano, Bernard	31
Boole, George	199
Bolyai, Janosch	32, 254
Brahmagupta	96, 105, 165
Cantor, Georg	32, 350
Cardano, Girolamo	101, 114, 184
Carnot, Lazare	346
Cauchy, Augustin	31, 346
Cavalieri, Bonaventura	29, 367
Cayley, Arthur	244
Chuquet, Nicolas	106, 176
Cramer, Gottfried	186
v. Cues, Nicolaus	344
Dedekind, Richard	31, 66, 119
Descartes, René	28, 170, 296
Diophant von Alexandria	24, 106, 164, 177, 182, 191
Eratosthenes von Kyrene	93
Eudoxos von Knidos	23, 93, 339
Euklid von Alexandria	23, 111, 113, 170, 247, 339
Euler, Leonhard	30, 382

REGISTER

Fermat, Pierre	28, 292, 375
Galois, Evariste	31
Gauß, Carl Friedrich	254
Gerbert von Aurillac	75
Gerhard von Cremona	285
Girard, Albert	169, 198
Graßmann, Hermann	32
Hamilton, William	32
Heron von Alexandria	95
Hilbert, David	32, 68, 244, 255
Hippasos von Mesopontum	110
Hippokrates von Chrion	266, 306
Johannes von Sevilla	79
Kant, Immanuel	47
Kepler, Johannes	29, 364
Klein, Felix	32
Lagrange, Joseph	346
Leibniz, Gottfried Wilhelm	29, 186, 378
Leonardo von Pisa	75, 165, 195
Levi ben Gerson	285
Lobacevskij, Nikolai	32, 244
Nasir, Eddin	284
Nemorarius, Johannes	100, 166
Newton, Isaac	29, 198, 381
Oresme, Nicolaus	345
Pacioli, Lucca	86
Pasch, Moritz	244
Peano, Guiseppe	31
v. Peurbach, Georg	77
Piaget, Jean	1
Platon	47, 247
Ptolemaios, Klaudios	24, 276
Regiomontanus, Johannes	77, 286
Riemann, Bernhard	255
v. Roomen, Adriaan	168
Rudolff, Christoff	79
Savasorda	75

Schreiyber, Heinrich	167
Sridhara	96
Stevin, Simon	102, 168
Stifel, Michael	101, 107, 115, 167, 185, 196
Tabit ibn Qurra	253
Thales von Milet	22, 245, 275
Torricelli, Evangelista	368
Vieta, Francois	27, 168, 197, 287
Wallis, John	102
Weierstraß, Karl	103
Zenon von Elea	338

Sachregister

Ableitung	327, 347, 395
Ableitungsregeln	380, 397
Absolute Geometrie	254
Abstrakter Vektorraum	233
Abstraktion	37
Abzählbarkeit	391
Addition (schriftlich)	76
Additionstheoreme	229
Ähnlichkeitsabbildung	221
Ähnlichkeitssätze	305
Äquivalenzklasse	54, 63
Äquivalenzumformungen	141
Aktual Unendlich	342, 350
Algebraische Strukturen	138
Alternative	158
Analytische Methode	39
Anordnungsaxiome	223
Anordnungseigenschaften	66
Archimedisches Axiom	357
Assoziativgesetz	57, 136
Aussage	141, 145, 204
Aussageform	141, 146, 204
Axiomatik	45
Axiome	246
Axiomensysteme	216, 255
Binomische Formeln	136, 174, 205
Bündelung	123
Calculus	380
Cauchy-Folgen	63
Coß	166
Cramersche Regel	210
Deduktives Denken	23, 41, 245
Definitionen	246
Determinanten	186

Dezimalbrüche	101
Differenzierbarkeit	328
Diskunktion	149
Distributivgesetz	58, 136, 156, 171
Division (ägyptisch)	83, 89
Division (schriftlich)	85
Drehung	219
Ellipse	290, 294
Erweitern (eines Bruches)	59
Exhaustionsverfahren	24, 339
Exponentialfunktion	402
Flächenmessung	226, 306
Fluxionen	381
Folgen	324
Formale Logik	157
Funktionsbegriff	322
Fundamentalsatz der Algebra	30
Funktionales Denken	48
Geometrische Analyse	39
Geometrischer Vektorraum	232
Gerade	223
Gleichungslehre	145
Grenzwert	324, 390, 393
Grundmenge	146
Hauptsatz (der Infinitesimalrechnung)	383, 387
Hau-Rechnung	20, 160
Hyperbel	289, 296
Hyperreelle Zahlen	390
Implikation	158
Indische Ziffern	74
Indivisible	367
Infinitesimale Nachbarschaft	334
Inkommensurabilität	110
Integralfunktion	329
Intervallschachtelung	64
Irrationalitäten	113, 134
Kardinalzahl	54

REGISTER

Kern (einer Intervallschachtelung)	64
Kette	66
Körper	140
Kommunativgesetz	57, 135, 156
Komplement	156
Kongruenzabbildung	220
Kongruenzsätze	248, 302
Konjunktion	149, 158
Konstruktionsaufgaben	241
Koordinatensystem	28
Kosinus	228, 231
Kosinusfunktion	400
Kotangens	228, 231, 283
Kreisfläche	265, 352
Kreismöndchen	266
Kürzen (eines Bruches)	59
Längenmessung	224, 306
Linearkombination	234
Lösungsmenge	146
Mengen	120
Metrik	237, 320
Monotonie	324
Multiplikation (ägyptisch)	80, 90
Multiplikation (schriftlich)	82
Negative Zahlen	104
Negation	157
Neutrales Element	57, 156
Null	74
Obersumme	363, 406
Ordnungsrelation	56
Parabel	291, 295
Parallelenpostulat	252, 257
Potentiell Unendlich	342, 350
Projektive Geometrie	27
Proportionenlehre	93, 112
Punktraum	235
Punktspiegelung	220

Pythagoreisches Zahlentripel	91, 262
Rationale Zahlen	102
Rotationskörper	363
Satz des Ptolemaios	278
Satz des Pythagoras	263, 270
Satz von Gnomon	270
Schnitt	118
Sehnentabelle	315
Sehnentrigonometrie	276, 312
Sexagesimalsystem	20, 71
Sinus	228, 231
Sinusfunktion	382, 400
Sinussatz	284
Sinustafel	281
Skalarprodukt	229, 236
Spiegelung	218
Stammbrüche	61, 89
Stammfunktion	328
Standard-Anteil	334
Stellenwertsystem	74
Stetigkeit	326, 347
Strecke	223
Stufenzahlen	69
Subtraktion (schriftlich)	78
Symbolalgebra	163, 168, 202
Tangens	228, 231, 282
Unabhängigkeit (von Axiomen)	46
Unendlichkeitsbegriff	52
Untersumme	363, 405
Untervektorraum	234
Variable	146
Vektorprodukt	237
Verkettung (von Funktionen)	323
Verschiebung	220
Vollständige Induktion	67
Vollständigkeit (von Axiomen)	47
Vollständigkeit (der reellen Zahlen)	389

Widerspruchsfreiheit (von Axiomen)	47
Winkel	224
Winkelmessung	225, 306
Winkelsätze	300
Wurzeln (Näherungsverfahren)	108, 135
Wurzeln (Schreibweise)	115
Wissenschaftliches System	23, 43
Zahlbereichserweiterung	144
Zentrische Streckung	221

Das Internet effektiv einsetzen
EIN STARKES DUO!

Das Power Tool
Die CD mit 3.000 Internet-Adressen

Durchblick in der Flut der Internet-Informationen: Mehr als 3.000 Internet-Adressen, sorgfältig recherchiert, gegliedert nach Fachgebieten und selektiert nach didaktischen Gesichtspunkten. Jeder Link ist mit einer Kurzinfo versehen und kann aus dem Browser heraus geladen werden. Alle Informationen sind nur noch einen Mausklick entfernt: So wird das Internet zur effektiven Quelle für aktuelle Unterrichtsmaterialien!

Als Bonus für Sie auf der CD:
- Special-Focus-Sammlungen zu Themen der Fächer Deutsch, Englisch, Geschichte, Biologie, Geographie, Physik/Astronomie, Informatik und Kunst

  Beispiele: Sprachentstehung, Nationalsozialismus und 2. Weltkrieg, Klonierung, El Niño, NASA, Computerlinguistik

Jens Hildebrand:
Internet-CD für Lehrer

Einzellizenz:
Best.-Nr. 335-65510
Kleines Schulpaket mit 5 CD-ROMs:
Best.-Nr. 335-03576
Großes Schulpaket mit 10 CD-ROMs:
Best.-Nr. 335-03577

- Übersichtliche Linklisten für bewährte Suchmaschinen/Schlagwortkataloge
- Die neuesten Browser: Netscape Communicator 4.51, Internet Explorer 5
- Surf-Utilities als Shareware zum Ausprobieren, unter anderem WebSnake, KlugSuchen LSM 98, GetRight, WinZip, Paint Shop Pro 5
- Internet-Glossar

Der Klassiker
5., erweiterte Auflage (99/00) des Standardwerkes von Jens Hildebrand

Unser Internet-Ratgeber für Lehrer, ein Riesenerfolg von Beginn an, liegt jetzt in der 5. Auflage vor. Das Buch führt leicht verständlich in die Funktionen des Internet ein und liefert Modelle für Unterrichtsreihen wie Web-Recherchen und E-Mail-Projekte. Tipps zu grundlegenden Themen („Wie man Web-Quellen zitiert") sowie mehr als 100 Screenshots zur Arbeit mit Standardprogrammen und anderer nützlicher Software erleichtern Einarbeitung und Vertiefung vorhandenen Wissens.

Jens Hildebrand:
Internet: Ratgeber für Lehrer
Best.-Nr. 335-02124, 5., erweiterte Auflage,
320 S., 93 Abb., 22 Tab., 13,7 x 22,2 cm, br.

Die konkreten Unterrichtsvorschläge werden ergänzt durch Hinweise zum Publizieren im Netz, neue Tipps zur effektiven Recherche, einen Überblick über die wichtigsten Online-Dienste und Provider sowie Studien und Positionen zur Didaktisierung des Internet.

Der Adresskatalog als Herzstück des Buches enthält schließlich 1.400, exakt auf schulische Bedürfnisse zugeschnittene Quellen. Unter anderem finden sich Top-Links aus der Wissenschaft, zu Unterrichtsmaterialien, Studien, nationalen und internationalen Medien. Insbesondere die wissenschaftlichen Online-Magazine werden in ihren Angeboten und Nutzungsmöglichkeiten detailliert vorgestellt.

AULIS VERLAG

Aulis Verlag Deubner & Co. KG · Antwerpener Straße 6–12 · D-50672 Köln
Telefon (0221) 95 14 54-20 · Fax (0221) 51 84 43 · E-Mail: aulis@netcologne.de

Die zweite Reise von Annelies Paulitsch ins Mathematikland

Zu Gast bei Brüchen und ganzen Zahlen

Annelies Paulitsch:
Zu Gast bei Brüchen
und ganzen Zahlen
236 Seiten, 21 Abb.,
Format 21 x 14,8 cm, geb.
Best.-Nr. 335-01474

Bei den natürlichen Zahlen hatte es der Autorin sehr gut gefallen. Da war es gar keine Frage, dass sie auch die Einladung der Brüche und ganzen Zahlen, sie doch auch einmal im Mathematikland zu besuchen, gerne angenommen hat. Und wirklich, es wurde wieder eine sehr spannende und aufregende Reise. Was sie alles erlebt hat, schildert Annelies Paulitsch in dem Buch „Zu Gast bei Brüchen und ganzen Zahlen": eine spielerische und mit viel Witz gebrachte Einführung in die Mathematik der Brüche, Dezimalzahlen und ganzen Zahlen. Rechenoperationen, Definitionen und Gesetze werden auf herzerfrischende und humorvolle Weise dargestellt. Eingestreute Lieder, Übungen (mit Lösungen am Schluss des Buches), Spiele und Geschichten tragen zum Verständnis und zur Motivation bei. Eine Fundgrube für den Unterricht und ein äußerst liebenswertes Lesebuch!

Der
AULIS VERLAG
für Lehrer

AULIS VERLAG DEUBNER & CO KG
Antwerpener Straße 6/12 · D-50672 Köln
Tel. (02 21) 95 14 54-0 · Fax (02 21) 5 18 44 43
E-Mail: aulis@netcologne.de